Integration stiften!

Beiträge der Akademie für Migration und Integration

Heft 15
Sonderband

Herausgegeben von der Otto Benecke Stiftung e.V.

Die »Beiträge der Akademie für Migration und Integration«
erscheinen in unregelmäßiger Folge.
Wissenschaftlicher Beirat der Akademie für
Migration und Integration der Otto Benecke Stiftung e.V.:
Klaus J. Bade, Yasemin Karakaşoğlu, Marianne Krüger-Potratz,
Max Matter, Dieter Oberndörfer, Andreas Pott,
Christoph Schroeder und Helen Schwenken

Integration stiften!
50 Jahre OBS – Engagement für Qualifikation und Partizipation

Herausgegeben von Marianne Krüger-Potratz

V&R unipress

Otto Benecke Stiftung e.V.
Akademie für Migration und Integration
Vorsitzender des Vorstands: Dr. Lothar Theodor Lemper
Kennedyallee 105–107
53175 Bonn

Gefördert aus Mitteln des:

Bibliografische Information der Deutschen Nationalbibliothek

Die Deutsche Nationalbibliothek verzeichnet diese Publikation in der
Deutschen Nationalbibliografie; detaillierte bibliografische
Daten sind im Internet über http://dnb.d-nb.de abrufbar.

Die Bilder und Dokumente wurden von der OBS zur Verfügung gestellt.
Alle damit ggf. verbundenen Rechte liegen – sofern nicht anders vermerkt –
bei der OBS.

1. Auflage 2015
© 2015 Göttingen, V&R unipress GmbH
Alle Rechte vorbehalten. Das Werk und seine Teile sind urheberrechtlich
geschützt. Jede Verwertung in anderen als den gesetzlich zugelassenen
Fällen bedarf der vorherigen schriftlichen Einwilligung des Verlages.
Printed in Germany.
Druck: CPI buchbuecher.de GmbH, Birkach
Mitarbeit: Hania Helmchen
Satz und Layout: Janine Martini, Berlin
Umschlagbild: Bildausschnitt, Foto: OBS/Hochschulprogramm

Gedruckt auf alterungsbeständigem Papier.

ISBN 978-3-8471-0397-4
ISSN 1437-1200

Inhalt

LOTHAR THEODOR LEMPER / EBERHARD DIEPGEN / JOCHEN WELT
Vorwort 7

HANS H. REICH / UWE ROHWEDDER
Von der Hilfe für Flüchtlinge zur Förderung der Teilhabegesellschaft –
Geschichte der Otto Benecke Stiftung e.V., 1965 – 2015 11

FRANZISKA BARTHELT, JOCHEN OLTMER UND CARLOTTA WEYHENMEYER
Die Otto Benecke Stiftung als Anbieter potenzialorientierter Integrationsleistungen: Garantiefonds und Akademikerprogramm 65

MAX MATTER
Veränderungen in der deutschen Aussiedlerpolitik und das Engagement
der Otto Benecke Stiftung für junge »Deutschstämmige« in den Ländern der
früheren Sowjetunion und des östlichen Europas 109

JOCHEN WELT UND HARTMUT KOSCHYK
»Eine Brücke, die wir brauchen – gerade jetzt«. Ein ehemaliger und der
jetzige Aussiedlerbeauftragte der Bundesregierung sprechen über die
gelungene Integration von viereinhalb Millionen Menschen. Interview
geführt von Uwe Knüpfer 143

URSULA BOOS-NÜNNING / YASEMIN KARAKAŞOĞLU / HANS H. REICH
Mit Migrantenorganisationen auf Augenhöhe – Erfahrungen aus
gemeinsamen Projekten mit der OBS 155

LOTHAR THEODOR LEMPER
Nachdenken über Vordenken 181

HANS H. REICH
unter Mitarbeit von Marianne Krüger-Potratz und Max Matter
»Forum Migration«: Vermessungen des Arbeitsfeldes, Darstellungen
exemplarischer Praxis, kommunikative Reflexion 209

ANHANG
Publikationen der Otto Benecke Stiftung 247
Verzeichnis der Autorinnen und Autoren 259

Lothar Theodor Lemper / Eberhard Diepgen / Jochen Welt

Vorwort

Am 22. Februar 1965 wurde in der Technischen Universität Berlin die Otto Benecke Stiftung gegründet. Ihre Ursprünge reichen zurück in das Engagement der Verfassten Deutschen Studentenschaft bei der sozialen und wirtschaftlichen Selbsthilfe der Studierenden. Der Verband Deutscher Studentenschaften (VDS) hatte Anfang 1953 mit dem Aufbau einer zentralen Flüchtlingsberatungsstelle begonnen, die wenig später in »Sozialamt des Deutschen Bundesstudentenrings« umbenannt wurde und aus der die Otto Benecke Stiftung als eingetragener Verein hervorging.

Die Otto Benecke Stiftung hat seither in einer Vielzahl nationaler und internationaler Programme und Projekte ihr Satzungsziel verwirklicht: dazu beizutragen, »dass der von ihr geförderte Personenkreis später Verantwortung in Staat und Gesellschaft übernimmt«. Heute kann die OBS mit einigem Stolz auf eine respektable Leistung im nach wie vor wichtigen Arbeitsfeld Migration und Integration zurückblicken. Sie hat im In- und Ausland Hunderttausenden, meist jungen Menschen Möglichkeiten geboten, ihr im Herkunftsland erworbenes Wissen und Können im Zuwanderungsland zur Geltung zu bringen. Voraussetzung hierfür waren und sind hochwertige Angebote der Bildungsberatung und der ergänzenden Qualifizierung, wie sie die OBS bis heute bietet. Im Ergebnis entstehen daraus nicht nur individuelle Karrieren, sondern auch hohe gesellschaftliche und volkswirtschaftliche Renditen: Die staatliche Investition in die OBS-Programme lohnt nach wie vor.

Die Integrationsprogramme der OBS sind vor allem dadurch gekennzeichnet, dass sie den Blick auf das Potenzial der Zuwandernden richten. Was mit der aktuellen Fachkräftediskussion und dem Ruf nach einer Willkommenskultur erst heute als selbstverständlich erscheint, war immer schon das Hauptmotiv für die Ausrichtung der Qualifizierungsprogramme der OBS. Für akademisch orientierte Zuwanderinnen und Zuwanderer mit einem meist historisch oder humanitär begründeten dauerhaften Aufenthaltsstatus bot sich lange Zeit so gut wie keine Alternative, die ihnen eine adäquate Weiterführung oder Ergänzung der begonnenen oder bereits abgeschlossenen Ausbildung ermöglicht hätte. Vielleicht auch beflügelt durch die Erfolge der OBS-Programme, wurde das Angebot für qualifizierte Zuwanderer und Zuwanderinnen nach und nach durch heute vielfältige andere Fördermöglichkeiten – staatliche wie private – ergänzt: Migrantinnen und

Migranten werden inzwischen auch nicht mehr überwiegend als ›mit Defiziten behaftete‹ neue Mitbürgerinnen und Mitbürger gesehen, sondern als gesuchte Fachkräfte wertgeschätzt. Das ist gut, aber lange noch nicht genug.

Politische Umwälzungen, wirtschaftliche Entwicklung, demografischer Wandel, vorgebliche Glaubensfragen haben das traditionelle Themen- und Arbeitsfeld der OBS dramatisch verändert. Der Blick auf diejenigen, die nach Deutschland zuwandern, ist inzwischen durch den Blick auf die Gesellschaft, die sich auch durch Zuwanderung dynamisch verändert, erweitert worden. In einer pluralen Gesellschaft sind Fragen der Partizipation und des einvernehmlichen Miteinanders zur dominierenden gesellschaftlichen Aufgabe geworden, der sich auch die OBS in ihren seit den 1990er Jahren aufgelegten Projekten stellt.

Beide Aufgabenbereiche, die individuelle Förderung und das gesellschaftliche Miteinander, brauchen auch in Zukunft kraftvolle und ideenreiche Akteurinnen und Akteure. Die OBS ist eine davon.

In dem vorliegenden Heft machen namhafte Autorinnen und Autoren den von Auf und Ab gekennzeichneten Weg der OBS nacherlebbar. Die Fülle des vorhandenen Materials hat es nicht leicht gemacht, die Ereignisse und Etappen der OBS-Arbeit zu beschreiben, zu analysieren und einzuordnen. Auch war es nicht einfach, unter den zahlreichen Projekten der vergangenen 50 Jahre diejenigen auszuwählen, die am trefflichsten das Bild einer Organisation vermitteln können, die immer wieder auf neue, zum Teil nicht voraussehbare Entwicklungen reagieren musste und auch oft eine Vorreiterrolle für neue Entwicklungen übernahm. Dennoch ist es in diesem Heft gelungen, einen facettenreichen Fokus auf die OBS zu richten, der Erfolge würdigt, Misserfolge nicht verschweigt und dabei richtungsweisende Perspektiven aufzeigt.

Der rote Faden des vorliegenden Hefts wurde in den Sitzungen des Fachbeirats der OBS gesponnen. Dieses Gremium von in der Migrationsforschung ausgewiesenen Wissenschaftlerinnen und Wissenschaftlern hat die Themen ausgewählt und bei der Umsetzung mitgewirkt. Die Vorsitzende des Fachbeirats, Frau Professorin Dr. Marianne Krüger-Potratz, hat die Herausgeberschaft übernommen, ihr Vorgänger, der langjährige Vorsitzende Professor Dr. Hans H. Reich, hat unter Mitwirkung von Herrn Dr. Uwe Rohwedder die Geschichte der OBS aufgeschrieben sowie den Beitrag über die Foren mitverfasst. Mit Herrn Professor Dr. Max Matter und Frau Professorin Dr. Yasemin Karakaşoğlu sind weitere Mitglieder des Fachbeirats als Autor und Autorin aktiv geworden. Frau Professorin Dr. Ursula Boos-Nünning begleitet die Projekte der OBS seit vielen Jahren mit ihrer wissenschaftlichen Expertise und hat aus eigener Anschauung die Zusammenarbeit mit Migrantenorganisationen analysiert und Herr Professor Dr. Jochen Oltmer, der mit seinen Mitarbeiterinnen die Etappen des Garantiefonds und des Akademikerprogramms nachgezeichnet hat, ist der OBS aus seiner Tätigkeit im Institut für Migrationsforschung und Interkulturelle Studien (IMIS) der Uni Osnabrück eng verbunden.

Ihnen allen sagen wir ein herzliches Dankeschön. Unser Dank gilt auch den Mitarbeiterinnen und Mitarbeitern der OBS – insbesondere Herrn Hans-Georg Hiesserich für seine ständige konstruktive Begleitung –, aber auch ehemaligen, die ihr Wissen und ihre Erinnerungen eingebracht und damit die Entstehung dieses Heftes ermöglicht haben.

Dr. Lothar Theodor Lemper
Vorsitzender des Vorstandes Otto Benecke Stiftung der e.V.

Eberhard Diepgen
Vorsitzender des Kuratoriums

Jochen Welt
Geschäftsführer

Hans H. Reich / Uwe Rohwedder

Von der Hilfe für Flüchtlinge zur Förderung der Teilhabegesellschaft – Geschichte der Otto Benecke Stiftung e.V. 1965–2015

Anfänge

Die Ursprünge der Otto Benecke Stiftung e.V. reichen zurück in das Engagement der Verfassten Deutschen Studentenschaft bei der sozialen und wirtschaftlichen Selbsthilfe der Studierenden in der Bundesrepublik Deutschland nach dem Ende des Zweiten Weltkriegs. Die Nachkriegsfolgen von Flucht und Vertreibung waren eines der brennenden sozialen Probleme der Zeit. Unter den Flüchtlingen und Vertriebenen befand sich eine nicht geringe Zahl von Studierenden und Studierwilligen, die materielle und bürokratische Hilfen benötigten. Schon in den ersten Nachkriegssemestern waren daher bei den Studentenvertretungen der wiedereröffneten Hochschulen eigene Flüchtlingsreferate entstanden, die sich der besonderen Probleme dieser Personengruppe annahmen und in langen Verhandlungen erreichten, dass den heimatvertriebenen Studenten schon bald nach Gründung der Bundesrepublik erste finanzielle Hilfen nach dem Soforthilfe- und dem Lastenausgleichsgesetz zu Gute kamen.[1]

Schwieriger blieb zunächst die Lage der aus der sowjetischen Besatzungszone bzw. der DDR geflüchteten Studierenden. In West-Berlin gewährte der Senat eine »Währungsbeihilfe«, doch die West-Berliner Hochschulen, die zunächst den Großteil dieser Studierenden aufgenommen hatten, waren zunehmend überfordert. Die Bewerber mussten in das westliche Bundesgebiet ausgeflogen und dort mit Studienplätzen versorgt und auch finanziell unterstützt werden. Dort gab es aber noch keine gesonderte Förderung für diese Flüchtlinge, und auch die Hilfsmöglichkeiten der örtlichen Studentenwerke waren bald erschöpft.

---

1   Schon in der unmittelbaren Nachkriegszeit hatten sich an verschiedenen Hochschulen studentische Gruppen zur Unterstützung von Flüchtlingsstudenten gebildet, siehe hierzu z. B. die Ergebnisse entsprechender Forschungen an der Goethe Universität Frankfurt, von Elisa Lecointe (o.J.) zu den Displaced Persons, insbesondere litauischen Studenten, oder von Carsten Richter zur »Rotkreuz-Studentengruppe; beide zugänglich über URL: http://www.use.uni-frankfurt.de(letzter Aufruf: 10.01.2015) (Anm. d. Hrsg.).

Hans H. Reich/Uwe Rohwedder

Vorgeschichte: Das Sozialamt des Deutschen Bundesstudentenrings (1953–1965)

Vor diesem Hintergrund befasste sich die Mitgliederversammlung des Verbands Deutscher Studentenschaften (VDS) im Frühjahr 1952 erstmals ausführlich mit der sozialen Lage der Flüchtlingsstudenten. Kurz zuvor hatten die Studentenwerke die Ergebnisse ihrer ersten bundesweiten Sozialerhebung veröffentlicht, aus denen unter anderem hervorging, dass damals jeder vierte Student in der Bundesrepublik entweder aus den früheren Ostgebieten jenseits von Oder und Neiße vertrieben worden oder aus der sowjetischen Besatzungszone bzw. der DDR in den Westen geflüchtet war, Anteil weiterhin steigend. Der Mitgliederversammlung lag ein umfangreiches Memorandum vor, das von dem im Protokoll als »Gast« vermerkten Studenten Theo Tupetz erarbeitet worden war. Tupetz unterschied darin drei Flüchtlingsgruppen – Heimatvertriebene, »Sowjetzonenflüchtlinge« sowie Exilstudenten vornehmlich aus Osteuropa – und legte dar, dass hinsichtlich dieser drei Gruppen unterschiedlicher Handlungsbedarf bestand. So sei zwar die Lage der heimatvertriebenen Studenten noch nicht völlig geklärt, es bestehe jedoch »begründete Hoffnung«, dass die Ausweitung der Ausbildungsbeihilfe nach dem gerade vom Bundestag verabschiedeten Lastenausgleichsgesetz (1952) eine »merkliche Verbesserung ihrer sozialen Lage« mit sich bringen werde. Die Exilstudenten würden großenteils von internationalen Organisationen – wie z. B. dem World University Service (WUS) – versorgt. Kritisch sei hingegen die Lage der damals rund 14.000 »Sowjetzonenflüchtlinge«: Nur diejenigen, die »wegen akuter Gefahr für Leib, Leben oder persönliche Freiheit« geflohen und im Rahmen des Notaufnahmeverfahrens entsprechend anerkannt worden seien, hätten Anspruch auf Beihilfen nach dem Lastenausgleichsgesetz. Die Mehrheit der Flüchtlinge jedoch, die die DDR lediglich »aus zwingenden Gründen« (so der damalige Passus im Notaufnahmegesetz von 1952) verlassen hatten, hätten diese Möglichkeit nicht und könnten ihr Studium »kaum oder nur unter größten Opfern sowohl körperlicher als auch seelischer Art beenden«. Diese Gruppe müsse daher künftig den Schwerpunkt der Sozialarbeit der deutschen Studentenschaft bilden. Sie benötige nicht nur finanzielle Unterstützung, sondern auch praktische Hilfe und Beratung bei der Eingliederung in das westdeutsche Hochschulsystem (Tupetz o.J.).

Aufgrund dieses Memorandums wurde Tupetz vom VDS mit dem Aufbau einer zentralen Flüchtlingsberatungsstelle beauftragt. Sie konnte mit finanzieller Unterstützung des Bundesinnenministeriums Anfang 1953 ihre Arbeit aufnehmen. Wenig später wurde sie in »Sozialamt des Deutschen Bundesstudentenrings« umbenannt. Im Bundesstudentenring arbeiteten die damals noch nach Hochschularten getrennten Studierendenverbände zusammen. Tupetz übernahm die Leitung.

Das Sozialamt war einerseits zuständig für »die Bearbeitung aller sozialen Fragen, die an den einzelnen Hochschulen nicht geregelt werden können«, und sollte durch »ständige Beobachtung der sozialen Lage der Studentenschaft« und Auswertung des einschlägigen Materials die »Grundlagen für eine studentische Sozialpolitik« schaffen (VDS 1954). Eine zentrale Rolle spielten hierbei die Ausbildungsbeihilfen nach den verschiedenen Gesetzen zur Überwindung von Kriegsfolgeschäden; hier sorgte das Amt mit regelmäßig erscheinenden Merkblättern für eine Unterrichtung der Studentenschaft über die bestehenden Beihilfemöglichkeiten, wirkte bei der Gestaltung der Verordnungen und Verwaltungsvorschriften mit und half im Einzelfall den örtlichen Stellen und einzelnen Studenten »durch Rechtsberatung und Rechtshilfe bei der Durchsetzung berechtigter Anliegen« (ebd.).

Andererseits fungierte das Sozialamt als zentrale Flüchtlingsberatungsstelle für alle Mitglieder der dem Bundesstudentenring angeschlossenen Studierendenverbände. Es unterhielt Zweigstellen in den verschiedenen Durchgangs- und Notaufnahmelagern und betreute die Flüchtlingsabiturienten und -studenten aus der DDR vom Zeitpunkt ihrer Flucht bis zur Wiederaufnahme des Studiums, half bei der Studienplatzvermittlung und sorgte für die materielle Sicherung des Studiums während der ersten beiden Semester.

Weil aber die gesetzlichen Beihilferegelungen, wie erwähnt, nur für einen kleinen Teil der DDR-Flüchtlinge »passten« und die örtlichen Studentenwerke mit dieser Aufgabe finanziell überfordert waren, entwarf Tupetz ein Sofortprogramm für DDR-Flüchtlinge, das – nach dem Besuch einer VDS-Delegation bei Bundeskanzler Adenauer im Vorfeld der Bundestagswahlen im September 1953 – schon nach kurzer Zeit aus einem Sonderfonds des Bundesinnenministeriums realisiert werden konnte.

Dieser »Garantiefonds« wurde im Sommer 1956 auf Dauer eingerichtet und allgemein zur Unterstützung bleibeberechtigter junger Zuwanderer eingesetzt. Dies war nun ein deutlich weiter gefasster Kreis, zu dem u. a. Studierende aus den ehemaligen deutschen Siedlungsgebieten in Mittel- und Osteuropa zählten. Bedeutsam wurde dies vor allem, als nach dem Bau der Berliner Mauer die Zahlen der DDR-Flüchtlinge radikal zurückgingen und folglich auch die auf die Studierenden in dieser Gruppe gerichteten Aktivitäten erheblich reduziert wurden.

Daneben betreute das Sozialamt weitere Gruppen geflüchteter Studierender, vor allem aus Entwicklungsländern; hierfür stellte das Auswärtige Amt Mittel bereit. Die Zielgruppen unterschieden sich in ihren Bedürfnissen erheblich von den ursprünglich betreuten Flüchtlingen. Denn sie benötigten nicht nur finanzielle Unterstützung, sondern darüber hinaus Hilfen, um im deutschen Hochschulsystem zurechtzukommen, neben Sprachkursen auch »propädeutische« Kurse zur Vermittlung fachlicher, allgemeinbildender und politischer Kenntnisse.

Gründung des Vereins (1965)

Die Expansion der Aufgaben spiegelte sich im Haushalt wider: Als die »Flüchtlingsberatungsstelle« 1953 ihre Arbeit aufnahm, betrug der jährliche Zuschuss des Bundesinnenministeriums 30.000 DM, hinzu kamen 2000 DM an Beiträgen von den Mitgliedsverbänden des Bundesstudentenrings. Bis 1964 stiegen die öffentlichen Zuschüsse auf rund 1,4 Millionen DM jährlich an, von denen allerdings der Großteil auf Stipendienmittel entfiel und daher nur einen durchlaufenden Posten im Haushalt darstellte. Diese Entwicklung führte dazu, dass das Sozialamt schon frühzeitig getrennt vom übrigen VDS-Haushalt nach den Prinzipien des öffentlichen Haushalts- und Kassenwesens geführt werden musste und auch der öffentlichen Kontrolle durch den Bundesrechnungshof unterlag. Dieser regte nun 1964 anlässlich einer solchen Prüfung an, dem bisher nicht rechtsfähigen Sozialamt eine eigene Rechtspersönlichkeit zu verleihen.

Der Bundesstudentenring beschloss daraufhin, einen eingetragenen Verein zu gründen, der die Aufgaben des bisherigen Sozialamts übernehmen und fortführen sollte. Am 22. Februar 1965 trafen sich in den Räumen der Studentenvertretung der Technischen Universität Berlin die Vorstände der angeschlossenen Studentenverbände, um einen gemeinnützigen Verein unter der Benennung »Otto Benecke Stiftung. Sozialamt des Deutschen Bundesstudentenringes e.V.« aus der Taufe zu heben. Dieser Tag gilt als offizielles Gründungsdatum (siehe »Gründung« im Anhang zum vorliegenden Beitrag).

Da es sich bei dem Verein nicht um eine mit Eigenkapital ausgestattete Institution im Sinne des Stiftungsrechts handelte, war die Verwendung des Begriffs Stiftung im Vereinsnamen nicht als Hinweis auf die Rechtsform zu verstehen, sondern sollte wohl eine besondere Verpflichtung des Vereins auf die Ideen des Namensgebers zum Ausdruck bringen.

Die Wahl des Namensgebers erklärt sich aus den studentenpolitischen Wurzeln in der Weimarer Republik: Otto Benecke war nach dem Ersten Weltkrieg, an dem er als Freiwilliger teilgenommen hatte, erster AStA-Vorsitzender an der Universität Göttingen und führend an der Gründung der »Deutschen Studentenschaft«, der ersten einheitlichen Dachorganisation der studentischen Selbstverwaltung, beteiligt. 1919 wurde er zum ersten Vorsitzenden des neugegründeten Verbandes gewählt. In dieser Funktion war er der studentische Partner des damaligen preußischen Unterstaatssekretärs und nachmaligen Ministers Carl Heinrich Becker, der 1920 die preußische Verordnung über die Bildung von Studentenschaften vorlegte. Durch diese Verordnung wurden die rechtlichen Grundlagen der studentischen Selbstverwaltung und ihrer (damals noch recht begrenzten) Teilnahme an der Verwaltung der Hochschulen geschaffen.[2]

---

[2] Zur rechtlich-politischen Einschätzung der Verordnung und ihrer Umsetzung in den 1920er Jahren (vgl. Barbey 1973).

In ihren Anfangsjahren setzte sich die Deutsche Studentenschaft vor allem für die Lösung der von Krieg und Inflation verursachten sozialen Probleme von Studierenden ein.

An diese Leistungen erinnert der Name von Otto Benecke in der Benennung der Otto Benecke Stiftung.

Die Deutsche Studentenschaft geriet schon in den 1920er Jahren in Flügelkämpfe zwischen einer republikanischen Minderheit, der Otto Benecke angehörte, und einer völkischen Mehrheit, die zunehmend die Macht übernahm. 1922 verließ Benecke die Deutsche Studentenschaft. Von 1921 bis 1928 arbeitete er im preußischen Kultusministerium, unter anderem als persönlicher Referent von Carl Heinrich Becker. Ab 1928 war er Beigeordneter beim Deutschen Städtetag, der 1933 im Deutschen Gemeindetag gleichgeschaltet wurde. Dort war Benecke u. a. für die Presse, die Auslandsbeziehungen, die Pflege von Kunst und Wissenschaft und die Förderung des Fremdenverkehrs zuständig und stieg zum stellvertretenden Abteilungsleiter, dann zum Leiter der Abteilung »Städtische, landschaftliche und ländliche Kulturarbeit, Pflege der Wissenschaften, Fremdenverkehr« auf (Geschäftsstelle des Deutschen Gemeindetags 1936, 1938, 1941). Über sein Wirken in diesen Positionen liegen nur lückenhafte und z. T. widersprüchliche Informationen vor. Ab 1939 gehörte er kraft Amtes der Jury für die Verleihung des Literaturpreises »Volkspreis der deutschen Gemeinden und Gemeindeverbände« an, wo er sich im Sinne des Preises für völkisch-nationalistische Autoren einsetzte. 1940 trat er der NSDAP bei (vgl. Prieberg 2005, 378–380; Strallhofer-Mitterbauer 1998, S. 101–103; Leitgeb 1994, S. 228, Anm. 101).

Von 1945 bis 1951 arbeitete er beim wiedergegründeten Deutschen Städtetag. Daneben führte er die Geschäfte des Deutschen Bühnenvereins und der Arbeitsgemeinschaft für Konzertwesen und war in vielen kulturpolitischen Organisationen tätig. Zwei Jahre lang war er für die SPD Ratsherr im Rat der Stadt Göttingen, legte dieses Amt aber 1957 aus gesundheitlichen Gründen nieder. 1956 wurde er mit dem Großen Bundesverdienstkreuz ausgezeichnet. Am wichtigsten war 1950 seine Ernennung zum Geschäftsführenden Mitglied des Verwaltungsrates der Max-Planck-Gesellschaft zur Förderung der Wissenschaften, an deren materiellem Aufbau er aktiv mitwirkte. In der Max-Planck-Gesellschaft setzte sich Benecke in besonderer Weise auch für die Förderung des wissenschaftlichen Nachwuchses ein (vgl. Nachruf auf Otto Benecke 1964; Vierhaus/vom Brocke 1990, S. 264; Kohl 2002, S. 264; Zirlewagen 2014, S. 43–45).

Otto Benecke starb 1964. Der studentischen Selbstverwaltung fühlte er sich zeitlebens verbunden, dem Leiter des Sozialamts, Theo Tupetz, stand er über Jahre hinweg als Berater zur Seite. Die Benennung des wenige Monate nach seinem Tode gegründeten Vereins war insofern auch ein Ausdruck persönlicher Verbundenheit, vor allem aber eine Bekundung des Willens, an die frühe Tradition der Verfassten Studentenschaft anzuknüpfen und deren soziales Engagement fortzuführen.

Auch durch die Beibehaltung der Benennung »Sozialamt des Deutschen Bundesstudentenringes« wurde die Absicht bekundet, die bis dahin geleistete Arbeit kontinuierlich weiterzuführen, nicht nur inhaltlich, sondern auch institutionell. Mitglieder des Vereins waren laut Satzung die jeweils amtierenden Vorsitzenden der zehn VDS-Landesverbände sowie die Vorsitzenden der übrigen Mitgliedsverbände des Bundesstudentenrings. Vorsitzender der Otto Benecke Stiftung, Sozialamt des Deutschen Bundesstudentenrings wurde der damalige VDS-Vorsitzende Emil Nutz, Geschäftsführer der bisherige Leiter des Sozialamts, Theo Tupetz. Kontinuität zeigte sich auch darin, dass der Verein weiterhin in den Räumen der VDS-Geschäftsstelle in der Bonner Georgstraße untergebracht war.

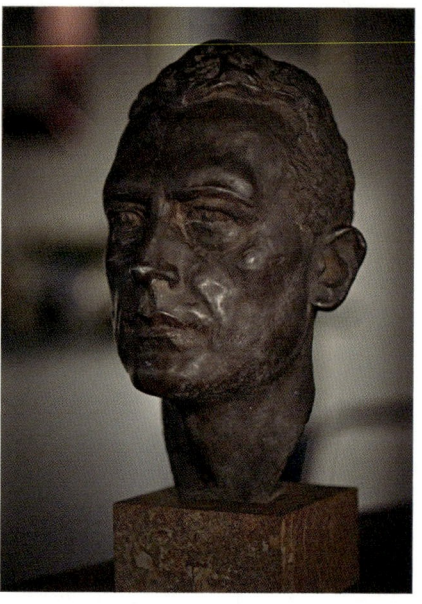

Büste von Otto Benecke, signiert: Wolff 42 (wahrscheinlich Joachim Wolff, 1923 – 2009), im Besitz der OBS. Foto: Hans-Theo Gerhards

Jahre des Übergangs und Neugründung des Vereins (1965 bis 1969)

Eine Konsequenz aus der Neugestaltung der rechtlichen Grundlagen war 1967 die Bildung eines Kuratoriums, dem neben den Vertretern mehrerer Bundesministerien auch eine Reihe von ehemaligen Studentenfunktionären angehörte. Den Vorsitz übernahm der Strafrechtler und damalige Präsident der Westdeutschen Rektorenkonferenz Rudolf Sieverts. Das Kuratorium sollte im Rahmen seiner Aufsichts- und Beratungspflichten gegenüber dem Vorstand vor allem auch dazu beitragen, den Verein stärker an die fördernden Institutionen anzubinden und deren Erfahrungen und Sachkenntnisse zu nutzen.

Bereits in den Jahren 1968/69 kam eine unerwartete Herausforderung auf Kuratorium und Vorstand zu: Innerhalb des VDS bekriegten sich mehrere linke Gruppierungen mit zunehmender Radikalität, und diese vornehmlich auf den Mitgliederversammlungen ausgetragenen Auseinandersetzungen, die bald zu einer Gefährdung der finanziellen Grundlagen des VDS führten, waren eng verbunden mit den Auseinandersetzungen in den Universitäten und auf der Straße. Als im Januar 1969 auch die Bonner VDS-Zentrale zum Ziel einer gewaltsamen

Besetzungsaktion wurde, war dies für Theo Tupetz, der sein Lebenswerk in Gefahr sah, ein Alarmsignal, das ihn zu einer panischen Reaktion veranlasste. Aus Sorge, linke Aktivisten könnten sensible Unterlagen z. B. über tschechoslowakische Studenten, die nach der Niederschlagung des Prager Frühlings 1968 in den Westen geflohen waren, an osteuropäische Nachrichtendienste ausliefern, brachte er zahlreiche Dienstakten in seiner privaten Wohnung in Sicherheit.

Zwar erfolgte die Aktion angeblich mit Wissen und Zustimmung der zuständigen Bundesministerien, jedoch ohne Wissen des Vorstands. Dieser forderte Tupetz daraufhin erfolglos zur Rückgabe der Akten auf, warf ihm nachhaltige Störung des Dienstbetriebs vor und sprach schließlich im Juli 1969 die fristlose Kündigung aus. Gleichzeitig nahm das Kuratorium unter Leitung seines Vorsitzenden Sieverts Verhandlungen mit dem Ziel der Stabilisierung der Vereinsarbeit mit dem Auswärtigen Amt, dem Bundesinnenministerium, dem Bundesfamilienministerium und den Kultusministerien der Länder auf.

Der Verein selbst wurde unter dem Namen »Otto Benecke Stiftung e.V.« (im Text fortan: OBS) – ohne den bisherigen Zusatz »Sozialamt des Deutschen Bundesstudentenrings« – am 19. November 1969 neu gegründet. Mitglieder wurden ehemalige Vorstands- und Kuratoriumsmitglieder des alten Vereins, allerdings jetzt als Privatpersonen. Erster Präsident wurde der bisherige Kuratoriumsvorsitzende Sieverts, weitere Vorstandsmitglieder waren Volker Grellert, Heinz Kraus, Emil Nutz und Peter Nölle (siehe Anhang zu diesem Beitrag). Neuer Geschäftsführer (unter der Bezeichnung »Generalsekretär«) wurde Wolfgang G. Beitz, der dieses Amt bereits seit Tupetz' Entlassung kommissarisch innehatte. Das Kuratorium bestand wie bisher aus Vertretern der zuschussgebenden Bundesministerien, der Kultusministerkonferenz und der Westdeutschen Rektorenkonferenz.

Mit der Neugründung waren die institutionellen Bindungen an die Verfasste Studentenschaft gekappt. Die studentenpolitischen Ursprünge wirkten aber lange nach – in den Personen, in den programmatischen Aufgaben, im Selbstverständnis des Vereins. Ehemalige Repräsentanten der verfassten Studentenschaft haben die Arbeit der Stiftung weiter begleitet, sie sind auch heute noch im Kuratorium, insbesondere durch den Vorsitzenden Eberhard Diepgen und den ehemaligen VDS-Vorsitzenden Lothar Krappmann, präsent. Der Aufgabenkatalog hat sich evolutionär aus den früh übernommenen Unterstützungs- und Beratungsvorhaben entwickelt. Bei feierlichen Gelegenheiten wird immer noch an die Ideale des Namensgebers erinnert. Das wohl wertvollste Vermächtnis in diesem Zusammenhang ist Beneckes Überzeugung, dass in der Teilnahme an der Selbstverwaltung die Chance zu demokratischer Selbsterziehung enthalten sei, aus der die Bereitschaft entstehe, Pflichten im Gemeinwesen zu übernehmen. In der 1976 beschlossenen Satzung des Vereins ist als einer der Vereinszwecke festgehalten, »dazu beizutragen, dass der von ihm geförderte Personenkreis später Verantwortung in Staat und Gesellschaft übernimmt.«

Tupetz' fristlose Kündigung wurde später vor Gericht wieder zurückgenommen, eine Wiederanstellung erfolgte dennoch nicht. Tupetz kämpfte noch jahrelang erfolglos für seine Wiedereinstellung und starb schließlich 1980 vereinsamt und verbittert in Bonn. Eine späte postume Würdigung hat anlässlich des 30jährigen OBS-Jubiläums 1995 der damalige Präsident Joseph Bücker, der ihn als unermüdlichen »Schnellläufer und Schnelldenker« lobte: »Während andere noch Memoranden schrieben und Aktenvermerke fertigten, hatte Theo Tupetz bereits entsprechende Gesetz- und Verordnungsentwürfe vorbereitet. Zwar ist er später an seinem Übereifer gescheitert, gleichwohl gebührt ihm aber noch heute unser Dank und unsere Anerkennung für die von ihm erbrachten Leistungen, die vielen deutschen und ausländischen Studenten zugutegekommen sind« (Bücker 1995, S. 4 f.).

Rudolf Sieverts[3]   Theo Tupetz[4]

Blütezeit: Erfolge, Grenzen und Gefahren (ca. 1970 bis ca. 1993)

Expansion nach der Neugründung

Die Intervention des Kuratoriums erwies sich als außerordentlich erfolgreich. Der Verein expandierte in jeder Hinsicht. An den Kursorten der OBS konnte seit 1970 eine ausbildungsbegleitende Beratung etabliert werden, die die frühere Arbeit der studentischen Gemeinschaftswerke der Katholischen Deutschen Studenteneinigung fortführte und qualitativ wie quantitativ erweiterte. Nach 1975 kamen Beratungsstellen an zahlreichen weiteren Standorten hinzu. Der »Eingliederungsweg« war klar vorgezeichnet: Nach der Erfassung und Erstberatung

---

3   Rudolf Sieverts; Quelle: Staatsarchiv Hamburg, Signatur: 720-1=215Si531.

4   Theo Tupetz; Quelle: Bildausschnitt, Aufnahme ca. 1973; Privatbesitz. Mit freundlicher Genehmigung des Sohnes Theo von Theo Tupetz, durch Vermittlung von Walter Fr. Schleser.

Von der Hilfe für Flüchtlinge zur Förderung der Teilhabegesellschaft

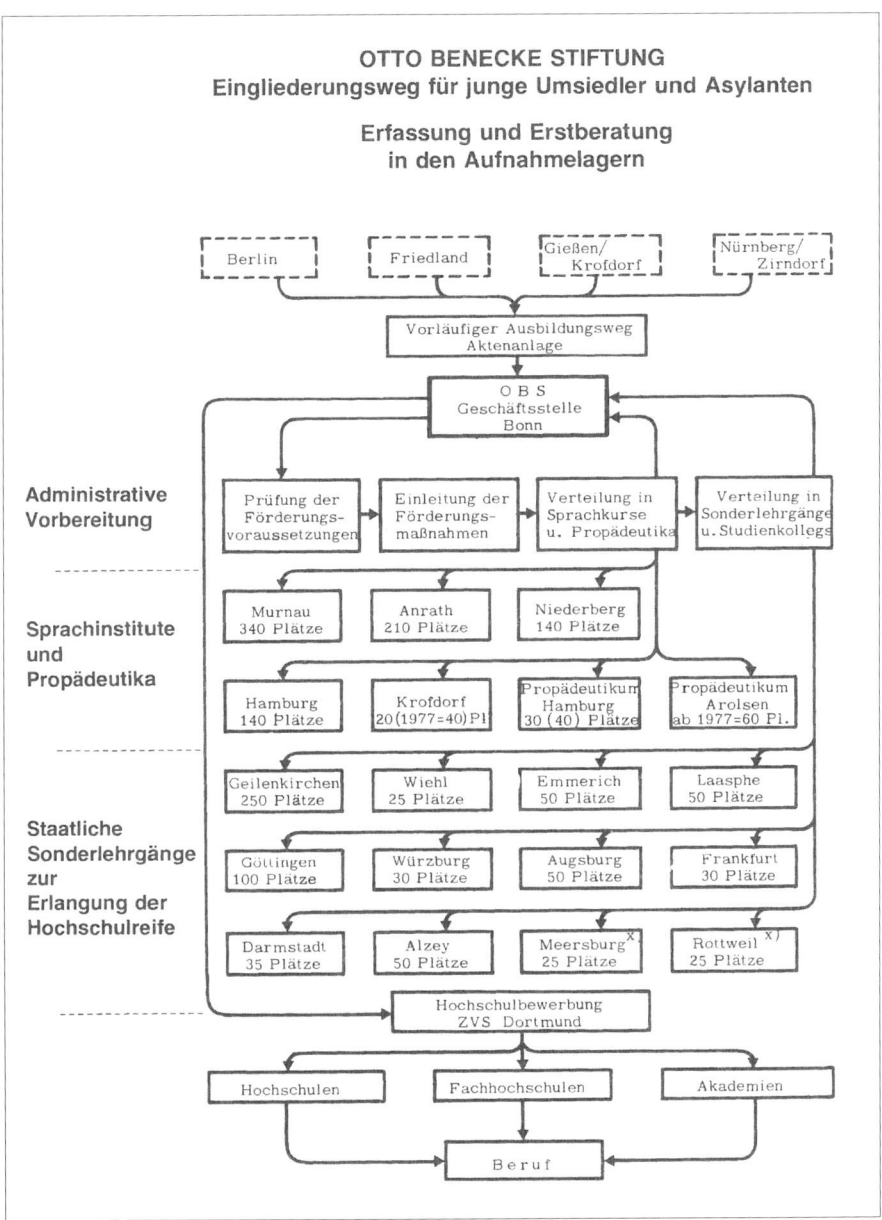

Quelle: OBS Handbuch 1976/77, S. 45.

in den Aufnahmelagern wurden in Bonn die Förderungsvoraussetzungen überprüft und die jeweiligen Förderungsmaßnahmen der sprachlichen und schulischen Studienvorbereitung eingeleitet. Die Bonner Geschäftsstelle unterstützte die Stipendiaten bei der Aufnahme und Durchführung eines Hochschulstudiums mit der Aussicht auf den Übergang in die Berufstätigkeit.

Im Jahr 1970 wurde zur Durchführung der OBS-Sprachkurse eine eigene »Gesellschaft zur Förderung berufsspezifischer Ausbildung« (GFBA) gegründet. Ferner hatte sich in Berlin aus einer Gruppe von ehemaligen Studentenfunktionären ein Verein »Haus der Politischen Bildung e.V.« gebildet, dessen Anliegen es war, die Berlin-Seminare des VDS fortzuführen, so wie die Otto Benecke Stiftung e.V. dessen Eingliederungs-Aufgaben fortführte. Die Seminare behandelten allgemeine deutschlandpolitische und spezielle fachpolitische Themen und waren für alle Studierenden zugänglich. Der Verein mit seinem Vorsitzenden Eberhard Diepgen und dessen Stellvertretern Emil Nutz und Lothar Krappmann hatte eine neue Tagungsstätte ausfindig gemacht und auch eine ministerielle Finanzierung dafür erreicht. Aber er konnte das Haus nicht selbst in Besitz nehmen, weil er keinen überregionalen Charakter hatte, wie es die Haushaltsvorschriften des Bundes für Kauf und Überlassung vorsahen. Stellvertretend kam die OBS für den Erwerb des Hauses in Betracht, das dann zum Vorteil beider Seiten genutzt wurde. Für den Betrieb des Hauses und für beide Seminarprogramme zu sorgen, oblag dem OBS-Mitarbeiter Panteleimon Schljapin, der diese Aufgaben zu allseitiger Zufriedenheit bewältigte. Schwierigkeiten ergaben sich später, weil der ›Besitzer‹ OBS aus Sicht der Rechnungsprüfer keine angemessene Miete von dem Verein verlangte. Dies führte zu Spannungen und im Zuge der vielfachen Neu- und Umorientierungen nach der Vereinigung der beiden deutschen Staaten kam es zum Verkauf des Hauses und zur Kündigung der Vereinbarung mit dem Verein; der Verkaufserlös fiel an den Bund (vgl. Krappmann 2012).

Die Eingliederungsarbeit der OBS für zugewanderte Studierende konnte nach der Neugründung ohne Unterbrechung fortgeführt werden. Zu den bereits zuvor betreuten Zielgruppen kamen in wachsender Zahl Aussiedler aus osteuropäischen Ländern hinzu, die schließlich die Hauptzielgruppe der Eingliederungsarbeit der OBS bildeten. Ferner wurden Kontingentflüchtlinge und Asylberechtigte, zeitweise auch Asylbewerber, in die Eingliederungsprogramme einbezogen. Die Programme selbst wurden zunehmend differenzierter, um den unterschiedlichen Bedürfnissen der Adressaten Rechnung zu tragen. Neu ausgebaut wurden Aktivitäten zur Unterstützung von Studierenden aus Entwicklungsländern, zunächst im Inland, dann aber in zunehmendem Maße auch »vor Ort«, nicht nur bei akademischen Bildungsgängen, sondern auch im Bereich der handwerklich-technischen Qualifizierung. 1970 startete das »Fachhochschulprogramm«, 1978 das »Sonderprogramm zur Ausbildung von Flüchtlingen aus dem südlichen Afrika« (siehe Bauer 1995).

Hauptzuwendungsgeber war das Bundesministerium für Jugend, Familie und Gesundheit, das vom Innenministerium den »Garantiefonds« übernommen hatte. Das Bundesbildungsministerium engagierte sich im »Akademikerprogramm«, einer Ausweitung der Zielgruppen für die Eingliederungsarbeit. Die Entwicklungsländerprogramme wurden mit Mitteln des Auswärtigen Amtes und des Bundesministeriums für wirtschaftliche Zusammenarbeit und Entwicklung durchgeführt, woraus sich ein eigener Tätigkeitsbereich innerhalb der OBS entwickelte. Der Haushalt stieg von knapp 3 Millionen DM im Jahre 1969 auf über 200 Millionen DM im Jahre 1991. Die Zahl der *jährlich* geförderten Personen nahm allein im Rahmen des Garantiefonds im gleichen Zeitraum von 1859 auf 6114 zu; hinzu kamen 1333 Teilnehmer jährlich im Akademikerprogramm und rund 3000 in den übrigen Programmen.

Im Zuge der Entwicklung stabilisierte sich die Arbeitssituation insgesamt. Ursprünglich war man davon ausgegangen, dass es sich bei den Förderprogrammen um vorübergehende, befristete Aufgaben handele, die eine langfristige Personalplanung weder zuließen noch erforderten. Das machte es schwer, qualifizierte Kräfte für die OBS zu gewinnen. Seit der zweiten Hälfte der 1970er Jahre wurden dann jedoch sukzessive feste Stellen eingerichtet und besetzt. Allerdings konkurrierte die Stiftung dabei, wie andere vergleichbare Institutionen, mit den Ministerien, die für gleichartige Aufgaben langfristig gesicherte und besser vergütete Arbeitsplätze anzubieten hatten. Die Stiftung musste Zugeständnisse machen, um für die wachsenden Aufgaben in den 1970er und 1980er Jahren ausreichend Personal zu finden.

Die interne Organisation war vergleichsweise einfach. Zunächst gab es fünf Referate, deren Aufgaben in dem Organigramm von 1976 dargestellt sind: 1982 erfolgte eine Reorganisation, durch die vier Abteilungen geschaffen wurden, denen insgesamt 15 Referate untergeordnet waren. Hinzu kamen zwei Stabstellen für die Öffentlichkeitsarbeit und für die Innenrevision.

Die Aufgliederung der Abteilungen in Referate war als Versuch zu verstehen, den wachsenden Aufgaben durch Differenzierung besser gerecht zu werden; doch war die Organisation nie sehr fest, sondern wurde den wechselnden Aufgaben öfters ad hoc angepasst.

Zur Abteilung Beratung gehörten auch die Außenstellen, unterschieden nach Erstberatungsstellen, Leitstellen und Beratungsstellen. Im Jahr 1983 unterhielt die OBS in der Bundesrepublik insgesamt 19 Außenstellen. Erstberatungsstellen waren in den Bundes- und Landesaufnahmestellen für DDR-Zuwanderer und Aussiedler eingerichtet: Berlin, Friedland, Nürnberg, Gießen (Krofdorf), Unna und zur Zeit der ansteigenden Asylbewerberzahlen auch in Zirndorf, dem Sitz des damaligen Bundesamtes für die Anerkennung ausländischer Flüchtlinge. Den Erstberatungsstellen oblag die Klärung der Frage, ob Ratsuchende nach Aufenthaltsstatus, Vorbildung und Möglichkeit zur Fortsetzung der im Herkunftsland begonnenen Ausbildung in das Förderprogramm der OBS aufgenommen werden konnten. Die positiven Entscheidungen meldeten die Erstberatungs-

Organigramm der OBS e.V. 1976

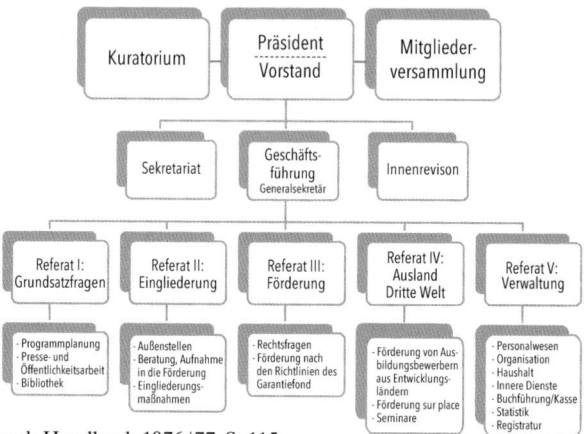

Quelle: OBS, nach Handbuch 1976/77, S. 115

Organigramm der OBS e.V. 1982

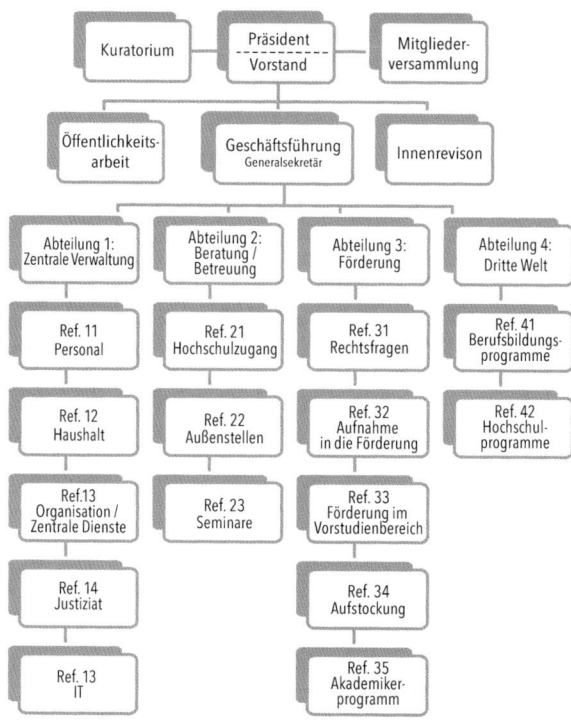

Quelle: OBS

Von der Hilfe für Flüchtlinge zur Förderung der Teilhabegesellschaft

stellen dann nach Bonn an die Abteilung Förderung, die die formalen Schritte einleitete, mit denen die Förderberechtigten in eine Ausbildungsmaßnahme, zunächst meist in einen von der OBS finanzierten Sprachkurs, aufgenommen und während der Teilnahme mit einer Beihilfe zum Lebensunterhalt unterstützt wurden. Die Leitstellen waren in Hamburg, Berlin, Hannover, Düsseldorf, Frankfurt, Stuttgart und München etabliert und sollten die Kontakte der OBS zu den für Zuwanderungsfragen relevanten Landesministerien sicherstellen. Lokale Bedeutung hatten die Beratungsstellen, die die Teilnehmenden während ihrer Ausbildung betreuten, sie auf schulische oder universitäre Anschlussmaßnahmen und den Übergang in den Beruf vorbereiteten.

Oben: Bonner Talweg, OBS-Geschäftsstelle; Quelle: OBS/Schlag nach 1977, S. 7
Unten: Kennedyallee 105–107, Geschäftsstelle der OBS seit 1994; Quelle: Foto OBS

Mit den wachsenden Aufgaben wuchs auch die Zahl der Mitarbeiterinnen und Mitarbeiter. Waren es im Jahr 1975 noch 41 feste Stellen (Vollzeitäquivalente), so vergrößerte sich der Bestand an festen Stellen bis 1980 auf 114 Stellen, blieb bis 1984 konstant bei 110, um dann erneut bis zu einem Höchststand von 138 festen Stellen und 90,5 Projektstellen im Jahr 1993 bzw. 153,5 festen Stellen und 49 Projektstellen im Jahr 1994 anzusteigen. Analog wuchs der Raumbedarf der Zentrale. Nach einiger Zeit war das Bonner VDS-Gebäude zur Gänze in die Nutzung durch die Otto Benecke Stiftung e.V. übergangen, der VDS suchte sich neue Büros. Damit war dann nach der institutionellen auch die räumliche Trennung vollzogen. 1977 zog die Stiftung in ein Gebäude am Bonner Talweg um, eine Gründerzeitvilla, die bis dahin von der FDP als Bundeszentrale genutzt worden war. Doch schon Anfang der 1980er Jahre musste zusätzlicher Büroraum angemietet werden. Ende der 1980er Jahre wurde ein größerer Bürokomplex an der Berliner Freiheit, ehemals Sitz der Bundeszentrale für politische Bildung, angemietet; auch dies brachte nur kurzfristig Entlastung. Erst 1994, mit dem Umzug in das Gebäude an der Kennedyallee, vormals Sitz des Bundesfamilienministeriums, war eine ausreichende Versorgung erreicht. Angepasst an den inzwischen stark verringerten Raumbedarf werden die dortigen Räume auch heute noch genutzt.

Eingliederungsprogramme: Garantiefonds und Akademikerprogramm

Hauptaufgabengebiet blieb die Versorgung und Betreuung zugewanderter Studierender und Studierwilliger aus den Mitteln des »Garantiefonds«.[5] Dieser wurde 1972 durch das Ministerium in Form »Allgemeiner Verwaltungsvorschriften über die Gewährung von Beihilfen zur Eingliederung junger Zuwanderer« neu gefasst und ermöglichte es von da an, nicht nur den Einstieg, sondern auch die Durchführung eines Studiums in der Bundesrepublik Deutschland zu fördern. Davon profitierten insbesondere die aus der DDR Zugewanderten, für die studien*vorbereitende* Maßnahmen nur in geringem Maße notwendig waren, die aber eine Unterstützung *während* des Studiums sehr wohl gebrauchen konnten. Zur Bearbeitung der ab 1974 in großer Zahl eingehenden Förderanträge musste die Stiftung kurzfristig zusätzliche Ressourcen erschließen. So kam es zur erstmaligen Nutzung von EDV in Form eines modifizierten Lohn- und Gehaltprogramms, das bei IBM abgewickelt wurde. Mittels einer gleichzeitigen Verwaltungsvereinfachung und unter Einsatz einer größeren Zahl von studentischen Hilfskräften gelang es, auch diese neue Herausforderung zu bewältigen.

Die Entwicklung des Garantiefonds ist gekennzeichnet durch das Nacheinander und Nebeneinander unterschiedlicher Gruppen von Zuwanderern, die die Hilfen in Anspruch nehmen konnten. Insgesamt kann man von einer vorsichtigen Ausweitung des Kreises der Berechtigten sprechen. Vor allem aber waren es die nach den politischen Umständen wechselnden Herkünfte der Zielgruppen, die die Geschichte des Garantiefonds prägten. Nach und neben den Zuwanderern aus der DDR waren dies Flüchtlinge aus Krisengebieten, Asylsuchende aus Chile, Aussiedler aus Polen und Rumänien, später dann die Aussiedler aus der UdSSR, Boatpeople aus Vietnam, jüdische Emigranten aus der ehemaligen Sowjetunion u. a. Für die OBS bedeutete dies die Verpflichtung zum Erwerb immer neuer Expertise und ausdifferenzierter Qualifikation der Beraterinnen und Berater.

Die Entwicklung des Garantiefonds ist aber auch gekennzeichnet durch eine zunehmende Einengung der Fördermodalitäten (Altersgrenze, Förderungsdauer, Höhe der Beihilfen). Dies bedeutete, gleichbleibend hohe Ziele mit – pro Fall – geringer werdenden Ressourcen anstreben zu müssen. Als Qualitätsziel galt eine durchgängige und individuelle Betreuung:

> »Die Otto Benecke Stiftung begleitet die jungen Zuwanderer von ihrer Ankunft in einem Durchgangslager wie z. B. Friedland und Nürnberg an über die Sprachkurse und Sonderlehrgänge bis hin zum Studium und, wenn nötig, darüber hinaus. Während dieser Zeit fördert, berät und betreut sie die ihr anvertrauten Kursteilnehmer. Diesen jungen Menschen, die in die Bundesrepublik Deutschland gekommen sind,

---

5 Zu den Maßnahmen im Rahmen des Garantiefonds siehe auch den Beitrag von Barthelt/Oltmer/Weyhenmeyer im vorliegenden Band.

um hier frei und ohne Furcht vor Verfolgungen und Benachteiligungen ihre Ausbildung fortsetzen und abschließen zu können, soll das Schicksal einer benachteiligten und im Stich gelassenen Minderheit erspart bleiben. (...) Generell sind die Probleme einer solchen Eingliederung nicht zu lösen. Es ist selten, dass ein Fall sich mit dem anderen deckt, ihm auch nur gleicht. Es bedarf daher eines intensiven Eingehens auf jeden einzelnen der an die Otto Benecke Stiftung herangetragenen Fälle«. (Otto Benecke Stiftung: Arbeitsbericht 1975, S. 5).

Diese Ziele zu erreichen wurde zunehmend schwerer. Die seitens der Stiftung zu bearbeitenden Aufgaben umfassten

- die Erstberatung durch einen mit den Bildungssystemen der Herkunftsländer vertrauten, sprachkundigen Berater der OBS, ausbildungsbegleitende Beratung, Information und Vermittlung in Fragen der Ausbildung und des gesellschaftlichen Neubeginns;
- die Entgegennahme und Prüfung von Förderungsanträgen, Vornahme von Übersetzungen, Einleitung der Anerkennung von Vorbildungsnachweisen bei der Zentralstelle für das ausländische Bildungswesen;
- die Durchführung von Eingliederungsmaßnahmen wie
    - Kurse zum Erlernen der deutschen Sprache,
    - die Durchführung von studienfachbezogenen Vorbereitungen, sog. Propädeutika, die als Brücke zwischen den Sprachkursen und dem weiteren Bildungsgang dienen sollten,
    - in Kooperation mit den Kultusbehörden der Länder materielle, beratende und informierende Unterstützung der Teilnahme an Sonderlehrgängen für Aussiedler zur Erlangung und Feststellung der Hochschulreife,
    - Unterstützung der Teilnahme an Studienkollegs für Asylberechtigte, zeitweise auch für Asylbewerber,
    - Eingliederungsseminare für Aussiedler vor Aufnahme eines Studiums zur Orientierung über die Lebensbedingungen in der Bundesrepublik und zur Theorie und Praxis des wissenschaftlichen Arbeitens;
- die Gewährung und Auszahlung von Beihilfen aus dem Garantiefonds.

Das klingt zunächst vor allem nach Bürokratie und bedeutet auch ganz gewiss viel bürokratische Arbeit; es sei aber wenigstens mit zwei Einzelfällen daran erinnert, dass »durchgängige und individuelle Betreuung« niemals bloße Routine ist, sondern im Kern Engagement von Menschen für Menschen bedeutet.

Hans H. Reich / Uwe Rohwedder

Inna Herzog

»Ich fühlte mich wie im Sternenhimmel«

»Ich konnte nicht Deutsch. Nicht so. Fast gar nicht.« Inna Herzog kam im März 2002 mit ihren Eltern aus Astana in Kasachstan in Friedland an, in der Zentralstelle für deutschstämmige Spätaussiedler. Sie war 21 Jahre alt und hatte, nach erfolgreich absolviertem Lyzeum, in Tomsk bereits zweieinhalb Jahre Mathematik studiert. Doch das war in Deutschland, begriff sie schnell, nicht viel wert. Viel wichtiger wären gute Sprachkenntnisse gewesen. »Natürlich hatte ich schon in Kasachstan ein bisschen gelernt. Aber das war längst nicht das, was man hier erwartet hat.« Inna fühlte sich, als stehe sie vor einer unüberwindlichen Wand.

Eine Tante machte sie auf die Otto Benecke Stiftung aufmerksam: »Frag' in Unna-Massen nach!« Tatsächlich fand Inna dort eine Tür, an der ein Plakat der OBS hing. Sie lernte einen Satz auswendig: »Ich interessiere mich für die Otto Benecke Stiftung.« Klopfte an, ging hinein und trug ihren Satz vor, den einzigen deutschen Satz, den sie aussprechen konnte. »Die Leute waren begeistert: Juhu, sie spricht Deutsch!«

Bluffen gehört zum Western Way of Life, lernte Inna Herzog in diesem Augenblick; mindestens aber selbstsicheres Auftreten. Dabei blieb es zunächst. Denn Innas Familie verließ das Lager und zog um, zwei Mal. »Doch ein paar Monate später erhielt ich einen Brief, von Otto Benecke« Inna staunt noch heute: »Die haben mich gesucht!« Und in Hiddenhausen aufgestöbert, einem kleinen Dorf, wo die Familie inzwischen gemeinsam ein Zimmer bewohnte. Im Januar 2003 trat Inna Herzog einen OBS-Sprachkurs an, in Hannover. »Ich fühlte mich wie im Sternenhimmel. Das war toll. Das beste Jahr in meinem Leben.« Der Sprachkurs sei ganz anders gewesen als der von der Arbeitsverwaltung: viel anspruchsvoller, fordernder, ergiebiger. Und: »Es waren lauter junge, gebildete Menschen um mich herum.« Inna lernte zusätzlich Englisch. Ihr kasachisches Mathematikstudium wurde ihr als Abitur anerkannt. Sie nahm ein Studium an der Fachhochschule Hildesheim auf.

Doch die wurde bald darauf aufgelöst. Wechsel an die Uni Bielefeld. Inna wohnte wieder bei den Eltern. 2010 schließlich: der Bachelor in Wirtschaftsmathematik: »Ein wunderbares Fach.« Jetzt hätte es zügig weitergehen können, doch diesmal kam die Liebe dazwischen. Inna heiratete, trennte sich wieder, wurde 2014 geschieden. Das Studium blieb liegen. »Die OBS war fast die einzige, die nachgehakt haben: Wo bist Du? Was macht Dein Studium? Das hat mir neuen Mut gegeben.«

Jetzt hat Inna Herzog wieder Tritt gefasst. Sie setzt ihr Studium fort, konzentriert sich auf Wirtschaftswissenschaften: »Weil man damit ganz viel machen kann.« Sie will zügig »Fuß fassen, auch finanziell.« Und in Ostwestfalen-Lippe bleiben. »Ich bin bodenständig.« Und hier gebe es doch so viele große, interessante Unternehmen. Inna zählt sie auf: Miele, Dr. Oetker, Tchibo, Bertelsmann...

Als Inna Herzog hört, die Otto Benecke Stiftung werde 50 Jahre alt, wünscht sie ihr spontan »weitere fünfzig Jahre, ach was: hundert!« Und wenn sie könne, werde sie gern helfen, »auch noch mit 83«.

Sergej Prokopkin

»Ab dem Punkt ging es aufwärts!«

»Ich war blind unterwegs in einem fremden Land. Die OBS hat mir die Augen geöffnet.«

Sergej Prokopkin wurde 1985 in Südrussland geboren. Als er 17 Jahre alt war und »gerade fertig mit der Schule«, verschlug es ihn 2002 nach Plön in Schleswig-Holstein. Seine Familie war als Spätaussiedler anerkannt worden und schuf sich in Deutschlands Norden, wo sich Verwandte fanden, eine neue Heimat. Doch Sergej tat sich schwer damit.

Er fühlte sich entrissen, allein, ohne Freunde, ohne Ziele. »Ich sprach nicht wirklich Deutsch.« Aus Sicht anderer war er wahrscheinlich: ein junger Russe, potentiell gefährlich. Die Agentur für Arbeit hatte ihm außer Ein-Euro-Jobs nichts zu bieten. Und so tingelte Sergej durch Bauhöfe, Gärten, Küchen, Altenheime. Am interessantesten noch fand er es, in einem Aktivzentrum Senioren »zu bespaßen«.

Durch Zufall habe er dann von der Otto Benecke Stiftung e.V. gehört. »Ich wusste nicht, was das ist.« Aber eine Freundin sagte ihm, dort könne er vielleicht Hilfe finden. »Das war schwer für mich. Der erste Test. Die erste Hürde. Bei der OBS anzurufen, auf Deutsch.« Noch heute, viele Jahre später – und Sergej ist längst gewandt in der deutschen Sprache – ist ihm dieser Augenblick höchst präsent. Der Augenblick, als er zum Telefonhörer griff, wählte und auf Deutsch sein Anliegen vortragen musste. Dieser schlichte Akt wurde zur zweiten großen Wende seines bisherigen Lebens. »Ab dem Punkt ging es aufwärts. Seit diesem Zeitpunkt stehe ich auf eigenen Beinen.«

Sergej legte einen Sprachtest ab und ging für sechs Monate nach Hamburg, die neue Sprache richtig zu erlernen, weg von der Familie. Nebenbei erschloss er sich eine für ihn völlig neue Welt: »Ich war in Hamburg unter Menschen, die sich ein Studium zum Ziel gesetzt haben!« Ihm wurde klar: das will ich auch. Die OBS wies ihm den Weg.

Zunächst musste Sergej das deutsche Abitur nachholen. Ein Sonderlehrgang (»unter Verzicht auf Kunst, Sport und Musik«) machte es möglich. Seit dem Sommersemester 2008 studiert er Jura in Greifswald. Und parallel dazu Politikwissenschaft.

In Hamburg hat Sergej auch gelernt, Zeitungen zu lesen und sich für Politik zu interessieren. »Ich hatte ja keine Ahnung.« Sein Studium zog sich länger hin als geplant, weil er zwischendurch für ein Jahr nach Sheffield in England ging und sich dort mit Kriminologie und internationalen Menschenrechten befasste. Außerdem engagiert er sich bei den Grünen Hochschulgruppen und im Arbeitskreis Kritischer Juristinnen und Juristen. Später, nach dem Zweiten Staatsexamen und womöglich einer Promotion auf dem Feld der Kriminologie, würde Sergej Prokopkin gern als Anwalt für eine NGO arbeiten oder für den UNHCR, den Hohen Kommissar der Vereinten Nationen für Flüchtlinge: »Das wäre schön.« Einstweilen berät er junge Menschen, die heute nach Deutschland und zur OBS finden, wie er vor mehr als einem Jahrzehnt: »Das ist auch für mich selber interessant. Ich bekomme viel Input.«

Interview mit Inna Herzog und Sergej Prokopkin, Quelle: Interviews von Uwe Knüpfer, 2014

Im Haushalt schlugen die Sprachkurse am stärksten zu Buche, gefolgt von den Ausgaben für Sonderlehrgänge, den direkten Beihilfen und den Seminaren. Die folgenden Tabellen zeigen die Verteilung der Ausgaben in den Haushaltsjahren 1975, 1985 und 1990:

Haushaltsjahr 1975 (lt. Arbeitsbericht 1975, S. 25)

Untertitel	Gesamtausgabe DM	Ø Zahl der Teilnhmer pro Monat	DM pro Teilnehmer/ Monat
Sprachkurs	8.660.000	560	1.290
Kurse zum Erwerb der Hochschulreife	6.470.000	747	1.640
Eingliederungslehrgänge/Seminare	920.000	200	1.410
Studienförderung	1.670.000	1600	90
Summe	17.720.000	3107	475

Haushaltsjahr 1985 (lt. Sachlicher Bericht, S. 79–81)

Untertitel	Gesamtausgabe DM	Ø Zahl der Teilnehmer pro Monat	DM pro Teilnehmer/ Monat
Sprachkurs	32.712.874	1673	1.630
Kurse zum Erwerb der Hochschulreife	6.169.228	984	523
Eingliederungslehrgänge/Seminare	2.226.144	2912	64
Studienförderung	3.199.747	2743	97
Summe	44.307.994	8312	444

Haushaltsjahr 1990 (lt. Sachlicher Bericht 1990, S. 24–27)

Untertitel	Gesamtausgabe DM	Ø Zahl der Teilnehmer pro Monat	DM pro Teilnehmer/ Monat
Sprachkurs	109.368.012	4316	2.112
Kurse zum Erwerb der Hochschulreife	26.750.635	2851	782
Eingliederungslehrgänge/Seminare	3.113.038	6114	42
Studienförderung	5.474.311	4391	104
Summe	144.705.996	17672	682

Die Förderung nach dem Garantiefonds richtete sich seit jeher an »jugendliche« Zugewanderte, gefördert wurden Personen, die bis zum Zeitpunkt der Antragsstellung das 35. bzw. (später) das 30. Lebensjahr noch nicht vollendet hatten. Um auch solche Zuwanderer unterstützen zu können, die diese Altersgrenze überschritten haben oder schon einen akademischen Abschluss aus ihrem Herkunftsland besitzen, der aber in der Bundesrepublik nicht oder nur teilweise anerkannt ist, wurde auf Initiative der Otto Benecke Stiftung das Akademikerprogramm gegründet.

Es wurde zunächst durch das Bundesministerium für Jugend, Familie und Gesundheit finanziert, das sich aber 1982 aus dem Programm zurückzog; 1985 übernahm das Bundesministerium für Bildung und Wissenschaft die Finanzierung. Zielgruppe waren Zugewanderte aus der DDR und Berlin (Ost) sowie Aussiedlerinnen und Aussiedler mit abgeschlossenem Hochschulstudium. Das Akademikerprogramm umfasste analog zum Garantiefonds Beratungs- und Förderungsleistungen. Gefördert wurden von der OBS eigens hierfür entwickelte Sprachkurse, Kurse zu Basisfähigkeiten (Bewerbung, EDV) sowie fachspezifische studienergänzende Kurse. Lag die Zahl der Geförderten pro Jahr anfangs noch im zweistelligen Bereich, so stieg sie ab Mitte der 1980er Jahr kontinuierlich an und lag ab 1990 regelmäßig bei über 1000 Geförderten, auf dem Höhepunkt 1992 sogar über bei 2000 pro Jahr. Durch die OBS-Förderung nach dem Garantiefonds wurden in den fünfzig Jahren seit 1965 mehr als 400.000 junge Menschen bei der Fortsetzung und Ergänzung ihrer Ausbildung in Deutschland unterstützt. Dazu kommen nahezu 30.000 Geförderte im Akademikerprogramm.[6]

---

[6] Eine eingehendere Darstellung enthält der Beitrag von Barthelt/Oltmer/Weyhenmeyer im vorliegenden Band; vgl. auch Breyer 1995.

Die GFBA-Affäre

Die 1970 auf Initiative des damaligen Geschäftsführers der OBS, Wolfgang G. Beitz, gegründete »Gesellschaft zur Förderung berufsspezifischer Ausbildung«, deren Mitgliederzahl auf maximal sieben begrenzt war, sollte dafür sorgen, dass Sprachkursplätze für OBS-Stipendiaten in genügender Zahl und mit zielgruppengerechtem Angebot zur Verfügung standen. Die bis dahin mit der Durchführung der Sprachkurse beauftragten Goethe-Institute hatten zum damaligen Zeitpunkt nicht viel freie Kapazität und waren didaktisch eher auf die Vermittlung allgemeiner Deutschkenntnisse an Ausländerinnen und Ausländern, nicht auf die Bedürfnisse künftiger Studierender mit der Perspektive eines Verbleibs in Deutschland eingestellt. Außerdem sollte eine sozialpädagogische Betreuung während des Kurses sichergestellt sein.

Die Ziele konnten in vollem Umfang erreicht werden. Die GFBA betrieb an zahlreichen Standorten eigene Sprachkurse und entwickelte Kursformate und Qualitätsstandards, die allgemein Anerkennung fanden. Ein besonderer Erfolg war, dass der Abschluss dieser Sprachkurse von den Kultusministerien der Länder als Zugangsvoraussetzung für die Teilnahme am Sonderlehrgang und damit dem Abschluss der Mittelstufe II der Goethe-Institute gleichwertig anerkannt wurde. 1975 entwickelte die GFBA auch die »Propädeutika« zur besseren Vorbereitung auf die Sonderlehrgänge zur Erlangung der Hochschulreife; dieses Angebot war und blieb jedoch umstritten und wurde 1981 wieder eingestellt.

Obwohl auch nach Gründung der GFBA weiterhin andere Kursträger (überwiegend die Goethe-Institute) für OBS-Stipendiaten in Anspruch genommen wurden, ergab sich durch die personelle Verquickung von OBS und GFBA doch eine Quasi-Monopolstellung der GFBA, die sich als problematisch erweisen sollte. Anlässlich einer Überprüfung der OBS durch den Bundesrechnungshof nannte dieser »die Haushaltsführung der Otto Benecke Stiftung e.V. unübersichtlich« und beklagte eine jahrelange »Verschleierung der Ausgaben durch kaum nachvollziehbare Buchungen«. Gemeint war damit vor allem das intransparente Verhältnis zur GFBA (Hoffmann 1992; Wirtspflanze im Erbhof 1992). Zu allem Überfluss war der Bundesrechnungshof der GFBA gegenüber ursprünglich nicht prüfungsberechtigt, weil diese kein direkter Empfänger der Bundeszuschüsse war. Dieses Recht musste erst durch Neugestaltung der Verträge hergestellt werden. Bei der Prüfung des Jahres 1992 ergab sich dann, dass die GFBA Überschüsse aus dem Bereich Garantiefonds für die Entwicklung neuer Geschäftsfelder, insbesondere für Maßnahmen nach dem Arbeitsförderungsgesetz, außerhalb des Tätigkeitsfeldes der OBS eingesetzt hatte. Dies mochte unternehmerisch ganz sinnreich gewesen sein, zuwendungsrechtlich war es in keiner Weise zulässig, so dass seitens der OBS eine Rückforderung in Höhe von 6,3 Millionen DM geltend gemacht wurde. Da die GFBA weder über entsprechende Rücklagen noch über Eigenmittel verfügte, war ein Konkurs unumgänglich. Es kam hinzu, dass Volker Grellert, Vorstandsmitglied der OBS und Geschäftsführer der GFBA, rund eine Million DM aus der GFBA-Kasse entnommen und sich 1991, als die Frankfurter Staatsanwaltschaft Ermittlungen aufnahm, mit dem Geld ins Ausland abgesetzt hatte.

Leidtragende waren die Mitarbeiterinnen und Mitarbeiter, nicht zuletzt die sprachpädagogischen Kräfte, die durch die Qualität ihrer Arbeit der OBS zu einem Ruf als Leuchtturm des Deutschen als Zweitsprache verholfen hatten und sich jetzt von Arbeitslosigkeit bedroht sahen. Mit Entschlossenheit hat sich der 1992 neu berufene Präsident, Joseph Bücker, der Probleme angenommen. Die Mitgliederzahl der GFBA wurde erhöht und ein komplett neuer Vorstand gewählt. Das Recht auf Rechnungsprüfung bei der GFBA wurde sichergestellt. OBS-Generalsekretär Wolfgang G. Beitz musste 1992 seinen Posten räumen. Mit starken Worten vertrat Bücker gegenüber dem Ministerium die Interessen der an dem Desaster unschuldigen Mitarbeiter: »Es geht nicht an, daß fast zwanzig Jahre lang private Interessen von einzelnen Vereins- und Vorstandsmitgliedern offensichtlich teilweise mit Duldung des zuständigen Ministeriums alimentiert werden konnten und dieses Ministerium jetzt keinerlei Chance mehr sehen will, die nie bestrittenen notwendigen Umstrukturierungs- und Sanierungsprozesse zumindest sozialverträglich zu gestalten!« (zit. nach Hoffmann 1992). 1993 wurde das GFBA-Insolvenzverfahren durchgeführt. Um trotzdem den Unterricht für die Stipendiaten der OBS sicherzustellen, wurden Verträge mit den an zahlreichen Kursorten entstandenen Eigengründungen ehemaliger GFBA-Mitarbeiter sowie mit anderen Trägern abgeschlossen. Auf diese Weise konnten zahlreiche Arbeitsplätze gerettet werden, und die Eingliederungsarbeit konnte fast ohne Unterbrechung fortgesetzt werden.

Dr. Joseph Bücker; Quelle: Bildnachweis: Deutscher Bundestag/Presse-Service Steponaitis

Internationale Hilfsprogramme

Wie eingangs erwähnt, hatte das Sozialamt des VDS schon gegen Ende der 1950er Jahre damit begonnen, auch solche Studenten zu fördern, die nicht auf Dauer in die Bundesrepublik bleiben, sondern nach Abschluss ihrer Ausbildung wieder in ihre Herkunftsländer zurückkehren wollten: Flüchtlingsstudenten aus Ungarn nach dem niedergeschlagenen Aufstand von 1956, algerische Studierende, die wegen des Unabhängigkeitskriegs von Unterstützungsmöglichkeiten abgeschnitten waren, Studenten aus Entwicklungsländern, die zuvor in verschiedenen Staaten des Ostblocks studiert, ihr Studium dort aber aus politischen Gründen abgebrochen hatten und nun im Westen weiterstudieren wollten. In der ersten Hälfte der 1960er Jahre kamen Flüchtlingsstudenten aus Südafrika, Rhodesien, Namibia, Angola, Moçambique und Ghana, ab der Mitte der sechziger Jahre aus weiteren Spannungsgebieten – Biafra, Palästina, Vietnam – hinzu.

Das Sozialamt löste sich damit von der Fixierung auf Flüchtlinge bzw. Abwandernde aus dem Osten und öffnete sich generell für die Flüchtlingsprobleme der Dritten Welt. Politisch-rechtliche Grundlage dieser Öffnung war die 1962 verabschiedete »Charta des Verbands Deutscher Studentenschaften«, in der sich der Verband dazu bekannte, auch international für die Einhaltung der Menschenrechte und gegen Diktatur, Diskriminierung und Kolonialismus einzutreten (Charta des VDS 1962). Bei der Förderung dieses Personenkreises stand also nicht die Eingliederung in die deutsche Gesellschaft im Vordergrund, sondern ideologisch der Gedanke der internationalen Solidarität und politisch der Kampf um Einfluss in den postkolonialen Staaten. Erwartet wurde, dass die Geförderten nach Abschluss ihres Studiums – sowie ggf. nach Beendigung der Konflikte, die zu ihrer Flucht geführt hatten – wieder in ihre Heimat zurückkehren und dort am Aufbau demokratischer Gesellschaften mitwirken sollten. Dementsprechend wurden diese Hilfsprogramme auch nicht aus dem Garantiefonds, sondern in der Regel aus Mitteln des Auswärtigen Amtes oder des Bundesministeriums für wirtschaftliche Zusammenarbeit und Entwicklung (BMZ) finanziert.[7]

Ab 1970 führte die OBS in mehreren aufeinander folgenden Förderphasen bis 1997 mit Mitteln des BMZ das »Programm zur Förderung freier Bewerber an deutschen Fachhochschulen« durch, das direkt entwicklungspolitische Ziele verfolgte. Aufgenommen wurden Bewerber, die aus aktuellen Krisen- oder Kriegsgebieten stammten und Fächer studieren wollten, die für technische und wirtschaftliche Mangelberufe in Entwicklungsländern qualifizierten. Ausgewählte Bewerber wurden schriftlich verpflichtet, innerhalb eines Jahres nach Abschluss des Studiums in ihr Heimatland oder ein Drittland auszureisen, um dort als qualifizierte Ingenieure, Landwirtschafts- und Wirtschaftsexperten zum Aufbau beizutragen.[8]

Bis Ende 1991 sind rund 550 Stipendiaten in dieses Programm aufgenommen worden, von denen rund 460 Stipendiaten nach Beendigung der Förderung in der übergroßen Mehrzahl in ihr Heimatland oder ein Drittland zurückgekehrt waren. Ca. 80 % der Teilnehmer hatten das Studium mit Erfolg abgeschlossen. Während der bis 1991 laufenden Förderphase war vom Zuwendungsgeber BMZ

---

7 Zu den internationalen Solidaritätsprogrammen der OBS siehe Bauer 1995.

8 Siehe hierzu auch den Beitrag von L. T. Lemper im vorliegenden Band.

aus grundsätzlichen Erwägungen die Entscheidung getroffen worden, das Fachhochschulprogramm zu beenden. Hintergrund war die 1990 verabschiedete Novellierung der Flüchtlingskonzeption der Bundesregierung, die einen Abbau der Ausbildungsangebote in der Bundesrepublik und eine Verlagerung in Herkunfts- oder andere Aufnahmeländer vorsah.

Um denjenigen Stipendiaten, die sich noch in der Anfangsphase ihres Studiums befanden, einen Abschluss zu ermöglichen, wurde eine abschließende Programmphase gewährt. In Ausnahmefällen, z. B. wegen drohenden Studienabbruchs aufgrund finanzieller Schwierigkeiten, wurden auch neue Bewerber aufgenommen. Von den rund 90 im Programm verbliebenen Stipendiaten schlossen wiederum ca. 80 % ihr Studium während der Förderphase ab. Weitere rund 60 Studierende erhielten während der abschließenden Förderphase ein Kurzzeitstipendium, das ihnen half, finanzielle Schwierigkeiten zu überbrücken (Sachberichte zum Verwendungsnachweis für die Jahre 1992–1997).

Ein neuartiges Fördermodell repräsentierte das Sonderprogramm zur Ausbildung von Flüchtlingen aus dem südlichen Afrika, das die Otto Benecke Stiftung von 1978 bis 1994 im Auftrag des BMZ in fünf Teilprogrammen durchführte. Es betrat in zweierlei Hinsicht Neuland: Zum einen wurden nicht nur Hochschulstudien, sondern auch berufliche und handwerkliche Ausbildungen gefördert. Zum andern wurden erstmals sur-place-Stipendien vergeben, d. h. große Teile des Ausbildungsprogramms wurden in den jeweiligen Flüchtlingsaufnahmeländern der Region durchgeführt, also z. B. in Tansania oder Sambia für Flüchtlinge aus Südafrika oder Rhodesien. In Deutschland wurden außer den bekannten Maßnahmen (Beratung, Sprachkurse, ausbildungsbegleitende Seminare) als spezifische Maßnahmen Berufsgrundausbildungen in technischen Berufen gefördert und Reintegrationshilfen angeboten. In den afrikanischen Aufnahmeländern errichtete die OBS Betreuungsbüros, die den Flüchtlingen berufliche Ausbildungsmöglichkeiten vermittelten. Insgesamt wurde die berufliche Aus- und Fortbildung von mehr als 10.000 Flüchtlingen aus den Ländern des südlichen Afrika gefördert. Die Repatriierung von über 1.000 namibischen Teilnehmern wurde von 1989 bis 1993 durch ein gesondertes Reintegrationsprogramm unterstützt, in das auch ca. 1.000 in der ehemaligen DDR ausgebildete Namibier einbezogen wurden (Sachbericht 1995).

Erwähnung verdient in diesem Zusammenhang der Aufbau einer Lehrwerkstatt in Namibia, die 1984 begonnen, 1989 fertiggestellt und 1991 an die Namibische Republik übertragen wurde. Dieses *Vocational Training Center* war mit seinen 120 Ausbildungsplätzen ein Leuchtturmprojekt, das auf einer Fläche von mehr als 40.000 m² Werkstätten, Lagerhallen, Schul- und Verwaltungsgebäude, Küche, Mensa und Wohnhäuser für die Trainees beherbergte. Es ermöglichte – in einem Land, in dem das Schulsystem nach Ethnien getrennt war und die Ausbildungsangebote für die nicht-weiße Bevölkerung einen äußerst geringen Standard hatten – die berufliche Ausbildung junger, nicht-weißer Namibier sowie die Aus- und Fortbildung einheimischer Lehrkräfte. Im Projekt orientierte sich der Standard der Berufsausbildung und der Lehreraus- und -fortbildung an der in Deutschland bewährten praxisorientierten technisch-gewerblichen Ausbildung (siehe auch Schleicher 2010, S. 91).

Fachöffentliche Information und Diskussion

Um Studienbewerber richtig beraten und Eingliederungsmaßnahmen erfolgreich durchführen zu können, haben Mitarbeiterinnen und Mitarbeiter der OBS schon früh damit begonnen relevante Informationen über die Bildungssysteme und die gesellschaftlichen Verhältnisse in den Herkunftsländern zu sammeln und für die Beratungen nutzbar zu machen.

Weitergehend wurden die Betreuungsaufgaben der OBS auf einer Reihe von Fachtagungen systematisch aufgearbeitet: »Hochschulzugang für junge Aussiedler« (1982), »Eingliederung junger Zuwanderer aus der DDR« (1984), »Anerkennung von akademischen Abschlüssen bei Aussiedlern und DDR-Zuwanderern« (ebenfalls 1984), »Ausbildung oder Sozialhilfe – Alternativen der Eingliederung junger Flüchtlinge« (1985), »Beratung und Förderung studierender Aussiedler und Flüchtlinge« (1986). Die Ergebnisse sind in einzelnen Veröffentlichungen dokumentiert. Auch in den öffentlichen und wissenschaftlichen Diskurs über flüchtlings- und migrationspolitische Fragen wurden Erkenntnisse aus der Eingliederungsarbeit eingebracht. Besonders hervorzuheben sind die Tagungen zu Themen des Asylrechts, an denen sich die OBS beteiligte und deren Ergebnisse in einer eigenen Reihe »Asylrecht« in 15 Bänden von 1975 bis 1990 beim Nomos-Verlag veröffentlicht wurden. Kennzeichnende Tagungsthemen waren: »Menschenrechte und Flüchtlingsbetreuung. Die humanitären Aufgaben der Vereinten Nationen« (1975), »Praktizierte Humanitas. Weltproblem Flüchtlinge, eine europäische Herausforderung« (1980), »Asylpolitik der Bundesrepublik Deutschland« (1982), »Flüchtlinge in Europa« (1983), »Politische Betätigung von Ausländern in der Bundesrepublik Deutschland« (1986), »Vierzig Jahre Asylgrundrecht. Verhältnis zur Genfer Flüchtlingskonvention« (1989).[9]

1986 wurde ein erster Fachbeirat eingesetzt, dem je ein Vertreter des Hochschul-Informations-Systems, der Bundesanstalt für Arbeit, des Deutschen Industrie- und Handelstages sowie eine Erziehungswissenschaftlerin und ein Sprachdidaktiker angehörten. Ein besonderes Anliegen des Fachbeirates war die Entwicklung des Hochschulprogramms. Im Februar 1990 nahm er auch Kontakte zu Wissenschaftseinrichtungen der DDR auf und regte an, Informations- und Beratungsveranstaltungen an ostdeutschen Universitäten durchzuführen,

---

9   Siehe die im Anhang zu diesem Band beigefügte Liste »Publikationen der Otto Benecke Stiftung e.V.«

die dann auch von der OBS in Rostock und in Leipzig realisiert wurden. Ein besonderes Kennzeichen dieser Veranstaltungen war, dass daran ostdeutsche und westdeutsche Wissenschaftler und Fachleute der Hochschulverwaltung in gleichberechtigter Funktion, im wörtlichen Sinne Seite an Seite, beteiligt waren.

> *»50 Jahre Otto Benecke Stiftung stehen für 50 Jahre erfolgreiche Integrationsarbeit. Dazu herzlichen Glückwunsch und vor allem ein herzliches Dankeschön! Damit für Menschen, die nach Deutschland kommen, Integration möglich ist, brauchen wir eine Willkommenskultur in unserer Gesellschaft. Die Otto Benecke Stiftung zeigt, wie das geht.«*
>
> *(15.12.2014, Claudia Crawford, vormals Nolte; 1994 – 1998 Bundesministerin für Familie, Senioren, Frauen und Jugend)*

Umbruchzeit: Fortsetzungen, Rückschläge und Neuanfänge (ca. 1990 bis ca. 2010)

Veränderungen des Feldes, Aktualisierung der Themen, Reorganisation der Strukturen

In den Jahren um 1990 stand die OBS vor einer Reihe schwieriger Herausforderungen, denen kurzfristig begegnet werden musste und die nicht nur recht unterschiedlicher, sondern geradezu widersprüchlicher Natur waren: Das durch die GFBA-Affäre beschädigte Ansehen in der Öffentlichkeit wiederherzustellen und dabei das Vertrauen in die Kontinuität der Eingliederungsprogramme zu erhalten war nur eine dieser Aufgaben. Denn gleichzeitig veränderten sich die Kontextbedingungen in grundlegender Weise. In den Jahren vor 1990 nahm die Flucht aus der DDR dramatisch zu, um dann – mit der Vereinigung der beiden deutschen Staaten – plötzlich und vollständig aufzuhören. Auch der durch migrationspolitische Neuregelungen herbeigeführte Rückgang der Asylbewerberzahlen ab 1992 gehört zu den gravierenden Kontextveränderungen im Tätigkeitsfeld der OBS[10]. Weitaus am schwersten jedoch wog die Entwicklung der Aussiedlerzuwanderung. Sie gelangte in den Jahren von 1988 bis 1999 auf eine Höhe, die von der OBS zunächst eine gewaltige Steigerung ihrer Leistungsfähigkeit und dann ein hohes Maß an Flexibilität verlangte.[11] Die Zuwanderung der Aussiedlerinnen und Aussiedler war zunächst migra-

---

10 Zur Änderung des Asylrechts siehe u. a. Hailbronner 1994.

11 Siehe hierzu auch den Beitrag von Barthelt/Oltmer/Weyhenmeyer im vorliegenden Band

tionspolitisch gewollt und willkommen, und die Zuwandernden erfuhren jede denkbare Unterstützung. Als diese Migrationsbewegung jedoch begann, eine unvermutete Eigendynamik zu entwickeln, trat eine Verengung der ursprünglichen politischen Offenheit ein und verkehrte sich alsbald in ihr Gegenteil, nämlich in eine Politik der Dämpfung und der Restriktion der Zuwanderung, der Einschränkung der Integrationshilfen und der Unterstützung des Verbleibs der potenziellen Aussiedler in ihren Siedlungsgebieten. Die Zahlen gingen seit Beginn der 1990er Jahre zunächst in kleinerem Umfang, dann ab dem Jahr 2004 rapide zurück, und erreichten 2012 einen absoluten Tiefpunkt.

Diese – sichtbare – Entwicklung bedrohte die Existenzberechtigung der OBS ausgerechnet in dem Programmbereich, der in den Jahren zuvor Zentrum und Schwerpunkt ihrer Tätigkeit gewesen war. Vorausschauend war daher neben dem Programmbereich als zweites Standbein der Projektbereich auszubauen und zu stärken. Wo diese Versuche anzusetzen hätten, war nicht von vornherein klar. Für die beendeten internationalen Hilfsprogramme Nachfolge schaffen zu wollen, war wenig aussichtsreich. In den Vordergrund rückte die notwendige Erschließung neuer Tätigkeitsfelder. Hierfür drängten sich in den Jahren um und nach 1990 die gesellschaftspolitischen Fragen auf, die durch die Vereinigung der beiden deutschen Staaten aufgeworfen waren. Die migrations- und integrationspolitischen Umorientierungen führten für die OBS zu einer Reihe neuartiger Engagements in der Jugendarbeit, im Bereich der deutschsprachigen Minderheiten in mittel- und osteuropäischen Ländern und im der Bereich der Kooperation mit Migrantenorganisationen[12].

Die staatlichen Zuwendungen gingen in dieser Zeit stark zurück, der Haushalt der OBS schrumpfte von rund 250 Mio. DM im Jahr 1991 auf 56 Mio. DM in 2001, hielt sich mit 25,5 Mio. € für das Jahr 2007 noch in etwa gleicher Höhe, sank dann aber in 2008 auf 11,8 Mio. € herunter. Mit dem 30.06.2009 wurde die bis dahin gewährte institutionelle Förderung durch das Familienministerium beendet. Die OBS war von da an allein auf die Mittel angewiesen, die durch Antragsstellung für Projekte und Maßnahmen bewilligt wurden. Für das Haushaltsjahr 2013 konnten 15,5 Mio. € eingeworben werden. Die Zahl der Mitarbeiter verringerte sich von den erwähnten Höchstständen der Jahre 1993 und 1994 auf 105,5 feste Stellen und 15,75 Projektstellen im Jahr 2000, dann auf 69,5 feste Stellen und 15,75 Projektstellen im Jahr 2005 und schließlich auf 36,5 feste Stellen und 17,75 Projektstellen im Jahr 2010.

Die Organisation der Bonner Geschäftsstelle wurde 1996 ebenfalls verändert. Nach einer Organisationsuntersuchung wurde die Zwischenebene der Abteilungsleitung aufgegeben und eine flachere Hierarchie eingeführt. Im Ergebnis wurden unterhalb der Führungsebene sieben Referate eingerichtet. Hinzu kamen drei Stabstellen für Öffentlichkeitsarbeit, Innenrevision und

---

12 Zu diesen Entwicklungen siehe auch den Beitrag von Matter im vorliegenden Band.

Organigramm der OBS e.V. 1996

```
                    ┌───────────┐
        ┌───────────│ Präsident │───────────┐
        │           │ Vorstand  │           │
  ┌───────────┐     └───────────┘     ┌──────────────┐
  │ Kuratorium│                       │ Mitglieder-  │
  └───────────┘                       │ versammlung  │
                                      └──────────────┘
                          │
   ┌──────────────┬───────┴────────┬──────────────┐
┌──────────┐  ┌─────────┐  ┌─────────────┐  ┌──────────┐
│Öffentlich│  │Justiziat│  │ Geschäfts-  │  │ Innen-   │
│keitsarbeit│ │         │  │ führung     │  │ revision │
└──────────┘  └─────────┘  └─────────────┘  └──────────┘
                                  │
┌──────┬──────┬──────┬──────┬──────┬──────┬──────┐
Referat I:  Referat II:  Referat III:  Referat IV:  Referat V:  Referat VI:  Referat VII:
Personal/   Organisation,  Programmplanung  Beratung, Außen-  Garantiefonds-  Akademiker-  Projekte Afrika
Zentrale    Haushalt, IT   Konzeptentwicklung  stellen, Seminare  Förderung  programm
Dienste
```

Justiziariat: Neu geschaffen wurde in diesem Kontext ein Referat für »Programmplanung und Konzeptentwicklung«, dessen Einrichtung die Einschätzung widerspiegelt, dass an Stelle der bisher gewohnten Administration mittel- bis langfristiger Bundesprogramme künftig die marktfähige Konkurrenz um nationale und internationale Aufträge im Sektor von Migration und Integration treten werde.

In der Folge verringerte sich die Anzahl der Referate aus betrieblichen Gründen. Mit dem Auslaufen der Förderung durch das Auswärtige Amt und das BMZ entfielen Ende der 1990er Jahre die Aufgaben des Referats VII. Die in den traditionellen Stipendienprogrammen von der OBS wahrgenommenen Beratungsaufgaben – und damit auch die dafür zuständigen Außenstellen des Referats IV – wurden 2009 in die Jugendmigrationsdienste der Wohlfahrtsverbände verlagert. Mit Beendigung des AQUA-Programms im Jahr 2013 entfielen auch die Aufgaben der im Organigramm von 1996 noch als »Referat VI« bezeichneten Organisationseinheit. Die Aufgaben der Referate I, II und V wurden schließlich in dem heutigen Verwaltungsreferat (»Referat I«) zusammengefasst. Die entbehrlich gewordenen Stellen für die Innenrevision und das Justiziariat entfielen. Das folgende Organigramm gibt den Stand des Jahres 2014 wieder.

Organigramm der OBS e.V. 2014

```
        ┌───────────┐   ┌───────────┐   ┌──────────────┐
        │ Kuratorium│   │ Präsident │   │ Mitglieder-  │
        │           │   │ Vorstand  │   │ versammlung  │
        └───────────┘   └─────┬─────┘   └──────────────┘
                              │
              ┌───────────────┴──┐
     ┌────────────────┐    ┌──────────────┐
     │ Öffentlichkeits│    │ Geschäftsführer│
     │ arbeit         │    │              │
     └────────────────┘    └──────┬───────┘
                       ┌──────────┴──────────┐
                ┌──────────────┐      ┌──────────────────┐
                │ Referat I:   │      │ Referat II:      │
                │ Verwaltung   │      │ Programmplanung /│
                │              │      │ Projekte         │
                └──────┬───────┘      └────────┬─────────┘
                       │                       │
             - IT                        - Integration
             - Garantiefonds-Förderung   - Transnationale Projekte
             - Personal / Organisation   - Gesellschaftlicher
             - Kasse / Buchhaltung         Diskurs
```

Die aus der Aufgabenstruktur des Jahres 1996 verbliebenen fachlichen Aufgaben des Seminar- und Hochschulprogramms wurden in das heutige Projektreferat (»Referat II«) integriert, das zwischenzeitlich durch die Akquisition von Projekten in mehreren Arbeitsfeldern stark gewachsen war. Heute zeichnet dieses Referat neben der Seminar- und Hochschularbeit auch für die Konzeption und Durchführung der thematisch vielfältigen Projekte mit Migrantenorganisationen, für die internationale Arbeit mit ethnischen Minderheiten und für die Veranstaltungs- und Schriftenreihe der OBS verantwortlich.

Auslaufen der internationalen Hilfsprogramme für Flüchtlinge in Entwicklungsländern

In dem jahrzehntelangen Krieg in Eritrea war 1993 eine Pause eingetreten, und die neue Regierung bemühte sich um einen Wiederaufbau des Landes. Im Blickpunkt standen dabei auch die aus den Nachbarländern Sudan und Äthiopien zurückgekehrten Flüchtlinge, die demobilisierten Kämpfer der Eritreischen Volksbefreiungsfront und die intern Kriegsvertriebenen. Zusammen mit der Kommission für eritreische Flüchtlingsangelegenheiten machte sich die OBS daran, mit Mitteln des BMZ bei der Etablierung eines beruflichen Bildungsprogramms zu helfen. Bis 1996 konnte fast 4.500 jungen Erwachsenen des genannten Personenkreises eine berufliche Grundbildung für das Bauhandwerk, für Elektro-, Wasser- und Sanitärinstallation sowie für Bürotätigkeiten in Kursen von durchschnittlich neun Monaten Dauer vermittelt werden.

Hans H. Reich/Uwe Rohwedder

Eritea 1994/95, Fotos: OBS

Eine zweite Projektphase wurde begonnen. Als jedoch 1998 die eritreische Regierung eine nationale Entwicklungskampagne ausrief, zog sie dafür etwa ein Drittel der Kursteilnehmer und neun Ausbilder zu diesem Dienst ein mit der Folge, dass alle Kursmaßnahmen eingestellt werden mussten. Aufgrund der sich anschließend entwickelnden kriegerischen Auseinandersetzung zwischen Eritrea und Äthiopien musste das Programm insgesamt vorzeitig beendet werden.

Auch mit palästinensischen Flüchtlingen hat die OBS im Rahmen ihrer Flüchtlingsarbeit zahlreiche Kontakte aufgebaut, die über deren Deutschlandaufenthalt hinaus anhielten. Ebenso bestand Kontakt zur palästinensischen Generaldirektion in Deutschland. 1994, nachdem Israel und die PLO das Teilautonomieabkommen für die palästinensischen Gebiete unterzeichnet hatten, eröffnete sich die Möglichkeit, diese Kontakte zu nutzen, um auch dort ein Berufsbildungsprogramm aufzulegen, mit dem die wirtschaftliche Entwicklung unterstützt werden konnte. 1995 startete das »Selbsthilfe- und Ausbildungsprogramm für zurückgekehrte Flüchtlinge in Palästina« mit einer zunächst dreijährigen Laufzeit, das in Kooperation mit dem palästinensischen Arbeitsministerium durchgeführt wurde. Die Projektbezeichnung wurde im Programmverlauf geändert in »Ausbildungsprogramm für Rückkehrer, Flüchtlinge und aus israelischer Haft entlassene Gefangene« und die Projektlaufzeit wurde um zwei Jahre bis Ende 1999 verlängert. Angepasst an die lokal vorhandenen Möglichkeiten wurden Kurse in verschiedenen Berufsfeldern (Hotelgewerbe, Tourismus, Verwaltung; Büro, Textil; Design und Handwerk; Technik) konzipiert und durchgeführt; besonderes Gewicht wurde auf die Vermittlung von fundierten praktischen Fertigkeiten gelegt. Einige Kurse wurden in Form von Lerneinheiten organisiert, die inhaltlich variabel waren und zeitlich flexibel eingesetzt werden konnten – je nach Leistungsvermögen und Lernfortschritt der Lerngruppe. Wo immer möglich, beinhaltete die Ausbildung Praktika in Industriebetrieben, Werkstätten, Verwaltungen, Hotels usw., die neben der Vermittlung und Vertiefung praxisbezogener Kenntnisse auch der Herstellung von Kontakten zu potenziellen Arbeitgebern dienten. Insgesamt haben etwa 2.800 Teilnehmerinnen und Teilnehmer diese Ausbildungen durchlaufen.

Von der Hilfe für Flüchtlinge zur Förderung der Teilhabegesellschaft

Quelle: Forum Eine Welt, Nr. 4, 2. Quartal 1995.

Quelle: OBS inForm Nr. 7, 2002, S. 2

Mit dem Abschluss des Palästina-Programms endete 1999 das Engagement der OBS im Bereich der internationalen Hilfsprogramme des BMZ.[13] Den Anlass bot, jenseits einzelner ministerieller Kritikpunkte an der Durchführung früherer Programme, ein seit längerem bestehender haushaltsrechtlicher Dissens: Die OBS hatte im Einvernehmen mit dem Ministerium in den BMZ-Programmen die im Ausland entstehenden Personal- und Sachkosten aus Projektmitteln verausgabt, was durch den Wortlaut der Förderrichtlinien nicht gedeckt war. Dies hatte die Vorprüfungsstelle des BMZ beanstandet, eine entsprechende neue haushaltsrechtliche Neuregelung wurde diskutiert, auf die sich das Ministerium jedoch letztlich nicht einlassen wollte.

Die internationalen Hilfs- und Entwicklungsprogramme waren eine politisch sinnvolle Ausweitung der Flüchtlingshilfe, wie sie schon die Arbeit der OBS in ihren Anfängen bestimmt hatte. Durch sie wurde der ursprüngliche Auftrag zu einem allgemeiner verstandenen, international geöffneten Tätigkeitsfeld. Die Perspektive wechselte von der Flucht nach Deutschland zu den Fluchtproblemen auf der ganzen Welt, von der Aufnahme an deutschen Bildungseinrichtungen zu entwicklungsfördernden Aktivitäten vor Ort, von der Konzentration auf akademische Abschlüsse zu beruflichen Qualifikationen für den wirtschaftlichen Aufbau. Die Ziele der einzelnen Projekte passten zum Profil der OBS und hätten grundsätzlich auch eine dauerhafte Programmaufgabe abgeben können. Es bleibt bedauerlich, dass dies aus politisch-organisatorischen Gründen gescheitert ist.

Neuere Entwicklung der Eingliederungsprogramme

Die neuere Entwicklung der Eingliederungsprogramme ist durch qualitative Veränderungen, vor allem aber durch die notwendigen Anpassungen an die Entwicklung der Zuwanderung gekennzeichnet.

Schon 1988 hatten die Garantiefonds-Aktivitäten eine Ergänzung durch das »Hochschulprogramm« erfahren – ein Programm, das Beneckes Vorstellung von Verantwortungsübernahme (und dem darauf bezogenen Passus in der Satzung der OBS) in besonders greifbarer Weise Rechnung trägt: Studierende, die selbst mehrsprachig sind, viele von ihnen ehemalige Stipendiaten und Stipendiatinnen der OBS, begleiten gemeinsam mit Vertrauensdozenten die neu in die Förderung aufgenommenen Studierwilligen und die Absolventen der Sprachkurse und der Sonderlehrgänge in den Studienbetrieb in Deutschland hinein und bestärken sie darin, ein einmal aufgenommenes Studium durchzuhalten und erfolgreich abzuschließen. Diese Betreuerstudenten (die »BeSten«)

---

13 Zum Fachkräfteaustausch mit Palästina, gefördert vom Kinder- und Jugendplan des Bundes, siehe z. B. OBS inForm, 4.Jg., Nr. 12, S. 11.

sind ein kennzeichnendes Element im Profil der OBS und tragen auch zu deren fachöffentlicher Selbstdarstellung in charakteristischer Weise bei. Das Hochschulprogramm ist inzwischen an mehr als 50 Hochschulen etabliert. Finanziert wird es durch das Bundesfamilienministerium.

Die Eingliederungsprogramme bewegten sich schon seit langem in gut erprobten Bahnen, als in Osteuropa die unerwarteten Umwälzungen der späten 1980er Jahre einsetzten und eingreifende Reformen nötig machten. Der rasante Anstieg der Aussiedlerzahlen, die Ablösung der Aussiedelung aus Rumänien und Polen durch die Aussiedelung aus der UdSSR, die anderen Bildungserfahrungen der neuen Aussiedlergruppen, aber auch das zurückgehende Interesse der Aussiedlerinnen und Aussiedler an eigenständiger Kontaktaufnahme mit der OBS waren mit den herkömmlichen Angebotsformen nicht mehr zu bewältigen. Dabei ging es nicht nur um die Quantitäten, sondern auch um die Passung des Konzepts der Beratung wie der in den Eingliederungskursen zu vermittelnden Inhalte.

Für die erforderliche Anpassung standen von 1990 bis 1994 Mittel aus dem Bundesjugendplan zur Verfügung, um in einem Projekt zur »Sicherung der Qualität, Effizienz und Schnelligkeit bei der Einwanderung maximaler Zuwandererzahlen« (SIQUES) neue Verfahren, Konzepte, Curricula und Medien zu erproben, die den geänderten Voraussetzungen Rechnung trugen. Effizienz und Schnelligkeit konnten durch verstärkten EDV-Einsatz gesteigert werden. Das Kernproblem lag aber in der Konzeption des Aufnahmeverfahrens insgesamt. Das bisherige Ideal einer durchgängigen individuellen Betreuung war zu schwerfällig und zu kostspielig geworden. Erprobt wurde jetzt stattdessen ein gestuftes System: Erfassung möglicher Interessentinnen und Interessenten und deren Erstinformation durch sog. Mobile Dienste, die über Fahrzeuge mit moderner Büroausstattung verfügten; Einladung zu einer 4-tägigen »Basisorientierungsveranstaltung«, die sich an größere Gruppen richtete und auf der Informationen über Bildungsmöglichkeiten in der Bundesrepublik und die Förderprogramme der OBS vermittelt wurden; anschließend im gegebenen Fall Aufnahme in die Förderung, begleitet von berufsorientierenden Maßnahmen. Für die Erstberatung und die Basisorientierungsveranstaltung wurden Informationsmedien entwickelt, die von den Teamern eingesetzt, von den Adressaten aber auch zum individuellen Lernen genutzt werden konnten. Für eine didaktisch professionelle Durchführung wurden OBS-Mitarbeiter geschult, damit die Angebote bei zurückgehenden Aussiedlerzahlen auch ohne externe Träger durchgeführt werden konnten. Die neu entwickelten Elemente wurden sukzessive als feste Bestandteile in die studienvorbereitende Beratung integriert und die Erweiterung der stationären Beratungsstellen um mobile Angebote wurde bis heute beibehalten.

Strukturelle und curriculare Neuerungen wurden im Hinblick auf die Sonderlehrgänge zur Erlangung der Hochschulreife erforderlich. Viele der neu Zugewanderten, die erfolgreich das Bildungssystem der Sowjetunion bzw. ihrer Nachfolgestaaten absolviert hatten, entsprachen nicht mehr dem traditionellen

Bild des Flüchtlings, der eine im Herkunftsland begonnene Ausbildung an einer Universität in Deutschland fortsetzen möchte. Bei der neuen Zielgruppe gab es offenkundige Diskrepanzen zwischen dem aus dem Herkunftsland mitgebrachten und dem in den Sonderlehrgängen vorausgesetzten Wissen, aber auch zwischen dem Ziel der allgemeinen Hochschulreife und der vielfach eher fachlichen oder beruflichen Ausrichtung der vorangegangenen schulischen Bildungsgänge. Stark ergänzungsbedürftig waren aus Sicht der deutschen Schulen die historischen und gesellschaftsbezogenen Kenntnisse der Jugendlichen. Auch eine Entwicklung von Schlüsselqualifikationen hatte in aller Regel nicht stattgefunden. Für diese Probleme wurden im Projekt SIQUES Lösungsmöglichkeiten erarbeitet: Von struktureller Bedeutung war der Entschluss, Sonderlehrgänge zur Erlangung der Fachhochschulreife anzubieten, die dann auch mit Hilfe des Projekts in mehreren Bundesländern mit unterschiedlichen fachlichen Schwerpunkten (Technik, Wirtschaft, Hauswirtschaft) versuchsweise eingerichtet worden sind. Curricularen Fortschritt brachte die Ausarbeitung und Erprobung von Unterrichtsreihen zu den Themen »Medien«, »Berufs- und Arbeitswelt«, »Minderheiten« und »Gesellschaftliche und politische Entwicklung seit 1945« durch eine Arbeitsgruppe von Praktikern in einer zielgruppenspezifischen, handlungsorientierten und fächerübergreifenden Konzeption. Für die Weiterführung konnte jedoch die notwendige Finanzierung nicht gesichert werden, und die Initiative zur Entwicklung eines spezifischen Berufsorientierungskonzepts für OBS-Stipendiatinnen und -Stipendiaten, unter Einschluss der Vermittlung von Schlüsselqualifikationen, kam über das Planungsstadium nicht hinaus.

Die allgemeine Lehre, die aus den wahrgenommenen Veränderungen zu ziehen war, lief darauf hinaus, dass die Vorstellungen über die Zielgruppe der OBS weiter gefasst werden mussten als bisher. Hinzu kam ein anderer entscheidender Anstoß. Im gleichen Zeitraum, in dem das SIQUES-Projekt lief, vollzog sich das geschichtliche Großereignis der Vereinigung der beiden deutschen Staaten, das sich selbstverständlich auch auf die kleine Geschichte der OBS auswirkte. Der Bonner Politik war daran gelegen, die neuen Bundesländer an der Integration der Aussiedler baldmöglichst und in angemessenem Umfang zu beteiligen. Dementsprechend war die OBS gehalten, ihre Eingliederungsprogramme auch in den neuen Bundesländern bekannt zu machen und einzuführen. Potenzielle Sprachkursträger mussten ausfindig gemacht und beauftragt werden. Kultusverwaltungen waren auf die Durchführung von Sonderlehrgängen zur Erlangung der Hochschulreife hin anzusprechen, Hochschulen für das Akademikerprogramm zu gewinnen. Bei all diesen Gesprächen wurden Einsichten weitergegeben, die weit über die von der OBS unmittelbar verfolgten Zwecke hinausgingen. Die Fragen der von Abwicklung bedrohten Institutionen, der Informationsbedarf der Hochschulen betreffend das westdeutsche Bildungssystem, die geäußerten politischen Orientierungen der Jugend führten vor Augen, dass hier soziale

Umbrüche bearbeitet und Verwerfungen verkraftet werden mussten, die nicht dadurch zustande gekommen waren, dass Menschen von einem Territorium in ein anderes gewechselt waren, sondern dadurch, dass sie auf gleichem Territorium in ein anderes System geraten waren. Es wurde deutlich, dass Integrationsangebote über den Bereich der schulisch-akademischen Bildung hinaus auch übergreifende Fragen des Zusammenlebens in sich wandelnden Gesellschaften thematisieren und auch Angehörige der Aufnahmegesellschaft ansprechen und einbeziehen müssen.

Die Neudefinition der Zielgruppe wurde dadurch zu einem dringenden Erfordernis. Der Abschlussbericht des SIQUES-Projekts (1994, S. 41) versuchte es mit der Formulierung »Jugendliche an der Schnittstelle zweier Gesellschafts- und Bildungssysteme bei der Berufs- und Studienwahl«. Das öffnete den Blick und richtete ihn auf Problemlagen und auf Zielgruppen, die zuvor nicht in Betracht gekommen waren: auf die vergleichbaren Bedarfslagen einheimischer und zugewanderter Jugendlicher in Ostdeutschland, auf die Lage der Minderheiten in den potenziellen Aussiedelungsgebieten und auf die möglichen Beziehungen zwischen der Jugend im Aufnahmeland und der Jugend in den Herkunftsländern.

Der Rückgang der Zuwanderungszahlen, insbesondere der Aussiedlerzuwanderung, konnte durch den Einbezug neuer Zielgruppen nicht wettgemacht werden. Das hatte einschneidende Folgen: Die früheren räumlichen Kapazitäten konnten nicht länger vorgehalten werden. Das Seminarzentrum in Krofdorf wurde 1999 aufgelöst. Auch der Personalaufwand der OBS-Eingliederungsprogramme war aus ministerieller Sicht auf Dauer nicht länger zu rechtfertigen. Mit dem Jahr 2009 wurde die institutionelle Förderung der OBS eingestellt und die Beratungsstellen wurden an das Regelsystem der Jugendmigrationsdienste verlagert. Was die Stelleninhaber beibehielten, waren ihre Funktionen im Beratungssystem. Nach wie vor beraten sie, wenn auch jetzt im Rahmen der Jugendmigrationsdienste, studierende bzw. studierwillige förderberechtigte Zugewanderte und leiten diese ggf. zur Förderung an die OBS weiter.

Vergleichbare Bedarfslagen einheimischer und zugewanderter Jugendlicher in den neuen Bundesländern

Der Einsatz der Mobilen Dienste in den neuen Bundesländern ging sowohl hinsichtlich des Adressatenkreises wie hinsichtlich der Themen weit über bloße Beratungen zur Studienvorbereitung hinaus. Angesprochen wurden außer Schülern und Studierenden auch Eltern, Lehrkräfte, kommunale Beamte und die allgemeine Öffentlichkeit vor Ort. Angesprochen wurden darüber hinaus insbesondere Multiplikatoren, also präsumtive Berater, kommunale Ausländerbeauftragte, Mitarbeiter von Wohlfahrtsverbänden, Leiter von Jugendzentren. Informiert wurde über spezielle Qualifizierungsmöglichkeiten und Eingliedederungshilfen, aber auch ganz allgemein über die Situation und Integration von Aussiedlerinnen und Aussiedlern und anderen Zugewanderten, über interkulturelle Kommunikation, Chancengleichheit, Freizeitgestaltung und Gewaltbereitschaft. Das Angebot für Multiplikatoren umfasste Moderationstechniken, Materialentwicklung, Präsentation, Öffentlichkeitsarbeit. Großen Zuspruch erfuhren die Filmprojekte und die Computerprojekte, darunter insbesondere eine Computer-Malaktion »Fremde Nachbarn«, deren Produkte auch öffentlich gezeigt wurden.

Aus diesen Workshops und Seminaren, die in Zusammenarbeit mit lokalen Trägern der Jugendarbeit in den neuen Bundesländern durchgeführt wurden, entwickelte sich eine Reihe von themenspezifischen Projekten, die aus Bundes- und Landesmitteln sowie aus dem Europäischen Sozialfonds finanziert wurden und von denen einige im Folgenden kurz vorgestellt werden:

In Zusammenarbeit mit dem Landesinstitut für Schule und Ausbildung und dem Kultusministerium des Landes Mecklenburg-Vorpommern wurde in den Jahren 1994 bis 1996 eine Schulungsmaßnahme für Lehramtsreferendare realisiert, in der Methoden und Inhalte zur Gestaltung von schulischen Projekt- und Aktionstagen zum Abbau von Fremdenfeindlichkeit im Mittelpunkt standen. 1997/98 konnte in einem Anschlussprojekt auf der Basis gemeinsamer Fortbildungen von Lehrkräften, Sozialarbeitern und Jugendlichen eine Vielzahl gewaltpräventiver Freizeitprojekte durchgeführt werden, in denen Chancen interkultureller Begegnungen thematisiert und erlebbar gemacht wurden.

In dem Projekt »Magdeburg goes Vietnam« waren Schulen und Jugendorganisationen in Magdeburg im Jahr 2001 im Rahmen eines Wettbewerbs aufgerufen, sich mit kulturellen Unterschieden auseinander zu setzen und Vorschläge für ein besseres Miteinander zwischen deutschen und vietnamesischen Bürgerinnen und Bürgern zu machen. Die Gewinnergruppe erhielt Mittel für eine Reise nach Vietnam. Mit diesem nur sechs Monate dauernden Projekt war ein Modell nachhaltig wirkender Verbesserung des Verhältnisses von einheimischen und ausländischen Bürgern geschaffen. »Magdeburg goes Vietnam« wurde als »vorbildliches Projekt« im Rahmen des Wettbewerbs »Aktiv für Demokratie und Toleranz« ausgezeichnet (vgl. Vorbildliche Projekte 2003).

An Schüler und Schülerinnen mit und ohne Migrationshintergrund richtete sich das 2003/2004 laufende Projekt »Superteams«, in dem durch Wissensvermittlung, angeleitete Interaktionen und ein medienwirksam inszeniertes Quizspiel an interkulturelles Verstehen herangeführt werden. Es konnte an neun unterschiedlichen Sekundarschulen in den neuen Bundesländern durchgeführt werden.

Im Auftrag des Landes Thüringen wurde die Fortbildungsreihe »Für Toleranz und Demokratie« konzipiert und in den Jahren 2001 und 2002 für Mitarbeiter der Jugendhilfe durchgeführt. 2008/2009 wurde dort die Fortbildungsreihe »Demokratie lebt durch Demokraten« für Fachkräfte aus fast allen Landkreisen

> **Neues OBS-Projekt im Rahmen von ‚entimon – gemeinsam gegen Gewalt und Rechtsextremismus' gestartet!**
>
> Der Startschuss fiel im Zeitgeschichtlichen Forum, Leipzig: Die OBS sucht multikulturelle ‚Superteams' für ein Projekt, das sich an Jugendliche in Schulen und Jugendeinrichtungen mehrerer Städte der neuen Bundesländer wendet. Einheimische und zugewanderte Jugendliche sollen durch Wissensvermittlung, durch einen spielerischen Wettbewerb und durch Interaktion an interkulturelle Themen herangeführt werden.
>
> Dabei wird es spannend und lustig zugehen: Erst lernen einheimische und zugewanderte Jugendliche gemeinsam Fakten gegen Vorurteile. Ihr Wissen messen sie dann als Zweier-Team (Einheimische/Zuwanderer) in Quizwettbewerben. Team gegen Team spielt in der jeweiligen Stadt, dann im Bundesland und ermittelt schließlich auf Bundesebene das multikulturelle Superteam. Das Spiel wird publikumswirksam ausgetragen, die einzelnen Spielrunden werden durch die Medien begleitet. Das Quiz endet in einer jährlichen zentralen Abschlussveranstaltung mit Präsentation des Siegerteams.
>
> **Superteams!**

Quelle: OBS inForm, 4. Jg., Nr. 12, Oktober 2003, S. 14.

und Städten Thüringens angeboten. Sie lernten, vor Ort einen Gegenpol zu extremistischen, fremdenfeindlichen oder antidemokratischen Haltungen zu bilden und im Rahmen von Jugendarbeit demokratische Orientierungen und Verhaltensweisen zu vermitteln.

Von 2001 bis 2004 war die OBS Träger des durch EU-Mittel im Rahmen von Xenos finanzierten Projektes »Gemeinsam Lernen – Miteinander Leben: ein Projekt zur Überwindung von Fremdenfeindlichkeit und Intoleranz in der Ausbildung des Landes Brandenburg«. An 15 Schulstandorten und überbetrieblichen Ausbildungseinrichtungen und Betrieben wurden entsprechende Projektreihen durchgeführt. Mediation als Verfahren der Konfliktlösung konnte an 2 Oberstufenzentren mit 5 Schulstandorten fest und nachhaltig implementiert werden.

Als eine »Rückwirkung auf den Westen« könnte man das Projekt »Respect! Ist unsere Aufgabe« bezeichnen, das die OBS in Kooperation mit der RAG BILDUNG GmbH in mehreren nordrhein-westfälischen Städten parallel zu entsprechenden Maßnahmen in der polnischen Partnerregion Schlesien in den Jahren 2002 bis 2004 durchführte. Teilnehmer waren Ausländer, Aussiedler und benachteiligte Jugendliche. Es verband berufliche Qualifizierung mit interkulturellen Trainings und Konfliktmanagement.

Die Folgeaktivitäten von SIQUES in den neuen Bundesländern haben eine große Zahl von Aktivitäten und Ideen hervorgebracht, die auch einen inhaltlichen Zusammenhang darstellten, für den die Entwürfe von SIQUES eine entwicklungsfähige Grundlage waren. Dieser Zusammenhang war nicht institutionalisiert, er blieb aber über zwei Jahrzehnte hinweg erkennbar. Die Aktivitäten selbst waren jedoch regional begrenzt und kurzfristig angelegt. Gewiss hätten sie Anregungs- und Vorbildfunktion für Anschlussprojekte oder Regelangebote haben können. Sie blieben aber vereinzelt und konnten nicht zu einer größeren längerfristigen Programmaufgabe zusammenwachsen.

Hans H. Reich / Uwe Rohwedder

Jugendarbeit deutscher Minderheiten und internationale Jugendarbeit

Den Anfang markierten die Bemühungen der russischen Administration, den Russlanddeutschen die Ausbildung eigener Strukturen auf zusammenhängenden Gebieten innerhalb der Russischen Föderation zu ermöglichen. Für die Region Omsk erarbeitete die OBS noch im Rahmen des SIQUES-Projekts ein Konzept zur Übertragung erprobter gemeinschaftsfördernder und berufsqualifizierender Maßnahmen, die zwar nicht alle umgesetzt wurden, von denen aber ein Teil bis heute Bestand hat.

Es folgte gegen Ende der 1990er Jahre eine Reihe von Studien zur Jugendarbeit der deutschen Minderheiten in den baltischen Staaten, Weißrussland und Polen, auf deren Grundlage das Bundesinnenministerium die OBS beauftragte, ein Konzept für Polen zu entwickeln und entsprechende Maßnahmen umzusetzen. Besonders erwähnenswert ist die Einrichtung des Jugendbüros in Oppeln, das sich in der Qualifizierung von Mitarbeitern der Jugendarbeit, der Berufsorientierung und der beruflichen Bildung engagierte. Das Engagement im Bereich der Berufsorientierung fand auch außerhalb der deutschen Minderheit Anerkennung.

In Zusammenarbeit mit der Deutschen Gesellschaft für Technische Zusammenarbeit wurden ab dem Jahr 2000 mehrtägige Seminare zur Qualifizierung von Mitarbeitern der Jugendarbeit in Russland und Kasachstan entwickelt. Detaillierte Seminarpläne in russischer Sprache zu den Themen »Berufsorientierung für junge Menschen«, »Fortbildung für Mitarbeiter in der Jugendarbeit« und »Förderung von Kontakten nach Deutschland und Europa« können bis heute im Internet abgerufen werden.

Ebenfalls zur Nachwuchsstärkung der deutschen Minderheiten ist das vom Bundesinnenministerium finanzierte Qualifizierungsprogramm »YOU.PA – Young Potentials Academy« bestimmt, das die OBS seit 2007 zusammen mit dem Bildungsanbieter TRANSFER GmbH und dem Europäischen Bildungszentrum Oppeln durchführt. Es richtet sich an junge Menschen in Polen, Rumänien, der Slowakischen Republik, der Tschechischen Republik und Ungarn, die sich aktiv in der Minderheitenarbeit engagieren und darin eine berufliche oder persönliche Perspektive sehen. Vermittelt werden in drei aufeinander aufbauenden Modulen von je 8 bis 10 Monaten

Quelle: OBS/URL: http://www.youpa.de

Dauer Kenntnisse, Methoden und praktische Erfahrungen in der Jugend- und Bildungsarbeit auf hohem Niveau. Jedes Modul schließt mit einer zertifizierten Qualifikation ab (»Jugendmanager/Jugendmanagerin«, »Dozent/Dozentin in der Jugendarbeit«, »Bildungsmanager/Bildungsmanagerin«). Seit 2007 haben 75 Teilnehmerinnen und Teilnehmer das Programm durchlaufen. Die vierte Staffel hat 2014 begonnen.

In allen diesen Projekten war die Zusammenarbeit mit den Organisationen der deutschen Minderheiten vor Ort eine Selbstverständlichkeit, zum Teil berührten sie auch Aktivitäten der Mehrheit und anderer Minderheiten im Lande. Eine neue Qualität der Zusammenarbeit wurde jedoch mit den Seminaren der Reihe »Miteinander« erreicht, die von 1999 bis 2005 durchgeführt wurde. Jährlich einmal trafen sich Vertreter der Jugendarbeit deutscher Minderheiten aus verschiedenen Ländern, um Erfahrungen auszutauschen und jugendpolitisch wichtige Themen zu bearbeiten. Unterstützt durch die OBS war jeweils eine Minderheitenorganisation für die Ausrichtung eines Treffens verantwortlich – ein Ansatz, der nicht nur hohe symbolische Bedeutung hatte, sondern zugleich mächtige Qualifizierungsschübe für die ›betroffenen‹ Organisationen mit sich brachte (siehe z. B. OBS 2002; Miteinander 2002).

Durchgehend sind die hier dargestellten Projekte von der Zielsetzung geprägt, es nicht bei folkloristischer Selbstbestätigung zu belassen, sondern eine professionelle Qualität der Jugendarbeit deutscher Minderheiten zu erreichen. Zugleich macht sich eine moderne Auffassung von Minderheitenpolitik bemerkbar, die sich von einer nationalistischen Konzeption entfernt und die übergreifenden Interessen von Minderheiten in Europa in den Blick nimmt.[14]

In der weiteren Entwicklung findet eine Annäherung der Minderheitenprogramme an die Programme der internationalen Jugendarbeit statt.

In dem seit 2003 laufenden Austausch von Juniorexpertinnen und -experten in der internationalen Jugendarbeit, einem Programm des Bundesfamilienministeriums, arbeiten Studierende pädagogischer Fächer, aber auch Doktoranden und Praktiker, für einige Zeit in Einrichtungen der Jugendarbeit in einem Partnerland, um neue Erfahrungen zu sammeln, von den Partnern zu lernen und eigenes Wissen an die Partner weiterzugeben. Die OBS übernimmt Reisekosten und zahlt ein Taschengeld; die Partner stellen Unterkunft und Verpflegung. Zwar sind die ausgewählten Partnerländer zum großen Teil solche, in denen die OBS auch in die Jugendarbeit deutscher Minderheiten involviert war, doch ist das Programm selbst ganz allgemein gehalten, ohne Bindung an bestimmte ethnische Gruppen.

In den Rahmen des transnationalen ESF-Programms »Integration durch Austausch« konnte die OBS 2009 bis 2013 ihre Kontakte und Erfahrungen mit

---

14 Eine eingehendere Darstellung der Kooperation der OBS mit den deutschen Minderheiten in Mittel- und Osteuropa enthält der Beitrag von Matter im vorliegenden Band.

der Jugendarbeit in Polen einbringen. Um ihre Beschäftigungschancen am Arbeitsmarkt zu erhöhen, absolvierten deutsche Jugendliche in dem Projekt »Horizont/Horyzont« gemeinsam mit polnischen Jugendlichen sozialpädagogisch begleitete Praktika in Polen und erhielten ein Bewerbungstraining mit Bezug auf die im Austausch erworbenen Kenntnisse und Fähigkeiten.

Situation in den Herkunftsgebieten

Schon im SIQUES-Projekt war aus der Wahrnehmung der veränderten Zielgruppeneigenschaften in Osteuropa das Interesse entstanden, die Hintergründe dieser Veränderungen aus erster Hand kennen zu lernen. Eine bereits geplante Studienreise kam jedoch aufgrund ministerieller Bedenken nicht mehr zustande. Der Gedanke aber war lebendig geblieben und wurde von der OBS 1997 wieder aufgegriffen. Mit Fachleuten der Aussiedlerintegration wurden von da an bis 2008 jährlich Reisen in die Gebiete deutscher Minderheiten in der Russischen Föderation und in Kasachstan unternommen, die Einblicke in die Bildungs- und Sozialsysteme und – nicht zuletzt durch die Unterbringung in russlanddeutschen Familien – in den sozialen Alltag vermittelten. Die Reisen waren z. T. auch thematisch hochspezialisiert und wurden von den Teilnehmern und Teilnehmerinnen als wesentliche Erkenntnisgewinne mit Rückwirkungen auf ihr berufliches Handeln in Deutschland verbucht.

Verstärkung der fachöffentlichen Präsenz

Dem Bestreben, die Information der Bewerber von der persönlichen Einzelberatung unabhängiger zu machen, verdankt sich die Herausgabe von Materialien, die von den Bewerberinnen und Bewerbern selbständig durchgearbeitet werden können. Zu nennen sind die »Hilfen zum Berufseinstieg« im Akademikerprogramm, die 1999 bis 2001 erschienen: »Ärztin und Arzt in Deutschland«, »Lehrerin und Lehrer in Deutschland«, »Naturwissenschaften und Veterinärmedizin in Deutschland«, »Ingenieurin und Ingenieur in Deutschland«.

Auch »Berufswahl mit System« gehört in diesen Kontext, es ist ein Selbsterkundungsprogramm, das vom SIQUES-Projekt für die Sonderlehrgänge erarbeitet, dann aber allgemein zugänglich gemacht wurde. Es wird regelmäßig an neue Berufsbilder und an die Neuordnung der Studiengänge angepasst und von vielen jungen Menschen mit Migrationshintergrund zur beruflichen Orientierung genutzt. Im Rahmen der internationalen Jugendarbeit der OBS wird es auch von den jeweiligen Partnern eingesetzt und ist ins Russische, Polnische und Mongolische übersetzt worden. Auf der Webseite der OBS ist es in deutscher und russischer Sprache verfügbar.

1995 wurde ein neuer Fachbeirat eingesetzt, der nunmehr ausschließlich aus Wissenschaftlerinnen und Wissenschaftlern unterschiedlicher Disziplinen besteht darum meist als »Wissenschaftlicher Beirat« der OBS firmiert. Den Vorsitz übernahm zunächst der Sprachdidaktiker Hans H. Reich, dann ab 2010 die Erziehungswissenschaftlerin Marianne Krüger-Potratz.

Um die öffentliche Präsenz der OBS zu verstetigen, wurde – anlässlich einer großen Fachtagung zum 30-jährigen Bestehen – das »Forum Migration« ins Leben gerufen, das seither alljährlich stattfindet. Das jeweilige Rahmenthema greift aktuelle migrations- und integrationspolitische Fragen auf, mit denen sich namhafte Referentinnen und Referenten aus Politik und Wissenschaft in grundsätzlicher Weise auseinandersetzen. Durch Berichte und Fallbeispiele aus der Arbeit der OBS wird der Bezug zu deren Programmen und Projekten sichtbar. Hinzu kommen Beiträge, die fortgeschrittene und innovative Projekte aus der Praxis anderer Träger präsentieren und Anregungen vermitteln. Stets ist auch Gelegenheit für Austausch und Diskussion gegeben. Die OBS erhebt mit diesen Veranstaltungen den Anspruch, im öffentlichen und wissenschaftlichen Diskurs als Partner mit eigenem Profil aufzutreten, wobei der Trialog zwischen Wissenschaft, Politik und Praxis als charakteristisches Kennzeichen gelten darf. Eine Auswahl der Forumsbeiträge, z. T. ergänzt durch externe Beiträge, wird seit 1999 in der Schriftenreihe der »Akademie für Migration und Integration« publiziert, die vom Wissenschaftlichen Beirat der OBS herausgegeben wird. Bisher sind in dieser Reihe 14 Bände erschienen.[15]

15　Eine eingehendere Darstellung der Veranstaltungen des »Forum Migration« samt einem Verzeichnis der einzelnen Bände der Schriftenreihe enthält der Beitrag von Reich unter Mitarbeit von Krüger-Potratz und Matter im vorliegenden Band.

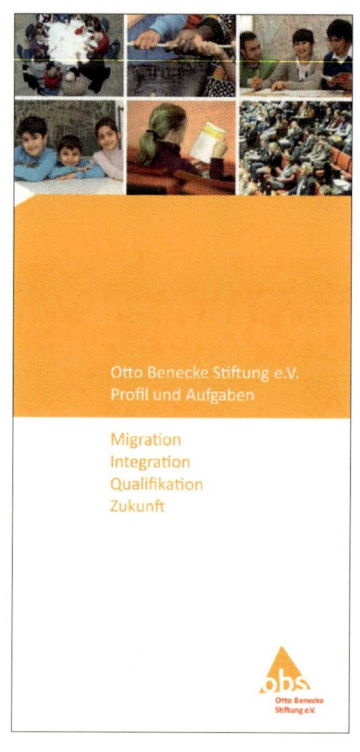

Aufgaben der Zukunft (ab ca. 2010)

Im Jahr 2009 erarbeitete der Wissenschaftliche Beirat einen Text zur *Neuausrichtung* der OBS, der intern besprochen und mit potenziellen Zuwendungsgebern diskutiert wurde. Darin heißt es einleitend:

»Das Potenzial der OBS ist in besonderer Weise gekennzeichnet durch die Verbindung von inhaltlichen und organisatorischen Kompetenzen. Ihre inhaltliche Expertise bezieht sich auf den Bereich der Integration und hier insbesondere auf die Arbeitsfelder Studien- und Ausbildungsbegleitung, Integration in den Arbeitsmarkt, Schnittstellen von Bildungssystem und Zivilgesellschaft, Jugendarbeit. Ihre organisatorischen Kompetenzen umfassen insbesondere die Koordination und Durchführung von Integrationsprogrammen, Qualifizierungsangebote, das Management von Projekten und die Ausrichtung von Tagungen. Die Neuausrichtung der OBS soll dem Zweck dienen, diese Kompetenzen in der aktuellen Migrations- und Integrationssituation den Zielen der Integrationspolitik entsprechend einzusetzen.

Die Prinzipien der Partizipation, der Kompetenzorientierung, der Zukunftsorientierung und der Integration auf Augenhöhe waren schon in der bisherigen Arbeit der OBS leitende Vorstellungen und werden auch in der künftigen Arbeit zusammen mit den Prinzipien der Gegenseitigkeit und der gesamtgesellschaftlichen Orientierung verfolgt werden. Die Neuausrichtung der OBS umfasst in diesem Sinne die Anpassung von bisher schon wahrgenommenen Aufgaben an die geänderte Situation, den Ausbau von bisher wahrgenommenen Aufgaben im Sinne der integrationspolitischen Neuorientierung und die Definition neuer Aufgaben im Sinne dieser Politik und deren perspektivische Weiterentwicklung. Als mögliche Arbeitsfelder, in denen die OBS auf einschlägige Vorerfahrungen zurückgreifen und ihr spezifisches Potenzial einbringen kann, kommen in Betracht:

- Zusammenarbeit mit Migrantenorganisationen,
- Ausbildungsbegleitung und Ausbildungsförderung,
- Elternbildung,
- Interkulturelle Jugendarbeit« (Fachbeirat der OBS 2009).

Gesucht werden also Tätigkeitsfelder, in denen einerseits an die bisherigen Leistungen angeknüpft werden kann, andererseits aber eine genügende Breite und Allgemeinheit gegeben ist, um nicht allzu sehr von einzelnen aktuellen Aufgabenstellungen abhängig zu sein. Die Tätigkeit der OBS löst sich aus dem fest umrissenen Feld von Flucht und Migration und akademischer Bildung und gewinnt neue Optionen für ihr institutionelles Handeln, für innovative Projekte und kreative Ideen.

Es ist allerdings ein recht ambivalenter Gewinn. Die Möglichkeiten eines Engagements in vielerlei Richtungen sind mit erheblichen Mehrarbeiten bei der Antragstellung, bei der Durchführung und bei der Berichterstattung verbunden, sie bergen in weitaus höherem Maße als die längerfristigen Programme Risiken des Scheiterns und sie bringen die Gefahr der Verzettelung und des Profilverlusts mit sich. Das Streben nach inhaltlichem Zusammenhang und mittelfristigen Perspektiven muss daher bei allen Entscheidungen eine wesentliche Rolle spielen. Gewiss kann dieses Streben nur im engen Rahmen politischer und administrativer Vorgaben zur Geltung gebracht werden, umso entschiedener muss es in der internen Arbeitsplanung und in den Gesprächen mit potenziellen Zuwendungsgebern vertreten werden.

Das ehemalige Kerngeschäft der *Eingliederung im akademischen Bereich* verliert weiter an Bedeutung. Mit der Verlagerung der Erstberatungsstellen an die Jugendmigrationsdienste ist der OBS ein wesentlicher Teil der Eingliederungsarbeit entzogen. Die Nachfrage nach den herkömmlichen Förderangeboten ist noch einmal in erheblichem Maße zurückgegangen. Eine dauerhafte Zusammenarbeit mit einzelnen Trägern von Sprachkursen macht seither keinen Sinn mehr, die Vergabe von Sprachkursplätzen ist auf Gutscheine umgestellt.

Mit dem Ende der institutionellen Förderung ist 2009 auch das Akademikerprogramm ausgelaufen. Die Kursangebote wurden in das bis 2013 laufende Programm AQUA »Akademiker/-innen qualifizieren sich für den Arbeitsmarkt« übernommen, das so zu einem – befristeten – Nachfolger des Akademikerprogramms wurde. AQUA ermöglichte eine Erweiterung der Zielgruppe dahingehend, dass nunmehr *alle* arbeitslosen bzw. arbeitssuchenden Migrantinnen und Migranten, die einen Hochschulabschluss erworben haben, das Angebot nutzen konnten. Die Teilnahme war unabhängig von Status, Alter, Studienabschluss, Nationalität und Dauer der Erwerbslosigkeit möglich. Das Weiterbildungsangebot in diesem Programm entsprach dem Vorbild des Akademikerprogramms: mehrmonatige Studienergänzungen in über 30 Berufsrichtungen (wie Betriebliches Sicherheitsmanagement, Logistik und Produktionsmanagement, Maschinenbau, Medizintechnik, Umwelttechnik und Recycling, Sozial- und Bildungsmanagement, Wirtschaftsingenieurwesen, um nur einige Beispiele zu nennen); mehrmonatige Sprachkurse, insbesondere in Deutsch als Fachsprache (für Naturwissenschaftler, Ingenieure und Wirtschaftswissenschaftler sowie für Geisteswissenschaftler und Lehrer mit geisteswissenschaftlichen Fächern); einwöchige

Kurzseminare zum Bewerbungstraining und zur Aneignung von EDV-Kenntnissen.[16]

Aus Mitteln des Landes Nordrhein-Westfalen wird seit 2013 das »Ärzteprojekt NRW« finanziert, das als eine regional und inhaltlich begrenzte Fortführung von AQUA verstanden werden kann. Hier werden Ärzte, die ihr Studium an einer Hochschule außerhalb der EU abgeschlossen haben, nach dem Muster von AQUA in einem 11-monatigen Kurs mit sprachlichen und fachlichen Bestandteilen zur Approbation in Deutschland geführt. Nordrhein-Westfalen erhofft sich davon einen Beitrag zur Vorbeugung gegen einen drohenden Ärztemangel im Lande.[17]

Eine erweiterte Fortsetzung von AQUA kann in dem Programm des Bundesarbeitsministeriums »Integration durch Qualifizierung« gefunden werden. In diesem ist die OBS Mitträgerin der »Zentralen Erstanlaufstelle Anerkennung« im Netzwerk Berlin, und es ist vorgesehen, dass sie ab 2015 die alleinige Trägerschaft übernimmt. Im Netzwerk »Integration durch Qualifizierung« in Nordrhein-Westfalen wird die OBS in einem Verbundprojekt mit der Universität Duisburg-Essen und der Hochschule Niederrhein voraussichtlich ab 2015 Qualifizierungsmaßnahmen für zugewanderte Akademiker in nicht reglementierten Berufen anbieten.

Mit dem vom Bundesfamilienministerium geförderten Programm »teenwork« ist der OBS 2010 ein neues Engagement für *Ausbildungsbegleitung und Ausbildungsförderung* im Sektor der handwerklichen, technischen und wirtschaftlichen Berufe gelungen. Auf der Grundlage von Vereinbarungen mit größeren Ausbildungsbetrieben lädt sie Schulabsolventen, die noch keinen Ausbildungsplatz gefunden haben, zu einem zweitägigen Assessment ein. Wer als geeignet befunden wird, wird für ein Praktikum vorgeschlagen, dessen erfolgreiche Absolvierung den Abschluss eines Ausbildungsvertrages garantiert. Die Jugendlichen werden auch während der Ausbildung begleitet.

---

16   Siehe die Darstellung auf der Webseite der OBS: URL: http://www.aqua-programm.de (letzter Aufruf: 19.12.2014).

17   Informationen hierzu und zu den anderen, im Folgenden genannten Projekte und Initiativen sind erreichbar über die die Webseite der OBS: URL: http://www.obs.de (letzter Aufruf: 19.12.2014).

Seit 2013 organisiert die OBS zudem ein Angebot ehrenamtlicher Beratung durch junge Menschen, die in Ausbildung sind, für solche, die noch einen Ausbildungsplatz suchen. Ratgebende und Ratsuchende kommunizieren über Facebook, die OBS vermittelt den Ratgebenden thematische und kommunikative Kompetenzen und organisiert für die Ratsuchenden zusätzlich Seminare zum Erwerb übergreifender Kenntnisse (Medienkompetenz, Berufseinstieg usw.).

Einen weiteren Schritt im *Bereich des ehrenamtlichen Engagements* bedeutet das noch laufende, vom Land Nordrhein-Westfalen geförderte Projekt »JUMPin.NRW«, das Jugendliche und junge Erwachsene mit Migrationshintergrund anspricht. Es bietet ihnen Möglichkeiten gesellschaftlicher Orientierung durch Seminare, Besuche interessanter Einrichtungen, eine Studienfahrt nach Berlin, Gespräche mit Entscheidern aus Politik und Gesellschaft u. a. Es verlangt dafür – thematisch völlig offen – »Engagement für die Gemeinschaft«.

Einzelne *Kooperationen mit Migrantenorganisationen* ist die OBS auch schon vor 2009 eingegangen. Zu nennen sind z. B. die Kontakte mit der vietnamesischen Community in Magdeburg und mit Vereinen türkisch- und russischstämmiger Menschen in Köln und Gießen. Hervorzuheben sind die Projekte, in denen Imame und aktive Mitglieder von Moscheevereinen Gelegenheit hatten, Aspekte der schulischen und beruflichen Bildung in Deutschland näher kennenzulernen – ein Ansatz, der eine Verstetigung verdient hätte, der aber über die Durchführung von drei verschiedenen Einzelvorhaben nicht hinausgekommen ist.

Ab 2009 sind jedoch verschiedene Projekte etabliert worden, die konzeptionell und von der Zielsetzung her vieles verbindet, so dass sie – bildlich gesprochen – beginnen, eine zusammenhängende Kette zu bilden. Es geht um die partnerschaftliche Gestaltung von Projekten, die dazu beitragen sollen, Bildungschancen von Kindern und Jugendlichen zu erhöhen und dabei die Eltern einbeziehen. Ziel ist die Professionalisierung der Bildungsarbeit von Migrantenorganisationen und die Stärkung der Kompetenz von Eltern, die Interessen ihrer Kinder bei den Bildungsinstitutionen zu vertreten.

In dieser Perspektive hat die OBS mit dem Verband der Islamischen Kulturzentren in Duisburg und Köln ein zweijähriges Projekt durchgeführt, um die schulunterstützende Arbeit des Verbands ein Stück weit zu professionalisieren und seine integrationsfördernde Jugendarbeit weiter zu entwickeln.

Ebenso kooperiert die OBS mit dem Kultur- und Integrationszentrum PHOENIX in Köln in einem Projekt zur Entwicklung von Weiterbildungs- und Vernetzungsmöglichkeiten für Eltern und Großeltern, die mit eigener Kraft und eigenem Selbstbewusstsein ihre Kinder bzw. Enkel beim Übergang von der Schule in berufliche Ausbildung unterstützen wollen. Aus dieser Initiative heraus ist der Bundesverband russischsprachiger Eltern entstanden, der die begonnene Projektarbeit in einer dauerhaften Struktur fortzusetzen verspricht.

In dem von 2012 bis 2014 laufenden Projekt »Bildungsbrücken« kooperiert die OBS mit fünf Migrantenorganisationen (Deutsch-Marokkanisches Kompetenznetzwerk, Föderation Türkischer Elternvereine in Deutschland, Kultur- und Integrationszentrum PHOENIX, Türkisch-Islamische Union der Anstalt für Religion, Verband der Islamischen Kulturzentren), die Gruppenberatungen mit Eltern von Kleinkindern und Schulkindern veranstalten und sich dabei insbesondere um Väter und Mütter aus bildungsfernen Familien bemühen. Erarbeitet werden pädagogische Kenntnisse, erwachsenenpädagogische und administrative Fähigkeiten sowie curriculare Materialien zur Gestaltung der Elternarbeit.[18]

OBS, PHOENIX-Köln und Amaro Drom (eine – wie sie sich selbst nennt – »Interkulturelle Jugendselbstorganisation von Roma und Nichtroma«) sowie die Stiftung Zentrum für Türkeistudien an der Universität Duisburg-Essen sind die Partner in einem Projekt, das bundesweit agiert und Mitglieder ganz unterschiedlicher Migrantenorganisationen durch eine Reihe von Wochenendseminaren zu Multiplikatoren für den Aufbau von lokalen Netzwerken (»Foren der Vielfalt«) qualifiziert. Seminarthemen sind u. a. Wege in den Arbeitsmarkt, Antidiskriminierungsarbeit, Partizipation in Schule und Arbeitswelt, aber auch Projektmanagement und Methoden der Jugend- und Erwachsenenbildung. Adressaten sind außer den Organisationen der Projektpartner selbst die unterschiedlichsten Gruppierungen wie z. B. der Türkisch-Deutsche Elternverein, der Ausländerrat Dresden, der Verein der russischsprachigen Juden in Hamburg, der Internationale Club Burghausen, MigraMundi, der Türkenrat München usw. Verstärkt wird dieses Projekt durch die Förderung des bürgerschaftlichen Engagements junger Drittstaatsangehöriger, die von der OBS in zwei Städten, Duisburg und Berlin, begleitet und unterstützt werden.

Die OBS hat die Erfahrungen aus diesen Projekten aufgearbeitet und Schlussfolgerungen daraus gezogen, die es ihr erlauben, an ähnliche künftige Aufgaben mit Weitblick und Orientierungssinn heranzugehen. Sie kann dadurch – entsprechendes politisches und administratives Interesse vorausgesetzt – zu einem Vermittler bei der Zusammenarbeit von Behörden und Organisationen des Regelsystems mit Migrantenorganisationen werden.

Ein Resümee?

Die Geschichte der Otto Benecke Stiftung e.V. ist eine Geschichte von Aufstieg, Krisen und Neuansätzen.

Der Aufstieg verdankte sich einer Konstellation, in der eine Selbstverwaltungsinitiative und ein allgemein anerkanntes politisches Interesse sich begegneten. Die ursprüngliche Aufgabe der Versorgung geflüchteter Studierender wurde

---

18 Eine eingehende Darstellung der Kooperation mit Migrantenorganisationen und der dabei gewonnenen Erkenntnisse enthält der Beitrag von Boos-Nünning/Karakaşoğlu/Reich im vorliegenden Band.

erweitert, und die Initiatoren verstanden es, politisches Interesse auch für die neu hinzugenommenen Aufgaben zu gewinnen. Mit der förmlichen Loslösung aus den Selbstverwaltungsstrukturen etablierte sich die OBS als Zuwendungsempfänger öffentlicher Verwaltungen in einem breiten Aufgabenbereich, in dem das Kriterium Migration zunehmend an die Stelle des engeren Kriteriums Flucht trat und die Versorgungsaufgabe sich zu einer Integrationsaufgabe weitete. Da ferner das politische Interesse an der Integration der Flüchtlinge nahtlos in das Interesse an der Zuwanderung und Integration von Aussiedlern überging und dieses weiterhin finanzierbar war, konnte sich die ursprüngliche Initiative in einer neuen Programmaufgabe wiederfinden, die sich nahezu selbsterhaltend fortschrieb und den weiteren Erfolg der OBS gewährleistete.

Leider sind nach den Erfolgen der Anfangsjahre einige der führenden Köpfe den Versuchungen erlegen, die Erfolg oftmals mit sich bringt. Durch ihre unerlaubten Finanzkunststücke haben sie in den 1980er Jahren Vertrauen zerstört und dadurch zum Niedergang in den 1990er Jahren beigetragen. Es waren aber nicht nur diese Manipulationen, die den Niedergang ausgelöst oder gar verursacht hätten. Zentral war der Wandel der Migrations- und Integrationspolitik, der der OBS die Legitimation für ihren Hauptprogrammbereich und damit finanziellen Boden entzog. Dies war umso gravierender, als sich gleichzeitig mit der politischen Orientierung auch der »Markt für Integration« insgesamt gewandelt hatte. Es entstand ein Feld vielfältiger kurzfristiger Aufgaben, auf dem staatliche und staatsnahe Einrichtungen, Wohlfahrtsverbände und kleinere freie Träger direkt miteinander um öffentliche Gelder konkurrierten. Für die OBS bedeutete dies eine erhebliche Umstellung ihrer Arbeitsweise. Sie verlor ihr spezifisches Aufgabenprofil und musste sich der neuen Konkurrenz stellen. Schon mit den internationalen Hilfs- und Entwicklungsprogrammen hatte sie einen Bereich betreten, dessen Anforderungen zwar über die ursprüngliche Aufgabenstellung hinausgingen, der aber durchaus zu einer längerfristigen Programmaufgabe hätten werden können. Es kam jedoch nicht zu einer dauerhaften Zusammenarbeit mit den öffentlichen Zuwendungsgebern in diesem Bereich. Hier waren andere Organisationen auf Dauer erfolgreicher.

Mit einer Vielzahl von Initiativen hat sich die OBS aktiv gegen den Niedergang gestemmt und versucht, sich neu zu legitimieren und die erlittenen Verluste wettzumachen. Wenig gelungen ist dies trotz intensiver Bemühungen im Bereich der Aufgaben, die sich aufgrund der Vereinigung der beiden deutschen Staaten stellten. Die OBS stieß hier auf eine Vielzahl von anderen Akteuren, ein einheitliches Konzept kam nicht zustande. Hinzu kam, dass Fragen der Bildung und der gesellschaftlichen Integration zumindest nicht im Mittelpunkt des damaligen politischen Interesses standen. Es wurde ein Bündel mehr oder minder unverbundener Projekte gestartet, die sich nicht zu einer dauerhaften Programmaufgabe zusammengefügt haben.

Aussichten auf weitere Perspektiven eröffneten sich durch die Engagements in der Minderheitenpolitik und in der internationalen Jugendpolitik, aber auch hier fehlt es bislang an einheitlichen, längerfristig tragfähigen Konzepten und an dem politischen Interesse, solche Konzepte konsequent zu verfolgen. Die neukonzipierte Kooperation mit Migrantenorganisationen könnte eine zukunftsweisende Möglichkeit sein. Sie fügt sich in die Programmatik der neueren Integrationspolitik und kann die Erfahrungen und die Kontakte der OBS nutzbar machen, hier bedürfte es eines weiteren Ausbaus. Insgesamt ist die Erarbeitung eines neuen Profils, das an die bekannten Leistungen und Stärken der OBS anknüpft, Zusammenhang zwischen den einzelnen Aktivitäten stiftet und geeignet ist, politisches Interesse zu aktivieren, die weiter bestehende Aufgabe.

Literatur

Abschlußbericht (1994): Abschlußbericht zum SIQUES-Projekt. Bonn: OBS 1994 (hekt. Typoskript).

Barbey, Günther (1973): Zur Problematik der Übernahme von Grundsätzen des Weimarer Studentenrechts in das neue Hochschulrecht. In: Achterberg, Norbert (Hrsg.): Öffentliches Recht und Politik. Festschrift für Hans Ulrich Scupin zum 70. Geburtstag. Berlin: Duncker & Humblot, S. 43–58.

Bauer, Günther (1995): Die internationalen Solidaritätsprogramme der Otto Benecke Stiftung e.V. In: 30 Jahre OBS. Beiträge zur Festveranstaltung am 30. November 1995. Bonn: OBS, S. 49–72.

Breyer, Udo (1995): Zur Entwicklung der Eingliederungsförderung für Spätaussiedler und ausländische Flüchtlinge. In: 30 Jahre OBS. Beiträge zur Festveranstaltung am 30. November 1995. Bonn: OBS, S. 33–47.

Bücker, Joseph (1995): [Grußwort]. In: 30 Jahre OBS. Beiträge zur Festveranstaltung am 30. November 1995. Bonn: OBS, S. 3–8.

Charta des VDS. In: Studentisches Forum, 3. Mai 1962, S. 19. URL: http://digisrv-1.biblio.etc.tu-bs.de/dfg-files/00038449/DWL/00000930.pdf (letzter Aufruf: 19.12.2014).

Fachbeirat der OBS (2009): Neuausrichtung der Otto Benecke Stiftung e.V. (unveröff. Typoskript).

Geschäftsstelle des Deutschen Gemeindetages (1936; 1938; 1941): Geschäftsverteilungsplan. Berlin o. J. [1936]; o.J. [1938]; 1941.

Hailbronner, Kay (2009): Das Grundrecht auf Asyl – ein unverzichtbarer Bestandteil der grundgesetzlichen Werteordnung, historisches Relikt oder gemeinschaftsrechtswidrig? In: Zeitschrift für Ausländerrecht und Ausländerpolitik, Nr. 11/12, S. 369–376.

Hoffmann, Wolfgang (1992): Kontrolle ist besser. In: Die Zeit Nr. 46 vom 6. November 1992.

Kohl, Ulrike (2002): Die Präsidenten der Kaiser-Wilhelm-Gesellschaft im Nationalsozialismus. Stuttgart: Steiner.

Krappmann, Lothar (2012): Erinnerungen an Panteleimon Schljapin. Berlin (unveröff. Typoskript).

OBS (o.J.): Otto Benecke Stiftung: Arbeitsbericht 1975. Bonn.

OBS (2002): Otto Benecke Stiftung e.V. (Hrsg.): Dokumentation Miteinander 2002 – Eine besondere internationale Jugendbegegnung: Seminar zur praktischen Jugendarbeit für Angehörige der Jugendverbände der deutschen Minderheiten vom 5. bis 11. Mai 2002 in Almaty, Kasachstan. Bonn.

Lastenausgleichsgesetz (1952): Lastenausgleichsgesetz Ausfertigungsdatum 14.08.1952 in der Fassung der Bekanntmachung vom 2. Juni 1993, Gesetz über den Lastenausgleich (Lastenausgleichsgesetz – LAG) (letzte Änderung 28.05.2011). Gesetze im Internet: URL: https://www.jurion.de/Gesetze/LAG-1 (letzter Aufruf: 24.12.2014).

Leitgeb, Hanna (1994): Der ausgezeichnete Autor: städtische Literaturpreise und Kulturpolitik in Deutschland 1926–1971, Berlin: de Gruyter.

Miteinander 2002. In: OBS inForm 3. Jg., Nr7, S. 1.

Nachruf auf Otto Benecke (1964): In: Der Städtetag, Heft 8, S. 394.

Nölle, Peter (1978): Geschichte der Otto Benecke Stiftung. In: Modelle der gesellschaftlichen Integration. Festschrift für Prof. Dr. Rudolf Sieverts, Baden-Baden: Nomos, S. 23–35.

Notaufnahmegesetz (1952): Verordnung über die vorläufige Unterbringung von Flüchtlingen aus der sowjetische besetzten Zone und dem sowjetisch besetzten Sektor von Berlin. Vom 12. August 1952. In: BGBl Teil I, 14. August 1952. Nr. 32, S. 413. URL: http://www.bgbl.de (letzter Aufruf: 16.12.2014).

Preußische Verordnung (1921): Verordnung über die Bildung von Studentenschaften vom 18. September 1920. In: Zentralblatt der Preußischen Unterrichtsverwaltung, S. 8.

Prieberg, Fred K.: Handbuch Deutsche Musiker 1933–1945, Auprès des Zombry 2005. URL: http://www.fred-prieberg.de (letzter Aufruf: 15.12.2014).

Rohwedder, Uwe (2012): Kalter Krieg und Hochschulreform. Der Verband Deutscher Studentenschaften (VDS) von 1949–1969. Essen: Klartext Verlag.

Sachberichte: Sachberichte zu Verwendungsnachweis für die Jahre 1992–1997. Bonn: OBS (Typoskripte).

Sachlicher Bericht über die Durchführung ihrer Aufgaben, ihrer Erfolge und Auswirkungen im Haushaltsjahr [Jährliche Berichte der Otto Benecke-Stiftung an das Bundesfamilienministerium] 1965–2013. Bonn (Typoskripte) (hier: Sachlicher Bericht 1985; Sachlicher Bericht 1990).

Schleicher, Hans-Georg (2010): Afrika 1989/90 – das Beispiel Namibia. In: Bock, Siegfried/Muth, Ingrid/Schwiesau, Hermann (Hrsg.): DDR-Außenpolitik. Ein Überblick. Daten, Fakten, Personen (III)). Münster: LIT-Verlag, S. 88–94.

Strallhofer-Mitterbauer, Helga (1998): NS-Literaturpreise für österreichische Autoren: eine Dokumentation, Wien: Boehlau 1998.

Tupetz, Theo (1960): Die Flüchtlingsstudenten an den Universitäten und Hochschulen der Bundesrepublik und Westberlins und ihre Eingliederung in das Hochschulleben. In: Jenseits von Elbe und Oder – 10 Jahre VHDS. Zusammengestellt von Johann A. Stupp unter Mitwirkung von Erhard W. Appelius. Hrsg. vom Verband Heimatvertriebener und Geflüchteter Deutscher Studenten e.V. Bonn: VHDS, S. 25–32.

Tupetz, Theo (o.J.): »Die soziale Lage der Flüchtlingsstudenten« (10-seitiges Ms.). Bundesarchiv Koblenz, B 166/1220.

VDS (Hrsg.) (1954): Handbuch der Studentenvertretung, Loseblattsammlung. o. O.

Vierhaus, Rudolf / Vom Brocke, Bernhard (Hrsg.) (1990): Forschung im Spannungsfeld von Politik und Gesellschaft: Geschichte und Struktur der Kaiser-Wilhelm-/Max-Planck-Gesellschaft. Stuttgart: DVA.

Vorbildliche Projekte (2003): Bündnis für Demokratie und Toleranz – gegen Extremismus und Gewalt (Hrsg.): Vorbildliche Projekte aus dem Wettbewerb »Aktiv fürDemokratie und Toleranz«. URL: http://www.forum-interkulturell.net/uploads/tx_textdb/30.pdf (letzter Aufruf 11.01.2015).

Wirtspflanze im Erbhof (1992). In: DER SPIEGEL Nr. 28, S. 35–37.

Zirlewagen, Marc (2014): Biographisches Lexikon der Vereine Deutscher Studenten, Bd. 1: Mitglieder A-L, Norderstedt: Books on Demand, S. 43–45.

Anhang

Gründung

Die Otto Benecke Stiftung ist am 22. Februar 1965 in der Technischen Uni-versität Berlin von den Deutschen Studentenschaften gegründet worden.

Ihre Gründungsmitglieder waren:

Armin G. R. Bald	Vorsitzender des Landesverbandes Rheinland-Pfalz des VDS
Manfred Bergs	Vorsitzender des Studentenverbandes Deutscher Soziaischulen
Wolf-Eberhard Bill	Stellvertr. Vorsitzender des Landesverbandes Schleswig-Holstein des VDS
Wilbert Lucas	Geschäftsführer des Werkkunststudentenverbandes
Albrecht Killinger	Vorsitzender des Landesverbandes Hamburg des VDS
Hans Gerhard Nülens	Vorsitzender des Landesverbandes Saarland des VDS
Emil Nutz	Vorsitzender des Verbandes Deutscher Studentenschaften
Friedhelm Peters	Vorstandsmitglied des Studentenverbandes Deutscher Ingenieurschulen
H.-J. Pfaffendorf	Vorsitzender des Landesverbandes Hessen des VDS
Rudolf Reuter	Vorsitzender des Landesverbandes Baden-Württemberg des VDS
Wolfgang Roth	Vorsitzender des Landesverbandes Berlin des VDS
Herbert Schneider	Vorsitzender des Verbandes der Studenten an Höheren Wirtschaftsfachschulen
Peter Schultz	Vorsitzender des Landesverbandes Nordrhein-Westfalen des VDS
Detlef Spindler	Zweiter Vorsitzender des Bundesverbandes der Studenten an Pädagogischen Hochschulen
Otto Stahmer	Vorsitzender des Arbeitskreises der Studenten an Berufspädagogischen Hochschulen

Quelle: 10 Jahre 1965–1975. Eintreten für studentische Minderheiten. Beiträge zur Festveranstaltung am 30. November 1995. Bonn 1995, o. Sz.

OBS-Mitglieder
(hintere Reihe, v.l.: Emil Nutz, Dr. Uwe Janssen, Hans-Günther Toetemeyer, Jonathan Grigoleit, Burkhard Schultz, Dr. O.L. Brintzinger, Jonathan Grigoleit)
(vordere Reihe v.l.: Dr. Albert Probst, Klaus Laepple, Eberhard Diepgen, Dr. Lothar Theodor Lemper)

Quelle: OBS inForm 4. Jg., Nr. 12, Oktober 2003, S. 1, Vorstand der OBS 2003

Vorstandsvorsitzende bzw. Präsidenten der Otto Benecke Stiftung

>Rudolf Sieverts (1969–1980)
>Otto Kimminich (1981–1989)
>Dieter-Julius Cronenberg (1990–1992)
>Joseph Bücker (1992–1999)
>Lothar Theodor Lemper (seit 1999, 2001 bis 2014 als »Geschäftsführender Vorsitzender«, seit Juli 2014 Vorsitzender des Vorstandes der OBS)

Kuratoriumsvorsitzende

>Rudolf Sieverts (1967–1969)
>Otto Fichtner (1969–1978)
>Wolfgang Zeidler (1979–1986)
>Eberhard Diepgen (seit 1986)

Vorstand und Kuratorium der Otto Benecke Stiftung e.V. 2015

>Vorsitzender des Vorstandes: Dr. Lothar Theodor Lemper
>Stellvertretender Vorsitzender: Wolfgang Roth, MdB a.D.
>Geschäftsführer: Jochen Welt, MdB a.D.
>Vorsitzender des Kuratoriums: Eberhard Diepgen, Regierender Bürgermeister von Berlin a.D.

Weitere Mitglieder des Vorstandes

    Ignaz Bender
    Prof. Dr. Wolfgang Bergsdorf
    Klaus Laepple

Weitere Mitglieder des Kuratoriums

    Johannes Baumann, Ltd. MinRat a.D.
    Dr. Ralf Brauksiepe, MdB, Parlamentarischer Staatssekretär bei der Bundesministerin der Verteidigung
    Dr. Marion Gierden-Jülich, Staatssekretärin a.D.
    Klaus-Jürgen Hedrich, Parlamentarischer Staatssekretär a.D.
    Prof'in Barbara John, Vorstandsvorsitzende des Paritätischen Wohlfahrtsverbandes Berlin und Ombudsfrau für die Hinterbliebenen der Opfer der NSU-Morde
    Prof. Dr. Lothar Krappmann, Vorsitzender des Hauses der Politischen Bildung e.V., Berlin
    Walter Meyer, Ministerialdirigent a.D.
    Dr. Albert Probst, Parlamentarischer Staatssekretär a.D.
    Dagmar Ziegler, MdB, Parlamentarische Geschäftsführerin der SPD-Bundestagsfraktion

Der Fachbeirat der Otto Benecke Stiftung e.V.

    Prof. em. Dr. Klaus J. Bade, Universität Osnabrück (Berlin)
    Prof'in Dr. Yasemin Karakaşoğlu (Universität Bremen; Konrektorin für Interkulturalität und Internationalität)
    Prof'in i. R. Dr. Marianne Krüger-Potratz, Vorsitzende, Universität Münster (Berlin)
    Professor em. Dr. Max Matter, Universität Freiburg (Zürich)
    Professor em. Dr. Dr. h.c. Dieter Oberndörfer, Universität Freiburg; Vorsitzender Arnold Bergstraesser Institut e.V. (Rostock)
    Prof. Dr. Andreas Pott, Universität Osnabrück, Direktor des Instituts für Migrationsforschung und Interkulturelle Studien
    Prof. Dr. Christoph Schroeder, Universität Potsdam
    Prof'in Dr. Helen Schwenken, Universität Osnabrück

Publikationen der OBS:
siehe Anhang im Anschluss an den Textteil dieses Sonderbandes

Franziska Barthelt / Jochen Oltmer / Carlotta Weyhenmeyer

Die Otto Benecke Stiftung als Anbieter potenzialorientierter Integrationsleistungen: Garantiefonds und Akademikerprogramm

Die Otto Benecke Stiftung e.V. (OBS) ist seit ihrer Gründung 1965 ein gewichtiger Akteur im Rahmen der Förderung hochqualifizierter Einwanderinnen und Einwanderer. Über die Mittel des sogenannten ›Garantiefonds‹ und bis ins Jahr 2013 über das ›Akademikerprogramm‹ bzw. über das daraus hervorgegangene Programm AQUA (›Akademiker qualifizieren sich für den Arbeitsmarkt‹) fungierte und fungiert die OBS als Entwicklerin und Anbieterin von Maßnahmen, die das Ziel verfolgen, jene Migrantinnen und Migranten auf die Integration in den deutschen Arbeitsmarkt vorzubereiten, die akademisch gebildet sind, schon studieren oder ein Studium anstreben. Von diesen in der Regel aus Mitteln des Bundes finanzierten Aufgaben der Stiftung leiteten sich andere Aktivitäten ab; denn die OBS etablierte sich in zweierlei Weise als Interessenvertreterin ihrer Klientel: Sie wurde im Laufe von fünf Jahrzehnten in einer Vielzahl von Einzelfällen aktiv, um gegenüber staatlichen und kommunalen Behörden, Förderinstitutionen, Universitäten, Hochschulen und Schulen für die Eingewanderten einzutreten, die über den Garantiefonds und im Rahmen des Akademikerprogramms gefördert wurden. Jenseits solcher Einzelfallhilfen vertritt die Otto Benecke Stiftung ihre Programme und die ihr zugewiesene Klientel aber auch gegenüber den Bundes- und Landesministerien. Sie bemüht sich um politische Unterstützung, geht auf Medien zu oder strebt durch Publikationen, Tagungen und verschiedenste andere Veranstaltungsformate danach, Informationen zu den Themen Bildung, Weiterbildung, Anerkennung von Abschlüssen und beruflicher Einstieg von Einwanderinnen und Einwanderern mit akademischen Qualifikationen in die öffentliche Diskussion zu bringen.

Die jeweiligen Rahmenbedingungen für die Arbeit der OBS im Kontext des Garantiefonds und des Akademikerprogramms setzte und setzt der Bund. Er stellt nicht nur den Großteil der finanziellen Mittel zur Verfügung, sondern gibt auch durch Verordnungen und Richtlinien vor, auf welche Weise und mit welchen Zielen die Maßnahmen der OBS durchzuführen sind. Außerdem bestimmt der Bund bis heute darüber, welche Migrantinnen und Migranten an den Programmen der OBS teilnehmen dürfen. Die Definition des Kreises der Teilnehmerinnen und Teilnehmer orientierte sich durchgängig an den bundespolitischen Vorstellungen darüber, wer als erwünschter oder zumindest tolerierter Einwanderer zu gelten hatte. Nur ihnen kamen Hilfen zur Integration einschließlich Förderungen durch die OBS zu. Zugewanderte, von denen angenommen wurde, dass sie sich nur temporär in der Bundesrepublik aufhielten, hatten und haben keinen Anspruch auf Integrationsförderung und konnten folglich auch nicht in die individuellen Fördermaßnahmen der OBS einbezogen werden.

Die Geschichte der Integrationsförderung in der Bundesrepublik begann mit deren Staatswerdung (siehe hierzu und im Folgenden Oltmer 2013). Ende der 1940er Jahre hatte sich bereits ein umfangreiches Instrumentarium zur Integration von Flüchtlingen und Vertriebenen aus den ehemaligen deutschen Ostgebieten jenseits von Oder und Neiße sowie den starken deutschen Minderheiten in Ost-, Ostmittel- und Südosteuropa etabliert. Bis zum Ende des Jahres 1950 wurden im westlichen Deutschland mehr als acht Millionen Flüchtlinge und Vertriebene aus den nunmehr in polnischen und sowjetischen Besitz übergegangenen ehemaligen Ostgebieten und aus den Siedlungsgebieten der ›Volksdeutschen‹ registriert. Das, was unmittelbar nach Kriegsende als Katastrophenmanagement vor dem Hintergrund einer Massenzuwanderung im Zusammenhang von Kriegsniederlage, Besatzung, Kriegszerstörungen und einer allumfassenden Mangelsituation begann, mündete vor allem nach der Gründung der Bundesrepublik in Maßnahmenpakete, die insbesondere auf eine Verbesserung der Wohn- und Arbeitsmarktsituation zielten: Dazu zählten staatliche Wohnungsbauprogramme sowie zinsgünstige Kredite und Steuervorteile, um die Neubauaktivitäten anzukurbeln. Hinzu kamen Umsiedlungsprogramme des Bundes: Rund eine Million Flüchtlinge und Vertriebene wurden in die Bundesländer umverteilt, deren Arbeitsmarkt besonders stark expandierte. Leistungen des im August 1949 in Westdeutschland verabschiedeten ›Soforthilfegesetzes‹ müssen ebenfalls berücksichtigt werden. Sie gewährten eine monatlich ausgezahlte Unterhaltshilfe und garantierten erstmals einen Rechtsanspruch auf finanzielle Unterstützung für Flüchtlinge und Vertriebene. Darüber hinaus umfassten die Integrationsmaßnahmen das im Mai 1952 verabschiedete ›Lastenausgleichsgesetz‹, das die Entschädigung von Vermögensverlusten regeln sollte, die bis 2001 zur Auszahlung von insgesamt rund 145 Milliarden DM führten. Schließlich bündelte das Bundesvertriebenen- und Flüchtlingsgesetz (BVFG) von 1953 die Regelungen, die bis dahin getroffen worden waren.

Das BVFG schuf zugleich mit den ›Aussiedlern‹ als ›Vertriebenen nach der Vertreibung‹ eine neue Einwandererkategorie, die im Blick auf Integrationsleistungen den Flüchtlingen und Vertriebenen gleichgestellt wurde. Ebenso wie im Falle von Flüchtlingen und Vertriebenen sowie Aussiedlern erkannte der Bund die Notwendigkeit der Unterstützung von Zuwanderern aus der DDR an – solange sie nachweisen konnten, als ›echte Flüchtlinge‹, also als politisch Verfolgte, den zweiten deutschen Staat verlassen zu haben. Zu denen, deren Daueraufenthalt garantiert und denen folglich Hilfeleistungen geboten wurden, gehörten auch jene Migrantinnen und Migranten, denen aufgrund des Asylartikels im Grundgesetz von 1949, den Bestimmungen der Genfer Flüchtlingskonvention von 1951 oder auch unter Bezug auf das Kontingentflüchtlingsgesetz von 1980 Schutz zugebilligt wurde.

Mit den folgenden Ausführungen über die Instrumente des Garantiefonds und des Akademikerprogramms wird die Genese der Integrationsförderung durch die Otto Benecke Stiftung über einen Zeitraum von fünf Jahrzehnten nachgezeichnet und gezeigt, wie sich ihre Arbeit im Kontext der Veränderungen in der Migrations- und Integrationspolitik der Bundesrepublik Deutschland entwickelte. Dazu werden zunächst die Leistungen und Angebote des Garantiefonds und des Akademikerprogramms vorgestellt, bevor dann anhand von drei Einwandererkategorien (DDR-Zuwanderer, Aussiedler und südostasiatische Kontingentflüchtlinge) im exemplarischen Zugriff Aushandlungsprozesse im Kontext der Gestaltung der OBS-Programme sowie Ziele, Perspektiven und Praktiken der Arbeit der OBS erläutert werden. Da die Otto Benecke Stiftung nicht über ein Archiv verfügt, basieren die folgenden Ausführungen vornehmlich auf den von der OBS dem Bundesfamilienministerium jährlich zugeleiteten Rechenschaftsberichten (»Sachliche Berichte«). Hinzugezogen wurden einzelne Publikationen, mit denen die OBS aus verschiedenen Anlässen über ihre Arbeit informiert hat[1], sowie Forschungsliteratur zur Genese der Migrations- und Integrationspolitik in der Bundesrepublik. Dies ermöglichte eine historische Einordnung der Entwicklung der Arbeit der OBS über ein halbes Jahrhundert hinweg. Anzumerken ist, dass die Migrationsforschung sich bisher mit den Förderinstrumenten des Garantiefonds und des Akademikerprogramms nicht einmal im Ansatz beschäftigt hat.

Garantiefonds und Akademikerprogramm

Die Otto Benecke Stiftung ist seit 1965 von der deutschen Bundesregierung mit der Durchführung von Integrationsprogrammen beauftragt. Sie richteten sich bis 1991 vor allem auf DDR-Zuwanderer und – dies bis heute – auf Aussiedlerinnen und Aussiedler (sowie deren Familienangehörige, die nicht in jedem Fall den Aussiedlerstatus haben müssen), Asylberechtigte (seit 1974 auch Asylbewerber) und Kontingentflüchtlinge (Lemper/Hiesserich 2001, S. 35). Dieser Personenkreis erhielt bzw. erhält unter bestimmten Voraussetzungen eine Förderung durch die OBS entweder im Rahmen des ›Garantiefonds‹ (1965 bis heute) oder des ›Akademikerprogramms‹ (1985 bis 2013). Ziel beider Programme war bzw.

---

1   Siehe auch die Listeder OBS-Publikationen im Anhang zu diesem Band.

ist es, »den Teilnehmern eine individuelle Möglichkeit zur Fortsetzung oder Ergänzung der im Herkunftsland erworbenen Vorbildung zu eröffnen« (ebd., S. 1). Beim Garantiefonds handelt es sich um ein Weiterbildungsprogramm. Neben dem ›Garantiefonds-Hochschulbereich‹ gab es auch den ›Garantiefonds Schul- und Berufsbildungsbereich‹, der sich primär an Schülerinnen und Schüler richtete und von den Bundesländern verwaltet wurde, während für den ›Garantiefonds-Hochschulbereich‹ bundesweit die OBS allein zuständig ist (Garantiefondsrichtlinien 1998). Im Folgenden wird der Garantiefonds-Hochschulbereich im Fokus stehen (siehe auch »Von der OBS geförderte Bildungsmaßnahmen im Garantiefonds-Hochschulbereich« im Anhang). Zielgruppe des ›Garantiefonds-Hochschulbereich‹ sind Personen, die im Herkunftsland die Hochschulzugangsberechtigung erworben oder bereits studiert haben und diese Ausbildung in Deutschland fortsetzen bzw. abrunden wollen. Je nach individueller Situation werden die Geförderten im Vorstudienbereich, das heißt in Sprachkursen oder in Kursen, die zur Anerkennung oder zum Erwerb der Hochschulberechtigung führen, durch Stipendien oder die Aufstockung von Leistungen nach dem Bundesausbildungsförderungsgesetz (BAföG) finanziell unterstützt. Bis 1993 konnten auch Studierende eine solche Aufstockung erhalten. Hinzu tritt ein breites Spektrum weiterer Maßnahmen, die darauf ausgerichtet sind, die Aufnahme eines Studiums in der Bundesrepublik zu ermöglichen, ein bereits im Herkunftsland begonnenes Studium fortzusetzen oder die Ausbildung zu ergänzen, sofern ein abgeschlossenes Hochschulstudium nicht in vollem Umfang anerkannt wird. Hierzu gehört ein bundesweites Angebot von spezifischen Beratungsmaßnahmen, das von regionalen Leit- und Erstberatungs- sowie lokalen Beratungsstellen bzw. seit 2009 von den Jugendmigrationsdiensten, die das OBS-Fachpersonal übernommen haben, vorgehalten wird. Auf diese Weise sollen Voraussetzungen für die Integration in den bun-

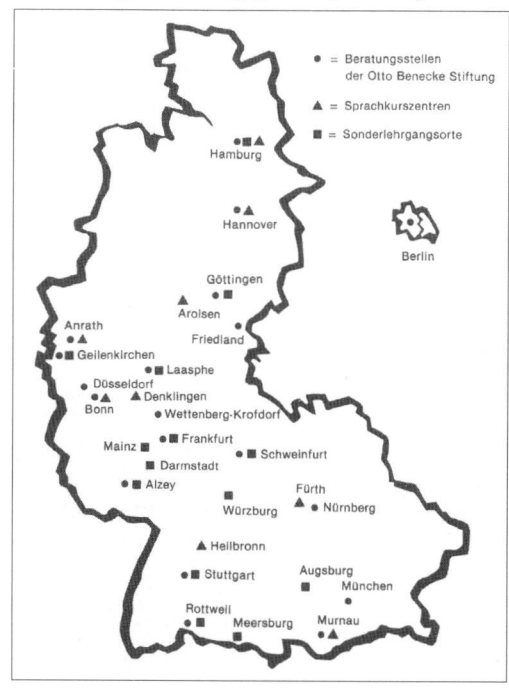

Karte der (Erst-) Beratungsstellen der OBS. Quelle: OBS/Hochschulzugang für junge Aussiedler. Fachtagung Otto Benecke Stiftung 1982. Bonn, S. 81.

desdeutschen Arbeitsmarkt geschaffen und damit wiederum die gesellschaftliche Eingliederung der Zugewanderten gefördert werden (Lemper/Hiesserich 2001, S. 36).

Die Förderungshöchstdauer umfasst seit 1993 insgesamt 30 Monate; dem Charakter einer Integrationshilfe entsprechend soll die Förderung unmittelbar nach der Einwanderung greifen. Folglich ist die Inanspruchnahme auf einen Zeitraum von fünf Jahren nach der Einreise beschränkt (Sachlicher Bericht 1993, S. 87; Richtlinie Garantiefonds-Hochschulbereich, 2.2). Anfänglich unterlag die Förderung keiner Altersbeschränkung. Doch seit 1973 wurden nur mehr jene unterstützt, die bei Förderungsbeginn das Alter von 35 Jahren noch nicht überschritten hatten (Sachlicher Bericht 1973, S. 23). Seit Anfang der 1990er Jahre liegt die Altersgrenze bei 30 Jahren (Lemper/Hiesserich 2001, S. 35; Sachlicher Bericht 1993, S. 57, 98; Sachlicher Bericht 1998, S. 23). Gefördert wird der Garantiefonds vom Bundesfamilienministerium (Richtlinie/Zuwendungen an die OBS 2001).

Nachdem die Förderfähigkeit der zu unterstützenden Migrantinnen und Migranten festgestellt worden ist, wird in einem Beratungsgespräch mit Mitarbeiterinnen bzw. Mitarbeitern der Stiftung erarbeitet, wo Interessen und Talente liegen, welche Ausbildungen bereits vorhanden sind und welche Optionen das Ausbildungssystem in Deutschland bietet (Lemper/Hiesserich 2001, S. 36). Anfangs fanden diese Gespräche in der Erstberatungsstelle der OBS in Krofdorf bei Gießen statt (Sachlicher Bericht 1970, S. 2). Sie wurden begleitet von sogenannten Eingliederungshilfen, die bis 1974 auch unter dem Begriff der «Disziplinierung» junger Einwanderer firmierten (Sachliche Berichte 1970–1994).

Seit 1975 gab es Erstberatungen nicht mehr nur in Krofdorf, sondern vornehmlich in Bonn, (West-)Berlin, Gießen, Zirndorf, Nürnberg, München, Hamburg und Frankfurt a.M. (Sachlicher Bericht 1975, S. 23). Einige dieser Standorte blieben bis über die Wende zum 21. Jahrhundert erhalten, andere kamen hinzu: die ›Erstberatungsstellen‹ in den Aufnahmelagern Friedland, Bramsche, Unna-Massen und Nürnberg sowie darüber hinaus Leitstellen in Berlin, Hamburg, Hannover, Düsseldorf, Frankfurt, Stuttgart und München (Sachliche Berichte 1981, S. 34; 1984, S. 62). Die neuen Bundesländer wurden seit 1990 über bereits bestehende Leitstellen miteinbezogen (Sachlicher Bericht 1994, S. 106). Seit 2009 hat der vom Bundesfamilienministerium geförderte Jugendmigrationsdienst die Beratungen übernommen (Sachlicher Bericht 2009).

Seminarzentrum Krofdorf, Quelle: OBS/Handbuch 1983/84, S. 66

Im Anschluss an die Erstberatung bestand die Möglichkeit, an speziellen Sprachkursen der OBS teilzunehmen. In den ersten Jahren wurde das Sprachkursangebot der Goethe-Institute genutzt (Sachlicher Bericht 1970, S. 5). Diese Kurse waren allerdings auf die Bedürfnisse ausländischer Staatsangehöriger ausgerichtet, die sich nur vorübergehend in der Bundesrepublik aufhielten, was zu Folge hatte, so die Einschätzung der OBS, dass «bildungsintensive Elemente» in den Kursen fehlten (ebd., S. 7). Hinzu kam, dass die Goethe-Institute die große Zahl der Teilnehmenden aus der Gruppe der durch den Garantiefonds Unterstützten nicht zeitnah in ihre Kurse aufnehmen konnten. Deshalb gründete die OBS auf Initiative von Mitgliedern 1970 die ›Gesellschaft zur Förderung berufsspezifischer Ausbildung‹ (GFBA). Die GFBA war fortan, bis zu ihrer Insolvenz im Jahr 1993, Träger der Sprachkurse der OBS (ebd., S. 7; Sachlicher Bericht 1993).[2] Die Kurse umfassten nun nicht nur Unterricht zur Vermittlung von Sprachkenntnissen, sondern boten auch Orientierung über Politik, Gesellschaft, Wirtschaft und Kultur der Bundesrepublik und bereiteten gezielt auf den Eintritt in eine akademische Ausbildung oder auf einen Lehrgang zum Erlangen der deutschen Hochschulreife vor (OBS/Förderprogramme o.J.).

Nach der Insolvenz der GFBA wurden die Sprachkurse, die nunmehr nicht mehr acht, sondern nur noch sechs Monate umfassten, auf mehrere Träger verteilt (Sachlicher Bericht 1993, S. 86f.). Für vergleichbare Standards sorgte die »Rahmenordnung für Sprachkurse« der OBS.[3] Die Kurse endeten mit der Zentralen Deutschen Sprachprüfung der Stiftung. Im Jahr 2004 wurde die »Rahmenordnung« wegen der Einführung des »Gemeinsamen europäischen Referenzrahmens für Sprachen« (GER 2001) überarbeitet und das Abschlussniveau der Sprachkurse an das Niveau C1 angepasst (Sachlicher Bericht 2004, S. 86; OBS/Förderprogramme o.J.). Seit 2005 schließen die Sprachkurse an die Integrationssprachkurse des Bundesamtes für Migration und Flüchtlinge (BAMF) an. Ein Einstufungstest, mindestens auf Niveau B1 des GER, ist seitdem Voraussetzung für die Aufnahme in das Sprachkursprogramm der OBS. Der anschließende sechsmonatige Kurs ist in zwei Teile gegliedert: In den ersten drei Monaten soll das Niveau B2 erreicht werden, die zweite Kurshälfte schließt mit dem bereits erwähnten Niveau C1 (Sachlicher Bericht 2005, S. 84).

Nach Vorüberlegungen im Jahr 2004 hatte die OBS im Folgejahr die Sprachkursinstitute veranlasst, sich als Träger des zentralen standardisierten ›Tests Deutsch als Fremdsprache‹ (TestDaF) lizenzieren zu lassen (Sachlicher Bericht 2004, S. 86f.). Seither können Stipendiatinnen und Stipendiaten, die im Anschluss an den Sprachkurs eine Hochschule besuchen möchten, auch gleich den hierfür erforderlichen TestDaF ablegen (Sachlicher Bericht 2005, S. 84). Von

---

2   Siehe hierzu auch Reich/Rohwedder im vorliegenden Band.

3   Vermutlich entstand die »Rahmenordnung« als Folge der Umstrukturierung; Sachlicher Bericht 1993, S. 86f.

den mehr als 2.000 Kursteilnehmern der Jahre 2007 und 2008 haben 88 Prozent an der Zentralen Deutschen Sprachprüfung der OBS teilgenommen, davon bestanden knapp 90 Prozent die Prüfung (OBS/Förderprogramm o.J.). 2011 wurde für die Sprachkurse das Gutscheinverfahren eingeführt. Seither müssen sich die Teilnehmenden mit Unterstützung der Jugendmigrationsdienste eigenständig einen Platz bei einem von der Stiftung anerkannten Träger suchen. Sinkende Zahlen förderberechtigter Zuwanderer führten zwischen 2007 und 2011 dazu, dass neben der Zahl der anerkannten Träger von Sprachkursen auch die Zahl der zur Verfügung stehenden Kursplätze kontinuierlich abnahm. Mit dem Anstieg der Zahl der Antragsberechtigten gab es 2012 erstmals seit den 1980er Jahren wieder Wartezeiten, um einen Kursplatz zu erhalten.[4]

In vielen Fällen wurde und wird die ausländische Hochschulzugangsberechtigung der Stipendiatinnen und Stipendiaten in Deutschland nicht anerkannt. In diesem Fall besteht die Möglichkeit, sich während eines zweisemestrigen ›Studienkollegs‹ an einer Hochschule auf die Feststellungsprüfung vorzubereiten, die als Hochschulzugangsberechtigung gilt. Gefördert werden sowohl die Teilnahme (durch Aufstockung der BAföG-Leistungen) als auch die Vorbereitungskurse für das Studienkolleg (OBS/Förderprogramme o.J.). Spätaussiedlerinnen und Spätaussiedler können darüber hinaus an 12 bis 24 Monate umfassenden ›Sonderlehrgängen‹ teilnehmen, um die Hochschulzugangsberechtigung zu erhalten. In beiden Fällen findet während dieser Zeit eine kontinuierliche Begleitung der Stipendiatinnen und Stipendiaten durch die OBS inForm von Beratungs- und Informationsveranstaltungen, unter anderem hinsichtlich Studienfachwahl, Hochschulzugang und eventuellen Alternativen, statt (OBS/Förderprogramme [Kursangebote/Sonderlehrgang] o.J.). Von 1979 bis 2001 bot darüber hinaus das in der Nähe von Kassel befindliche ›Kolleg Volkmarsen‹ Jugendlichen, die aufgrund fehlender Nachweise aus dem Heimatland nicht am regulären Schulunterricht teilnehmen konnten, im sogenannten ›Abiturkurs für Asylberechtigte und Kontingentflüchtlinge‹ die Möglichkeit, sich auf den Erwerb der Hochschulzugangsberechtigung vorzubereiten (KMK 1981; Lemper/Hiesserich 2001, S. 36; Puskeppeleit/Krüger-Potratz 1999, Bd. 1, S. 158–160).

In ›Vorbereitungs- und Begleitseminaren‹, die an verschiedenen bundesdeutschen Hochschulstandorten von der OBS angeboten werden, besteht zudem die Möglichkeit, vor und während des Studiums Kurse zu verschiedenen Themen zu belegen; dabei reicht die Bandbreite von Englischkursen über EDV bis hin zu Seminaren über den Arbeitsmarktzugang und zu Existenzgründungen (Richtlinie Garantiefonds-Hochschulbereich, 2.1; Lemper/Hiesserich 2001, S. 36).

---

4   2009: 280 Plätze; 2010: 240 Plätze; 2011: 140 Plätze; seit 2009 fünf Träger; Sachlicher Bericht 2009, S. 4; Sachlicher Bericht 2010; Sachlicher Bericht 2011; Lemper/Hiesserich 2001, S. 35–37; Sachlicher Bericht 2009, S. 4; Sachlicher Bericht 2011; Sachlicher Bericht 2012.

Bis Mitte der 1980er Jahre konzentrierten sich die Beratungs- und Betreuungsangebote auf Studienbewerber und auf Akademiker. Berichte über zunehmende Schwierigkeiten von zugewanderten Studierenden, sich in der bundesrepublikanischen Hochschullandschaft zurecht zu finden, veranlassten die OBS, deren Situation im Rahmen von Fachtagungen nachzugehen und Vorschläge zur Verbesserung der Studien- und Berufschancen zu erarbeiten (Sachliche Berichte 1984, S.75–79; OBS/Beratung o.J.; OBS/Studien- und Berufschancen für Zuwanderer 1990). Daraus entwickelte sich das seit 1988 vom Bundesfamilienministerium im Rahmen des Garantiefonds geförderte Hochschulprogramm, das Beratungs- und Betreuungsangebote speziell für zugewanderte Studierende unterbreitet (Sachlicher Bericht 1988, S. 83).

Während ihres Studiums können Zuwanderinnen und Zuwanderer seitdem Mitglied einer Hochschulgruppe der OBS werden. In diesem Kontext werden sie in einem Mentorenprogramm von älteren Studierenden (die häufig selbst Zugewanderte sind) betreut und bei der »fachlichen und sozialen Integration« unterstützt. Ziel des Mentorenprogramms ist es, mögliche Barrieren abzubauen und die Integration der Stipendiatinnen und Stipendiaten in das Hochschulleben zu fördern (Lemper/Hiesserich 2001, S. 36). Durch die angebotenen Maßnahmen sollen zugewanderte Studierende in Situationen begleitet werden, in denen ihnen aufgrund ihrer Zuwanderung Wissen über Alltagspraktiken und Konventionen fehlen.

> *»Viele Menschen, die nach Deutschland gekommen sind und kommen werden, bleiben für immer hier. Das heißt, aus den ehemals von der Otto Benecke Stiftung geförderten jungen Zuwanderinnen und Zuwanderern sind im Laufe der 50 Jahre mittlerweile Seniorinnen und Senioren geworden. Dass diese jetzt mit ihren Erfahrungen und Kontakten den Neuankommenden zur Seite stehen, ist sehr zu begrüßen. So sollten wir alle Bemühungen im Bereich der Integration und Inklusion auch langfristig unter dem Aspekt der Prävention sehen. Ältere Migrantinnen und Migranten sind eine wachsende Gruppe in Deutschland, die hier eine Heimat finden sollten, die sich bei uns wohlfühlen sollen – und dazu kann auch die OBS weiterhin viel beitragen. Wir gratulieren zu dem bisher Geleisteten, begrüßen den weiteren Einsatz für Zuwanderer aller Altersstufen und wünschen alles Beste für die nächsten 50 Jahre!«*
>
> (12.12.2014, Prof. Dr. Dr. h.c. Ursula Lehr,
> Bundesministerin für Jugend, Familie, Frauen und Gesundheit 1988 – 1991)

Den enormen Anstieg der Zuwanderung in Folge der Transformationsprozesse im Osten Europas sowie die Ausweitung der Beratungs- und Förderangebote auf Zuwanderer in den Neuen Bundesländern konnte die OBS mit Hilfe des

Modellprojekts SIQUES (›Sicherung der Qualität, Effizienz und Schnelligkeit bei der Eingliederung maximaler Zuwandererzahlen‹) bewältigen. In diesem von 1989 bis 1993 laufenden Projekt unterstützten mobile Beratungseinheiten (mit moderner Technik – Telefon, Fax, PC – ausgestattete Fahrzeuge, die vor Ort, z. B. nahe den Übergangswohnheimen, zur Durchführung der Beratungsgespräche genutzt werden konnten) die stationären Beratungsstellen bzw. stellten in den neuen Bundesländern, in denen keine Beratungsstellen der OBS existierten, die Bildungsberatung der dorthin zugewiesenen Zuwanderer sicher. Unmittelbar nach der deutschen Vereinigung 1990 übernahmen diese mobilen Dienste auch die Organisation und Durchführung von Informationsveranstaltungen für Abiturienten in den Neuen Bundesländern, die nach Orientierung in der sich verändernden Bildungslandschaft suchten oder über ein Studium an einer westdeutschen Hochschule nachdachten (Abschlussbericht SIQUES 1994).

Diejenigen unter den Zugewanderten, die bereits über eine abgeschlossene, aber in Deutschland nicht anerkannte Hochschulausbildung verfügten, konnten bis 2013 an Maßnahmen des sogenannten ›Akademikerprogramms‹ und des daraus hervorgegangenen AQUA-Programms zur Anerkennung ihres Abschlusses oder zum Erwerb von auf dem Akademikerarbeitsmarkt erforderlichen Qualifikationen teilnehmen. Ausgehend von der Annahme der OBS, dass Zuwanderinnen und Zuwanderer mit einem Hochschulabschluss aus ihrem Herkunftsland bei der Suche nach einer adäquaten Beschäftigung auf Barrieren stoßen, der erfolgreiche berufliche Einstieg allerdings als ein wichtiges Indiz für einen gelungenen Start gedeutet wird, implementierte die OBS 1985 das Akademikerprogramm. Es entstand in Kooperation mit verschiedenen Hochschulen (OBS/Akademikerprogramm 2005, S. 8; Sachlicher Bericht 2007) sowie ausgewählten Bildungsträgern; dazu zählten unter anderem die Diakonie Essen, das Gustav-Stresemann-Institut in Bergisch Gladbach, die Carl Duisberg-Gesellschaft und der Studienverband Heidelberg (OBS/Berufseinstieg 2001, S. 7). Es umfasste »berufskundliche Seminare und studienergänzende Qualifizierungsmaßnahmen und Praktika« (Lemper/Hiesserich 2001, S. 37).

Die Anfänge des Akademikerprogramms lassen sich auf die späten 1970er Jahre zurückführen. Am 1. Juli 1978 wurde bereits ein erstes Akademikerprogramm von der OBS ins Leben gerufen, das sich die »Förderung der beruflichen Eingliederung über 35jähriger ausgesiedelter oder aus der DDR und Berlin (Ost) zugewanderter Studienbewerber« zur Aufgabe machte (Sachlicher Bericht 1978). Ein vorläufiges Ende fand dieses erste Akademikerprogramm mit einer vom Bundesministerium für Jugend, Familie und Gesundheit im November 1982 verhängten Sperre der Aufnahme weiterer Bewerberinnen und Bewerber (Sachlicher Bericht 1982, S. 61). Sie wurde erst 1985 wieder aufgehoben. Zwischen 1978 und 1982 lag der Schwerpunkt der Arbeit des Programms »in der umfassenden Beratung über das hier bestehende Studienangebot, über Möglichkeiten und Voraussetzungen der Studienaufnahme und der Studienförderung, über die

Studiendurchführung, die Modalitäten der Anerkennung ausländischer Studienabschlüsse und der Arbeitsaufnahme, über die berufliche Verwertbarkeit ausländischer Studienabschlüsse, Festlegung und Verfolgung von Ausbildungsplätzen, ständige Beratung und Betreuung zur Sicherstellung des Studien- und Eingliederungserfolgs, Weiterleitung an die zuständigen Stellen zwecks Berufsberatung und Arbeitsvermittlung« (Sachlicher Bericht 1978, S. 44).

Mit dem Ende des Aufnahmestopps 1985 bildete die ›Richtlinie für die Förderung von Maßnahmen der beruflichen Eingliederung bestimmter Personengruppen mit Hochschulabschluss‹ den Rahmen für das erneuerte und nun vom Bundesbildungsministerium geförderte Akademikerprogramm der OBS in den kommenden mehr als zwei Jahrzehnten. Im Januar 2009 schließlich wurden die Kursangebote zur Berufseingliederung in das seit 2006 vom Bundesbildungsministerium und dem Europäischen Sozialfonds geförderte Projekt ›Akademikerinnen und Akademiker qualifizieren sich für den Arbeitsmarkt‹ (AQUA) überführt (OBS/AQUA o.J.; Sachlicher Bericht 2008, S. 97f.).

Die Idee und das wesentliche Ziel des Akademikerprogramms, die berufliche Integration zugewanderter Akademikerinnen und Akademiker zu fördern und deren Start ins deutsche Arbeitsleben zu beschleunigen, beruhte vor allem auf der Annahme, dass selbst sehr gute Studienabschlüsse, Expertenwissen und jahrelange Berufspraxis keine Garanten dafür sind, direkt in einen (qualifizierten) Beruf in Deutschland einsteigen zu können (OBS/Akademikerprogramm 2005, S. 4; siehe auch Maur 1010; 2014).

Seit der Neugründung des Akademikerprogramms im Jahr 1985 arbeitete es nicht nur im Auftrag, sondern auch mit finanziellen Mitteln des Bundesministeriums für Bildung und Forschung (BMBF). Im Jahr 2004 wurden erstmalig auch Mittel durch den Europäischen Sozialfonds (ESF) für das Akademikerprogramm bereit gestellt. Das Bundesministerium für Bildung und Forschung gab vor, welche Personen förderungsberechtigt waren und es beschränkte die Zielgruppe auf Einwanderinnen und Einwanderer, die bereits im Herkunftsland ein Studium absolviert hatten. In den 1980er bis Mitte der 1990er Jahre wurden ausschließlich Migrantinnen und Migranten gefördert, die als Übersiedler aus der DDR sowie als Aussiedler bzw. Spätaussiedler im Sinne des Bundesvertriebenengesetzes in der Bundesrepublik aufgenommen worden waren. Seit 1996 konnten auch jüdische Einwandererinnen und Einwanderer aus den Nachfolgestaaten der UdSSR (eine Gruppe mit einem Akademikeranteil von rund 70 Prozent) am Akademikerprogramm teilnehmen, da sie über einen Rechtsstatus verfügten, der als analog zum Status der Kontingentflüchtlinge galt. Darüber hinaus wurden Kontingentflüchtlinge gefördert, die im Rahmen international abgestimmter humanitärer Hilfsaktionen aufgenommen wurden. Wenngleich unter anerkannten Asylberechtigten der Anteil der Hochschulabsolventinnen und -absolventen gering ist, so konnten seit Januar 2003 auch diese als neue Kategorie im Akademikerprogramm berücksichtigt werden (ebd., S. 5–7).

Zum Zeitpunkt des Beginns ihrer Aufnahme mussten die Personen das 30. Lebensjahr vollendet und durften das 51. Lebensjahr noch nicht erreicht haben. Ausnahmeregelungen galten für unter 30jährige, die bereits über einen Hochschulabschluss verfügten, dennoch aber an den Angeboten des Akademikerprogramms teilnehmen wollten. Die Teilnehmerinnen und Teilnehmer des Programms erhielten ein Stipendium, welches sich an den Richtlinien des Garantiefonds orientierte. Rund 1.300 Plätze sind seit den 1990er Jahren für das Akademikerprogramm jährlich vergeben worden. Laut Tabelle 1 überschritt dabei die Zahl interessierter Zuwanderinnen und Zuwanderer, die sich jährlich wegen einer Teilnahme am Akademikerprogramm an die OBS wendeten, durchgängig diejenige der zur Verfügung stehenden Stipendien. Die Auswahl der Bewerberinnen und Bewerber des Akademikerprogramms orientierte sich an Kriterien sprachlicher, fachlicher und persönlicher Eignung (ebd., S. 10).

Tabelle 1: Zahl der Teilnehmenden des Akademikerprogramms und Fördermittel 1985–2008

	Beratungs- und Erfassungsfälle (Bewerber_innen)	Geförderte Stipendiat_innen	Davon Kontingentflüchtlinge	Davon Asylbewerber_innen	BMBF-Mittel	ESF-Mittel
1985		104			460.000 DM	
1986		210			1,8 Mio. DM	
1987		257			2 Mio. DM	
1988	2.600	389			2,7 Mio. DM	
1989	7.400	725			7,2 Mio. DM	
1990	7.200	1.333			14,2 Mio. DM	
1991	6.145	2.123			23,3 Mio. DM	
1992	5.252	1.832			23,1 Mio. DM	
1993	5.179	1.378			14,8 Mio. DM	
1994	5.542	1.649			13,86 Mio. DM	
1995	5.088	1.682			13 Mio. DM	
1996	5.898	1.689	142		13 Mio. DM	
1997	5.095	1.318	295		12,65 Mio. DM	
1998	4.176	1.223	390		10,77 Mio. DM	
1999	4.214	1.133	433		19,78 Mio. DM	
2000	4.195	1.230	525		10,82 Mio. DM	
2001	4.178	1.063	448		10,92 Mio. DM	
2002	4.404	1.108	524		5,58 Mio. Euro	
2003	4.461	1.109	596	5	5,56 Mio. Euro	
2004	3.144	1.375	766	18	4,64 Mio. Euro	2,26 Mio. Euro
2005	2.596	1.487	841	10	3,84 Mio. Euro	3,15 Mio. Euro
2006	1.545	1.417	737	16	3,94 Mio. Euro	3,04 Mio. Euro
2007	1.342	1.189	521	24	3,73 Mio. Euro	4,08 Mio. Euro
2008	2.694	763	292	13	4 Mio. Euro	

Quelle: Deutscher Bundestag 2008; Sachliche Berichte der OBS der jeweiligen Jahre.

> **Akademikerprogramm wird für Asylberechtigte geöffnet**
>
> Eine erfreuliche Mitteilung konnte der Parlamentarische Staatssekretär des Bundesministeriums für Bildung und Forschung, Wolf Michael Catenhusen, OBS-Präsident Dr. Lothar Theodor Lemper überbringen:
>
> Im Rahmen eines ausführlichen Gesprächs teilte er jetzt mit, dass nunmehr ab dem Jahr 2003 Ausländer, die als Asylberechtigte anerkannt wurden, auch durch das Akademikerprogramm der Otto Benecke Stiftung gefördert werden können. Damit wird es der OBS möglich, neben Spätaussiedlern und Kontingentflüchtlingen einen weiteren Personenkreis bei der erfolgreichen beruflichen Integration zu unterstützen. Besonders erfreut zeigte sich Dr. Lemper darüber, dass diese Erweiterung auch mit einer Anhebung der Mittel des Akademikerprogramms verbunden wird, so dass künftig auch tatsächlich mehr Personen in die Förderung aufgenommen werden können. Das BMBF finanzierte das Akademikerprogramm zuletzt mit insgesamt 5, 581 Mio. Euro.
>
> Ziel des AKP ist es, zugewanderte Hochschulabsolventen in den deutschen Arbeitsmarkt zu integrieren. Dies geschieht durch passgenaues Ergänzen der mitgebrachten Qualifikationen. Die speziell für die akademische Klientel entwickelten berufsspezifischen Maßnahmen sind Klammern und Brücken zwischen den „mitgebrachten" Hochschulausbildungen und den Erfordernissen des hiesigen Arbeitsmarktes. Diese qualifizierten Zuwanderer bringen zwar einen Hochschulabschluss und Berufserfahrung aus ihren Herkunftsländern mit, müssen aber Hilfestellung erhalten, um sich dem hiesigen Arbeitsmarkt in voller Leistungsfähigkeit zur Verfügung stellen zu können. Eine Aufgabe, der sich das Akademikerprogramm in Zusammenarbeit mit ausgewählten Hochschulen stellt.

Quelle: OBS inForm Nr. 7, S. 3

Neben der Zentrale in Bonn verfügte die OBS bis 2009 bundesweit über Außenstellen, die (potenzielle) Antragstellerinnen und Antragsteller berieten und über die Fördermöglichkeiten des Akademikerprogramms informierten. Da sich insbesondere die Anforderungen an die Anerkennung der bereits im Herkunftsland erworbenen Studienabschlüsse sowie die erforderlichen Kenntnisse für den Arbeitsmarkt bei den einzelnen akademischen Berufen erheblich unterschieden, wurde im Rahmen des Akademikerprogramms für jede Berufsgruppe ein je spezifisches Eingliederungskonzept entwickelt, um die Anerkennung der Berufsabschlüsse und die Arbeitsmarktintegration zu erleichtern (ebd., S. 6). Vermittelt werden sollte den Zugewanderten nicht nur ein Überblick über mögliche berufliche Tätigkeitsfelder. Vielmehr ging es vor allem um konkrete Hilfestellung beim Erstellen von Bewerbungsunterlagen oder das Üben von Vorstellungsgesprächen. Darüber hinaus wurde bei den Beratungsgesprächen besprochen, ob und inwieweit weitere Sprachschulungen erforderlich waren, da sich fehlende oder unzureichende Deutschkenntnisse als das zentrale Problem bei der Arbeitsuche der Teilnehmenden des Akademikerprogramms erwiesen hatten. Vor diesem Hintergrund bot das Akademikerprogramm ein eigens entwickeltes, ergänzendes Sprachförderprogramm an, das dreimonatige berufsgruppenspezifische Sprachkurse beinhaltete und auch zweimonatige Englisch-Intensivsprachkurse umfassen konnte (ebd., S. 7). Auch wenn sich die Grundstruktur des Akademikerprogramms nicht veränderte, so wurden die inhaltlichen Schwerpunkte der Fördermaßnahmen im Laufe der Jahre immer wieder angepasst – vor allem um den Veränderungen hinsichtlich der beruflichen Hintergründe der Stipendiatinnen und Stipendiaten Rechnung zu tragen (siehe Schnippering 2006; vgl. auch OBS/Akademikerprogramm 2001, S. 8).

Im Rahmen des Akademikerprogramms unterstützte die OBS zudem dreimonatige Praktika, um den Stipendiatinnen und Stipendiaten eine erste Orientierung im beruflichen Alltag zu ermöglichen. Von Programmbeginn an gab es darüber hinaus Hospitationen, die vornehmlich für zugewanderte Lehrkräfte entwickelt wurden sowie sogenannte Anpassungspraktika für Ärzte und Apotheker. In einzelnen Fällen ermöglichten solche Angebote unmittelbar einen Berufseinstieg. In der Regel aber war für zahlreiche Berufsgruppen eine Anschlussqualifizierung notwendig, für die das Akademikerprogramm in Kooperation mit Hochschulen bundesweit sogenannte Studienergänzungen anbot, »die mit der Dauer von neun bis zwölf Monaten fachbezogene Kenntnisse vermitteln« (OBS/Akademikerprogramm 2001, S. 8.). Die Studienergänzungen waren grundsätzlich von drei- oder viermonatigen Praktika begleitet, »die den Bezug zwischen den im Studium erworbenen theoretischen Kenntnissen und dem Arbeitsalltag herstellen sollen« (ebd.). Nach den Angaben der OBS fanden nach dem Besuch der Maßnahmen zur Studienergänzung sowie den Praktika durchschnittlich rund 70 Prozent der Teilnehmenden des Akademikerprogramms eine qualifizierte Stelle (vgl. ebd.).

Über die Inanspruchnahme von Maßnahmen der beruflichen Integration hinaus bestand die Möglichkeit, auch sozialpädagogische Betreuung und Beratung für alle Lebenslagen in Anspruch zu nehmen. Eine finanzielle Absicherung der Teilnehmenden am Akademikerprogramm erfolgte durch Stipendien, deren Höhe sich am BAföG-Satz orientierte. Laut der letzten Richtlinie zum Akademikerprogramm, die am 1. August 2004 in Kraft trat, entsprach die Förderung dem 1,1-fachen des regulären BAföG-Satzes; übernommen wurden auch die Kosten für Sprachkurse, Eingliederungsmaßnahmen und die Fahrtkosten.

Tabelle 2: Übersicht über die Angebote des Akademikerprogramms

- Bewerbungstraining
- EDV-Grundkurs (seit 1989)
- Aufbausprachkurs Deutsch (für die Teilnehmenden an längeren Maßnahmen) (seit 1985)
- Fachsprachkurse Deutsch (für Ärzte/Ärztinnen, Ökonomen/Ökonominnen, Geistes- und Naturwissenschaftler/innen, Lehrer/innen und Ingenieure/Ingenieurinnen) (seit 1985)
- Intensivsprachkurs Englisch (seit 1986 Sprachkursbesuch in Großbritannien)
- Praxisbezogene Orientierungskurse (für Lehrkräfte, Geistes-, Sozial-, Rechts- und Wirtschaftswissenschaftler/innen sowie für Ingenieure/Ingenieurinnen und Naturwissenschaftler/innen) (seit 1993)
- Förderung eines ärztlichen und zahnärztlichen Praktikums (seit 1985)

- Förderung des Ergänzungsstudiums für Hygieneärztinnen und -ärzte
- Förderung des pharmazeutischen Praktikums (ab 1985)
- Studienergänzung Veterinärmedizin, Bauingenieurwesen, Elektrotechnik, Maschinenbau, Mechatronik, Betriebswirtschaft (seit 1985)
- Förderung des individuellen Ergänzungsstudiums (seit 1985)
- Wissenschaftliches Praktikum
- Studienergänzung Fernstudium (seit 2003)
- Studienergänzung Interkulturelle Bildung (seit 2005)

Quelle: OBS/Akademikerprogramm 2005, S. 13. Die Jahreszahlen verweisen auf den Beginn der Maßnahmen, soweit die »Sachlichen Berichte« der OBS darüber Auskunft gaben. Der Umfang und die Ausrichtung der Angebote, zum Teil auch ihre Bezeichnungen, unterlagen einem steten Wandel.

›Übersiedler‹: Einwanderer aus der DDR

Von der Gründung der beiden deutschen Staaten 1949 bis zur Vereinigung 1990 gab es stets Zuwanderungen aus der DDR in die Bundesrepublik. Im Westen wurden die Migrantinnen und Migranten aus der DDR als ›Übersiedler‹ bezeichnet: Wahrscheinlich wanderten von 1949 bis zum Bau der Mauer 1961 über drei Millionen Menschen aus der DDR in die Bundesrepublik (und mehr als 500.000 in die umgekehrte Richtung). Nach den Angaben des 1950 in der Bundesrepublik eingeführten ›Notaufnahmeverfahrens‹, das die Freizügigkeit der aus der DDR Zugewanderten einschränkte und ihnen unter bestimmten Voraussetzungen einen Flüchtlingsstatus mit entsprechenden Versorgungsleistungen zuwies, pendelten die Zahlen in den 1950er Jahren zwischen jährlich ca. 150.000 und 330.000. Höhepunkte bildeten die Jahre 1953 und 1956/57. Nach einem starken Rückgang bis 1959 stiegen die Zahlen bis zum Mauerbau 1961 wieder deutlich an, nicht zuletzt wegen der erneut verschärften SED-Kollektivierungspolitik.

Mit dem Bau der Mauer wurde die Abwanderung aus der DDR in die Bundesrepublik massiv beschränkt: In den späten 1960er, den 1970er und frühen 1980er Jahren kamen pro Jahr ca. 13.000 bis 20.000 Personen aus der DDR. Erst in der Endphase der DDR stieg die Zahl der ›Übersiedler‹ wieder deutlich an, erreichte 1984 – nach dem bundesdeutschen Milliardenkredit an die DDR und der Aushandlung der Bewilligung von 32.000 Ausreiseanträgen durch die DDR, um die innenpolitische Situation zu beruhigen – einen Spitzenwert von über 40.000, um dann im Jahr der Öffnung der Mauer 1989 auf über 340.000 Antragsteller im Notaufnahmeverfahren zu steigen. Vom Bau der Mauer bis Ende 1988 fanden insgesamt über 600.000 Menschen ihren Weg von Deutschland-Ost nach Deutschland-West, wobei der weitaus überwiegende Teil auf der Basis von

Ausreisegenehmigungen, die vor allem Rentnern und anderen Nicht-Erwerbstätigen bewilligt wurden, die Grenze überschreiten konnte. Die Zahl der Erwerbstätigen, die die DDR verlassen durften und die Zahl derjenigen, die die Grenze auf irregulären Wegen überwanden, blieben demgegenüber niedrig (Wolff 2015).

Die ›Übersiedler‹, denen die bundesdeutschen Behörden im Rahmen des seit 1951 etablierten ›Notaufnahmeverfahrens‹ den Status als politische Flüchtlinge aus der DDR zubilligten, hatten einen Anspruch darauf, dass ihnen Wohnraum zugewiesen wurde, eine Leistung, die insbesondere vor dem Hintergrund der Wohnungsnot in der frühen Bundesrepublik ein hohes Gut darstellte. Darüber hinaus gewährten die Behörden ihnen uneingeschränkten Zugang zum Arbeitsmarkt und Unterstützung von den Arbeitsämtern, und sie erhielten eine Überbrückungshilfe sowie Leistungen im Falle von Erwerbslosigkeit. Diejenigen unter ihnen, die die Kriterien der Zulassung zu den Leistungen des Garantiefonds erfüllten, zählten zu den Förderberechtigten für ein Studium, wie bereits im ersten »Sachlichen Bericht« der OBS von 1965 hervorgehoben wird (in dem auch zwei Jahrzehnte nach dem Ende des Zweiten Weltkriegs die Nicht-Anerkennung der DDR im Westen durch die Weiterverwendung der Formel von der »Sowjetischen Besatzungszone« markiert wurde):

> »Ein besonders hervortretendes Aufgabengebiet stellt die Unterstützung von Studenten und Studienbewerbern dar, die aus Gründen der Rasse, Religion oder Weltanschauung oder wegen ihres Eintretens für die freiheitliche Gesellschaftsordnung in der SBZ, anderen Ostblockländern oder ihren Heimatländern in ihrem Studium behindert worden sind und in das Bundesgebiet auswandern, um ihre Ausbildung in einem freien Lande fortzusetzen. Zu den besonders betreuten Studenten und Studienbewerbern gehören demnach: 1. Zuwanderer aus der SBZ, Aussiedler und ausländische politische Flüchtlinge« (Sachlicher Bericht 1965, S. 1).

Im ersten Berichtsjahr, 1965, wurden 262 Zuwanderer aus der DDR unterstützt. Wie im Falle aller anderen Stipendiaten wurde auch für sie die Erstberatung zur Grundlage der weiteren Planung. Während bei anderen Zuwanderern häufig Nachqualifizierungen zum Erreichen der Hochschulzugangsberechtigung notwendig waren, wurden Reifezeugnisse aus der DDR ab 1970 grundsätzlich anerkannt (Sachlicher Bericht 1970, S. 10). Die Zahl der aus der DDR zugewanderten Stipendiaten des Jahres 1970 lag bei 153 (Sachlicher Bericht 1971, S. 7). 1973 waren es 184, unter ihnen 120 als politische Flüchtlinge und 64 als ehemalige politische Häftlinge kategorisierte (Sachlicher Bericht 1973, S. 33). Wie Angaben aus dem Jahr 1974 verdeutlichen, blieb die Zahl der DDR-Übersiedler im Blick auf die Gesamtzahl der Unterstützten mit lediglich 82 von 2.747 »beratenen, für die Förderung infragekommenden und aktenmäßig angelegten Fälle« sehr klein (Sachlicher Bericht 1974, S. 28).

Aus der DDR zugewanderte Studienbewerber konnten von Beginn an auch in das Akademikerprogramm aufgenommen werden (Sachlicher Bericht 1978, S. 29; BJFG/Erlass 1978). Für auf Übersiedler und Aussiedler ausgerichtete Maßnahmen standen im Jahr 1978 insgesamt 178.000 DM zur Verfügung (Sachlicher Bericht 1978, S. 41). In den ersten sieben Monaten des Jahres wurden 15 Übersiedler über das Studienangebot und die Möglichkeiten der Studienaufnahme, -förderung sowie -durchführung informiert (ebd., S. 44f.). Darüber hinaus fanden regelmäßig Seminare in Berlin und in Krofdorf statt, auf denen Aussiedlern und DDR-Übersiedlern »die in der Bundesrepublik Deutschland wirksamen geschichtlichen, wirtschafts- und gesellschaftspolitischen Zusammenhänge« näher gebracht wurden, um einen »Orientierungsrahmen und Hintergrundinformationen« zu schaffen, die den »Mangel an Vertrautheit mit den hiesigen Verhältnissen« beseitigen sollten (ebd., S. 52). Nach knapp drei Jahren Laufzeit erwarben die ersten aus der DDR zugewanderten Studierenden ihre Studienabschlüsse. Ingenieure und Ärzte nahmen nur selten die Unterstützung der OBS in Anspruch, da in ihren Berufen der Übergang in den Arbeitsmarkt vor dem Hintergrund einer hohen Nachfrage reibungslos verlief. Im Gegensatz dazu war die Zahl der Lehrerinnen und Lehrer, die die Beratungen aufsuchten, hoch (Sachlicher Bericht 1981, S. 52). Die ständig wachsenden Teilnehmerzahlen der Seminare für Aussiedler und DDR-Zuwanderer und die erheblichen Unterschiede im Blick auf die Anforderungen führten dazu, dass seit 1981 erstmals getrennte Veranstaltungen für diese beiden Zuwandererkategorien stattfanden (ebd., S. 53).

Der starke Anstieg des Umfangs der DDR-Zuwanderung im Jahre 1984 hatte außerdem zur Folge, dass nicht alle Stipendiaten an studienvorbereitenden Maßnahmen teilnehmen konnten. Darüber hinaus ergaben sich nun auch grundsätzliche Diskussionen über den Umgang mit zugewanderten Hochschulabsolventinnen und -absolventen aus der DDR. Eine Tagung zum Thema »Anerkennung von akademischen Abschlüssen bei Aussiedlern und DDR-Zuwanderern« ließ die Konsequenzen der Nicht-Anerkennung von Abschlüssen deutlich werden (Sachlicher Bericht 1984, S. 83). Die OBS bemühte sich darüber hinaus um eine Neuausrichtung der Studienplatzvergabe für Aussiedler und DDR-Übersiedler mit dem Ziel, einen Nachteilsausgleich bei der Zulassung zu den medizinischen Fächern zu schaffen. Das gelang 1985 (Sachlicher Bericht 1985, S. 75). In diesem Jahr nahmen an neun Eingliederungsseminaren insgesamt 372 aus der DDR Zugewanderte teil (ebd., S. 88). Aufgrund der höheren Zahl der Teilnehmerinnen und Teilnehmer infolge des Anstiegs der Zuwanderung gab es erstmals zwei Seminare ausschließlich für Hochschulabsolventinnen und -absolventen, also nicht, wie bislang üblich, gemeinsam mit Studienbewerberinnen und -bewerbern.

Anders als in den 1970er Jahren, als die DDR-Zuwanderer als Klientel ohne größere Schwierigkeiten hinsichtlich der Integration in den akademischen Betrieb und den Arbeitsmarkt galten, wurde nun ein deutlich gewachsener Bedarf konstatiert, Übersiedler gezielt zu fördern: Zur Begründung hieß es, dass sie in der Regel im Vergleich zu Studierenden aus der Bundesrepublik über ein geringeres Fachwissen verfügten, auch sei ihnen der Gebrauch der Wissenschaftssprache in vielen Fällen nicht geläufig (ebd., S. 85; Sachlicher Bericht 1986, S. 93). Hinzu kämen Belastungen, die die Veränderungen des Umfeldes durch die Migration in den Westen mit sich brachten, nicht zuletzt vor dem Hintergrund eines erheblichen Konkurrenzdrucks auf dem Arbeitsmarkt (Sachlicher Bericht 1985, S. 86). Dringend nötig war aus Sicht der OBS eine Verlängerung der Förderungshöchstdauer des BAföG-Bezugs, denn eine Vielzahl der Übersiedler überschritt diese »aus eingliederungsbedingten Gründen« (Sachlicher Bericht 1987, S. 77). Hier verstand sich die OBS als Interessenvertreterin der Studierenden und setzte sich in zahlreichen Einzelfällen gegenüber den BAföG-Ämtern für eine Weiterführung der Förderung ein, häufig mit Erfolg. Die Unterstützung der OBS galt auch in den Fällen, in denen Personen mit einem Hochschulabschluss aus der DDR die BAföG-Förderung eines Zweitstudiums beantragten. Auch verhandelte sie daher mit der Zentralstelle zur Vergabe von Studienplätzen (ZVS) in Dortmund und mit den Hochschulen, weil aus Sicht der Stiftung zu wenig Studienplätze für DDR-Zuwanderer zur Verfügung standen (ebd., S. 78). Immer wieder konstatierte die OBS in ihren Berichten »schwierige soziale und wirtschaftliche Rahmenbedingungen« für ihre aus der DDR zugewanderte Klientel in der Bundesrepublik, so dass sie sich wiederholt genötigt sehe, bei den zuständigen Arbeits- und Sozialämtern vorstellig zu werden (ebd.). Aufgrund der weiterhin steigenden Zahl von Stipendiatinnen und Stipendiaten im Akademikerprogramm und einer vermehrten Nachfrage nach Beratungsangeboten wurden 1987 insgesamt 13 Seminare ausschließlich für übergesiedelte Hochschulabsolventen abgehalten, an denen 425 DDR-Zuwanderer teilnahmen. Parallel dazu fanden 10 Seminare für Aussiedler mit 222 Teilnehmenden statt (ebd., S. 88).

Das 1986 unterzeichnete, als Kulturabkommen bekannte »Abkommen zwischen der Regierung der Deutschen Demokratischen Republik und der Regierung der Bundesrepublik Deutschland über kulturelle Zusammenarbeit« (Lindner 2011) hatte auch Auswirkungen auf die Arbeit der OBS. So war geplant, deutsch-deutsche »Begegnungen und Seminare mit dem Ziel der Kommunikation« durchzuführen. Erste Treffen fanden zwar bereits 1987 statt (ebd., S. 96); doch wegen der Staatskrise der DDR kam die Initiative nicht über die Umsetzung erster Ansätze hinaus.

Die Öffnung der innerdeutschen Grenze 1989 führte schließlich dazu, dass sich die Aufgaben der OBS und ihrer Mitarbeiterinnen und Mitarbeiter erheblich veränderten. Schon in den vorangegangenen Jahren war es nicht immer möglich gewesen, allen Interessierten eine Teilnahme an einer Erstberatung zu gewähren. 1989 aber ergab sich »eine für Ratsuchende und Mitarbeiter katastrophale Situation« (Sachlicher Bericht 1989, S. 79). Der Zuzug von allein 343.854 Übersiedlern vom September 1989 bis zum Jahresende führte zu einer Überlastung der OBS-Beratungsstruktur. Die Beratungsstatistik von 1989 zeigt, dass sich im Falle der Übersiedler aus der DDR die Zahlen in nahezu allen Bereichen (Erstberatungen, Nachberatungen, kursbegleitende Beratung) im Vergleich zum Vorjahr verdoppelt hatten (ebd., S. 81). Mit Hilfe der mobilen Beratungsangebote des SIQUES-Programms und eines in diesem Programm eingerichteten ›Sondertelefons‹, das für Anrufer kostenlos erreichbar war und über das erste Fragen beantwortet werden konnten, sollte der vermehrten Inanspruchnahme begegnet werden (Sachlicher Bericht 1992, S. 97). Dabei ging es in der Regel um Fragen zur Anerkennung von Abschlüssen, zu Aus- und Weiterbildungsmöglichkeiten sowie zu staatlichen Förderprogrammen. Ratsuchende waren nicht allein Übersiedler. Vielmehr fragten auch zahlreiche Mitarbeiterinnen und Mitarbeiter aus der staatlichen und kommunalen Verwaltung nach, weil sie ihrerseits um Auskunft gebeten worden waren, nicht aber über die notwendigen Informationen verfügten. Zwischen dem 16. Oktober 1989 und Jahresende wurden insgesamt 1.570 Anrufe dieser Art registriert (Sachlicher Bericht 1989, S. 88).

Die rasch einsetzenden Diskussionen um eine deutsch-deutsche Vereinigung führten seit Jahresende 1989 zu Diskussionen über eine Unterstützung bei einer Rückkehr in die DDR. Als Voraussetzung sah die OBS an, dass »in der DDR stabile demokratische Verhältnisse und attraktive Beschäftigungsmöglichkeiten für Akademiker vorhanden« seien (ebd., S. 96). Geplant wurden für 1990 Beratungen und Seminare zur Rückkehrvorbereitung, die sich aber als obsolet erwiesen, weil die deutsche Vereinigung wesentlich schneller voranschritt, als zunächst absehbar gewesen war. Ohnehin wurden 1990 die Leistungen für DDR-Übersiedler zusammengestrichen: Eine Förderung durch die OBS erhielten nur noch jene, die vor dem 1. Juli 1990 in die Bundesrepublik eingereist waren (Sachlicher Bericht 1990, S. 84). Infolgedessen sank die Zahl der Beratungen für DDR-Zuwanderer rasch um 70 Prozent ab und war schließlich Ende 1990 bedeutungslos (ebd., S. 86, 88, Schaubild 2). Mit dem 30. September 1991 wurde die Förderung für Übersiedler schließlich eingestellt (Sachlicher Bericht 1991, S. 80).

Die deutsche Vereinigung führte bei der OBS zu Diskussionen über die Frage, wie das bestehende Angebot auf junge Menschen in den Neuen Bundesländern übertragen werden könnte. Anlass war die Vorstellung, dass die rasche politische, wirtschaftliche und gesellschaftliche Transformation einen Bedarf an Beratung und Unterstützung mit sich bringen müsste, wie er für die bislang von der OBS betreuten Übersiedler in der Bundesrepublik kennzeichnend gewesen war. Doch aus Zeit- und Geldmangel konnten nur einige wenige »Orientierungs- und Qualifikationsmaßnahmen« stattfinden (Sachlicher Bericht 1990, S. 96). Das vermehrte Auftreten fremdenfeindlicher Haltungen und Handlungen in den Neuen Bundesländern veranlassten die OBS außerdem, bei den Zuwendungsgebern (Bundesfamilien- und Bundesbildungsministerium) Mittel für die Durchführung von Informationskampagnen und Aktionen bis hin zu einem Fortbildungsprogramm für Lehramtsreferendare in Mecklenburg-Vorpommern einzuwerben, mit denen auf diese Entwicklung reagiert werden konnte.

Aussiedlerinnen und Aussiedler: Einwanderer aus Ost-, Ostmittel- und Südosteuropa

Die Bezeichnung ›Aussiedler‹ stammt aus den frühen 1950er Jahren. Nach Flucht und Vertreibung am Ende des Zweiten Weltkriegs und in der unmittelbaren Nachkriegszeit lebten 1950 Schätzungen zufolge noch rund vier Millionen Deutsche in Ost-, Ostmittel- und Südosteuropa. Ihnen sicherte das bundesdeutsche Grundgesetz in Artikel 116, Absatz 1 die Aufnahme als deutsche Staatsangehörige zu:

> »Deutscher im Sinne dieses Grundgesetzes ist vorbehaltlich anderweitiger gesetzlicher Regelung, wer die deutsche Staatsangehörigkeit besitzt oder als Flüchtling oder Vertriebener deutscher Volkszugehörigkeit oder als dessen Ehegatte oder Abkömmling in dem Gebiet des Deutschen Reiches nach dem Stande vom 31. Dezember 1937 Aufnahme gefunden hat« (Grundgesetz 2010, S. 115).

Seither haben »deutsche Volkszugehörige« ein Recht auf die deutsche Staatsangehörigkeit, sofern sie ein »Vertreibungsschicksal« nachweisen konnten oder von deutscher Seite ein »Vertreibungsdruck« ausgemacht worden war. Den Rahmen und die Bedingungen für ihre Aufnahme regelte seit 1953 das »Gesetz über die Angelegenheiten der Vertriebenen und Flüchtlinge« (BVFG).

Von 1950–1975 passierten insgesamt rund 800.000, von 1976–1987 weitere etwa 616.000 Aussiedlerinnen und Aussiedler die westdeutschen Grenzdurchgangslager, bis mit der Öffnung des ›Eisernen Vorhangs‹ die Massenzuwanderung der Aussiedler begann: Von 1987 an gingen die Zahlen vor dem Hintergrund von ›Glasnost‹ und ›Perestroika‹ in der UdSSR rasch nach oben, seither kamen mehr als drei Millionen Aussiedler in die Bundesrepublik Deutschland. Insgesamt wanderten damit in den mehr als sechs Jahrzehnten von 1950 bis 2014 rund 4,5 Millionen Aussiedler zu. 1950–1987 kamen 62 Prozent der insgesamt 848.000 Aussiedlerinnen und Aussiedler aus Polen, nur acht Prozent (110.000) aus der Sowjetunion, die eine sehr restriktive Ausreisepolitik verfolgte. An zweiter Stelle nach Polen und mit deutlichem Vorsprung vor der UdSSR folgte Rumänien mit 15 Prozent, das heißt 206.000 Aussiedlerinnen und Aussiedlern. Seit Ende der 1980er Jahre jedoch, im Zuge der Öffnung der UdSSR, stand im Umfang die Aussiedler-Migration aus der Sowjetunion bzw. ihren Nachfolgestaaten an der Spitze. Sie wurde seit 1990 auch durch Veränderungen des Anerkennungsverfahrens beeinflusst, die Aussiedler aus Polen und Rumänien sowie aus anderen Aussiedlungsgebieten mit Ausnahme der UdSSR-Nachfolgestaaten benachteiligten: Der anhaltende »Vertreibungsdruck« bzw. die Benachteiligung aufgrund deutscher »Volkszugehörigkeit« – neben der deutschen Herkunft die zweite Rechtsgrundlage für die Anerkennung als Aussiedler – war mit dem »Kriegsfolgenbereinigungsgesetz« ab 1. Januar 1993 von den Antragstellern im Einzelnen als bis zur Antragstellung fortwirkend nachzuweisen. Dagegen wurde er bei Antragstellern aus den UdSSR-Nachfolgestaaten widerleglich angenommen, das heißt bis zum Beweis des Gegenteils vorausgesetzt. Das Kriegsfolgenbereinigungsgesetz führte auch den Begriff des »Spätaussiedler« für diejenigen ein, die nach dem 1. Januar 1993 in die Bundesrepublik auf der Basis der Regelungen des Artikels 116 des Grundgesetzes einreisten.

Nachdem der (Spät-) Aussiedlerzuzug im Jahr 1990 seinen historischen Höchststand erreicht hatte (397.073 Zuzüge), ging er in den folgenden Jahren kontinuierlich zurück. Im Jahr 2013 wurden nur noch 2.427 Personen im vertriebenenrechtlichen Verfahren aufgenommen. Damit ist diese Zuwanderungsform im Vergleich quantitativ gesehen bedeutungslos geworden.

Die auf entsprechende Anträge hin durch Aufnahmebescheid als ›Aussiedler‹ und damit als Einwanderer deutscher Herkunft Aufgenommenen wurden in Westdeutschland im Sinne des deutschen Kriegsfolgenrechts den deutschen Flüchtlingen und Vertriebenen der Nachkriegszeit gleichgestellt. Sie hatten deswegen nicht nur, wie erwähnt, Anspruch auf Aufnahme als deutsche Staatsangehörige, sondern auch auf im Vergleich zu anderen Zuwanderergruppen auf großzügige Eingliederungshilfen, darunter insbesondere Maßnahmen zur beruflichen Qualifizierung und Sprachkurse. Insgesamt wurden von 1990 bis 2000, in der Hochphase der Aussiedlerzuwanderung also, auf Bundesebene rund 33,5 Milliarden DM für die Aussiedlerintegration in Deutschland ausgegeben. Darin sind nicht eingerechnet die von den Ländern und Gemeinden dafür erbrachten Leistungen und auch nicht die ca. eine Milliarde DM für die Förderung der Minderheiten deutscher Herkunft in den osteuropäischen und eurasischen ›Aussiedlungsgebieten‹.

Als die Otto Benecke Stiftung 1965 ihre Arbeit begann, wurden erstmalig auch 87 Aussiedlerinnen und Aussiedler in die Betreuung aufgenommen (Sachlicher Bericht 1970, S. 1; vgl. auch ebd., 1969, S. 2). Ende der 1960er Jahre entwickelte die OBS ein sogenanntes Eingliederungsmodell, das einen möglichst nahtlosen Übergang zwischen Aufnahmeverfahren und Eingliederung in den Arbeitsmarkt bzw. in Bildungsprogramme ermöglichen sollte. Ziel war es, »speziell auf diesen Personenkreis zugeschnittene Maßnahmen« zu entwickeln,

> »die in individuell angepaßtem Ablauf darauf abzielen, den in die Betreuung Aufgenommenen die Fortsetzung ihrer akademischen Ausbildung zu ermöglichen und sie für das allgemeine berufliche und soziale Leistungsniveau in der Bundesrepublik Deutschland wettbewerbsfähig zu machen« (Sachlicher Bericht 1972, S. 2).

Aussiedlerinnen und Aussiedler nahmen von Beginn an alle Angebote der OBS in Anspruch, sie besuchten die Kurse zum Erlernen der deutschen Sprache sowie zur Erlangung und Feststellung der Hochschulreife, sie wurden in ergänzende Eingliederungslehrgänge integriert, absolvierten von der OBS unterstützte Praktika und erhielten Stipendien, die ihnen ein Studium an Universitäten bzw. Fachhochschulen ermöglichten.

Die Mehrzahl der Aussiedlerinnen und Aussiedler erreichte im Erstaufnahmelager Friedland bei Göttingen die Bundesrepublik. Jene, die für eine Förderung durch die OBS in Frage kamen, wurden nach einer mehrtägigen (Erst-) Beratung durch die OBS in Krofdorf in ein Bundesland weitergeleitet, das als ›Einweisungsland‹ bezeichnet wurde. Nunmehr sollte innerhalb von sechs bis acht Wochen eine Einladung zu einem Sprach- und Orientierungskurs in einem Sprachenzentrum der GFBA oder, falls dort kein Platz vorhanden war, in einem Goethe-Institut erfolgen (Sachlicher Bericht 1971, S. 25). Während der Sprachausbildung erhielten die Aussiedlerinnen und Aussiedler ausführliche Informationen über das Ausbildungssystem in der Bundesrepublik, über Studiengänge, Studienverläufe und Berufsbilder. Neben Exkursionen waren auch der Besuch von politischen Veranstaltungen und der Kontakt zu Parteien elementarer Bestandteil dieser Kurse, die nach dem Abschluss durch einen vier bis sechs Wochen umfassenden Eingliederungslehrgang ergänzt wurden: »Hier lernt der Spätaussiedler in Diskussionen, Referaten, in Aufsätzen und an der Beteiligung an Veranstaltungen in nahegelegenen Universitäten den politischen Aufbau der Bundesrepublik kennen« (ebd., S. 26).

Im Jahr 1973 absolvierten insgesamt 1.695 Aussiedlerinnen und Aussiedler die Erstberatung der OBS (Sachlicher Bericht 1973, S. 33). Danach wuchsen die Anforderungen wegen einer verstärkten Zuwanderung aus Polen: Ein am 9. Oktober 1975 vereinbartes deutsch-polnisches Protokoll regelte in Ergänzung zum westdeutsch-polnischen Warschauer Vertrag von 1970 verbindlich die Ausreise von rund 125.000 Aussiedlern, eine zentrale Gegenleistung von bundesdeutscher Seite bestand in einem Kredit über 2,3 Milliarden DM. Bis 1979 waren diese ca. 125.000 Aussiedlerinnen und Aussiedler aus Polen ausgereist (Szatkowski 2011). Doch auch danach riss der stete Zustrom nicht ab: Allein 1981 kamen fast 51.000 weitere Aussiedlerinnen und Aussiedler, erst in den Folgejahren verringerten sich die jährlichen Zuwandererzahlen.

Die OBS richtete nicht nur Sonderlehrgänge ein, sondern bemühte sich vor allem darum, eine erleichterte Zulassung von Aussiedlern mit ausländischen Bildungsabschlüssen zum Studium zu erreichen: Weil die Vergabe zulassungsbeschränkter Studienplätze sich fast ausschließlich an Kriterien des deutschen Schulsystems orientierte, hatten Aussiedlerinnen und Aussiedler bei der Studienplatzvergabe nicht die gleichen Chancen wie jene, die über ein bundesdeutsches Abitur verfügten (Sachlicher Bericht 1975, S. 32). Die Eingliederungsberatung der OBS verwies in den ersten Jahren des (studienbegleitenden) Kursprogramms häufig auf Anpassungsprobleme der betreuten Aussiedler. Die Beraterinnen und Berater glaubten insbesondere Misstrauen gegen Behörden im Allgemeinen, eine Überforderung durch die Angebote der Konsumgesellschaft und einen

Mangel an Eigeninitiative zu beobachten, verwahrten sich allerdings gegen Pauschalisierung mit dem Hinweis auf die große Heterogenität ihrer Klientel: Zwar gäbe es auch Teilnehmende in den Kursen, die aus Gebieten zugewandert seien, die bis zum Kriegsende zum Deutschen Reich gehört hätten, viele aber stammten beispielsweise aus Minderheitengruppen wie den sogenannten Donauschwaben oder den Siebenbürger Sachsen, die über Jahrzehnte oder gar Jahrhunderte zum Teil kaum mehr Beziehungen zu den deutschsprachigen Gebieten Mitteleuropas unterhalten hätten. Viele Aussiedlerinnen und Aussiedler kamen aus städtischen Milieus, aber es gäbe auch jene, die aus ländlich-peripheren Regionen zugewandert seien. Daher müsse von deutlichen Unterschieden hinsichtlich der Erwartungen und Erfahrungen im Allgemeinen, der Bildungserfahrungen und auch hinsichtlich des Wissens- und Informationsstandes über die Verhältnisse in der Bundesrepublik ausgegangen werden. Vor diesem Hintergrund sei es auch erforderlich, die Schulung der Berater bzw. Betreuer der OBS zu intensivieren und mit Hilfe von Tagungen über die je spezifischen Bedingungen, Formen und Folgen von Zuwanderung zu informieren (Sachlicher Bericht 1976, S. 64).

> ### Ein Jahr nach dem Silberjubiläum
> 25 (+ 1) Jahre Sonderlehrgänge in Meersburg am Bodensee
>
> Seit dem 1. März 1977 finden in Meersburg Sonderlehrgänge für Spätaussiedler statt. Als erstes gab es damals am Droste-Hülshoff-Gymnasium einen zweijährigen Kurs mit russlanddeutschen Teilnehmern. Im Jahr darauf kamen dann einjährige Lehrgänge für Abiturienten dazu; am ersten Durchgang nahmen junge Leute aus Polen und Rumänien teil, später auch aus der damaligen Tschechoslowakei und Ungarn. Die Absolventen der ersten Abiturprüfungen im Jahr 1978 gingen in alle gesellschaftlichen Bereiche, wurden Lehrer, Ingenieure und Ökonomen.
>
> Um die jungen Leute möglichst bald in das deutsche Bildungswesen einzugliedern, wurde ihnen mit dem ungewöhnlichen Sonderlehrgangsbeginn im Februar und dem Abschluss im Dezember die Möglichkeit eröffnet, sich zum jeweiligen Sommersemester für einen Studienplatz zu bewerben. Wer erst zum Wintersemester mit dem Studium anfängt, nutzt die Zeit bis dahin für Praktika und Auslandsaufenthalte.
>
> Engagiert aufgebaut wurde die unterrichtliche Arbeit vor allem von den Lehrern Erich Karl Fischer, der schon seit einigen Jahren im Ruhestand ist, und von Heinz Scholten, der als stellvertretender Schulleiter die Sonderlehrgänge noch heute koordiniert. Das Droste-Hülshoff-Gymnasium arbeitet eng mit dem Albertus-Magnus-Gymnasium in Rottweil wie etwa beim Abhalten der Abitur- und Abschlussprüfungen zusammen.
>
> Schon früh fand die Otto Benecke Stiftung den Weg in die Meersburger Lehrgänge; Heidrun Heger, Annelore Apel und Ingeborg von Stockum übernahmen erfolgreich die studienvorbereitende Beratung.
>
> Augenblicklich gibt es in Meersburg zwei Sonderlehrgangsklassen, die sich in zwei Jahren auf Abitur und Fachhochschulreife (schulischer Teil) vorbereiten.

Quelle: OBS inForm 4. Jg., Nr. 12, Oktober 2003, S. 5

1977 belief sich die Zuwanderung von Aussiedlerinnen und Aussiedlern auf 54.163 Personen und erreichte damit den höchsten Stand seit 1967. Hintergrund für den Anstieg war die bereits erwähnte starke Aussiedlerzuwanderung aus

Polen, nun ergänzt durch ein deutliches Anwachsen der Zahl der Aussiedlerinnen und Aussiedler, die aus Rumänien stammten: Rumänien hatte die deutschen Minderheiten am Ende des Zweiten Weltkriegs bzw. in der unmittelbaren Nachkriegszeit nicht vertrieben, sah aber in den seit den späten 1960er Jahren zunächst für die Ausreise von rumänischen Juden nach Israel gewährten »Kompensationszahlungen« die Möglichkeit, seine Zahlungsbilanz mit Hilfe von Devisen zu verbessern. Den bundesdeutschen Vorschlag, die Ausreise von Angehörigen der deutschen Minderheit gegen die Zahlung von zunächst 12.000, später dann 15.000 DM pro Kopf zuzulassen, der auf einer Intervention der Vertriebenenverbände bei Bundeskanzler Helmut Schmidt beruhte, nahm Rumänien auf. Seit 1977 lag die Zuwanderung von Aussiedlern aus Rumänien bei in der Regel mehr als 10.000 Personen pro Jahr. Auch der Umfang der Aussiedlerzuwanderung aus der UdSSR stieg an, wenn auch zunächst nur für einige Jahre: Der westdeutsch-sowjetische Moskauer Vertrag von 1975 und das Abkommen der Konferenz über Sicherheit und Zusammenarbeit in Europa (KSZE), das ebenfalls 1975 in Helsinki geschlossen wurde, führten zu einer kurzzeitigen Öffnung der Grenzen der UdSSR für Aussiedler. Den Spitzenwert registrierten die bundesdeutschen Behörden 1976 mit knapp 10.000 Aussiedlern, auch im folgenden Jahr blieb die Zuwanderung noch relativ hoch, ging aber dann bereits wieder deutlich zurück.

Im Vergleich zum Vorjahr stieg 1977 folgedessen die Zahl der Beratungsfälle bei der OBS für Aussiedlerinnen und Aussiedler um 60 Prozent auf 1.453 an. Überproportional häufig, so lassen die Angaben der Stiftung deutlich werden, nahmen Zugewanderte aus Rumänien die Angebote der OBS in Anspruch. Hier, so fasste die OBS zusammen, habe sich der Anteil der Ärzte, Lehrer und Juristen als besonders hoch erwiesen, »also der akademisch vorgebildete Personenkreis, der für die Fortführung oder Ergänzung seiner Ausbildung fachkundiger Beratung bedarf« (Sachlicher Bericht 1977, S. 32). Darüber hinaus hätten die Aussiedlerinnen und Aussiedler aus Rumänien selten sprachliche Schwierigkeiten, was ihre Bereitschaft, eine Beratungsstelle in eigener Initiative aufzusuchen, fördere. Außerdem sei »die für die OBS-Förderung relevante Altersgruppe zwischen 16 und 35 Jahren stark vertreten« (ebd., S. 33).

Auch 1978 stieg die Aussiedlerzuwanderung weiter an. Von denjenigen, die im Rahmen der Erstberatung der OBS für eine Fördermaßnahme vorgesehen wurden, kamen 1.062 aus Polen, 227 aus Rumänien und 438 aus der UdSSR (Sachlicher Bericht 1978, S. 30). Auffällig war, dass sich 1978 das Verhältnis von Beratungen einerseits und Aufnahmen in Fördermaßnahmen andererseits gegenüber dem Vorjahr erheblich veränderte. So sah die OBS unter den Aussiedlerinnen und Aussiedlern aus Rumänien 21,6 Prozent, jenen aus der UdSSR 22,3 Prozent und aus anderen ost-, ostmittel- und südosteuropäischen Staaten 34 Prozent weniger Personen für eine Förderung vor (ebd., S. 32). Die OBS begründet diese Entwicklung mit den besonders hohen Anteilen von

Aussiedlerinnen und Aussiedlern aus Rumänien, die insgesamt über relativ gute deutsche Sprachkenntnisse verfügten, so dass eine Inanspruchnahme der OBS-Angebote nicht für nötig gehalten werde. Darüber hinaus schrecke die relativ hohe Erwerbslosigkeit unter Hochschulabsolventen in der Bundesrepublik viele Zugewanderte davon ab, eine Hochschule zu besuchen oder die bereits vorhandene akademische Ausbildung zu ergänzen bzw. abzurunden. Zu beobachten sei mithin eine gewisse Neigung, auf akademische Ausbildungen zu verzichten und stattdessen einen raschen Zugang zum Arbeitsmarkt zu erreichen, auch wenn damit eine Dequalifizierung verbunden sei. Außerdem beobachtete die OBS, dass die Sprachkursangebote der Arbeitsämter zunehmend häufiger in Anspruch genommen wurden, weil sie über die Verbindung mit der Erwerbslosenunterstützung finanziell attraktiver erschienen als ein Stipendium der OBS. Außerdem würden die zahlreichen und flächendeckenden Kurse der Arbeitsämter viel häufiger am Wohnort der Aussiedlerinnen und Aussiedler angeboten, während die OBS ihre Sprachkursangebote auf einige wenige Standorte konzentrieren musste.

In dem am 1. Juni 1978 begonnenen ersten Akademikerprogramm, das explizit für Aussiedler und Übersiedler im Alter von über 35 Jahren aufgelegt worden war, wurden im ersten Programmjahr 34 Stipendiatinnen und Stipendiaten mit Geburtsort in Rumänien, Polen und der UdSSR gefördert (ebd., S. 43–45). Die OBS fasste das Förderprofil der ersten Teilnehmenden des Akademikerprogramms wie folgt zusammen: Es seien »Lehrer, die hier noch die Lehrbefähigung für ein zweites Fach hinzuerwerben müssen, es sind Chemiker, Ingenieure, Juristen, Wirtschaftler und andere Hochschulabsolventen, deren Studienabschlüsse hier nicht anerkannt werden oder beruflich nicht zu verwerten sind und bei denen die Förderung für eine angemessene berufliche Eingliederung notwendig ist« (ebd., S. 48).

1978 wurden im Rahmen der allgemeinen Eingliederungsarbeit der OBS erstmals insgesamt 25 Seminare (Informations-, Beratungs- und Studieneinführungsseminare) für Aussiedler und DDR-Übersiedler in Berlin mit insgesamt 742 Teilnehmenden durchgeführt. Die Seminare, die Orientierung und Hintergrundinformationen zur Erleichterung des Eingliederungsprozesses bieten sollten, wurden von einem kulturellen Programm mit Stadtrundfahrten, Opern- und Theaterbesuchen sowie Besichtigungen von Sehenswürdigkeiten und Ausstellungen begleitet (ebd., S. 53). Die »Berlin-Seminare« entwickelten sich zum festen Bestandteil des OBS-Angebots für Aussiedler und DDR-Übersiedler. Die Teilnehmerzahlen bewegten sich in der Folge relativ konstant zwischen 700 und 1.000 Personen pro Jahr (siehe z. B. Sachlicher Bericht 1979, S. 40; ebd. 1980, S. 52).

Vor dem Hintergrund der Erfahrungen der seit Mitte der 1970er Jahre stark angestiegenen Aussiedlerzuwanderung wurden 1981 für jene Aussiedlerinnen und Aussiedler, die bereits im Herkunftsland die Hochschulzugangsberechtigung erworben und noch kein mindestens dreisemestriges Studium im

Herkunftsland absolviert hatten, obligatorische Sonderlehrgänge entwickelt. Sie waren in der Regel öffentlichen Gymnasien angegliedert und lagen in der Verantwortung der Schulämter der Bundesländer. Je nach Einstufung der Bildungsvoraussetzungen der Bewerber umfassten die Kurse eine Ausbildungszeit von ein bis drei Jahren (Sachlicher Bericht 1981, S. 32). Im Jahr der Einführung besuchten 858 Aussiedlerinnen und Aussiedler die einjährigen, 235 die zweijährigen und 72 die dreijährigen Sonderkurse. An den Abschlussprüfungen nahmen insgesamt 394 Aussiedlerinnen und Aussiedler aus Polen, 258 aus Rumänien, 96 aus der UdSSR und 23 aus weiteren Staaten Ost-, Ostmittel- und Südosteuropas teil. Es war ein erfolgreiches Programm, denn 85 Prozent der Stipendiatinnen und Stipendiaten bestanden die Prüfung und erzielten eine Gesamtdurchschnittsnote von 2,8 (ebd., S. 36). Und rund 80 Prozent der Prüflinge gaben an, dass sie zum nächstmöglichen Zeitpunkt ein Hochschulstudium, größtenteils im medizinischen, gesellschaftswissenschaftlichen oder ingenieurswissenschaftlichen Bereich, aufnehmen wollten. Die Sonderlehrgänge für Aussiedler wurden auch in den Folgejahren kontinuierlich weitergeführt.

Wie schon in den vorangegangenen Jahren fanden 1982 mehrere einwöchige Eingliederungsseminare in Krofdorf für junge Aussiedlerinnen und Aussiedler statt, an denen 682 Personen teilnahmen (Sachlicher Bericht 1982, S. 47). Das regelmäßige Angebot ging von der Vorstellung aus, dass junge Aussiedler

> »große Schwierigkeiten haben, sich hier zurechtzufinden; sie sind in hohem Maße durch ihr Herkunftsland geprägt. Hier werden sie von heute auf morgen in völlig andere Lebensumstände versetzt. Die Pluralität der hier nebeneinander bestehenden Werte und Normen schafft Situationen, für die die jungen Aussiedler aus ihren bisherigen Erfahrungsbereichen keinerlei Verhaltensnormen, Rollenmuster und Wertvorstellungen mitbringen. Sie sind aus dem in den osteuropäischen Ländern üblichen ständigen gesellschaftspolitischen Angespanntsein herausgetreten und befinden sich hier in einem gesellschaftlichen Freiraum, in welchem ihnen jegliche Orientierung fehlt. Sie sind irritiert und in ihrer Identität stark verunsichert« (ebd., S. 43f.).

Dazu trage auch die Erfahrung bei, ein Erziehungs- und Bildungssystems in den Herkunftsländern durchlaufen zu haben, das völlig anders ausgerichtet sei als jenes in der Bundesrepublik.

Auf diese Formen und Folgen der Sozialisation in Ost-, Ostmittel- und Südosteuropa müssten die Seminare reagieren. Ihr Ziel sei es, den Teilnehmenden »den Übergang von einer autoritär geprägten und verplanten in eine freie und weitgehend von Eigeninitiative gestalteten Gesellschaft zu erleichtern«. Deshalb auch sollten die Aussiedlerinnen und Aussiedler dazu angeregt werden, Kontakte mit Einheimischen zu knüpfen (ebd., S. 45). Vorgestellt und diskutiert wurden im Rahmen der Seminare Themen wie die Geschichte der Bundesrepublik, Aspekte von Gesellschaftsstruktur und politischem System, Bildungssystem, Arbeits- und Sozialrecht sowie die Funktionsweise und die Entwicklung des Arbeitsmarkts. Hinzu traten Informationen über die Förderprogramme der OBS und die Sprachkurse sowie die Wege der Anerkennung von beruflichen und akademischen Qualifikationen und Fragen des Studiums (ebd., S. 47).

Um unter den Eingliederungsberaterinnen und -beratern eine einheitliche Planung und bessere Koordination der Maßnahmen sowie den gegenseitigen Informationsaustausch und die fachliche Weiterbildung zu gewährleisten, führte die OBS 1982 vier Leitstellenkonferenzen, zwei zentrale Arbeitstagungen, fünf regionale Fachtagungen sowie eine überregionale Fachtagung durch.

Im Verlauf der 1980er Jahre wurden die Sonderlehrgänge um zusätzliche Elemente ergänzt, weil aus Sicht der OBS und der Bildungsministerien der Länder der Bedarf intensiverer Maßnahmen zur Eingliederung der Aussiedlerinnen und Aussiedler an das Bildungssystem der Bundesrepublik notwendig waren: denn, so die Beobachtung der OBS, den Eingewanderten falle es sehr schwer, das für den Einstieg in das bundesdeutsche tertiäre Bildungssystem geforderte schulische und akademische Niveau zu erreichen (Sachlicher Bericht 1984, S. 65; Sachlicher Bericht 1985, S. 74). Immer häufiger könne beobachtet werden, dass Teilnehmende die Lehrgänge ganz oder teilweise wiederholen müssten oder auch die Kurse abbrächen. Daher sei die »verstärkte Einführung von lehrgangsbegleitenden Stützkursen« notwendig gewesen. Auf Anregung der OBS beschloss der Schulausschuss der Kultusministerkonferenz schließlich, dass ab dem Schuljahr 1986/87 eine Verlängerung der schulischen Ausbildung von jugendlichen Aussiedlern von bis zu zwei Jahren möglich sein sollte (Sachlicher Bericht 1985, S. 74).

1985 wurde, wie ausgeführt, nach einer mehrjährigen Pause das Akademikerprogramm für Aussiedler und DDR-Übersiedler mit abgeschlossenem Hochschulstudium neu aufgelegt. Hinzu kamen spezielle Seminare für diejenigen aus diesen Einwanderergruppen, die ein Medizinstudium anstrebten, da sich Veränderungen bei der Zulassung zu medizinischen Fächern ergeben hatten (ebd., S. 87; Sachlicher Bericht 1986, S. 84):

> »Die OBS konnte in Verhandlungen mit den zuständigen Stellen auf die besondere Situation der Aussiedler und Zuwanderer aufmerksam machen und erreichen, daß auch in dem neugestalteten Studienplatzvergabeverfahren die Möglichkeit zu einem Nachteilsausgleich gegeben ist. Zur Verbesserung der Hochschulzugangschancen für besondere Problemgruppen wurden zentrale Beratungsmaßnahmen durchgeführt, in denen Studienbewerber auf die Teilnahme am ›Test für medizinische Studiengänge‹ vorbereitet wurden. Die Teilnahme am zentralen Auswahlverfahren verlangt detaillierte Kenntnisse, um die in Einzelfällen gegebenen Möglichkeiten der Studienplatzvergabe im Rahmen von Härtefallregelungen in Anspruch nehmen zu können« (Sachlicher Bericht 1986, S. 84).

Im Rahmen des Akademikerprogramms wurden 1987 zehn Seminare in Krofdorf für insgesamt 222 Aussiedlerinnen und Aussiedler angeboten. Wie geschildert, stieg ab 1987 der Umfang der Aussiedlermigration sehr stark an. Der Höchststand wurde 1990 mit fast 400.000 Zuwanderern erreicht. Ihre Zahl ging dann 1991, trotz hoher Antragszahlen, zurück auf etwas mehr als 200.000 und blieb bis 1995 auf diesem hohen Niveau, um seither erheblich abzusinken. Die Inanspruchnahme der Angebote des Garantiefonds und des Akademikerprogramms wuchs mit dem Anstieg der Aussiedlerzuwanderung. Anfang der 1990er Jahre konzentrierte sich die Nachfrage vor allem auf berufsspezifische studienergänzende Maßnahmen, deren Bandbreite deutlich wuchs, um auch bis dahin »noch nicht erfassten Berufsgruppen entsprechende Maßnahmen zur Verfügung« stellen zu können (Sachlicher Bericht 1991, S. 105). Darunter fielen Seminare, Ergänzungsstudiengänge oder Zusatzangebote beispielsweise für Maschinen- und Elektroingenieure, Tierärzte, Künstler oder Ökonomen. 1997 wurden insgesamt 5.095 Aussiedlerinnen und Aussiedler hinsichtlich der Aufnahme in das Akademikerprogramm beraten (ebd., S. 132).

Der ab 1995 einsetzende deutliche Rückgang der Aussiedlerzuwanderung machte sich naturgemäß auch bei der Erstberatung für das Akademikerprogramm bemerkbar. 2006 z. B. wanderten lediglich 7.750 Spätaussiedlerinnen und Spätaussiedler zu und nur noch 1.545 Spätaussiedler meldeten sich für das Akademikerprogramm, rund 1.000 weniger als im Vorjahr (Sachlicher Bericht 2006). Dennoch haben Aussiedlerinnen und Aussiedler auch zu Beginn der 2010er Jahre weiterhin einen hohen Anteil unter den Förderberechtigten des Garantiefonds, wenngleich es insbesondere seit den 1990er Jahren eine Diversifizierung der Teilnehmenden gegeben hat: Asylberechtigte, Flüchtlinge, die aufgrund der Genfer Flüchtlingskonvention einen Aufenthaltsstatus in der Bundesrepublik erhielten, Kontingent- bzw. Resettlementflüchtlinge konnten ebenso an der Förderung partizipieren wie jüdische Migrantinnen und Migranten aus der UdSSR und ihren Nachfolgestaaten, die seit Anfang der 1990er Jahre in großer Zahl in die Bundesrepublik kamen und hier dem Status von Kontingentflüchtlingen entsprechend Aufnahme fanden.

›Kontingentflüchtlinge‹: humanitäre Aufnahme

1948 schrieb die »Allgemeine Erklärung der Menschenrechte« der Vereinten Nationen erstmals ein individuelles Asylrecht fest. Nur selten allerdings wurde diese Formel in nationales Recht überführt. Eine Ausnahme bildete die Bundesrepublik Deutschland. Der 1948/49 geschaffene Artikel 16, Absatz 2, Satz 2 des Grundgesetzes bot mit der Formulierung »Politisch Verfolgte genießen Asylrecht« ein im internationalen Vergleich weitreichendes Grundrecht auf dauerhaften Schutz: Darauf habe jeder politisch Verfolgte, der nach Westdeutschland komme, ohne Einschränkungen einen verfassungsrechtlich einklagbaren Anspruch. Weil das Grundgesetz den Tatbestand der ›politischen Verfolgung‹ aber nicht näher definierte, ergab sich in den folgenden Jahrzehnten und bis heute ein konfliktreicher Prozess des dauernden Neudefinierens dessen, was das Politische ist und welche Form und Reichweite von Verfolgung anzuerkennen sei (siehe hierzu und zum Folgenden Poutrus 2009; Oltmer 2014).

In den 1950er Jahren vertrat die Bundesregierung auch international die Auffassung, der junge westdeutsche Staat könne insbesondere angesichts der Aufnahme von Millionen deutscher Vertriebener aus dem Osten und der Massenzuwanderung aus der DDR nicht auch noch ausländische Flüchtlinge aufnehmen. Tendenzen der Öffnung ergaben sich erst mit dem »Volksaufstand« in Ungarn 1956. In Westdeutschland wurde die dortige revolutionäre Bewegung mit großer Sympathie aufgenommen. Nach deren Niederschlagung durch die sowjetische Rote Armee flüchteten rund 225.000 Ungarn über die österreichische und zu einem kleineren Teil über die jugoslawische Grenze. Allenthalben gab es Solidaritätsbekundungen für die im Westen als Freiheitskämpfer verstandenen Ungarn im Kontext einer sich verschärfenden Blockkonfrontation im ›Kalten Krieg‹. Die ungarischen Schutzsuchenden galten Vielen als Verbündete im Kampf gegen den Kommunismus, denen daher jede Unterstützung zuteil werden müsse. Drei Wochen nach dem Beginn der militärischen Operationen der sowjetischen Armee beschloss das Bundeskabinett die Aufnahme von 10.000 Ungarn. Die asylpolitische Öffnung erstreckte sich auch auf Hilfen zur Integration: Dazu zählten die Unterstützung bei der Suche nach Wohnungen sowie Sprachkurse, Kredite zur Existenzgründung und Leistungen für jene, die nicht erwerbsfähig waren. Dass die Hilfen relativ großzügig ausfielen, lag auch an der günstigen Situation des westdeutschen Arbeitsmarkts, der sich rasch der Vollbeschäftigung näherte. Insgesamt übertraf die Zahl der aufgenommenen Ungarn noch die Ende November 1956 vom Bundeskabinett beschlossenen 10.000 um ca. 6.000. Nach den USA (80.000), Kanada (37.000), Großbritannien (22.000) und Österreich (18.000) zählte die Bundesrepublik somit zur Gruppe der wichtigsten Aufnahmestaaten.

Dennoch sollte die Rolle der Bundesrepublik als Asylland nicht überschätzt werden. Denn in den zwanzig Jahren von der Staatsgründung 1949 bis 1968 beantragten nur knapp über 70.000 Menschen Asyl in der Bundesrepublik Deutschland. In den ersten dreißig Jahren der Existenz der Bundesrepublik schwankten die Asylbewerberzahlen zwischen rund 2.000 im Jahre 1953 und ca. 51.000 im Jahre 1979. Bis in die 1960er Jahre kamen Asylsuchende weit überwiegend von jenseits des ›Eisernen Vorhangs‹ aus Ost-, Ostmittel- und Südosteuropa – ein Ausdruck der anti-kommunistisch motivierten Flüchtlingspolitik der Bundesrepublik. Die jährlichen Anteile von Asylsuchenden aus diesen Ländern des ›Ostblocks‹ schwankten zwischen 72 und 94 Prozent. Zu den ungarischen Flüchtlingen kamen rund 4.000 Tschechoslowaken nach dem »Prager Frühling«

1968. Die Bereitwilligkeit, mit der tschechoslowakische Zuwanderer aufgenommen wurden, war nicht nur politisch motiviert, sondern auch wirtschaftlich. Viele der Asylsuchenden waren jung und fachlich bzw. akademisch gut ausgebildet. Deutlich kontroverser diskutiert wurde die Aufnahme von Flüchtlingen nach dem Militärputsch in Griechenland 1967 und in Chile 1973, die sich nicht in das Muster einer antikommunistisch konnotierten Flüchtlingsaufnahme fügen ließ. Dass schließlich trotz der heftigen Kritik weiter Kreise auch linksgerichteten bzw. kommunistischen griechischen und chilenischen Flüchtlingen in der Bundesrepublik Asyl gewährt wurde, spricht letztlich doch für eine verbreitete Akzeptanz der Vorstellung, Asyl sei ein universales Menschenrecht und dürfe nicht entlang politischer Einstellungen verhandelt werden. Gerade auch das Engagement zahlreicher Hilfsorganisationen und anderer zivilgesellschaftlicher Akteure trug dazu bei, dass die (beschränkte) Aufnahme von Griechen und Chilenen überhaupt möglich wurde.

Besondere politische und mediale Aufmerksamkeit erreichte seit Mitte der 1970er Jahre die Aufnahme vietnamesischer Flüchtlinge: Das Ende des Vietnam-Krieges führte zur Abwanderung Hunderttausender aus dem zerstörten Land, gut begründete Schätzungen sprechen von 1,5 Millionen. Sie erreichte ihren Höhepunkt 1979–1982. Vor allem die humanitäre Not auf den Booten derjenigen, die über das Südchinesische Meer flohen sowie die Situation in den völlig überfüllten Lagern in den Anrainerstaaten ließen viele Staaten Hilfe versprechen. Die Teilnehmer der Genfer Indochina-Konferenz im Juli 1979 erklärten sich bereit, 260.000 »boat people« aufzunehmen. Der größte Teil gelangte in die USA und nach Kanada, aber auch Frankreich, Australien und Großbritannien nahmen jeweils mehrere Zehntausend Vietnamesen auf. Die Zahl vietnamesischer Flüchtlinge oder ihrer Nachkommen liegt in der Bundesrepublik heute bei rund 50.000.

Die Entscheidung, vietnamesische Flüchtlinge in der Bundesrepublik aufzunehmen, war bereits kurz nach der Eroberung der südvietnamesischen Hauptstadt Saigon 1975 gefallen. Im Laufe der folgenden Jahre wurde das zugesagte Kontingent trotz vieler kritischer Stimmen mehrfach ausgeweitet und umfasste schließlich eine Zahl von 38.000 Flüchtlingen. Sie wurden mithin nicht im Rahmen von individuellen Asylverfahren aufgenommen, sondern aufgrund von Übernahmeerklärungen des Bundesinnenministeriums, die ihnen die Rechtsstellung als Flüchtlinge gewährten und eine unbefristete Aufenthaltserlaubnis beinhalteten. Über die Kontingente hinaus gab es weitere Aufnahmezusagen einzelner Bundesländer sowie die Aufnahme im Rahmen von Asylverfahren (Kleinschmidt 2013).

Die Aufnahme der »boat people« bildete ein Kennzeichen des Bedeutungsgewinns der Flüchtlingszuwanderung von außerhalb Europas. Seit Anfang der 1970er Jahre war die Zahl der nicht-europäischen Asylsuchenden deutlich angestiegen. 1980/81 kamen vor dem Hintergrund des Militärputsches in der

Türkei, des Systemwechsels im Iran und der innenpolitischen Konflikte in Polen angesichts des Aufstiegs der Gewerkschaftsbewegung »Solidarność« neue umfangreiche Zuwanderungen hinzu. 1980 überschritt deshalb die Zahl der Asylsuchenden erstmals in der Geschichte der Bundesrepublik die Marke von 100.000. Anfang der 1980er Jahre ging zwar der Umfang der Asylzuwanderung wieder zurück, stieg aber nach der Mitte des Jahrzehnts wieder an. Hintergrund war nun insbesondere die politische und wirtschaftliche Krise in Ost-, Ostmittel- und Südosteuropa. Zunächst erhöhte sich die Zahl jener Polen, Ungarn und Tschechoslowaken, die Asyl in Mittel- und Westeuropa beantragten, bald gefolgt von Asylsuchenden aus Rumänien, Bulgarien und Albanien. 1988 wurden erneut 100.000 Asylanträge gezählt, 1990 rund 190.000 und 1992 schließlich fast 440.000. Die Asylsuchenden kamen zunehmend aus anderen und aus immer mehr Ländern: Waren 1986 noch rund 75 Prozent aus Ländern der ›Dritten Welt‹ geflohen, so stammten 1993 72 Prozent aus Europa.

In West- und Mitteleuropa bildeten weitreichende und scharf geführte politische und publizistische Diskussionen um die Grenzen der Aufnahmebereitschaft (»Asylantenflut« oder »Das Boot ist voll«) und um den Missbrauch von Asylrechtsregelungen eine erste Reaktion auf diesen Anstieg, auf die bald Einschränkungen des Grenzübertritts und des Zugangs zu den Asylverfahren folgten. In der Bundesrepublik setzten Versuche, die Asylmigration einzudämmen, um 1980 ein. Sie mündeten schließlich in die Änderung des Grundrechts auf Asyl auf der Basis des im Dezember 1992 vereinbarten »Asylkompromisses« der Regierungskoalition von CDU/CSU und FDP mit der oppositionellen SPD, die 1. Juli 1993 rechtskräftig wurde. Nach dem seither gültigen Artikel 16a des Grundgesetzes hat in aller Regel keine Chance mehr auf Asyl, wer aus »verfolgungsfreien Ländern« stammt oder über so genannte »sichere Drittstaaten« einreist, mit denen Deutschland (inzwischen) lückenlos umgeben ist. Asylrechtsreform und verschärfte Grenzkontrollen drückten die Zahl der Asylsuchenden 1993 auf ca. 320.000. 1998 waren es schon wieder weniger als 100.000 mit sinkender Tendenz. Kamen in den 1990er Jahren Asylsuchende vorwiegend aus Europa, so kommt seit 2000 die Mehrzahl aus Ländern andere Kontinente, insbesondere aus dem asiatischen Raum.

Die OBS bemühte sich, auf die politischen Änderungen mit ihren Möglichkeiten zu reagieren. 1979, als es um die Aufnahme von südostasiatischen Kontingentflüchtlinge ging, setzte sie eine 22-köpfige Projektgruppe ein, die in Ergänzung zu den Hilfen nach dem Garantiefonds das »Modellprojekt der Otto Benecke Stiftung für Kontingentflüchtlinge« entwickelte. Hauptadressatengruppe waren diejenigen unter den als »boat people« Aufgenommenen, die ein Hochschulstudium in der Bundesrepublik anstrebten (Sachlicher Bericht 1980, S. 41; Sachlicher Bericht 1982, S. 52). Die beiden Arbeitsschwerpunkte der Projektgruppe waren: a) »Entwicklung eines einheitlichen Bildungs- und Eingliederungsprogramms für die Bereiche Sprachkurs, Propädeutikum zur Entscheidungsfindung und Vorbereitung auf das Hochschulstudium« und b) »Entwicklung und Erprobung von Methoden der Bildungsberatung und sozialen Beratung nach den Gesichtspunkten der 1) adressatengerechten Aufbereitung von Informationen unter Einsatz verschiedener Medien sowie der 2) sprachlichen Aspekte für die Bildungs- und Sozialberatung« (Sachlicher Bericht 1980, S. 41).

Die erste Kontaktaufnahme zu den Flüchtlingen, die Informationen und Beratungen über die Hilfen der OBS, die Erfassung für die Fördermaßnahmen durch die OBS sowie die darüber hinausgehende ausbildungsbegleitende Beratung und Betreuung gestaltete sich in den einzelnen Bundesländern unterschiedlich: Während die OBS in einigen Bundesländern die Kontingentflüchtlinge unmittelbar nach ihrer Ankunft in die Beratung aufnehmen konnte, wurden in anderen, insbesondere in Bayern, Niedersachsen und Nordrhein-Westfalen, zunächst landeseigene Maßnahmen und Sprachkurse durchgeführt, bevor die OBS Kontakt zu den Kontingentflüchtlingen aufnehmen konnte. Im »Sachlichen Bericht 1980« (S. 46) heißt es unter Bezug auf die 1980 eingetroffenen »boat people«: »So kann die Kontaktaufnahme in Nordrhein-Westfalen erst in 1981 vollständig aufgenommen werden und in einer mit dem Land abgesprochenen Aktion durchgeführt werden.«

An der von der OBS entwickelten und Anfang 1980 in Zusammenarbeit mit dem Sprachinstitut GFBA durchgeführten zentralen Modellmaßnahme »Ausbildungsbezogenes Integrationsmodell für Kontingentflüchtlinge aus Südostasien« nahmen 1981 314 Kontingentflüchtlinge teil. Sie stammten vornehmlich aus Vietnam und zu einem geringen Teil aus Laos und Kambodscha (Sachlicher Bericht 1981, S. 46). Das Modellprojekt umfasst fünf aufeinander bezogene Komponenten:

1. Einen Intensivsprachkurs zur Vorbereitung auf die akademische Aus- und Weiterbildung im Umfang von acht bis zwölf Monaten;
2. ein Vorbereitungs- und Aufnahmeverfahren für einen Lehrgang, der auf die »Asylberechtigten-Abiturprüfung« (AAP) vorbereitete;
3. einen Vorbereitungskurs auf die Asylberechtigten-Abiturprüfung im Umfang von zunächst 36, seit 1982 dann 24 Monaten;
4. eine psychosoziale Betreuung und Beratung; sowie
5. eine Bildungsberatung (Sachlicher Bericht 1983, S. 56).

Darüber hinaus wurde im Projektjahr 1980 in Kooperation mit der Universität Bonn »ein umfassendes Programm für die sprachliche Integration« explizit für die Kontingentflüchtlinge entwickelt und mit Unterstützung der Gesamthochschule Siegen »eine Studie für die praktische psychosoziale Betreuung und Beratung der Kontingentflüchtlinge während der sprachlichen und schulischen Ausbildung« erstellt (Sachlicher Bericht 1980, S. 47).

Die Kürzung der Haushaltsmittel für das Kontingentflüchtlingsprogramm 1981 führte zwar nach Ansicht der OBS zu einer »Verschlechterung der Ausbildungs- und Berufschancen« (Sachlicher Bericht 1981, S. 41). Dennoch bemühte sich die Stiftung, die studienvorbereitende Ausbildungsförderung weiter zu differenzieren. Die Teilziele dieses Sonderprogramms definierte die OBS für sich folgendermaßen:

> »Die Kontingentflüchtlinge sollen in ihrer kommunikativen, personalen, sozialen und beruflichen Kompetenz so weit gefördert werden, daß sie die für ihren beruflichen Werdegang und ihre außerberufliche Lebensplanung relevanten Entscheidungen unabhängig von der Hilfe Dritter treffen können. Der damit intendierte pädagogische Anspruch, sie auf dem Wege möglichst umfassender Integrationshilfen in die Lage zu versetzen, sich den Anforderungen eines Lebens in einer ihnen völlig fremden Kultur selbstständig und eigenverantwortlich stellen zu können, hat den jeweiligen religiösen, kulturellen und sozialen Hintergrund der Zielgruppe zu berücksichtigen« (ebd., S. 46f.).

Trotz der Kürzungen konnten 1981 insgesamt 7.972 Kontingentflüchtlinge an Sprachkursen teilnehmen. Mit dem Rückgang der Zuwanderung der ›boat people‹ sank auch die Zahl der Teilnehmenden an den OBS-Sprachkursen auf 2.864 im Jahr 1982 und 2.533 im Jahr 1983 ab. Mitte 1982 wurde ein erster Abiturvorbereitungskurs für Kontingentflüchtlinge beendet, in dem von 15 Prüfungsteilnehmerinnen und -teilnehmern 13 die Reifeprüfung ablegten (Sachlicher Bericht 1982, S. 57). Insgesamt zählte die OBS 1983 2.133 Teilnehmerinnen und Teilnehmer an den Lehrgängen für die ›Asylberechtigten-Abiturprüfungen‹. Mit dem 30. Juni 1983 liefen schließlich die Sonderprogramme für die »boat people« aus – eine weitere Förderung blieb aber im Rahmen anderer Programme der OBS möglich.

Schluss

Bis über die Wende vom 20. zum 21. Jahrhundert hinaus war die Otto Benecke Stiftung der einzige Anbieter von spezifischen Leistungen und Maßnahmen zur Qualifizierung bzw. Weiterqualifizierung von hochqualifizierten Eingewanderten in die Bundesrepublik Deutschland, das heißt von Aussiedlerinnen und Aussiedlern sowie anerkannten Flüchtlingen, die bereits in ihrem Herkunftsland eine Hochschulzugangsberechtigung erworben oder dort auch schon studiert hatten. Die Angebote der OBS für Angehörige der Migrantengruppen, deren Daueraufenthalt in der Bundesrepublik politisch-rechtlich akzeptiert war, sind bis in die Gegenwart so ausgerichtet, dass die Integration in den Bildungsbereich und schließlich in den Arbeitsmarkt als das zentrale Moment gesehen wird, um die gesellschaftliche Integration zu erreichen.

Mit den migrationspolitischen Veränderungen in der Bundesrepublik, die vor allem seit dem Beginn des 21. Jahrhunderts zu beobachten sind, haben sich die Rahmenbedingungen auch für die OBS in einschneidender Weise geändert: Das integrationspolitische Engagement des Bundes ist stark angestiegen, der Umfang der Integrationsleistungen für Migrantengruppen, die noch bis in die 1990er Jahre nicht als auf Dauer Einwandernde galten, hat unverkennbar zugenommen. Vor dem Hintergrund der Diskussion um die Förderung der Zuwanderung Qualifizierter und Hochqualifizierter, insbesondere unter Bezug auf die Veränderungen in der Altersstruktur der bundesdeutschen Bevölkerung, sind die Regelungen zur Anerkennung von im Ausland erworbenen Bildungsabschlüssen grundlegend überarbeitet und das Angebot an Maßnahmen zur Qualifizierung bzw. Weiterqualifizierung von Migrantinnen und Migranten deutlich erweitert und diversifiziert worden.

Seither tritt eine Vielzahl neuer Projektträger auf, und nicht wenige von ihnen haben in den vergangenen Jahren zahlreiche, zum Teil sehr spezialisierte Programme für einzelne Migrantengruppen oder für Zugewanderte mit spezifischen Qualifikationen entwickelt. Infolge der Konkurrenz von Förderinstitutionen des Bundes und der Länder gibt es inzwischen eine kaum noch überschaubare Programm- und Anbietervielfalt. Derzeit dominieren Modellprojekte oder als befristete Maßnahmen ausgewiesene Initiativen, die wegen der scharfen Konkurrenz von Projektträgern, der stets nur auf Zeit fördernden Stiftungen und – nicht zuletzt – auch angesichts der steten Veränderung der Richtlinien und Rahmenbedingungen auf eine ständige Neujustierung oder gar Neuerfindung angewiesen sind. Dass dabei manche Erfahrung, die die Otto Benecke Stiftung über Jahrzehnte sammeln konnte, als Projektergebnis neu entdeckt wird, nimmt unter diesen Bedingungen nicht wunder.

Literatur

Ackermann, Volker (1995): Der »echte« Flüchtling. Deutsche Vertriebene und Flüchtlinge aus der DDR 1945–1961. (=SHM Studien zur Historischen Migrationsforschung 1. Deutsche Vertriebene und Flüchtlinge aus der DDR 1945–1961). Osnabrück: Rasch.

Bade, Klaus J./Oltmer, J. (2003): Einführung: Aussiedlerzuwanderung und Aussiedlerintegration. Historische Entwicklung und aktuelle Probleme. In: Dies. (Hrsg.): Aussiedler: deutsche Einwanderer aus Osteuropa. 2. Aufl. Göttingen: V&R unipress, S. 9–51.

BJFG/Erlass (1978): Bundesministerium für Jugend, Familie und Gesundheit (1978): Erlass des Bundesministeriums für Jugend, Familie und Gesundheit vom 1. Juni 1978 – 216 – 2058/1. Deutscher Bundestag (16. Wahlperiode): Berücksichtigung der Benachteiligung von Migrantinnen und Migranten im deutschen Bildungssystem beim Bildungsgipfel, 2. Oktober 2008 (=Drucksache 16/10458). Berlin. URL: http://dip21.bundestag.de/dip21/btd/16/104/1610458.pdf (letzter Aufruf: 4.12.2014).

Garantiefondsrichtlinien (1998). URL: http://www.schulrecht-sh.de/texte/g/garantiefondsrichtlinien.htm (letzter Aufruf: 15.10.2014).

GER (2001): Gemeinsamer Europäischer Referenzrahmen für Sprachen (GER). URL: http://www.europaeischer-referenzrahmen.de (letzter Aufruf: 14.10.2014).

Grundgesetz für die Bundesrepublik Deutschland (Textausgabe. Stand: September 2010). Hrsg. vom Deutschen Bundestag. Berlin.

Heidemeyer, Helge (1994): Flucht und Zuwanderung aus der SBZ/DDR 1945/1949–1961. Die Flüchtlingspolitik der Bundesrepublik Deutschland bis zum Bau der Berliner Mauer. Düsseldorf: Droste.

Kleinschmidt, Julia (2013): Die Aufnahme der ersten »boat people« in die Bundesrepublik. In: Deutschland Archiv Online. 26.11.2013. URL: http://www.bpb.de/170611 (letzter Aufruf: 5.12–2014).

Lemper, Lothar T. / Hiesserich, Hans-Georg (2001): Ausbildung ist Entwicklung. In: Die Politische Meinung. Zeitschrift für Politik, Gesellschaft, Religion und Kultur, Nr. 375. Bonn: Konrad-Adenauer-Stiftung, S. 35–42.

Lindner, Sebastian (2011): Mauerblümchen Kulturabkommen. URL: http://www.bpb.de/geschichte/zeitgeschichte/deutschlandarchiv/53911/kulturabkommen?p=all (letzter Aufruf: 5.12.2014).

Maur, Dagmar (2010): Rahmenbedingungen erfolgreicher Arbeitsmigration zugewanderter Akademiker und Akademikerinne. In: Beiträge der Akademie für Migration und Integration, Heft 12. Göttingen: V&Runipress, S. 137–147.

Maur, Dagmar (2014) Schließung von Qualifizierungslücken. In: Beiträge der Akademie für Migration und Integration. Göttingen: V&Runipress, Heft 14, S. 93–104.

Oltmer, Jochen (2013): Migration im 19. und 20. Jahrhundert (=Enzyklopädie deutscher Geschichte, 86). 2. Aufl. München: Oldenbourg.

Oltmer, Jochen (2014): Politisch verfolgt? Asylrecht und Flüchtlingsaufnahme in der Bundesrepublik. In: Immer bunter. Einwanderungsland Deutschland. Mainz: Nünnerich-Asmus Verlag & Media Mainz 2014, S. 106–123.

OBS/Akademikerprogramm (2005): Otto Benecke Stiftung e.V.: Das Akademikerprogramm. Qualifizierte Zuwanderinnen und Zuwanderer erfolgreich integrieren. Bonn.

OBS/Akademikerprogramm (2001): Otto Benecke Stiftung e.V.: Das Akademikerprogramm. Hilfen zum Berufseinstieg für Spätaussiedler/-innen und Kontingentflüchtlinge. Jahresbericht. Bonn.

OBS/AQUA (o.D.): »Auf das Akademikerprogramm folgt AQUA. URL: http://www.obs-ev.de/backup/akademikerprogramm/ (letzter Aufruf: 14.10.2014).

OBS/Förderprogramme (o.D.): Otto Benecke Stiftung e.V.: Förderprogramme – Garantiefonds. Kurse und Beratungen für junge Zuwanderinnen und Zuwanderer. URL: http://www.obs-ev.de/programme/foerderprogramm-garantiefonds/kursangebot/integration-von-studienbewerbern-und-akademikern/ (letzter Aufruf: 23.10.2014).

OBS/Beratung (o.D.): Otto Benecke Stiftung e.V.: Beratung und Förderung studierender Aussiedler und Flüchtling. Bonn.

OBS/Studien- und Berufschancen (1990): Otto Benecke Stiftung e.V.: Studien- und Berufschancen für Zuwanderer. Bonn.

Panagiotidis, Janis (2015): Staat, Zivilgesellschaft und Aussiedlermigration 1950–1989. In: Oltmer, Jochen (Hrsg.): Handbuch Staat und Migration vom 17. Jahrhundert bis zur Gegenwart. München: im Erscheinen

Poutrus, Patrice G. (2009): Zuflucht im Nachkriegsdeutschland. Politik und Praxis der Flüchtlingsaufnahme in Bundesrepublik und DDR von den späten 1940er bis zu den 1970er Jahren. In: Frevert, Ute/Oltmer, Jochen (Hrsg.): Europäische Migrationsregime. Themenheft der Zeitschrift Geschichte und Gesellschaft, Zeitschrift für Historische Sozialwissenschaft, Jg. 35, H. 1. Göttingen: V&R, S. 135–175.

Puskeppeleit, Jürgen/Krüger-Potratz, Marianne (1999): Bildungspolitik und Migration. Texte und Dokumente zur Beschulung ausländischer und ausgesiedelter Kinder und Jugendlicher 1950–1999. 2 Bde. Münster: Arbeitsstelle Interkulturelle Pädagogik.

Richtlinie für Zuwendungen an die OBS (1998/2001): Richtlinie für die Gewährung von Zuwendungen an die Otto Benecke Stiftung e.V., Bonn, für die Vergabe von Beihilfen durch die Otto Benecke Stiftung e.V. an junge Spätaussiedlerinnen und Spätaussiedler sowie junge ausländische Flüchtlinge zur Vorbereitung und Durchführung eines Hochschulstudiums in der Fassung vom 19.1.1998 mit Änderungen durch den Erlass vom 23.11.2001; Gemeinsames Ministerialblatt, 2001, Nr. 55. Bonn: Carl Heymanns, S. 1136. URL: http://www.gmbl-online.de/ausgaben.html#issue-2001-55 (letzter Aufruf: 15.10.2014).

Sachlicher Bericht über die Durchführung ihrer Aufgaben, ihrer Erfolge und Auswirkungen im Haushaltsjahr [Jährliche Berichte der Otto Benecke-Stiftung an das Bundesfamilienministerium] 1965–2013. Bonn.

Schmelz, Andrea (2002): Migration und Politik im geteilten Deutschland während des Kalten Krieges. Die West-Ost-Migration in die DDR in den 1950er und 1960er Jahren. Opladen: Leske + Budrich.

Schnippering, Jutta (2006): Chancen und Grenzen beruflicher Integration akademischer Zuwanderer – ein Praxisbericht. In: Meinhardt, Rolf (Hrsg.): Hochschule und hochqualifizierte MigrantInnen – bildungspolitische Konzepte zur Integration in den Arbeitsmarkt. (=Schriftenreihe des Interdisziplinären Zentrums für Bildung und Kommunikation in Migrationsprozessen (IBKM) an der Carl von Ossietzky-Universität Oldenburg, 30). Oldenburg, S. 63–72. URL: http://oops.uni-oldenburg.de/883/1/meihoc06.pdf (letzter Aufruf: 15.10.2014).

SIQUES (Sicherung der Qualität, Effizienz und Schnelligkeit bei der Eingliederung maximaler Zuwandererzahlen) (1989–1993). Bonn: Otto Benecke Stiftung e.V.

Szatkowski, Tim (2011): Die CDU/CSU und die deutsch-polnischen Vereinbarungen vom Oktober 1975. Humanität oder Konfrontation. In: Vierteljahrshefte für Zeitgeschichte, Bd. 59. Berlin: De Gruyter, S. 53–79.

Melis, Damian van/Bispinck, Henrik (Hrsg.) (2006): ›Republikflucht‹. Flucht und Abwanderung aus der SBZ/DDR 1945 bis 1961. München: Oldenbourg.

Wolff, Frank (2015): Staatliche Regulierungsstrategien deutsch-deutscher Migrationsverhältnisse 1945–1989. In: Oltmer, J. (Hrsg.): Handbuch Staat und Migration in Deutschland vom 17. Jahrhundert bis zur Gegenwart. München (im Erscheinen).

Anhang

Dokumente:

1. Von der OBS geförderte Bildungsmaßnahmen im Garantiefonds-Hochschulbereich
2. Beratung zum Beispiel Alexander W.
3. Beratung zum Beispiel Amir N.
4. Beratung zum Beispiel Yulia P.

Von der OBS gegenwärtig geförderte Bildungsmaßnahmen im Garantiefonds-Hochschulbereich

Im Rahmen von Maßnahmen nach den Richtlinien des Garantiefonds-Hochschulbereich werden junge Migrantinnen und Migranten im Alter bis 30 Jahre auf den Erwerb der Hochschulreife, auf die Fortsetzung eines im Herkunftsland begonnenen Hochschulstudiums und auf eine akademische Berufstätigkeit in Deutschland vorbereitet. Neben anderen Maßnahmen wie Seminaren, Prüfungen und Prüfungsvorbereitungen (TestDaF, DSH, Gleichwertigkeitsprüfungen für Pharmazeuten und Ärzte), Ärztemaßnahmen, Fachsprachkursen und Englischkursen bilden Deutschkurse, Akademische Praktika, Studienkollegs und Sonderlehrgänge den Kernbereich der geförderten Maßnahmen.

Sprachkurse

An bundesweit 5 Kursorten bietet die OBS ihren Stipendiatinnen und Stipendiaten Sprachkurse an, die zu dem für Ausbildung, Beruf und Studium erforderlichen Sprachkenntnisniveau C1 des Gemeinsamen Europäischen Referenzrahmens (GER) führen. Für die meisten Stipendiaten ist dieser Sprachkurs die erste Maßnahme bei der OBS. Neben der sprachlichen Beschulung im Vollzeitunterricht (32 Std. pro Woche) und landeskundlichen, politischen und gesellschaftswissenschaftlichen Projekten ist die maßnahmebegleitende Beratung durch qualifizierte Bildungsberater/innen der OBS e.V für den weiteren Ausbildungsweg entscheidend.

Der Intensivsprachkurs der OBS baut auf die im Integrationssprachkurs des BAMF erworbenen Sprachkenntnisse (Niveau A2 bzw. B1 des GER) auf und führt die Teilnehmenden des OBS-Sprachkurses in zwei Kursstufen zu jeweils 3 Monaten zur Zentralen Deutschen Sprachprüfung (ZDS), die sich an den Anforderungen der Deutschen Sprachprüfung für den Hochschulzugang (DSH) orientiert. Teilnehmer/innen des OBS-Sprachkurses, die sich direkt für ein Studium bewerben, haben die Möglichkeit, neben der ZDS auch den Test DaF (entspricht DSH-Prüfung) beim jeweiligen Bildungszentrum abzulegen.

An den meisten Hochschulen und in den meisten Studiengängen wird von den Studienbewerbern und -bewerberinnen erwartet, dass sie über solide Grundkenntnisse der englischen Sprache verfügen. Im Rahmen eines Modellversuchs bietet die OBS für direkte Studienfortsetzer, die im Herkunftsland keine oder nur unzureichende Englischkenntnisse erworben haben, einen studienvorbereitenden Englischkurs an. Der sechsmonatige Englischkurs führt zu Kenntnissen auf dem Niveau B1 (GER). Im Mittelpunkt der zweiten Kursstufe steht die Entwicklung wissenschaftssprachlicher Lesefähigkeit.

Sonderlehrgang

Sonderlehrgänge sind schulische Maßnahmen der Länder, in denen junge Erwachsene ihren ausländischen Sekundarabschluss (z. B. Attestat) nach zwei Schuljahren durch Prüfung in (mindestens) vier Fächern soweit ergänzen, dass sie Zugang zu deutschen Hochschulen erhalten. Ursprünglich wurden Sonderlehrgänge für Aussiedler eingerichtet. Heute stehen die Sonderlehrgänge auch jüdischen Immigrantinnen und Immigranten und – je nach Bundesland verschieden – weiteren Zuwanderergruppen offen. Sonderlehrgänge werden in 12 Bundesländern an insgesamt 17 Standorten angeboten.

Aufgrund der unterschiedlichen Verordnungen der einzelnen Bundesländer gibt es keinen bundeseinheitlichen Sonderlehrgang. Verschiedene Varianten von Sonderlehrgängen führen zum Abschluss der allgemeinen Hochschulreife, der allgemeinen Fachhochschulreife oder zum schulischen Teil der Fachhochschulreife.

In der Bildungsberatung der OBS werden die Ratsuchenden über die Besonderheiten der einzelnen Lehrgänge (Fächerangebot, Praktika, Art der Hochschulzugangsberechtigung) informiert. Um möglichst vielen jungen Migrantinnen und Migranten den Weg zur Hochschulreife zu eröffnen, sind gute Kontakte zu den Landesbehörden (z. B. Anträge auf Ausnahmegenehmigungen) und sehr gute Kenntnisse über die jeweilige Zulassungspraxis auf Seiten der Beratungsstellen erforderlich.

Studienkolleg

Die Zentralstelle für ausländisches Bildungswesen (ZAB) der Kultusministerkonferenz hat in ihren Bewertungsvorschlägen (BV) Empfehlungen ausgesprochen, die es einschreibenden Hochschulen und bewertenden Ministerien, Behörden und Ämtern ermöglichen, ausländische Bildungsabschlüsse einzuschätzen. Dies umfasst auch die Einordnung von im Ausland erworbenen Reifezeugnissen: Es wird u. a. unterschieden zwischen Reifezeugnissen, die einen direkten Hochschulzugang in Deutschland ermöglichen und solchen, bei denen vorher eine Feststellungsprüfung abgelegt werden muss. Auf diese Feststellungsprüfung kann man sich durch den Besuch eines einjährigen Studienkollegs vorbereiten. Es gibt Studienkollegs der Fachhochschulen und Studienkollegs der Universitäten. In der Regel weisen die einschreibenden Hochschulen die Studienbewerber einem Studienkolleg zu, zum Teil geschieht dies auch durch (Landesschul-)Behörden oder Bezirksregierungen.

Am Studienkolleg bereiten sich die Studienbewerber/innen auf das anschließende Hochschulstudium vor und werden einem Kurs zugeordnet, der ihrem Heimatstudium (soweit bereits Studienzeiten vorliegen) oder/und dem angestrebten Studienfach entspricht. In der Bildungsberatung der OBS werden die Ratsuchenden auf die spezifischen Besonderheiten hinsichtlich einer Zulassung zum Studienkolleg aufmerksam gemacht. Da die Länder das Verfahren regeln und nach Landesrecht erweiterte Prüfungen durchgeführt werden können, kommt der vorbereitenden und begleitenden Bildungsberatung ein hoher Stellenwert zu.

An den Studienkollegs werden T-Kurse (mathematisch–naturwissenschaftlich-technische Studienfächer), M-Kurse (medizinisch-biologisch-pharmazeutisch-agrarwissenschaftliche und benachbarte Studienfächer), W-Kurse (wirtschaftswissenschaftliche und benachbarte Studienfächer), G-Kurse (geisteswissenschaftliche und benachbarte Studienfächer) und S-Kurse (philologische, neu- und altsprachliche und benachbarte Studienfächer) angeboten. Mit der Feststellungsprüfung und dem Reifezeugnis aus dem Herkunftsland erwerben die Absolventen eine direkte Hochschulzugangsberechtigung für Studienfächer der o.g. Schwerpunkte T, M, W, G und S.

Akademisches Praktikum

Junge zugewanderte Akademikerinnen und Akademiker werden in der Bildungsberatung motiviert, ihre mitgebrachte Qualifikation unmittelbar für den Arbeitsmarkt zu nutzen. Wenn die Bestandsaufnahme (Profiling) zu Beginn der Beratung erwarten lässt, dass die ausländische Qualifikation für den Arbeitsmarkt verwertbar ist, werden die Migranten dabei unterstützt, zunächst über ein akademisches Praktikum den Weg in qualifizierte Erwerbstätigkeit zu suchen, ohne sofort den meist langen und kostspieligen Weg über Fortbildungen oder Ergänzungsqualifizierungen zu beschreiten. Die Praktika sind aber auch dann von Nutzen, wenn sich während der Beschäftigung heraus stellt, dass ergänzende Qualifizierung erforderlich ist. Der Betroffene erkennt selbst, wo weiterer Qualifizierungsbedarf gegeben ist und wo seine Stärken liegen. Im Praktikum erworbene Kenntnisse können im Rahmen der Qualifizierung und bei späterer Erwerbstätigkeit genutzt werden.

Während des Praktikums werden berufsadäquate Kenntnisse erworben, praktische Erfahrungen ausgebaut und kommunikative Fähigkeiten entwickelt. Die OBS-Bildungsberatung unterstützt die jungen Akademiker bei den Bewerbungen und begleitet sie während des akademischen Praktikums.

Seminare und studentische Mentoren

Die bundesweit angebotenen studienvorbereitenden und -begleitenden Seminare der OBS stellen wichtige Integrations- und Orientierungshilfen für junge, akademisch orientierte Zuwanderer dar. Mit den Seminaren werden häufig anzutreffende Defizite aus dem Bereich der Lern- und Arbeitstechniken ausgeglichen, für den Arbeitsmarkt erforderliche fachspezifische Kenntnisse vermittelt, Zugangsschwellen bei der Eingliederung in Hochschule, Beruf und Gesellschaft reduziert und vorhandene Eigenpotenziale gestärkt. Die Seminarinhalte sind an den Bedürfnissen der Teilnehmer und ihrer (neuen) Lebenswelt orientiert.

Das Seminarangebot besteht aus einem Grundprogramm mit den Seminartypen ›Englisch‹, ›Informationstechnik‹, ›Studieneinführung‹, ›Testvorbereitung‹ und ›Leben in Deutschland – Interkulturelles Kompetenztraining‹ sowie einem Aufbauprogramm mit den Seminartypen ›Einstieg in Beruf und Arbeitswelt‹, ›Fachkurs CAD für Ingenieure‹ und ›Wege in die Selbstständigkeit‹.

Eine wichtige Hilfestellung für studierende Zuwanderer stellt das Studienbegleitprogramm der OBS dar. An über 50 Hochschulen sind Vertrauensdozenten und studentische Mentoren eingesetzt, die den zugewanderten Studenten Hilfestellungen bei ihren ersten Schritten an der Hochschule geben.

Franziska Barthelt/Jochen Oltmer/Carlotta Weyhenmeyer

Beratung – drei Beispiele

> **Alexander W.** *hatte in Kasachstan vier Semester Geodäsie studiert und war dann als Spätaussiedler nach Deutschland ausgereist. In Verbindung mit dem Mittelschulabschluss wurde ein erfolgreiches zweijähriges Studium in Deutschland als fachgebundene Hochschulreife für Geodäsie und ähnliche Fächer gewertet.*

In dem Beratungsgespräch während seines Sprachkursaufenthaltes in Kassel erklärte der Stipendiat, dass er danach strebe, sein Studium an der Universität Kassel im Fach Landschaftsplanung fortzusetzen. Nach Auffassung der Bildungsberaterin handelte es sich hierbei um ein dem bisherigen Studienfach benachbartes Fach. Damit hätte die fachgebundene Hochschulreife für die Studienaufnahme genügen können. Zur Überprüfung schickte sie Herrn W. zu dem zuständigen Professor des Prüfungsamtes des Fachbereichs der Universität, um eine Fachsemestereinstufung durchführen zu lassen. Dort erfolgte eine Einstufung in das 2. Semester. Die Beraterin unterstützte Alexander W. bei der Bewerbung für das Fach Landschaftsplanung an der Universität Kassel.

In Hessen müssen sich Studienbewerber mit einer ausländischen Vorbildung über uni-assist bewerben. Von dort wurde Alexander jedoch mitgeteilt, dass seine fachgebundene HZB für eine Bewerbung nicht ausreiche. Es handele sich um ein ganz anderes Fach und werde daher nicht von seiner fachgebundenen HZB abgedeckt. Die OBS-Beraterin setzte sich mit uni-assist in Berlin telefonisch in Verbindung. Ihr wurde mitgeteilt, dass dies eine Vorgabe der Universität Kassel sei, man könne zu keinem anderen Ergebnis gelangen. Die Beraterin setzte sich telefonisch mit dem zuständigen Professor im Prüfungsamt des Fachbereichs der Universität Kassel in Verbindung. Sie erläuterte die Problematik und erreichte, dass der Professor selbst tätig wurde. Er veranlasste bei uni-assist die Änderung der Vorgabe für die Fachbindung.

Nach weiteren Telefonaten mit dem Prüfungsamt und uni-assist erfuhr die Beraterin, dass für Alexander nun doch eine Bewerbung für das Fach möglich sei. Da uni-assist zu diesem Zeitpunkt 50 € für die Bewerbung berechnete, handelte sie mit uni-assist eine erneute Prüfung der vorherigen Bewerbung unter den geänderten Voraussetzungen aus, so dass aus Kostengründen auf eine neue Bewerbung verzichtet werden konnte. Jetzt wurde das Fach Landschaftsplanung als ein der Geodäsie benachbartes Fach gewertet. Alexander studierte mit Beginn des Wintersemesters 2006/07 das Fach Landschaftsplanung an der Universität Kassel.

Das beschriebene Vorgehen wäre Alexander ohne Hilfestellung nicht möglich gewesen. Neben sprachlichen Unsicherheiten fehlt Migranten häufig der Mut, Festlegungen von Entscheidungsträgern anzuzweifeln und mit ihnen in Kontakt zu treten. Zudem fehlen das Wissen und das Selbstvertrauen, sich bei einer Ablehnung an andere Stellen – wie hier erneut an das Prüfungsamt der Universität – zu wenden und dort um Unterstützung zu bitten.

> *Amir N., 20-jähriger Iraker, möchte Architekt werden. Im Irak hat er die zwölfjährige Oberschule abgeschlossen und zwei Jahre studiert. Als Flüchtling kann er die Vorbildung nicht vollständig nachweisen und gilt zunächst als Mensch ohne Schulabschluss.*

Amir N. kam 1996 mit 20 Jahren als asylberechtigter Flüchtling nach Deutschland. Er hatte im Irak die Oberschule abgeschlossen und 2 Jahre an einer Universität studiert. Nachweise über das Studium konnte er nicht vorweisen, und auch das Original des Schulabschlusses hatte er bei seiner Flucht nicht mitnehmen können. Er verfügte lediglich über eine englischsprachige Ausführung des Zeugnisses ohne offizielles Siegel. Es ist das Schicksal vieler Flüchtlinge, dass sie ohne Bildungsnachweis und vielleicht nur mit einem kleinen Nachweis ihrer Vorgeschichte in Deutschland ankommen.

Was Herr N. dem Bildungsberater berichtete, war glaubwürdig und ließ sich anhand des Verzeichnisses der Zentralstelle für ausländische Bildungsnachweise nachvollziehen. Er beschrieb den im Irak an dem Gymnasium absolvierten Fächerkanon, gab seine Zeugnisnoten aus dem Gedächtnis an und erwähnte Details, die nur jemand kennen kann, der diesen schulischen Weg tatsächlich gegangen ist. Das Gesamtbild war schlüssig, und der Berater setzte sich beim Akademischen Auslandsamt der Universität dafür ein, dem jungen Flüchtling im Zuge einer erweiterten Aufnahmeprüfung die Chance zu dem Besuch des Studienkollegs zu geben. Dies geht immer nur im Wege von Einzelfallentscheidungen, die gut begründet und glaubhaft vorgetragen werden müssen.

Zunächst besuchte Herr N. den Intensivsprachkurs der OBS. Nach dem erfolgreichen Abschluss des studienvorbereitenden Sprachkurses bestand Amir N. die Aufnahmeprüfung an dem Studienkolleg der Universität. Er besuchte für ein Jahr einen Kurs, um Architektur studieren zu können. Das zuständige BAföG-Amt lehnte eine Förderung ab, da die Eltern ebenfalls am Ort wohnten – allerdings in einer Einzimmerwohnung. Der OBS-Berater bewilligte deshalb eine Vollförderung der Ausbildung am Studienkolleg.

Amir N. verfolgte unbeirrt sein Ziel und begann im Wintersemester 1999 das Architekturstudium. Allerdings hielt er den Kontakt zu dem Berater nicht aufrecht, änderte mehrmals die Adresse und rief erst im November 2006 wieder an, um sich zu bedanken und von seinem weiteren Lebensweg zu berichten: das

Studium der Architektur hatte ihn begeistert. Er hatte mit Fleiß und Energie studiert und sich für ein Auslandssemester in Italien entschieden. Aus dem einen Semester wurden drei Jahre, er studierte dort weiter, sprach bald fließend italienisch, kehrte dann mit seiner italienischen Frau in seine zweite bzw. dritte Heimat Deutschland zurück. Hier schloss er sein Studium im Juni 2006 mit dem Diplom als Architekt erfolgreich ab und arbeitet seitdem in einem bekannten Architekturbüro.

> *Yulia P., 24 Jahre, hat in Russland ihr Studium an der Akademie für Ökonomie und Recht mit einem Diplom abgeschlossen. Sie möchte Jura studieren. Die Anerkennung ihrer Vorbildung nur als Realschulabschluss hält sie zunächst vom Studium ab.*

Yulia P. kam im Jahr 2003 als Spätaussiedlerin mit ihrem sechsjährigen Kind nach Niedersachsen. In Russland hatte sie ein fünfjähriges Studium an der Moskauer Akademie für Ökonomie und Recht als Diplom-Ökonomin abgeschlossen.

Yulia P. wurde bei der Einreise nicht beraten. Für sie war der Start in Deutschland nicht leicht, da sie sich sofort um die Fortsetzung der schulischen Ausbildung ihres Kindes kümmern musste. Die alleinerziehende Mutter erhielt durch die Migrationsdienste Unterstützung auf dem Weg durch die Behörden und Ämter. Ihr wurde empfohlen, ihre Unterlagen an die damals noch existierende Bezirksregierung zu schicken. Von dort erhielt sie die Anerkennung des Realschulabschlusses – Sekundarabschluss I. Natürlich sei die Bezirksregierung für die Bewertung von Diplomen gar nicht zuständig – hörte Yulia später im Arbeitsamt –, aber zum Ministerium für Wissenschaft und Kultur brauche sie ihre Unterlagen gar nicht zu schicken, denn für die Aufnahme einer Arbeit sei nur das Schulzeugnis relevant.

Das Arbeitsamt bot ihr eine Stelle als Verkäuferin in einer Bäckerei an. P. fürchtete, dass es keine bessere Alternative gäbe und nahm die Stelle an. Nach eineinhalb Jahren musste sie die Stelle aufgeben: eine Mehlstauballergie machte eine weitere Tätigkeit in diesem Bereich unmöglich. Inzwischen hatte Yulia P. einen neuen Lebenspartner, ein Stiefkind und erwartete ihr zweites Kind.

Die mittlerweile 24-jährige Yulia hörte aus dem Bekanntenkreis von der OBS und bedauerte, dass sie viel Zeit verloren und auch die Antragsfrist für eine Förderung nach dem Garantiefonds-Hochschulbereich überschritten hatte. Trotzdem meldete sie sich zu einer Beratung, weil sie plante, noch einmal das Abitur zu machen und zu studieren. Der Berater informierte sich zunächst über ihren Ausbildungsstand und erklärte, dass ihre Ausbildung u. a. als allgemeine Hochschulreife zu bewerten sei – und nicht nur als Realschulabschluss.

Gemeinsam gingen sie der Bewertung ihres Hochschulstudiums in der Datenbank der Kultusministerkonferenz »anabin« nach. Dort wird die Hochschule als akkreditierte Privathochschule geführt und der entsprechende Hochschulabschluss als formal, aber nicht materiell gleichwertig bezeichnet. Eine Einzelfallentscheidung bei »anabin« exakt im gleichen Studiengang trifft die Feststellung, dass auch bei Berechtigten nach dem BVFG keine Genehmigung zu einer Führung des deutschen Grades empfohlen wird.

Der Berater leitete mit P. das Anerkennungsverfahren beim Niedersächsischen Ministerium für Wissenschaft und Kultur und das Anerkennungsverfahren für die Hochschulzugangsberechtigung bei der Landesschulbehörde in Hannover ein. Mit beiden Antwortschreiben und einer amtlich festgesetzten Durchschnittsnote von 1,7 in der Hochschulzugangsberechtigung erarbeitete Yulia mit dem Berater die neuen Perspektiven. Sie strebte an, an ihre Ausbildung aus Russland anzuknüpfen und ihre Kenntnisse und Fähigkeiten im ökonomischen und rechtswissenschaftlichen Bereich zu nutzen. Um ihre Entscheidung gründlich vorzubereiten, vermittelte ihr der Berater Kontakt zu Betriebswirtschafts- und Jurastudierenden, die als ehemalige Stipendiaten der OBS auch diesen Weg gegangen waren. Yulia entschied sich für das Studium der Rechtswissenschaften an der Universität Göttingen.

Der Berater führte mit ihr das Bewerbungsverfahren durch, formulierte Sonderanträge zur Berücksichtigung der Bewerbung als Härtefall und zur Verbesserung der Wartezeit und organisierte mit ihr die Teilnahme an einer DSH-Prüfung. Dann unterstützte er sie bei der Antragstellung auf Vorabentscheid beim BAföG-Amt, leitete eine Semestereinstufung beim Fachbereich Wirtschaft der Fachhochschule Hannover ein und bereitete damit den angestrebten Fachrichtungswechsel vor. Viel hing von der Begründung ab, warum Yulia überhaupt noch einmal studieren wollte, warum sie nicht ihr Studium in der gleichen Fachrichtung fortsetzte und warum sie sich nunmehr für Jura entschieden hatte.

Yulia P. hatte auch mit ihrem BAföG-Antrag Glück, denn der Leiter des Amtes für Ausbildungsförderung lud sie zu einem Gespräch ein – es dauert zwei Stunden! – und ließ sich alles nochmals aus ihrer Perspektive erläutern. Damit hatte Yulia nicht gerechnet, aber sie konnte sich gut vermitteln, wirkte überzeugend, das Mitwirken bei allen Schritten während der Beratung hatte sie selbstsicher gemacht.

Heute (Sommersemester 2008) studiert Yulia P. im 2. Fachsemester an der Universität Göttingen Jura, ist sehr gefordert – vor allem wegen der Doppelbelastung mit drei Kindern –, aber mit ihrer Entscheidung sehr zufrieden.

Max Matter

Veränderungen in der deutschen Aussiedlerpolitik und das Engagement der Otto Benecke Stiftung für junge »Deutschstämmige« in den Ländern der früheren Sowjetunion und des östlichen Europas

Die Otto Benecke Stiftung e.V. (OBS) fördert seit ihrer Gründung satzungsgemäß junge Spätaussiedlerinnen und Spätaussiedler sowie junge ausländische Flüchtlinge, die in der Bundesrepublik Deutschland in Fortsetzung ihrer im Herkunftsland begonnenen Ausbildung ein Hochschulstudium aufnehmen oder fortsetzen wollen. Die dafür benötigten Mittel werden der OBS vom Bundesministerium für Familie, Senioren, Frauen und Jugend (BMFSFJ) auf Grundlage der Richtlinien des Garantiefonds Hochschule (RL-GF-H) zugewiesen. Die Zahl der so Geförderten war stets von der jeweiligen politischen Lage und der dementsprechend fluktuierenden Zuwanderung von Aussiedlern bzw. Spätaussiedlern und Flüchtlingen abhängig.

Mit dem Fall des »Eisernen Vorhangs« stieg nicht nur zu Beginn der 1990er Jahre die Zahl der Aussiedlerinnen und Aussiedler, sondern zugleich konnte die Bundesregierung weit besser als vorher Angehörige der deutschen Minderheiten und deren Organisationen in den Ländern der ehemaligen Sowjetunion sowie Mittel-, Ost- und Südosteuropas unterstützen. Daher stellte sich zu Beginn der 1990er Jahre zugleich die Frage, ob und wie durch Maßnahmen zur Verbesserung der Situation der Deutschen in den Herkunftsländern, potenzielle Aussiedler zum Bleiben bewegt werden könnten bzw. ob es nicht überhaupt sinnvoll wäre, Maßnahmen in den Bereichen Sprach- und Berufsbildung z. B. bereits im Herkunftsland anzubieten, selbst wenn sich die betroffenen Personen später doch zur Aussiedlung entschließen sollten, zumal solche Qualifizierungsmaßnahmen in den Herkunftsländern weit kostengünstiger als in Deutschland angeboten werden konnten. Hinzu kam die Überlegung, dass Minderheiten zunehmend eine wichtige Brückenfunktion zwischen Deutschland und der jeweiligen Heimatregion zukommt, die es zu gestalten gelte.

Max Matter

Ausgangssituation

In den Jahren des »Kalten Krieges« kamen aus den Ländern des sowjetischen Einflussbereichs »Deutschstämmige« vor allem auf dem Weg der Familienzusammenführung oder als Flüchtlinge in die Bundesrepublik Deutschland. Die meisten der zwischen 1950 und 1986 gekommenen rund 1,4 Mio. Aussiedlerinnen und Aussiedler stammten aus Polen (800.000), Rumänien (192.000), der Tschechoslowakei (97.000), der Sowjetunion (95.000) und aus Jugoslawien (86.000). Bis Mitte der 1970er Jahre waren es im Jahresdurchschnitt selten mehr als 35.000, die zuwanderten. Eine Ausnahme stellte die zweite Hälfte der 1950er Jahre dar, als besonders viele Menschen dank der Hilfe des Roten Kreuzes Polen und die Sowjetunion in Richtung Bundesrepublik verlassen konnten. Als es in der zweiten Hälfte der 1970er Jahre in Polen zu Streiks und Auseinandersetzungen zwischen der Bevölkerung und dem kommunistischen Herrschaftsapparat kam und 1981 das Kriegsrecht ausgerufen wurde, erreichte kurz darauf die Zuwanderung aus Polen einen neuen Höchststand mit rund 70.000 Aussiedlern. In den 1980er Jahren pendelten sich die Aussiedlerzahlen wieder auf die jährlichen rund 30 bis 35.000 ein, mit einer allerdings wachsenden Tendenz (Hensen 2009; siehe auch Worbs/Bund/Kohls u. a. 2013).

»Die Otto Benecke Stiftung hat erfolgreich gearbeitet. Orientiert an den Grundsätzen von Humanität, Gerechtigkeit und Frieden wurden gesellschaftliche Themen aufgegriffen und praktisch nützlich umgesetzt. Weiter so!«

(Anke Fuchs, Dezember 2014;
1982 Bundesministerin für Jugend, Familie und Gesundheit,
1998 – 2002 Vizepräsidentin des Deutschen Bundestages).

Dann freilich, ab Mitte der 1980er Jahre, schienen sich die Ereignisse zu überschlagen. Die von Michail Gorbatschow eingeleiteten Änderungen in Richtung »Glasnost« (Offenheit, Transparenz) und »Perestroika« (Umgestaltung) führten – wenn auch zum Teil mit Verzögerungen – zu einer allgemeinen Öffnung in den Staaten des Ostblocks. Eine größere Durchlässigkeit der Grenzen bot den Menschen zum ersten Mal seit Ende des Zweiten Weltkrieges die Möglichkeit selber darüber zu entscheiden, ob man den Herkunftsstaat, in dem man selbst und/oder die eigenen Eltern und Großeltern viel Elend erfahren hatten, verlassen oder ob man (vorerst) verbleiben wollte. Viele entschieden sich für die Aussiedlung. Die Zahl der zugewanderten »Deutschstämmigen« wuchs stark an: 1986 kamen 42.788 Aussiedlerinnen und Aussiedler in die Bundesrepublik, 1987 waren es bereits 78.523 – ein Anstieg um 83,5 % in einem Jahr.

Als sich im Laufe des Jahres 1988 die Zuwandererzahlen im Vergleich zum Vorjahr schon mehr als verdoppelt hatten, sah sich die Bundesregierung vor einem Dilemma. Zum einen sah man das Anwachsen des Zuwandererstroms als Erfolg der eigenen Politik gegenüber den Ländern des östlichen Europas und als ein Zeichen der Überlegenheit westlicher Werte. Zum andern musste man sich bald eingestehen, dass man von der Entwicklung völlig überrascht und hinsichtlich der Folgen unvorbereitet war. In Politik und Gesellschaft kam zuweilen Angst vor den weiteren Folgen des eigenen »Erfolgs« auf, nicht zuletzt weil sich schnell abzeichnete, dass die im Haushalt für die »Aussiedlerintegration« vorgesehenen Mittel – trotz massiver Aufstockung – keinesfalls ausreichend sein würden. Die für 1988 bereitgestellten Gelder für die Sprachkurse, auf die die Aussiedler Anspruch hatten, waren schon im Juni ausgegeben. Die kurz- und vor allem längerfristige Unterbringung der Aussiedler bereitete zunehmend Probleme. Die Grenzdurchgangslager waren überfüllt[1]. Bundesbauminister Oscar Schneider hatte nach Recherchen in den einzelnen Bundesländern einen Bedarf von rund 30.000 Wohnungen allein für das Jahr 1988 festgestellt. Ein Wohnungsbauprogramm existierte aber nicht einmal auf dem Papier (DER SPIEGEL 1988, NR. 33). Es war völlig offen, wie diese Zahl von Menschen angesichts der schon bestehenden Arbeitslosigkeit von über 2 Mio. Menschen in den Arbeitsmarkt würde integriert werden können. Dazu kam, dass einem zunehmend größer werdenden Teil der einheimischen Bevölkerung nur schwer zu vermitteln war, wieso »deutschstämmigen« Zuwanderern, die – wenn auch ohne eigenes Verschulden – oft kaum Deutsch sprachen und somit auch vielfach nicht als »Deutsche« akzeptiert wurden, Privilegien wie z. B. vorrangige Wohnungsversorgung gewährt wurden (Herbert 2003, S. 276f.). Trotz des Appells des Bundeskanzlers Kohl, gemeinsam alle Anstrengungen zu unternehmen, um den, wie es hieß, zu uns kommenden Landsleuten dabei zu helfen, hier schnell heimisch zu werden, würde – so DER SPIEGEL (1988, NR. 34) – den Landsleuten aus den Karpaten oder Kasachstan unter Einheimischen spürbar Misstrauen, Verdruss und Verständnislosigkeit entgegen schlagen.

Einen Höhepunkt in der Diskussion zwischen Regierung und Opposition stellte die Aktuelle Stunde «betreffend jüngste öffentliche Äußerungen über die deutschen Aussiedler« in der 102. Sitzung des Deutschen Bundestags (der 11. Legislaturperiode) vom 26. Oktober 1988 dar. Der Abgeordnete Gerster von der CDU warf dem damaligen Saarländischen Ministerpräsident und SPD-Vize, Oskar Lafontaine, vor, er hätte mit seiner Äußerung, die Aussiedlerzuwanderung müsse begrenzt werden, den Art. 116 des Grundgesetzes sowie das Grundrecht

---

1 Vom Grenzdurchgangslager Friedland berichtete DIE ZEIT vom 12.08.1988, dass dort allein im Juni 1988 9.500 Menschen das Aufnahmeverfahren für Aussiedler durchlaufen hätten. Das Lager, gebaut für die Aufnahme von 800 Personen, war mit mehr als 3.000 Menschen belegt.

der Freizügigkeit für alle Deutschen in Art. 11 des Grundgesetzes in Frage gestellt und damit »den Boden der Verfassung und das Fundament des Rechtsstaates« verlassen (Deutscher Bundestag 1988c, S. 7004). Lafontaine wiederholte in seiner Rede vor dem Bundestag seine tags zuvor bereits gegenüber der Presse geäußerten Vorwürfe, dass die Bundesregierung und insbesondere Kanzler Kohl einerseits in Not befindliche Asylsuchende abweisen würden, während andererseits »deutschstämmige« Zuwanderer, die ohne Not nach Deutschland kämen, bereitwillig Aufnahme fänden. Seit Jahren setze sich – so Lafontaine – die Regierung gegenüber den Herkunftsstaaten der Aussiedler unablässig für Ausreiseerleichterungen ein, doch wenn dann die Menschen kämen und einmal in der Bundesrepublik angekommen seien – böte sie nicht in ausreichender Form Hilfestellung an. Der Bevölkerung würde es – dies gäbe die Regierung selber zu – schwer fallen, die Zuwanderer als Deutsche zu akzeptieren (ebd., S. 7005).

Der Sprecher der FDP, Graf Lambsdorff, erwiderte, dass niemand in den Regierungsfraktionen »Solidarität auf eine nationale Kategorie einengen« wolle.

> »Für die FDP und für die Mitglieder meiner Fraktion sage ich: Wir lehnen es ein für allemal ab, Gegensätze zwischen Aussiedlern und Asylanten zu konstruieren, die es in Wahrheit nicht gibt. (...) Wir werden das Grundrecht auf Asyl ebenso bewahren wie den unveräußerlichen Anspruch von Deutschen, in ihre Heimat zurückzukehren« (ebd., S. 7006).

Die Abgeordnete Ellen Olms von der Fraktion Die GRÜNEN sprach davon, dass sich in der »rassistisch begründeten Bevorzugung von Aussiedlern gegenüber Flüchtlingen aus der sogenannten Dritten Welt« eine »Deutschtümelei« zeige (ebd., S. 7007). Hier würde ein Keil zwischen Ausländern, Asylsuchenden und Aussiedlern getrieben, was vom nachfolgenden Sprecher der CDU/CSU-Fraktion, Schreiber, streng zurückgewiesen wurde.

Der Parlamentarische Staatssekretär im Bundesinnenministerium, Carl-Dieter Spranger, erinnerte in seiner Rede eingangs daran, dass Jochen Vogel, Vorsitzender der SPD-Bundestagsfraktion, bei seinem Besuch des Aufnahmelagers Friedland, früher im Jahr 1988, ganz anders als nun Lafontaine gesagt habe, dass derjenige, der als Deutscher die wohlüberlegte individuelle Entscheidung getroffen habe, in die Bundesrepublik Deutschland überzusiedeln, oder als deutscher Volkszugehöriger aus seiner jetzigen Heimat in einem Staat Ost- oder Südosteuropas aussiedeln wolle, nicht nur ein geschütztes Recht unseres Grundgesetzes in Anspruch nehme, sondern auch mit unserer Starthilfe für eine neue Existenz und unserer Solidarität rechnen könne. Spranger stellte im Namen der Bundesregierung fest, dass die Deutschen in den Aussiedlungsgebieten zur »Schicksalsgemeinschaft des deutschen Volkes« gehörten. Sie müssten unterstützt werden, denn sie hätten immer noch keine oder nur unvollkommene Möglichkeiten, ihre Kultur, ihre kirchlichen Traditionen und ihre Sprache zu bewahren. Die Politik der Bundesregierung bleibe – so Spranger – darauf gerichtet, die Lage der Deutschen in den Aussiedlungsgebieten zu erleichtern. Die Bundesregierung respektiere die individuelle und existentielle Entscheidung jedes Deutschen, der aus den Aussiedlungsgebieten in die Bundesrepublik Deutschland übersiedele, um hier wieder frei als »Deutscher unter Deutschen« leben zu können.

Anlässlich der 114. Sitzung am 2. Dezember 1988, als gemeinsam ein Antrag der Koalitionsfraktionen CDU/CSU/FDP (Deutscher Bundestag 1988a) und ein Antrag der Fraktion der SPD (Deutscher Bundestag 1988b) über Fragen der Aussiedlerintegration zur Diskussion standen, wurden von Seiten der Opposition »die wachsenden sozialen und materiellen Probleme in den Kommunen und Gemeinden, (…) die (…) (den) starken Zuzug von Aussiedlern nicht oder nur sehr schwer bewältigen können«, angesprochen und dass die Bundesregierung – trotz eines Sonderprogramms[2] – immer noch einen zu geringen Teil der Last trage. Die Sprecherin der GRÜNEN monierte, dass die einladende Politik der Bundesregierung dazu führen würde, dass junge Aussiedlerinnen und Aussiedler nach Deutschland kämen und sich dann völlig fremd fühlten, da sie in ihren Herkunftsländern sozialisiert worden seien. Der Abgeordnete Lüder, FDP, meinte, man müsse neben der Aufnahme und der Integration der Aussiedler auch die Verhältnisse in den Aussiedlungsgebieten so gestalten, dass die Deutschen auch dort bleiben könnten und ein Leben in Wahrung der Menschenrechte führen können. »Wir wollen, dass (…) sie in den Siedlungsgebieten integriert bleiben (…) und trotzdem ihre kulturelle Identität und ihre Menschenrechte wahren können« (Deutscher Bundestag 1988c, S. 8296). Gesagt wurde auch, dass die Abwanderung nach Deutschland die deutschen Minderheiten in den Herkunftsländern schwächen und damit den Aussiedlungsdruck weiter verstärken würde.[3]

> Vereinzelt gab es auch schon Bemerkungen, die – wenn auch etwas verklausuliert – erkennen ließen, dass sich immer mehr Personen dafür aussprachen, die Situation im Herkunftsgebiet zu verbessern, damit die Angehörigen der deutschen Minderheit dort bleiben könnten, z. B. wenn der Abgeordnete Lüder (FDP) in einem Redebeitrag sagte, dass die »Ziele unserer Politik für Aussiedler (…) gleichberechtigt und gleichermaßen auf die deutschen Volks- und Staatsangehörigen in den Aussiedlungsgebieten bezogen (seien, auf die,) *die dort bleiben wollen*, wie auf die Aussiedler, die (…) [nach Deutschland] kommen« (Deutscher Bundestag 1988d, S. 8296).

---

2   Sonderprogramm der Bundesregierung zur Eingliederung der Aussiedler vom 31. August 1988. Die Inhalte des Sonderprogramms können eingesehen werden in: Grau 2014, S. 142–150. Mit diesem Sonderprogramm wurden nach Abs. 7.4 der Zuschuss an die Otto Benecke Stiftung erhöht und die Kapazitäten der Otto Benecke Stiftung selbst ausgeweitet.

3   So der Abgeordnete Sielaff, SPD, in seinem Beitrag zur 114. Sitzung: »Je mehr aussiedeln – auch das müssen wir wissen –, umso schwerer wird es denen, die bleiben wollen, das Deutschsein zu ermöglichen.« (Deutscher Bundestag 1988d, S. 8300).

Derartige Bemerkungen galten 1988 bei noch vielen (vor allem in der CDU) als »Verrat« an den Aussiedlern (die die ganzen Strapazen der Herreise und des Aufnahmeverfahrens auf sich genommen hatten). Darüber hinaus – auch dies wurde mehr oder weniger offen gesagt – würden die Versuche, die Angehörigen der deutschen Minderheiten in den ost- und südosteuropäischen Staaten zum Bleiben zu bewegen, die Hoffnung, dass Aussiedler, die zu 90 % jung, im arbeitsfähigen Alter, gut ausgebildet, hoch motiviert und leistungsbereit seien, Deutschland einen wirtschaftlichen Aufschwung bescheren und die Renten von morgen sichern würden, zunichte machen. Doch ungeachtet dessen stellten zunehmend Politiker und Politikerinnen – verstärkt auf kommunaler und auf Landesebene, aber auch auf Bundesebene – die Frage, ob man, »statt einem weiteren Heimholungswerk das Wort zu reden«, sich nicht besser für eine Verbesserung der Lebensumstände der deutschen Minderheiten in den Herkunftsländern einsetzen sollte (DER SPIEGEL 1988, Nr. 33).

Während die CDU noch von dem berechtigten Wunsch der Aussiedler »als Deutsche unter Deutschen leben zu wollen« sprach, hatte der Koalitionspartner FDP mit seinem Vorsitzenden und Vize-Kanzler sowie Außenminister Hans-Dietrich Genscher längst umgeschwenkt. So meinte dieser in seiner Ansprache beim Pfingsttreffen der Banater-Schwaben in der Nürnberger Frankenhalle: »Je besser die Lebensbedingungen für die Deutschen in Rumänien ... [seien], desto mehr (...) [würden] sich entscheiden, in der Heimat zu bleiben« (ebd.). Nach Genschers Moskau-Besuch Anfang August 1988 und nachdem auch die Führungsriege der Sowjetunion erkannt hatte, dass sie bei einer weitergehenden ungebremsten Aussiedlung der »Deutschstämmigen« Humankapital verlieren würde, bemühte sich der deutsch-sowjetische Arbeitskreis für humanitäre Fragen – der sich zuvor nur mit Ausreisefragen befasst hatte – darum, die Lage der Deutschen in der Sowjetunion zu verbessern. Die Bundesregierung ihrerseits hatte bereits am 28. September 1988 als Antwort auf die unerwartet hohe Aussiedlerzuwanderung und die damit verbundenen Probleme die Stelle eines Beauftragten der Bundesregierung für Aussiedlerfragen eingerichtet und den damaligen Parlamentarischen Staatssekretär im Bundesinnenministerium, Horst Waffenschmidt, in das neu geschaffene Amt berufen.

Bis Ende 1988 verdreifachten sich die Zuwandererzahlen fast: sie stiegen von 78.523 im Jahr 1987 auf 202.673 an. Von 1988 auf 1989, dem eigentlichen Jahr der politischen Wende, verdoppelten sich die Zahlen beinahe noch einmal. 1989 kamen insgesamt 377.055 »Deutschstämmige«, die einen Antrag auf Anerkennung als Aussiedler und damit auf die deutsche Staatsbürgerschaft und die Erteilung von Hilfeleistungen stellten. Da der Zuzug vor allem in Orte erfolgte, in die bereits früher Aussiedler zugewandert waren, waren die Lasten regional und auch zwischen den einzelnen Kommunen sehr ungleich verteilt.[4] Mit 397.073

---

4   Das 1989 erlassene Wohnortzuweisungsgesetz, das mit mehrfachen Änderungen bis

Zuwanderinnen und Zuwanderern erreichte 1990 diese ethnisch privilegierte Zuwanderung den Höhepunkt, sie war damit aber noch lange nicht abgeschlossen.

»Angesichts der stark ansteigenden Zahl der Einreisen wurde die Notwendigkeit, die Aufnahme zu steuern, immer evidenter. Eine wichtige Voraussetzung dafür bildete das am 1. Juli 1990 in Kraft getretene Aussiedleraufnahmegesetz mit dem das Aussiedleraufnahmeverfahren eingeführt wurde« (Aussiedleraufnahmegesetz 1990; siehe auch BMI 1998).

Das neue Gesetz sah ein zweistufiges Verfahren vor: Die Aussiedlungswilligen mussten zuerst vom Herkunftsland aus einen Aufnahmeantrag stellen, der dann vom Bundesverwaltungsamt geprüft wurde. Erst mit dem im positiven Fall erteilten Aufnahmebescheid konnte man in die Bundesrepublik einreisen. Nach der Einreise begann die zweite Stufe des Aufnahmeverfahrens, die endgültige Statusfeststellung, die ebenfalls durch das Bundesverwaltungsamt erfolgte, an deren Ende man dann durch das Bundesland, dem man zugewiesen worden war, den Vertriebenenausweis erhielt. Die Ausreise wurde organisatorisch und finanziell unterstützt und damit wurde die Zuwanderung etwas planbarer.

»Das Übernahme- sowie das Registrier- und Verteilungsverfahren wurden beim Bundesverwaltungsamt zentralisiert und nicht zuletzt ein Netz von Erstaufnahmeeinrichtungen[5] sowie ständigen und sonstigen Ausweichunterkünften mit einer Aufnahmekapazität von bis zu 30.000 Personen pro Tag aufgebaut. Damit konnten Erstversorgung und Verteilung der Aussiedlerinnen und Aussiedler auf die Länder sichergestellt werden« (Hensen 2009, S. 51).

Eine wirkliche Steuerung des Aussiedlungsprozesses war mit diesen Maßnahmen allerdings immer noch nicht möglich.

1991 gingen zwar die Zahlen deutlich zurück (221.995 Aussiedler), aber 1992 stiegen sie wieder auf 230.565 an. Von 1993 bis 1995 bewegte sich die Zahl der neu dazukommenden Deutschen aus dem östlichen Europa um 220.000 Personen pro Jahr. Schon 1990 waren die Aussiedler aus der Sowjetunion die stärkste Gruppe geworden; dies war 1991 sowie 1992 und erst recht 1993 unübersehbar:

2009 in Kraft blieb, sollte »im Interesse der Schaffung einer ausreichenden Lebensgrundlage den (Spät-)Aussiedlern in der ersten Zeit nach ihrer Aufnahme im Geltungsbereich des Gesetzes zunächst die notwendige Fürsorge einschließlich vorläufiger Unterkunft ... gewährleisten und zugleich einer Überlastung von Ländern, Trägern der Leistungen nach dem Zweiten Sozialgesetzbuch, Trägern der Sozialhilfe sowie von Gemeinden durch eine angemessene Verteilung entgegenzuwirken« (Wohnortzuweisungsgesetz 1989).

5   Erstaufnahmeeinrichtungen befanden sich in Friedland, Bramsche, Osnabrück, Schönberg, Dranse, Hamm, Unna, Rastatt, Nürnberg, Empfingen.

Die Zuwanderung aus Polen und aus Rumänien hingegen war stark zurückgegangen, während die aus der Sowjetunion bzw. deren Nachfolgestaaten ganz wesentlich zugenommen hatte. Als man im Laufe des Jahres 1992 feststellen musste, dass trotz des nun geordneten Verfahrens (Aussiedleraufnahmegesetz) die Zahl der Aussiedler aus der ehemaligen Sowjetunion[6] weiter anstieg, revidierte man durch Verabschiedung des »Kriegsfolgenbereinigungsgesetzes« (1992) das seit 1953 gültige »Bundesvertriebenengesetz« grundlegend.[7] Das neue Gesetz ließ unter anderem eine Kontingentierung auf vorerst knapp 230.000 »Spätaussiedler« zu.[8]

Aufgrund der Tatsache, dass ausreisewillige Deutsche nun in den Herkunftsländern ihre Anträge stellen und dort den Bescheid des Bundesverwaltungsamts abwarten mussten, danach wegen der Kontingentierung und der Reiseorganisation auch nicht sofort ausreisen konnten, entstand ein »Ausreisestau«. Dazu kam, dass in den Herkunftsländern die politische und wirtschaftliche Lage wenig überschaubar und die Zukunft unsicher war[9]. Schon Ende 1991 sprach die Bundesregierung davon, dass die augenblickliche Lage in den Herkunftsregionen durch eine gewisse Ungeduld gekennzeichnet sei, die in einer steigenden Zahl von Anträgen auf Erteilung eines Aufnahmebescheides Ausdruck fände. Wollte man diesem Druck begegnen – ohne dem immer wieder gemachten Versprechen, die Türe nach Deutschland bleibe offen, zu widersprechen, blieb nur, alles zu tun, um die Lebensverhältnisse für die Deutschen in den Ländern Mittel- und Osteuropas zu verbessern.

---

6   Die Sowjetunion hatte sich durch Beschluss des Obersten Sowjet am 26. Dezember 1991 aufgelöst.

7   Mit dem Kriegsfolgenbereinigungsgesetz wurde die »Rechtsfigur« des »Aussiedlers«, durch die des »Spätaussiedlers« abgelöst. Spätaussiedler sind nach § 4 des Bundesvertriebenengesetzes (BVFG) deutsche Volkszugehörige, die unter einem Kriegsfolgenschicksal gelitten haben und die im BVFG benannten Aussiedlungsgebiete (insbesondere die Republiken der ehemaligen Sowjetunion, aber auch eine Reihe weiterer Staaten) nach dem 31. Dezember 1992 im Wege des Aufnahmeverfahrens verlassen und innerhalb von sechs Monaten einen ständigen Aufenthalt in der Bundesrepublik Deutschland genommen haben. Wer nach dem 31. Dezember 1992 geboren ist, kann kein Spätaussiedler mehr sein (siehe: Worbs/Kohls/von Gostomski 2013, S. 21).

8   Ab 1993 galt eine Beschränkung auf 226.000 aufzunehmende Personen pro Jahr, mit einer zulässigen Abweichung von zehn Prozent nach oben oder unten. Ab dem Jahr 2000 wurde diese Zahl auf 100.000 Personen gesenkt.

9   Die Bundesregierung sah, dass mit der Auflösung der Sowjetunion und der Bildung souveräner Staaten auch für die deutschen Minderheiten schwer abschätzbare politische und wirtschaftliche Entwicklungen verbunden sein würden. Fraglich war u. a., ob die nun souveränen Staaten durch Grenzziehung und neue Grenzkontrollen den Umzug von einem Territorium in ein anderes erschweren würden. Diese Ungewissheit ließe – so die Bundesregierung – viele an Aussiedlung denken (siehe: Deutscher Bundestag 1992, S. 13).

Schon im Juni 1989 stellten alle Bundestagsfraktionen gemeinsam einen Antrag »Zur Verbesserung der kulturellen Lage der Deutschen in der Sowjetunion« (Deutscher Bundestag 1989); der im Januar 1990 im Innenausschuss und im Februar 1990 im Auswärtigen Ausschuss beraten und dann am 20. September 1990 vom Deutschen Bundestag beschlossen wurde (Deutscher Bundestag 1990). Zwei Jahre später brachte die Bundesregierung in ihrem Bericht – den sie am 20. März 1992 vorlegte – zum Ausdruck, dass sie »der Förderung der deutschen Minderheiten in der ehemaligen Sowjetunion ebenso wie in den andern Staaten Mittel-, Ost- und Südosteuropas eine große Bedeutung« beimesse, weil sie mit ihr »eine moralische Verpflichtung, der sie noch bis vor wenigen Jahren nicht [habe] nachkommen dürfen« (1992, S. 1f.), erfülle. Sie wolle ihre Verantwortung für die Deutschen in den Aussiedlungsgebieten auch künftig voll wahrnehmen. Ihr wichtigstes Ziel sei es, »den Deutschen an ihren gegenwärtigen Wohnorten zu helfen, für sich und ihre Kinder eine Zukunftsperspektive zu finden« (ebd, S. 11). Zugleich wird betont, dass Minderheiten zwischen Völkern Brücken bilden könnten und dass man diese Vermittlerfunktion der Deutschen in Mittel- und Osteuropa fördern und nutzen wolle. Da die Hilfen der Bundesregierung in den jeweiligen Ländern direkt oder indirekt auch Nichtdeutschen zu Gute kämen, trügen sie auch mit dazu bei, das Verhältnis zwischen der Mehrheit und der deutschen Minderheit zu verbessern. So würde das Bewusstsein geweckt, dass der »Beitrag der Deutschen zur jeweiligen wirtschaftlichen und sozialen Struktur nicht (…) wegzudenken [sei] und ihr Verbleib sich positiv auf ihre Umgebung« auswirke (ebd.).

Das Auswärtige Amt und das Bundesministerium des Innern hatten sich bei der Planung und Durchführung der Fördermaßnahmen darauf geeinigt, dass das Auswärtige Amt für kultur- und bildungspolitische Vorhaben, das Innenministerium für soziale und gemeinschaftsfördernde Vorhaben zuständig sein soll. Bei der Durchführung der auf Dauer angelegten und nachhaltig geplanten Hilfsmaßnahmen sollten:
- die Betroffenen wesentlich beteiligt,
- keine Neidgefühle geweckt,
- die Regierungen bzw. die Behörden der Aufenthaltsländer miteinbezogen,
- Mittlerorganisationen (unter ihnen auch solche der Vertriebenen) beauftragt und
- Hilfe zur Selbsthilfe geleistet

werden.

Erkannt wurde zudem, dass soziale Hilfen (etwa zur Sicherung des Lebensunterhalts), medizinische Hilfen (Medikamente, Ausstattung von Krankenhäusern) und Hilfen bei der Altenbetreuung genauso wie gemeinschaftsfördernde Hilfen (Begegnungsstätten, außerschulische Bildung, Jugendarbeit, Förderung der eigenen Medien, Stärkung der Selbstvertretungsorganisationen usw.) zwar wichtig seien, dass sie aber auf Dauer allein nicht ausreichen würden, um eine Bereitschaft zum Verbleib in der Herkunftsregion aufrecht zu erhalten. Besondere Bedeutung maß man Hilfen im Bereich des muttersprachlichen deutschen Unterrichts, des Aufbaus eines Schul- und Bildungswesens und wirtschaftsbezogenen Maßnahmen zu. Die Durchführung der Hilfsmaßnahmen wurde dadurch erleichtert, dass die Bundesrepublik Deutschland schon zuvor mit Polen, der ehemaligen Sowjetunion und mit der ehemaligen Tschechoslowakei Verträge über gute Nachbarschaft und Zusammenarbeit abgeschlossen hatte, wie auch durch die im Juni 1990 festgelegten Minderheitenbestimmungen der Konferenz über Sicherheit und Zusammenarbeit in Europa (KSZE).

Beginn des Engagements der OBS für die deutsche Minderheit in der früheren Sowjetunion

In Folge der rapide gestiegenen Zahlen der nach Deutschland zugewanderten Aussiedlerinnen und Aussiedler hatte die OBS zusätzliche Fördermittel beantragt und erhalten, mit denen von 1989 bis 1993 das Projekt SIQUES (Sicherung der Qualität, Effizienz und Schnelligkeit bei der Eingliederung maximaler Zuwandererzahlen) durchgeführt wurde. Dieses Projekt hatte u. a. die Aufgabe, die meist aus den 1970er Jahren stammenden Curricula der für den von der OBS geförderten Personenkreis – Studienbewerber, Studierende, Akademiker – bestehenden schulischen und außerschulischen Eingliederungslehrgänge auf Aktualität zu überprüfen. Das Ziel dieser Eingliederungslehrgänge war es, den Zugewanderten zu ermöglichen, die im Herkunftsland begonnene Ausbildung in Deutschland möglichst reibungslos fortsetzen zu können. Daher lag es nahe, die politischen Veränderungen zu Beginn der 1990er Jahre zu nutzen und in Kontakt mit den entsprechenden Bildungsinstitutionen der Herkunftsländer zu treten. Hierdurch sollten, so die damalige Hoffnung der OBS, Erkenntnisse über die dort bestehenden Curricula gewonnen werden und vielleicht sogar ein Dialog zwischen den Bildungsexpertinnen und -experten beider Seiten eingeleitet werden. Diese Hoffnung wurde von Vertretern der Träger der Eingliederungslehrgänge – Weiterbildungsinstitute, Schulen, Länder – bis hin zur Ständigen Konferenz der Kultusminister der Länder (KMK) mitgetragen. Sie beteiligten sich intensiv an der Vorbereitung einer entsprechenden »Erkundungsreise«, deren Kosten aus dem SIQUES-Projekt finanziert werden sollten. Hieraus entstand allerdings zunächst nur ein Schriftwechsel zwischen dem Geldgeber des Projekts, dem Bundesministerium für Frauen und Jugend (BMFJ), und dem Auswärtigen Amt (AA). Letzteres befürchtete, dass die Expertenmission die Ausreiseabsicht potenzieller Aussiedler eher verstärken könne, während das BMFJ auf den zu erwartenden Erkenntnisgewinn für die Verbesserung der Eingliederungskurse in Deutschland abhob.

Im Ergebnis wurde die bereits detailliert geplante Reise abgesagt. Stattdessen wurde – nach weiteren Abstimmungen mit dem Bundesministerium des Innern (BMI) – im Frühjahr 1993 eine Studie in Auftrag gegeben, mit der die Realisierungsmöglichkeiten zur »Einrichtung gemeinschaftsfördernder und berufsqualifizierender Maßnahmen« in dem im Jahr zuvor erst im westsibirischen Oblast Omsk (Omskaja oblast') gegründeten »Deutschen Nationalrayon Asowo«[10] geprüft werden sollten. Ziel dieser Studie war zu klären, ob es sinnvoll sein könnte, gemeinschaftsfördernde, allgemein sozialpädagogische und berufsqualifizierende Maßnahmen, wie sie von der OBS im Auftrag verschiedener Bundesministerien in Deutschland durchgeführt wurden, bereits in den Herkunftsregionen anzubieten. In dem von der OBS in Auftrag gegebenen Gutachten heißt es diesbezüglich:

> »Mit der Vorverlagerung solcher Maßnahmen an den derzeitigen Siedlungsort wurden verschiedene Intentionen verbunden: Letztendliches Ziel sollte es sein, durch eine sozialarbeiterisch integrative Betreuung zu einer Verbesserung der individuellen Lebensumstände der Zielgruppe beizutragen, ihr mit dem Angebot einer qualifizierenden Weiterbildung ein breites Spektrum sozialer und beruflicher Chancen zu eröffnen und dadurch den möglichen Verbleib nachhaltig zu fördern« (Over/Gottsleben 1993, S. 2).

Die deutsche wie auch die russische Seite hatten in ihrem Bemühen, eine große Zahl an Russlanddeutschen in der Sowjetunion bzw. in der Russischen Föderation zu halten, auf die Wiedererrichtung einer autonomen deutschen Teilrepublik an der Wolga gesetzt.[11] Dort sollten sich Deutschstämmige aus der gesamten Sowjetunion – statt nach Deutschland auszuwandern – ansiedeln. Man erhoffte sich, dass dort die deutsche Sprache, Kultur und Lebensweise wieder erwachen[12] könnten und die allmählich besser werdende soziale, kultur-

---

10   Ein Rayon ist mit einem deutschen Landkreis vergleichbar. Bei der Gründung dieses Nationalrayons lebten dort ca. 60.000 Personen, 60 Prozent davon verstanden sich als Angehörige der deutschen Minderheit. Viele davon sind später nach Deutschland ausgesiedelt; »Russlanddeutsche« aus anderen Regionen sind in das gesamte Gebiet des Oblast Omsk nachgezogen, auch in den Nationalrayon; knapp 20 Prozent der dort lebenden Bevölkerung versteht sich als »russlanddeutsch«.

11   Die Geschichte der »Autonomen Sozialistischen Sowjetrepublik der Wolgadeutschen« ist in vielfacher Weise mit Deutschland verknüpft. Sie bestand zwischen 1918 und 1941, zunächst als anerkanntes Minderheitengebiet, ab 1924 als »Autonome Sozialistische Sowjetrepublik«. Der erste Leiter des »Kommissariats für deutsche Angelegenheiten im Wolgagebiet« war Ernst Reuter. Er war im Ersten Weltkrieg in russische Kriegsgefangenschaft gekommen, übernahm im Frühjahr 1918 das Amt des Volkskommissars, kehrte jedoch wenige Monate später angesichts der Novemberrevolution 1918 nach Deutschland zurück. Ernst Reuter war nach dem Zweiten Weltkrieg und seiner Rückkehr aus der Emigration in die Türkei von 1947 bis 1953 Oberbürgermeister von Berlin.

12   In dieser Perspektive ist – unter vielen Mühen – versucht worden, ein deutschsprachiges

elle und wirtschaftliche Situation die Menschen zum Bleiben veranlassen würde. Da sich die Wiederherstellung einer autonomen deutschen Wolgarepublik aufgrund der inneren Zerrissenheit der deutschen Nationalbewegung, wegen der Verzögerungs- und Verweigerungstaktik der Regierung der Russischen Teilrepublik (RSFSR) und vor allem wegen des Widerstandes der im Wolgagebiet bereits ansässigen Bevölkerung nicht in absehbarer Zeit verwirklichen ließ, wurden 1991 und 1992 im Altaj-Gebiet und im Gebiet (Oblast) Omsk wenigstens je ein Deutscher Nationaler Rayon ausgewiesen. Der schon genannte Oblast Omsk war der Oblast, der den höchsten Anteil an Deutschen in der Russischen Föderation aufwies, gefolgt vom Oblast Altaj. Da der Oblast Omsk südlich an Kasachstan anschließt, schien er besonders geeignet, gerade auch Sowjetdeutsche, die wegen des neu erwachten kasachischen Nationalismus in großer Zahl aussiedeln wollten, aufzunehmen.

Unter Einbeziehung von Gebietsteilen von fünf Rayons wurde 1991/1992 im Oblast Omsk der deutsche Nationalrayon Asowo so gebildet, dass er möglichst die Dörfer mit einem hohen Anteil an Personen, die sich als Russlanddeutsche definierten, umfasste. Bei seiner Gründung zählte man 19.400 Einwohner (1991), 1992 sollen es 21.200 gewesen sein und eine Evaluierung ergab, dass man bis Ende 1993 mit 23.200 Einwohnern rechnete. Durch Geburtenüberschuss und Zuwanderung aus anderen Gebieten der (ehemaligen) Sowjetunion sollte die Bevölkerung bis zum Jahr 2000 auf rund 40.000 anwachsen. Doch schon 1993 fehlte es an ausreichenden Unterbringungsmöglichkeiten[13] und an Aus-

Foto: OBS

Bildungssystem einschließlich Lehrerbildung aufzubauen, deutschsprachige Zeitungen zu drucken u. v. a. m. Die prekären wirtschaftlichen Verhältnisse, die Folgen der Revolution und Hungerkatastrophen wie auch der zunehmende politische Druck haben diese Initiativen allerdings erschwert und schließlich zunichte gemacht.

13   Ein Teil der Neuangekommenen lebte in einem Containerdorf. Ein mit Mitteln aus der Bundesrepublik gefördertes Wohnungsbauprogramm kam nur allmählich voran, da die Einfamilienhäuser überdimensioniert konzipiert und bautechnisch aufwändig waren. Die OBS-Gruppe hatte in ihrem Gutachten auch Vorschläge gemacht, wie das Wohnungsbauprogramm schneller und besser hätte voran gebracht werden können.

bildungs- und Arbeitsplätzen. Die von der OBS entsandte Gruppe unterstützte die Forderung der Rayonverwaltung, für Neuankommende Unterstützungsmaßnahmen und Orientierungshilfen sowie Deutschkurse einzurichten. Man stellte fest, dass eine sozialarbeiterische Betreuung sowie speziell im Containerdorf eine präventive, integrative Gemeinwesenarbeit erforderlich war sowie eine gezielte Jugendarbeit angesichts der hohen und weiter zunehmenden Jugendarbeitslosigkeit und der Auflösung der vormals engen Familienbeziehungen.

Aus dieser Perspektive plante die OBS in einem Projektzentrum in Zusammenarbeit mit lokalen Partnerorganisationen eine modellhafte gemeinschaftsfördernde integrative Sozial- und Jugendarbeit aufzubauen. Die Maßnahmen sollten auf die bildungs- und berufsspezifischen Probleme der Jugendlichen ausgerichtet sein. Vorgesehen waren berufsorientierende und vorbereitende Maßnahmen. Schon bestehende Zentren der beruflichen Aus- und Fortbildung sollten durch die OBS unterstützt werden. Kurz- und Langzeitlehrgänge für Bürokaufleute, Bankkaufleute, Landmaschinen-Mechaniker, Installateure, Landwirte und im Bereich Nahrungsmittelverarbeitung sollten

Foto: OBS

aufgebaut werden. In Zusammenarbeit mit der Universität Omsk war zudem die Entwicklung und Etablierung eines Aufbaustudienganges »Sozialpädagogik« geplant. Außerdem wollte man den deutschsprachigen Unterricht u. a. durch die Aus- und Fortbildung von Deutschlehrerinnen und -lehrern fördern.

Das anspruchsvolle Vorhaben fand trotz erheblicher Bemühungen der OBS keinen Geldgeber. Daher konnten lediglich einzelne Bestandteile des umfangreichen Vorhabens umgesetzt werden. Doch wenn auch nur ein Teil realisiert werden konnte, bildete die Studie und die in ihr festgehaltenen Planungen die Grundlage für das weitere Engagement der OBS in der Arbeit für und mit ethnischen Minderheiten. Außerdem wurden einzelne Aspekte des Vorschlags der OBS-Gruppe von der russischen Seite in Gestalt der Verwaltung des Gebietes Omsk aufgegriffen. So förderte sie den Aufbau eines Studiengangs »Sozialpädagogik« an der Pädagogischen Universität Omsk, der mit Hilfe des Engagements der Universität Greifswald eingerichtet wurde und bis heute besteht[14]. Ebenso griff sie den Vorschlag einer Förderung der Jugendarbeit durch die Aufnahme eines intensiven Fachkräfteaustauschs auf. Teil dieses Austauschs war der Einsatz von jungen Sozialpäda-

---

14 Siehe hierzu die verschiedenen Publikationen von Franz Prüß, bis 2009 Professor für Sozialpädagogik an der Universität Greifswald , u. a. Prüß 2005; zusammen mit Irina A. Mawrina gibt Franz Prüß auch die russischsprachige Zeitschrift der Staatlichen Pädagogischen Universität Omsk für den Bereich Sozialarbeit mit dem Titel »Social'naja rabota v Sibirii« heraus.

goginnen und -pädagogen aus Deutschland in den Herkunftsgebieten der Aussiedler. Als Juniorexpertinnen und -experten vermittelten sie moderne Konzepte und Methoden der Jugendarbeit unter den Vorzeichen einer Demokratisierung der russischen Gesellschaft. Umgekehrt wurden Expertinnen und Experten aus den Herkunftsgebieten nach Deutschland eingeladen und mit aktuellen Formen der Förderung junger Menschen im Rahmen von Jugendarbeit vertraut gemacht. Breitenwirkung erreichte die Zusammenarbeit mit dem Gebiet Omsk in den Jahren 2009 und 2010 mit zwei von der OBS durchgeführten Partnerbörsen. In diesem Rahmen gewannen Jugendorganisationen aus dem Gebiet Omsk neue Partner für den Jugendaustausch auf deutscher Seite, und es wurden danach erstmals Austauschmaßnahmen mit Auszubildenden aufgenommen. Bei allen Maßnahmen im Rahmen dieses Fachkräfteaustauschs waren auf russischer Seite immer auch deutschstämmige Mitarbeitende beteiligt, während die OBS Aussiedlerinnen und Aussiedler in den Kreis der Juniorexpertinnen und -experten einbezog.

Die Zusammenarbeit mit der Administration der Stadt Omsk und der Staatlichen Pädagogischen Universität sowie zahlreichen weiteren Partnern aus dem Gebiet Omsk wurde unter dem Thema »Demokratisierung der Jugendarbeit« mit zahlreichen Austauschmaßnahmen von Fachkräften aus der Jugendarbeit und Juniorexperten bis 2012 fortgesetzt. Da jedoch die Nachfrage nach diesem Angebot rückläufig war, konzentrierte die OBS ab 2013 ihre Arbeit auf die Unterstützung der Jugend- und Verbandsarbeit der deutschen Minderheit in den mittel- und osteuropäischen Staaten.

Jugendsozialarbeit für die deutschen Minderheiten in Osteuropa

Nach der erfolgreichen Teilnahme an einer Ausschreibung des Bundesinnenministeriums erstellte die OBS 1998 Studien über die Situation der Jugendarbeit in den Organisationen der deutschen Minderheiten im Baltikum, in Weißrussland und in Polen, um dem Innenministerium eine Grundlage für die weitere Förderung der Jugendarbeit in diesen Ländern bieten zu können. Im darauffolgenden Jahr wurde die OBS vom BMI beauftragt, ein Konzept für die Entwicklung der Jugendarbeit der deutschen Minderheit in Polen zu entwickeln und umzusetzen. In Polen begann die Arbeit mit der Beratung des »Bundes der Jugend der deutschen Minderheit (BJDM)«; Fragen der Satzung und des Verbandsaufbaus wurden in Workshops und Besprechungen bearbeitet sowie Pläne für die Einrichtung einer Servicestelle für Jugendarbeit, die im folgenden Jahr auch umgesetzt wurden. In Opole (Oppeln, Oberschlesien) richtete die OBS im Jahr 2000 ein mit drei Mitarbeitenden besetztes Büro ein. Diese »Servicestelle für Jugendarbeit«, das spätere »JugendFORUMmłodych« und heutiger »Jugendpunkt« des BJDM, hilft Jugendlichen und Jugendgruppen, Fördermittel für Projekte der Jugendarbeit in den Bereichen berufliche Bildung, Freizeit, Sport und Kultur zu akquirieren und diese dann auch durchzuführen.

> »Als Auftaktveranstaltung zur Etablierung dieses neuen Jugendbüros wurde im Oktober 2000 in Wroclaw (Breslau) eine erste landesweite Jugendkonferenz veranstaltet«, an der »über hundert (…) [(Jugendliche] eine Fülle an Anregungen und Ideen für die zukünftige Ausrichtung der Jugendarbeit« (Sachlicher Bericht 2000, S. 121)

der Servicestelle einbrachten. 2003 konnten für das Oppelner Jugend-Büro zwei weitere Stellen geschaffen werden, deren Inhaber berufsorientierende und berufsbildende Maßnahmen entwickelten und anboten.

Die von dem Jugendforum und der OBS 2004 durchgeführte Konferenz »Ausbildung und Arbeitsmarkt in der Oppelner Region« machte den Bedarf einer Intensivierung der Vorbereitung Jugendlicher auf die Berufsfindung deutlich. Denn eine gezielte Berufsorientierung durch Schule oder Arbeitsverwaltung existierte in Polen nicht. Die auf der Konferenz vorgestellte, von der OBS für nach Deutschland zugewanderte Jugendliche entwickelte Broschüre »Berufswahl mit System« fand ein so großes Interesse, das sie umgehend ins Polnische übersetzt wurde und seitdem von Lehrkräften und Schülerinnen wie Schülern stark nachgefragt wird. Die hohe Jugendarbeitslosigkeit in Polen hatte auch einen hohen Bedarf an Qualifizierungsprogrammen hervorgerufen, dem nur wenige qualitativ hochwertige Angebote gegenüber standen. Daher schlug die OBS dem BMI und dem Verband der deutschen Minderheit in Polen vor, die Maßnahmen des Jugendforums, für die es auch außerhalb der deutschen Minderheit eine Nachfrage gab, ebenfalls als Auftragsmaßnahme für andere Nutzergruppen anzubieten, um die institutionellen Kosten des Oppelner Jugend-Büros partiell refinanzieren zu können. Ein entsprechender Träger in Form einer Gesellschaft polnischen Rechts, das *Europäische Bildungszentrum GmbH* (ECEO Europejskie Centrum Edukacyjne w Opolu SP.z.z.o) wurde 2005 gegründet und führt seitdem berufliche Orientierungs- und Qualifizierungsmaßnahmen durch. Zusammen mit der OBS engagiert sich das ECEO darüber hinaus in transnationalen Austauschprogrammen für Jugendliche, die über den Europäischen Sozialfonds gefördert werden, und es ist auch Partnerorganisation bei der Durchführung des Programms für Nachwuchskräfte der deutschen Minderheit – Young Potentials Academy (YOU.PA) [15].

---

15 Siehe: URL: http://www.eceo.pl (letzter Aufruf 14.12.2014) und URL: http://www.youpa.de (letzter Aufruf: 14.12.2014).

In den Jahren 2004 und 2005 nahm die OBS zusätzlich eine Mittlerfunktion zwischen dem BMI und dem 1998 gegründeten Haus der deutsch-polnischen Zusammenarbeit (HdpZ) in Gleiwitz wahr. Mit Mitteln des BMI wurde der Seminarbetrieb des Hauses unterstützt. Gemeinsam mit dem HdpZ konnten Fördermittel des Beauftragten der Bundesregierung für Kultur und Medien für ein Buchprojekt zur Geschichte Oberschlesiens akquiriert werden; ein Projekt konnte 2007 erfolgreich abgeschlossen werden konnte.[16]

Das BMI stellte 2005 die Förderung der deutschen Minderheit in Polen ein.[17] Das Engagement der OBS in der Jugend- und Sozialarbeit für die deutschen Minderheiten richtet sich nun auf Rumänien und Moldau sowie auf die Tschechische und Slowakische Republik und weiterhin auf Russland und Kasachstan. In den beiden zuletzt genannten Ländern ging es um Maßnahmen zur Verbesserung der Breitenarbeit im Bereich der Jugend, Jugendkultur und Jugendsozialarbeit, mit dem Ziel der Entwicklung bzw. Festigung von Bleibeperspektiven. In Perm, Tomsk, Ishevsk, Syktyvkar, Nishni-Novgorod, Marks und Engels veranstaltete die OBS zusammen mit russlanddeutschen Organisationen vor Ort zehn Berufsorientierungsmaßnahmen, an denen insgesamt 186 junge Russlanddeutsche teilnahmen. In anderen Projekten wurden Mitarbeiterinnen und Mitarbeitern von Begegnungsstätten der Russlanddeutschen Konzepte und Methoden sozialpädagogischer Arbeit vermittelt. Auf Grundlage eines von der Otto Benecke Stiftung entwickelten Curriculums wurden zwei vierwöchige Schulungen, eine bei Moskau, die andere in Omsk durchgeführt; an diesen Schulungen nahmen 35 Begegnungsstätten-Mitarbeiter aus ganz Russland und Kasachstan mit großem Gewinn teil. Daneben wurden junge Funktionärinnen und Funktionäre russlanddeutscher Jugendorganisationen mit den Möglichkeiten des Einsatzes von EDV in der Jugendarbeit bekannt gemacht.

Bis ins Jahr 2000 hat die Jugend- und Sozialarbeit für die deutschen Minderheiten und ihr Umfeld im Baltikum, in Weißrussland, in der Russischen Föderation, in Kasachstan, in Polen, in Ungarn und in der Tschechischen Republik einen immer stärkeren Umfang angenommen. Dabei kamen Fördermittel des Bundesinnenministeriums zum Einsatz, die zum Teil über das Bundesverwaltungsamt, zum Teil über die Gesellschaft für technische Zusammenarbeit (GTZ) zugewiesen wurden. Auch im Jahr 2000 organisierte und veranstaltete die OBS wieder eine Reihe von Berufsorientierungsmaßnahmen; in Russland und in

---

16 Zu weiteren Aktivitäten siehe Dom Współpracy Polsko-Niemieckiej / Haus der Deutsch-Polnischen Zusammenarbeit. URL: http://www.haus.pl (letzter Aufruf: 2.12.2014).

17 Das BMI förderte bis zum Jahr 2006 die deutsche Minderheit in Polen innerhalb der Förderfelder Gemeinschaftsfördernde Maßnahmen, Projekte zugunsten Jugendlicher, Wirtschaftshilfen für kleine und mittlere Unternehmen (insbesondere Darlehen), verbandsfördernde Maßnahmen, Projekte der Aus- und Fortbildung sowie humanitäre und medizinische Einzelfallhilfen in Fällen individueller Bedürftigkeit.

Kasachstan wurde eine Staffel von 10 Maßnahmen mit insgesamt 200 Teilnehmenden organisiert und in Ungarn ein weiteres Seminar zur beruflichen Orientierung, zur besseren Einschätzung der eigenen Fertigkeiten und Fähigkeiten sowie zur Information über die Anforderungsprofile verschiedener Berufsfelder. Die bei diesen Maßnahmen eingesetzten lokalen Assistentinnen und Assistenten wurden gleichzeitig so weitergebildet, dass sie in Zukunft selbständig eigene Seminare anbieten können. In drei Städten Westsibiriens wurden 80 Mitarbeiterinnen und Mitarbeiter aus allen Teilen Russlands in einem je einwöchigen Seminar sozialpädagogisch fundierte Handlungsanleitungen zur Weiterentwicklung ihrer eigenen Jugendarbeit vermittelt.

Im Auftrag der Gesellschaft für Technische Zusammenarbeit (GTZ) setzte die OBS die schon in den Vorjahren sehr erfolgreich verlaufenen Seminare und Schulungen zur Berufsorientierung auch 2001, 2002 und 2003 fort. Angeboten wurden auch Seminare zur Weiterentwicklung der Jugendarbeit und zur Entwicklung von Strategien zur Unterstützung von Bleibeperspektiven junger Russlanddeutscher in Russland (Sachlicher Bericht 2001, S. 113). Zur Sicherung der Nachhaltigkeit wurde die Dokumentation des Strategieseminars in Krasnojarsk ins Russische übersetzt und auch der staatlichen Administration zur Verfügung gestellt (Документация 2001). Vor dem Hintergrund der starken Zunahme von Krankheiten (wie Tuberkulose, Hepatitis, AIDS, Alkoholismus und die Sucht nach anderen Drogen) beauftragte die GTZ die OBS mit der Entwicklung von Maßnahmen zur Gesundheitserziehung für junge Russlanddeutsche in Russland (Sachlicher Bericht 2001, S. 114).[18] In den Jahren 2003 und 2004 wurde eine Internetfassung des Seminars zur Berufsorientierung in russischer Sprache entwickelt. Dieses Internetangebot enthält das Seminarprogramm, didaktische Hinweise, Materialien, eine Möglichkeit zur Internetbetreuung bzw. zum Online-Coaching. Die Internetfassung des Berufsorientierungsseminars wurde auf der Webseite des Deutsch-Russischen Hauses in Moskau veröffentlicht[19], so dass dieses Seminar sehr kostengünstig einem sehr viel weiteren Kreis von Interessenten angeboten werden konnte. Diese Form des Lehrens und Lernens förderte auch die Motivation zur weiteren Auseinandersetzung mit den Möglichkeiten der neuen Kommunikationstechniken. Das Engagement der OBS in diesem regionalen Einsatzfeld endete mit diesem Angebot, das die Fort- und Weiterbildungsreihe für Multiplikatoren der Jugendarbeit abrundete und ihre Ergebnisse nachhaltig verfügbar gemacht hat.

Das »Virtuelle Seminarzentrum« auf der Webseite des Deutschen Hauses Moskau, das »Musterseminare« für die Jugendarbeit und eine Vielzahl prak-

---

18 Siehe auch die Informationen auf der Webseite der GIZ (früher GTZ). URL: http://www.giz.de/fachexpertise/html/4754.html (letzter Aufruf: 2.12.2014).

19 Siehe die dreisprachige Webseite: URL: http://www.drh-moskau.ru/ (letzter Aufruf: 14.12.2014).

tischer Anregungen für Jugendgruppen der deutschen Minderheit bietet, wird weiter entwickelt.[20]

Seit Mai 2002 ist die OBS auch als Mittlerorganisation des Bundesinnenministeriums für die Förderung der Jugendarbeit in Rumänien zuständig. Zu Beginn wurde eine Bestandsaufnahme der bisherigen Arbeit durchgeführt; anschließend wurden mit den fünf regionalen Jugendverbänden der deutschen Minderheit Vereinbarungen über die künftige Zusammenarbeit getroffen. Auf Vorschlag der OBS konnte der Dachverband der Jugendverbände, die »Arbeitsgemeinschaft Deutscher Jugendorganisationen in Rumänien e.V.« (ADJ)[21] einen hauptamtlichen Geschäftsführer einstellen, der durch die OBS in seine Aufgaben eingeführt wurde. Auf dieser Basis und begleitet von regelmäßigen gemeinsamen Workshops konnte sich die Arbeit der ADJ schrittweise weiterentwickeln. Heute gehören landesweite Jugendkonferenzen ebenso zum Angebotsspektrum wie internationale Jugendprogramme.

Ein weiteres Arbeitsgebiet bzw. Land kam 2003 hinzu, als das Bundesministerium des Innern die OBS mit der Entwicklung von Vorschlägen für die Jugendarbeit in der Republik Moldau beauftragte. Im Mai 2003 prüfte die OBS in einem ersten Schritt vor Ort den aktuellen Stand der Jugendarbeit und die Möglichkeiten der Weiterentwicklung und legte die Ergebnisse in einem Gutachten dem BMI vor. In einem Workshop mit Vertretern der »Deutschen Gesellschaften in der Republik Moldau« wurden anschließend Vorschläge für die zukünftige Planung entwickelt, und dem BMI vorgelegt. 2004 wurde der OBS über die Jugendarbeit hinaus auch die Zuständigkeit für die Gesamtförderung der sieben in der Republik Moldau geförderten Deutschen Gesellschaften übertragen (Sachlicher Bericht 2004, S. 104). Seitdem werden verschiedene Maßnahmen in den Bereichen Jugend- und Seniorenfreizeiten, Schulungen, Seminare und Exkursionen unterstützt. Außerdem konnten 2004 mit Mitteln aus dem Stabilitätspakt für Südosteuropa gemeinsam mit der Partnerorganisation »European Youth Exchange Moldova« Maßnahmen zur Stärkung der Partizipation jugendlicher Angehöriger ethnischer Minderheiten in der Republik Moldau durchgeführt werden, in die neben der deutschen auch die gagausische und die bulgarische Minderheiten einbezogen wurden. Durchgeführt wurde diese Initiative in Form von mehreren Workshops, in denen junge Angehörige der ethnischen Minderheiten zu Multiplikatoren für die Jugendarbeit ausgebildet wurden (ebd., S. 107).

Auch in der Tschechischen und in der Slowakischen Republik werden seit November 2001 regelmäßig Planungsseminare für Jugendvertreter der deutschen

---

20   Siehe auch »Virtuelles Seminarzentrum« (russ.) auf der Webseite der OBS. URL: http://www.obs-ev.de/projekte/virtuelles-seminarzentrum-russ/ (letzter Aufruf: 2.12.2014).

21   Zu den Kontakten und zur Zusammenarbeit mit Migrantenorganisationen in Deutschland siehe die Übersicht in: Beauftragte der Bundesregierung 2011.

Minderheit veranstaltet. Ziel dieser Seminare ist es, Möglichkeiten und Aufgaben für die Weiterentwicklung der Verbandsarbeit zu ermitteln und abzusprechen. In dieser Perspektive sind Themen wie Öffentlichkeitsarbeit, Organisationsentwicklung und insbesondere Coaching der Regionalgruppen sowie die Intensivierung der Mitgliederwerbung wichtige Themen, die in diesen Seminaren bearbeitet werden.

Internationale Seminare »Miteinander«

Ein anderes, Angebot in der Arbeit mit Minderheiten sind die Ende der 1999er Jahre eingeführten internationalen Seminare, die die OBS von 1999 bis 2005 im Auftrag des BMI als die internationale Seminarreihe »Miteinander« durchgeführt hat. Gegenstand und Ziel war die Förderung des Austauschs zwischen Vertreterinnen und Vertretern der Vereinigungen und Zusammenschlüsse von jugendlichen Angehörigen deutscher Minderheiten aus den Ländern Zentralasiens, Mittel-, Ost- und Südosteuropas. Neben dem Austausch- und Vernetzungsgedanken stand ein weiteres Ziel im Mittelpunkt: Mit der Übertragung der Gastgeberrolle auf den jeweiligen nationalen Jugendverband sollten dessen organisatorische Kompetenz sowie dessen Position innerhalb der nationalen Jugendarbeit gestärkt werden. Die Ausrichtung eines internationalen Seminars war mit einer Fülle organisatorischer, logistischer und inhaltlicher Anforderungen verbunden. Eine Tagungsstätte mit Unterkunftsmöglichkeiten musste angemietet, Einreise- und Aufenthaltsbestimmungen für Ausländer mussten beachtet, Transfermöglichkeiten vom und zum Flughafen gesichert und ein Programm unter Beteiligung der örtlichen Prominenz auf die Beine gestellt werden. Das alles konnte nur in engem Kontakt mit der OBS gelingen, die für die Gastgeber umfangreiches und detailliertes Informationsmaterial mit entsprechenden Checklisten entwickelt hatte und die Vorbereitungsarbeiten auch selbst vor Ort begleitete. Hierzu im Folgenden einige wenige Beispiele:

1999 veranstaltete die OBS das Seminar »Miteinander« in Polen, in Kooperation mit dem dortigen Bund der Jugend der deutschen Minderheit als Gastgeber. An dem Seminar nahmen 43 junge Menschen aus 17 Ländern teil. Neben Jugendlichen aus dem östlichen Europa beteiligten sich auch Angehörige deutscher Jugendorganisationen aus Dänemark, Südtirol, der deutschsprachigen Gemeinschaft in Belgien und der sorbischen Minderheit in Deutschland. Das Treffen diente neben dem gegenseitigen Kennenlernen und dem Gedankenaustausch auch der Vermittlung neuer Modelle der Jugendarbeit.

Das zweite Seminar fand im September 2000 in Arad (Rumänien) statt: Kooperationspartner der OBS war diesmal der regionale Jugendverband BANAT-JA. An diesem »Miteinander«

> »nahmen rund 50 Vertreter von Jugendorganisationen aus 18 verschiedenen Staaten teil. Neben dem Erfahrungsaustausch bildete [auch diesmal] die Fortbildung der

Jugendvertreter den Schwerpunkt des Seminars. Die OBS konnte mit sehr guter Resonanz das Thema ›Berufsorientierung Jugendlicher‹ präsentieren« (Sachlicher Bericht 2000, S. 124).

Im Anschluss erhielt die OBS eine Reihe von Anfragen aus verschiedenen Ländern mit der Bitte, dieses Thema auch bei ihnen anzubieten und entsprechende Orientierungsveranstaltungen durchzuführen.

Infolge der Terroranschläge vom 9. September in den USA musste das für den September 2011 vorgesehene Jugendseminar »Miteinander«, das in Almaty (Kasachstan) mit dem Verband der Deutschen Jugend in Kasachstan (VDJK) durchgeführt werden sollte, auf Mai 2002 verschoben werden. 57 Jugendliche aus 20 Ländern trafen sich im Frühjahr 2002 in Almaty und arbeiteten gemeinsam zu Fragen der Gesundheitsvorsorge bzw. -erziehung, zur Berufsorientierung sowie zur politischen Rolle von Jugendverbänden. Dass mit diesen Themen zum Teil Neuland der Jugendarbeit betreten wurde, lässt sich den Aussagen der Beteiligten entnehmen. So fassten Igor Wichrow, 24-jähriger Kinderarzt aus Taschkent, und Oksana Tsymnal, 28-jährige Deutschlehrerin aus Pavlodar, die Ergebnisse dieser Veranstaltung wie folgt zusammen:

Igor: »*Die Inhalte und das Seminar überhaupt haben meine Erwartungen übertroffen, ich erwartete nicht so viele Ergebnisse. Neue Inhalte, neue Methoden, insbesondere die Arbeitsgruppen Berufsorientierung und Gesundheitserziehung waren für mich sehr interessant. Alle Erkenntnisse werde ich sofort weitergeben. Die Jugend in unserem Land hat keinerlei Möglichkeiten der Berufsorientierung – es gibt nur psychologische Beratung. Wir brauchen mehr Information, mehr Auswahl. Die Seminarergebnisse kann ich so gut verwerten, dass ich schon abends im Hotel damit begonnen habe, ein Projekt zu schreiben, wie ich eine Berufsorientierungsmaßnahme in meinem Land durchführe. Ich habe bereits mit unserer Vorsitzenden telefoniert und abgesprochen, dass diese Maßnahme im September in Buchara stattfinden wird.*«

Oksana meinte: »*Viele unserer Kinder kennen durch die Omas ein Nachtgebet in deutscher Sprache – das reicht nicht aus, um sich mit der deutschen Kultur beschäftigen zu können. Neben dem Sprachunterricht gestaltet unsere sehr aktive deutsche Minderheit eigene Radiosendungen und ein Infoblatt. Daher ist auch dieses Seminar so wichtig für uns. Wir lernen hier neue Perspektiven, Problemlösungen und Strategien kennen, die uns bei der Arbeit vor Ort helfen werden. In den Arbeitsgruppen wurde mir bewußt, dass Politik für mich immer ein bisschen weit weg war, auch die Jugendlichen interessieren sich wenig für Politik. Ich habe jetzt gelernt, dass wir den Deutschen, die in Deutschland leben, mit unserer Geschichte und Kultur auch etwas zeigen können.*« (*OBS inForm Spezial 2002, S. 6; siehe auch OBS 2002*)

Miteinander 2002

BMI-Seminar zur praktischen Jugendarbeit für Mitglieder der Jugendverbände deutscher Minderheiten

Aktuelle grenzüberschreitende Jugendarbeit mit Bezug zur deutschen Minderheit präsentierte das vom Bundesministerium des Innern geförderte Seminar „Miteinander" in diesem Jahr an einem Handelsschwerpunkt der historischen Seidenstraße, in Almaty/Kasachstan.

Ein bunter Markt der Möglichkeiten stellte die Ergebnisse der Workshops, der Diskussionen und des Plenums vor. Im Mittelpunkt des Seminars, das 45 Jugendvertreter 15 verschiedener Länder zusammenführte, standen Fragen der Möglichkeit politischer Einflussnahme. Einigkeit bestand darin, dass Jugendliche von Politikern erwarten, dass mit ihnen und nicht über sie gesprochen wird.

Nicht minder wichtige Themen, die in Workshops vertieft wurden, waren Inhalte und Methoden der Berufsorientierung und der Gesundheitsprävention sowie der spielpädagogischen Gestaltung von Gruppenveranstaltungen.

Berichte über die Arbeit der Jugendgruppen in den einzelnen Ländern fanden lebhaftes Interesse – der Erfahrungsaustausch stellte auch diesmal wieder einen wichtigen Teil des jährlich stattfindenden Seminars dar. Erstaunliche Aktivitäten und Projekte wurden vorgestellt: Die Mitglieder der Jugendverbände engagieren sind nicht nur in der Vermittlung der deutschen Sprache und Kultur; durch Berufsorientierungsmaßnahmen, Computerkurse und Jobbörsen zeigen sie Jugendlichen Perspektiven auf.

Fortbildung und Erfahrungsaustausch: Am Seminar „Miteinander" 2002 nahmen 45 Jugendvertreter der Verbände der deutschen Minderheiten aus 15 Ländern teil

Vertreter der Regierung Kasachstans, der Stadt Almaty, der deutschen Botschaft, der Friedrich-Ebert-Stiftung und der Vollversammlung aller Völker Kasachstans (Vertreter der uigurischen, der koreanischen, der griechischen und der tadschikischen Minderheit) begleiteten die Veranstaltung, die vom „Verband der Deutschen Jugend in Kasachstan (VDJK)" vor Ort hervorragend organisiert war.

„Mir kam es vor, als wäre die Seminarwoche nur eine Sekunde lang gewesen!" meint Inna Kremer aus Kaunas/Litauen beim Abschiedsabend im Deutschen Haus.

Eine ausführliche Tagungsdokumentation wird in Kürze erscheinen und im Internet abrufbar sein.

Zu Gast im Workshop: Alexander Dederer, Vorsitzender der Assoziation der gesellschaftlichen Vereinigungen der Deutschen in Kasachstan „Wiedergeburt"

Quelle: OBS inForm 2002, S. 1

2003 fand das jährliche Treffen »Miteinander« in Tschechien, und im Jahr 2004 in der Ukraine statt; den Abschluss der Seminarreihe »Miteinander« mit Vertreterinnen und Vertretern aus 20 Ländern bildete die Konferenz im Oktober 2005 in Lübeck.

Einsatz von Juniorexpertinnen und -experten

Zu Beginn ihres Engagements in den Nachfolgestaaten der Sowjetunion entsandte die OBS in den Jahren 1999 und 2000 neun sogenannte Juniorexpertinnen und -experten nach Russland und nach Kasachstan (Sachlicher Bericht 1999, S. 130; Sachlicher Bericht 2000, S. 123). Auch in den folgenden Jahren waren immer wieder Juniorexpertinnen und -experten in Russland und Kasachstan z. B. als Assistentinnen bzw. Assistenten oder Multiplikatorinnen bzw. Multiplikatoren bei Schulungen, bei Austauschprojekten usw. im Einsatz. Juniorexperten sind fortgeschrittene Studierende oder Akademiker kurz nach ihrem Abschlussexamen, die bereits praktische Erfahrungen in der Jugendarbeit gesammelt haben und bereit sind, ihre Fähigkeiten, ihr Wissen und ihr Können in Handlungsfeldern der Jugendarbeit im Ausland einzusetzen. Sie unterstützten die Partner der OBS vor Ort beim Aufbau adäquater Formen moderner und demokratisch orientierter Jugendarbeit. Die Einsätze der Juniorexpertinnen und -experten dauerten einen Monat oder auch mehrere Monate. Die OBS übernahm die Reisekosten und zahlte den Juniorexperten ein Taschengeld; die Partnerorganisationen im östlichen Europa stellten Unterkunft und Verpflegung. So war es möglich, für Maßnahmen der Jugendarbeit, für die in der Regel nur beschränkt Mittel zur Verfügung stehen, finanzierbare Fachkräfte zur Verfügung zu haben. Die Juniorexperten profitierten von ihren Einsätzen dadurch, dass sie ihr theoretisches Wissen und Können praktisch erproben, neue Erfahrungen sammeln, viele neue Menschen kennen lernen und ein Projekt weitgehend selbständig durchführen konnten (OBS/Fachkräfteaustausch). Durch den »Junior Expert Service« der OBS konnten viele Anfragen mittel- und osteuropäischer Institutionen und Organisationen nach geeigneter Expertise in sozialpädagogischen Bereichen positiv beschieden werden (Lemper/Hiesserich 2001, S. 39f).

In Russland und Kasachstan unterstützten die Juniorexpertinnen und -experten z. B. die entsprechenden in der Jugendarbeit tätigen Partnerorganisationen der OBS vor allem in deren Begegnungsstätten. Mit großem Erfolg bei Maßnahmen arbeiteten sie in den Bereichen Suchtprävention und Gewaltprävention (Stiftung Deutsch-Russischer Jugendaustausch 2009). Sowohl in Russland und Kasachstan wie auch in Deutschland erwiesen sich der Austausch und die Kooperation zwischen Fachkräften der Jugend- und Sozialarbeit als wichtige Bausteine für die Entwicklung neuer Konzepte, mit denen auf neue Probleme der Jugendarbeit reagiert werden konnte. Mit dem »Junior Expert-Service«

> »Unsere Pädagogen haben gelernt, ihre Arbeit mit den Augen des Juniorexperten aus Deutschland zu sehen. So ist ein neues und kritisches Selbstverständnis entstanden, das uns hilft, für uns neue Probleme konstruktiv zu lösen.«
> (Leiter des Jugendamtes der Stadt Omsk, Westsibirien).
>
> ....
> »Mein einmonatiger Aufenthalt in Deutschland hat mir viele neue Erkenntnisse gebracht. In Estland werde ich folgende Botschaft verbreiten: Jede Meinung ist wichtig, niemand soll sich minderwertig fühlen, alle müssen bereit sein, Verantwortung zu übernehmen. Jeder kann etwas für Demokratie tun, nicht nur die Regierung.«
> (Praktikant aus Ida-Viruma, Estland).

Quelle: Projekt Fachkräfteaustausch, URL: http://obs-ev.de/serviceseiten/ (letzter Aufruf: 14.01.2015)

Internationale Jugendarbeit
Wissen weitergeben, Erfahrungen fürs Leben sammeln –
Einsatz als Juniorexperte/Juniorexpertin der OBS in Russland, GUS, MOE – und Transformstaaten

Im Rahmen der internationalen Jugendarbeit des Bundesministeriums für Familie und Senioren, Frauen und Jugend führt die Otto Benecke Stiftung e.V. Bonn Programme zu verschiedenen Fragestellungen und mit unterschiedlichen Zielsetzungen durch.
Wichtiges Element aller Programme ist der Austausch von Juniorexperten.
Dabei arbeiten junge Fachkräfte kurz vor oder nach dem Ende ihres Studiums der Sozialpädagogik oder anderer relevanter Studienfächer, Doktoranden sowie Praktiker als Juniorexperten auf ehrenamtlicher Basis jeweils einen Monat oder länger in ausgewählten Einrichtungen der Jugendarbeit, freien, kommunalen und staatlichen Strukturen der Jugendarbeit oder in Jugendorganisationen der Partnerländer mit.
Die Partner sind vor allem interessiert an neuen sozialpädagogischen Ideen, Methoden und Konzeptionen, die Selbständigkeit und Kreativität, eigene Initiative, gesellschaftliches Engagement und demokratisches Bewusstsein Jugendlicher fördern. Für die Juniorexperten ergibt sich die Möglichkeit, völlig neue Erfahrungsbereiche zu erschließen und als Multiplikatoren ihre Kenntnisse, Fähigkeiten und Erfahrungen weiter zu vermitteln. Außerdem bietet sich die Möglichkeit, maßgeblich mittelfristige Projekte mit zu gestalten.
Mit folgenden Ländern führt die OBS e.V. Programme durch: Palästina, Polen, Tschechien, Ungarn, Baltische Staaten, Ukraine, Weißrussland, Russische Föderation, Kasachstan und der Mongolei.

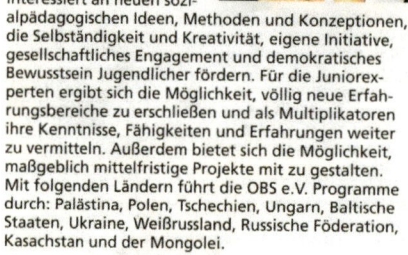

Aufgabenbereiche der Juniorexpertinnen und -experten sind:
1. Mitarbeit bei der inhaltlichen, methodischen und organisatorischen Planung der Arbeit der jeweiligen Einrichtung, Organisation oder Institution
2. Initiierung und Durchführung von Modellmaßnahmen zu Fragestellungen der Jugendarbeit vor Ort
3. Instruktion und Fortbildung von Multiplikatoren
4. Mitwirkung bei der Reflexion der Arbeit der jeweiligen Einrichtung
5. Beratung zur Entwicklung von Strukturen, Einrichtungen und Organisationen

Die Anforderungen sind:
1. praktische Erfahrungen in der Jugendarbeit
2. konzeptionelle und kommunikative Fähigkeiten
3. Fähigkeit zu selbstständigem Handeln
4. Teamfähigkeit und Belastbarkeit
5. Erwünscht und von Vorteil sind Kenntnisse der jeweiligen Landessprachen.

Die Einsätze dauern je nach Programm und Absprache ein bis vier Monate und sollen ab März bis November 2003 durchgeführt werden. Nach Abschluss des Einsatzes soll von den Juniorexperten ein Bericht erstellt werden. Die Otto Benecke Stiftung e.V. übernimmt die Reisekosten. Die Partner stellen Unterkunft und Verpflegung.

Interessenten wenden sich bitte schriftlich an
Otto Benecke Stiftung e.V.
Referat II
Kennedyallee 105 - 107
53175 Bonn
Tel. 0228 – 8163 - 208
Fax 0228 – 8163 - 300
e-mail: peter.rummel@obs-ev.de

Quelle: OBS inForm 2003, S. 8

hatte die OBS ein ›Instrument‹ entwickelt, mit dem es ihr gelungen ist, einen wichtigen Beitrag sowohl für den Fachkräfteaustausch wie zur Weiterbildung junger Sozialpädagoginnen und -pädagogen zu leisten.

Förderung von jungen Aktiven in der Jugendarbeit der deutschen Minderheit – Eliteförderung

Young Volunteer Academy

Ein weiteres sehr erfolgreiches Programm, das die OBS gemeinsam mit dem unter ihrer Beteiligung in Polen entstandenen JugendFORUMmłodych angeregt hat, um begabten, ideenreichen und in der ehrenamtlichen Arbeit engagierten Jugendlichen der deutschen Minderheit in Polen neuartige Entwicklungschancen zu öffnen, war das Programm »Young Volunteer Academy« (YOU.VA), das von 2002 bis 2005 umgesetzt worden ist. YOU.VA eröffnete den Teilnehmenden die Möglichkeit, sich zu professionellen Projektkoordinatoren auszubilden. Ziel der von YOU.VA angebotenen Schulung war es, die Teilnehmenden dazu zu befähigen, in Zukunft die Verantwortung für ihre Minderheitenorganisation und ihre lokale Umgebung zu übernehmen sowie Projekte auf lokaler, als auch auf Landes- und internationaler Ebene zu planen, dafür Mittel zu beschaffen, sie erfolgreich durchzuführen und schließlich regelkonform abzurechnen. Die Jugendlichen schlossen mit den Veranstaltern jeweils einen Einjahresvertrag, in dem die Rechte und Verpflichtungen des Teilnehmers festgehalten waren. Nach Ablauf des Jahres konnte der Vertrag im gegenseitigen Einvernehmen bis zu insgesamt drei Jahren verlängert werden.

Das Programm basierte auf dem Prinzip »learning by doing«. In diesem Fall hieß dies, dass diejenigen, die im Rahmen dieses Programms an der Organisation und Durchführung eines eigenen Projekts der Jugendarbeit teilnahmen, sich theoretische Kenntnisse und praktische Fähigkeiten und Erfahrungen aneignen konnten, um sie anschließend in weiteren Projekten nutzen zu können. Zugleich sollten sie befähigt werden, als Multiplikatoren ihr Wissen an andere Jugendliche weiterzugeben. 2002 wurden acht Jugendliche in das Programm aufgenommen; sie verpflichteten sich zu einer mindestens dreijährigen ehrenamtlichen Tätigkeit in der Jugendarbeit. Im Gegenzug dazu erhielten sie ein »Bonuskonto«. Mit den dort angesammelten Gutscheinpunkten konnten sie sich individuelle Fördermaßnahmen, wie Sprachkurse, Seminare, Praktika usw., finanzieren lassen. Dank der Mitwirkung prominenter Politiker konnten die Teilnehmenden Kontakt- und Informationstermine mit verschiedenen hochrangigen Politikern und Persönlichkeiten wahrnehmen, so z. B. mit dem damaligen Bundespräsidenten

Johannes Rau und den ehemaligen Kanzlern Gerhard Schröder und Helmut Kohl sowie dem damaligen polnischen Ministerpräsidenten Leszek Miller. Insgesamt haben drei Durchgänge des Programms stattgefunden, die von insgesamt 31 Teilnehmerinnen und Teilnehmern absolviert wurden. Das Programm erwies sich als ein voller Erfolg. So konnten die Organisatoren nach vier Jahren mit Genugtuung feststellen:

»Alle Akademieangehörigen engagieren sich heute in ihrem regionalen Umfeld in sozialen Projekten, die sie zum Teil selbst initiiert haben und verantwortlich leiten. Den Jugendlichen ist es gelungen, durch die jeweilige entsprechende Förderung im Sinne der Grundidee des Programms die vorhandenen persönlichen Fähigkeiten stark zu entwickeln und entsprechende Beiträge und Impulse für die Minderheit und im Zusammenleben mit der polnischen Mehrheitsbevölkerung zu leisten.« (Deutsche Bildungsgesellschaft/Jugendforummłodych, Opole o.D., S. 5).

Mit der Beendigung der BMI-Förderung für die deutsche Minderheit in Polen endete auch dieses Angebot. Allerdings – und das spricht für den Erfolg – war es Auslöser für spätere Programme der OBS im Bereich der Nachwuchsförderung.

Young Potentials Academy – YOU.PA

»Das Qualifizierungsprogramm YOU.PA der Otto Benecke Stiftung e.V. bietet jungen Menschen, die sich für Minderheitenfragen engagieren, persönliche Chancen und berufliche Perspektiven. »Es soll helfen, die Arbeit der Organisationen der deutschen Minderheiten in mittel- und osteuropäischen Ländern zu stärken« und zur Förderung der Mitwirkung deutscher Minderheiten am Integrationsprozess mittel- und osteuropäischer Länder beitragen, heißt es auf der entsprechenden Webseite des Programms.[22] Ziel ist es, Führungsnachwuchs aus dem Kreis der deutschen Minderheiten heranzubilden und gleichzeitig die minderheitenbezogene Jugend-, Sozial-, und außerschulische Bildungsarbeit zu intensivieren. Das Programm wird in Kooperation mit einem Bildungsanbieter (Fa. Transfer GmbH, Hürth) und einem polnischen Bildungsträger (ECEO, Oppeln) durchgeführt.

Eingerichtet wurde dieses Qualifizierungsprogramm für junge Bildungseliten auf Vorschlag der OBS; seit 2007 wird es vom Bundesministerium des Innern im Rahmen der Förderung der deutschen Minderheiten unterstützt. Dass das Ministerium dem Programm von Beginn an große Bedeutung beigemessen hat, zeigt sich auch darin, dass beim ersten Auswahl- und Aufnahmeseminar vom 12. bis 14. Oktober 2007 in Polen der Beauftragte der Bundesregierung für

---

22   URL: http://www.youpa.de/drupal/?q=node/1 (letzter Aufruf 02.12.2014).

Aussiedlerfragen, der Parlamentarische Staatssekretär Dr. Christoph Bergner, persönlich anwesend war.

Angeboten wird seitdem ein zweijähriges Bildungsprogramm bestehend aus drei Modulen, die über eine Internet-Lernplattform in Kombination mit Präsenzseminaren angeboten werden. Begleitet wird das Programm durch ein kontinuierliches Coaching durch erfahrene Trainer. Die erste Stufe des Programms schließt mit dem Diplom »Jugendmanager« ab. Darauf folgen das Studienmodul und der Abschluss als »Dozent«. Der gesamte Bildungsgang führt in der dritten Stufe zum »Bildungsmanager«. Die Studienmodule sollen den erfolgreichen Absolventinnen und Absolventen die Möglichkeit einer neben- oder hauptberuflichen (selbständigen) Tätigkeit im Bildungssektor – nicht nur in den Einrichtungen deutscher Minderheiten – in ihren Herkunftsländern eröffnen. Als Gegenleistung verpflichten sich die Teilnehmer gegenüber der OBS vertraglich, minderheitenbezogene Maßnahmen im Jugend-, Sozial- und/oder außerschulischen Bildungsbereich in ihrem jeweiligen Land durchzuführen. Auf diese Weise soll eine Vielzahl junger Angehöriger der deutschen Minderheiten in den Ländern Mittel-, Ost- und Südosteuropas direkt und indirekt vom Programm YOU.PA Nutzen ziehen.

Inzwischen sind drei Staffeln mit den drei oben beschriebenen Modulen sehr erfolgreich durchgeführt worden. Die von den Teilnehmenden erzielten Ergebnisse sind weit über Erwarten gut. Mit dem Programm YOU.PA ist es gelungen, eine Bildungselite einzubeziehen und für die Mitarbeit in der minderheitenbezogenen Jugend- und Sozialarbeit zu gewinnen, die bis dahin vom traditionellen Angebot der Minderheiten kaum erreicht wurde. Der überwiegende Teil der Teilnehmerinnen und Teilnehmer engagiert sich auch nach dem Abschluss der Bildungsgänge ehrenamtlich in den Minderheiten-Organisationen, recht viele sogar in führenden Positionen, z. B. als Geschäftsführer, Vorsitzende oder Vizevorsitzende. Zurzeit läuft die vierte Staffel von YOU.PA. Ab 2015 soll dieses Angebot auch Jugendlichen der deutschen Minderheit im Baltikum und in der Republik Moldau angeboten werden.

Studienreisen in die Herkunftsgebiete russlanddeutscher Aussiedler

Seit 1997 organisiert die OBS Studienreisen in die Russische Föderation und nach Kasachstan für Mitarbeiterinnen und Mitarbeiter verschiedener Institutionen und Organisationen, die sich mit der Integration von Aussiedlern befassen. Ziel ist es, ihnen einen direkten Eindruck von den Lebensverhältnissen in den Herkunftsgebieten der Aussiedler zu verschaffen.[23] Die Teilnehmerinnen und

---

23   Die Reiseteilnehmerinnen und -teilnehmer waren als Gäste bei russlanddeutschen

Teilnehmer an diesen Studienreisen hatten Gelegenheit, verschiedene Bildungs- und Sozialeinrichtungen kennenzulernen. Zwischen einzelnen Teilnehmenden bzw. den Organisationen, bei denen sie beschäftigt waren, und den gastgebenden Institutionen in Russland und in Kasachstan haben sich infolge der Reisen eigenständige Austauschaktivitäten entwickelt.

1998 wurden drei Reisen durchgeführt: die erste nach Barnaul und Halbstadt im Altaj-Gebiet, die zweite nach Omsk und in den Deutschen Nationalen Rayon Asowo und die dritte nach Almaty, Kasachstan. Aufgrund des Erfolgs wurden 1999 wiederum zwei Reisen angeboten. Die eine Reise führte nach Koktschetau in Kasachstan, die andere wiederum in den Deutschen Nationalen Rayon Asowo im Oblast Omsk in Westsibirien. Auch 2001 führte die OBS wiederum zwei Studienreisen durch, eine nach Westsibirien und die andere nach

Ziele der Studienreisen 2003: Omsk/Russland und Almaty/Kasachstan

Studienreise	Studienreise	Studienreise
Die Lebenswelten junger Russlanddeutscher im Herkunftsland zu erkunden und Hintergrundwissen für einen adäquaten Umgang mit Gewalt- und Drogenphänomenen unter Aussiedlern zu erwerben – das sind die Ziele der Studienreise nach Omsk. Die Studienreise ist ein Angebot für Mitarbeiterinnen und Mitarbeiter von Einrichtungen, Institutionen und Organisationen, die mit russlanddeutschen Jugendlichen arbeiten und sich mit diesen Problemen konfrontiert sehen. Unvergessliche Eindrücke vom Leben der Deutschen in Zentralasien vermittelt die Reise nach Almaty, Kasachstan.	**Herkunftsland Russland – Lebenswelten junger Russlanddeutscher** **Omsk: 14.09.–21.09.2003** **Zu Gast bei Deutschen in Kasachstan** **Almaty: 14.09.–21.09.2003**	Diese Reise wird als Fortbildungsmaßnahme im Rahmen von Bildungsurlaub angeboten und richtet sich an Mitarbeiterinnen und Mitarbeiter von Organisationen und Institutionen, die im Bereich der Integration von Aussiedlern tätig sind. Die Teilnehmer erwerben Hintergrundwissen und Erfahrungen, die das Verständnis für die Probleme vor allem junger Aussiedler fördern und die weitere Entwicklung der Eingliederungspraxis unterstützen.

Quelle: OBS inForm 4. Jg. Nr.11, S. 8 »Ziele der Studienreisen«

Kasachstan, diesmal thematisch auf (Drogen-) Delinquenz und Drogenprävention ausgerichtet. Darüber hinaus wurde für Bundestagsabgeordnete eine Informationsreise nach Russland und nach Kasachstan organisiert. Auch in 2002 und 2003 waren Russland und Kasachstan Ziel von Studienreisen und 2004 wurde darüber hinaus noch eine weitere Reise nach Usbekistan angeboten.

2006 organisierte die OBS für das Niedersächsische Innenministerium eine Studienreise nach Kasachstan, an der auch der Innenminister teilnahm. Die Teilnehmerinnen und Teilnehmer informierten sich über die Lebenssituationen der noch in Kasachstan verbliebenen Deutschen und über Möglichkeiten die deutsche Sprache mit e-learning-Methoden zu lehren und lernen. Auch die zweite in 2006 durchgeführte Reise richtete sich an einen besonderen Teilnehmerkreis – an Mitarbeiterinnen und Mitarbeiter aus dem Jugendstrafvollzug, die dank der auf der Reise erworbenen Erkenntnisse über den soziokulturellen Hin-

---

Familien untergebracht und konnten so unmittelbare Eindrücke aus dem Alltag in Russland und Kasachstan gewinnen.

tergrund der in Deutschland delinquent gewordenen jungen Menschen nun mehr Verständnis für diese aufbringen und die Straf- und Reintegrationsmaßnahmen verbessern konnten.

Im November 2008 führte eine Informationsreise elf Fachkräfte und Multiplikatoren in der Jugendhilfe aus Deutschland nach Omsk in Westsibirien, wo die OBS aufgrund ihres langjährigen Engagements in diesem Gebiet sowie über ihren Partner, der Omsker Staatlichen Pädagogischen Universität, vielfältige Kontakte zu allen Ebenen der Jugendarbeit besitzt. Das Programm umfasste eine Reihe von Begegnungen mit Institutionen und Einrichtungen in der Stadt Omsk, die an einem Austausch mit Jugendorganisationen in Deutschland interessiert waren (vgl. Informationsreise nach Omsk 2008).

Mit dem deutlichen Rückgang der Aussiedlerzahlen ging auch das Interesse an diesen Studienreisen in die Herkunftsgebiete zurück, so dass die OBS diese Aktivität eingestellt hat, was nicht bedeutet, dass sie überflüssig wären, denn für eine gelingende Integrationsarbeit sind stets auch Kenntnisse über die Herkunftsregionen relevant. Denn selbst wenn die Familien schon lange in der Bundesrepublik leben, so bleibt die Herkunft ein Bezugspunkt, der für die Aussiedlerinnen und Aussiedler explizit wie implizit eine Rolle spielt. Nicht von ungefähr haben die Reiseteilnehmer immer wieder zum Ausdruck gebracht, dass die während dieser Reisen gewonnenen direkten Einblicke ins Alltagsleben in den Herkunftsgebieten für sie und ihre Arbeit mit Aussiedlern einen großen Gewinn gebracht hätten. Auch die Mitarbeiterinnen und Mitarbeiter der besuchten Einrichtungen waren mit den Besuchsprogrammen sehr zufrieden. Sie begrüßten das Interesse der Gäste aus Deutschland am Bildungswesen ihrer Länder und an der Arbeit ihrer Institutionen.

Für die Fachkräfte beider Seiten war es interessant und für die zukünftige Zusammenarbeit wichtig, zu sehen, wie unterschiedlich Jugendarbeit in Deutschland einerseits und in Russland und Kasachstan andererseits verstanden und gestaltet wird. Während die Institutionen, denen die Reiseteilnehmer aus Deutschland angehören, vorwiegend Nichtregierungsorganisationen bzw. Einrichtungen in freier Trägerschaft waren, waren die russischen (bzw. kasachischen) Partner vorwiegend in staatlichen Einrichtungen tätig. Entsprechend unterschiedlich waren auch die Leitungsstrukturen und die Arbeitsweisen. Die russlanddeutschen Familien, die vor Ort als Gastgeber fungierten, d.h. für Unterkunft in ihren Häusern und zum Teil auch für die Verpflegung sorgten, empfanden das menschliche Interesse ihrer deutschen Gäste als große emotionale Hilfe in ihrer schwierigen wirtschaftlichen Situation. Nach Aussagen einiger von ihnen würde ein stärkerer Austausch von Gedanken und Ideen zwischen Bundesbürgern und Russlanddeutschen die Motivation der letzteren stärken, im eigenen Land zu bleiben.

Ausblick

Die OBS, die seit 50 Jahren in Deutschland qualitativ hochwertige Eingliederungsprogramme u. a. für Aussiedler aus Ländern der früheren Sowjetunion und aus Mittel- und Osteuropa anbietet, ist seit mehr als 20 Jahren auch in diesen Ländern aktiv. Dabei musste sie zunächst erhebliche Schwierigkeiten überwinden, insofern Bedenken und Befürchtungen bezüglich eines möglichen »Abwerbungseffekt« geäußert wurden. Doch im Zuge ihrer Tätigkeit zeigte sich, dass diese Befürchtungen gegenstandslos waren. Die OBS konnte eine vertrauensvolle Zusammenarbeit sowohl mit nationalen Institutionen in den Bereichen Bildung und Jugendarbeit als auch mit den Vertretungen der deutschen Minderheit aufbauen, die sich zu belastbaren Partnerschaften entwickelt haben und die auch außerhalb der minderheitsbezogenen Arbeit zum Tragen kommen. Auch wenn die zu Beginn der Tätigkeit in diesem neuen Arbeitsfeld bestehenden Pläne und Ziele – am Beispiel der Vorhaben im Gebiet Omsk – nur teilweise realisiert werden konnten, haben sich aus der Arbeit der OBS doch vielfältige Impulse ergeben, von denen zwei als besonders wichtig und nachhaltig für die Minderheitenarbeit gelten können: die grenzüberschreitende Zusammenarbeit und die Nachwuchsförderung.

Quelle: OBS inForm 4. Jg. Nr.11, S. 8

Der OBS ist es gelungen, die zu Beginn ihrer Tätigkeit nur sehr niedrigschwellig existierende, von Trachten- und Tanzgruppen geprägte Jugendarbeit der Minderheit zu professionalisieren und sie für Jugendliche perspektivisch attraktiv zu machen. Wenn sich, wie vorgesehen, im Rahmen der Veranstaltung zum 50-jährigen Bestehen der OBS im März 2015 unter Schirmherrschaft des Beauftragten der Bundesregierung für Aussiedlerfragen und nationale Minderheiten, Hartmut Koschyk MdB, eine Alumni-Vereinigung der Absolventen des YOU.PA-Programms gründen wird, ist dies Ausdruck einer engen Verbundenheit der jugendlichen Angehörigen der deutschen Minderheit untereinander und füreinander, die eine tragfähige Zukunftsperspektive für diese Arbeit, für ihr Leben in Deutschland und für ihre Beziehungen zur Herkunftsregion ihrer Familien darstellt.

> **Übrigens...** OBS-Berater Rudolf Kalka ist ‚ältester ehemaliger Stipendiat'
>
> Beim Ehemaligentreffen der OBS kam es an den Tag: Rudolf Kalka, seit 1980 OBS-Berater in der Landesstelle Unna-Massen, ist 'ältester bekannter OBS-Stipendiat'.
> Den damaligen Flüchtling aus Oberschlesien erreichte am 7. Oktober 1967 eine Einladung der OBS, die damals noch als ‚Sozialamt des Deutschen Bundesstudentenringes' firmierte, in das Seminarzentrum Krofdorf: ‚Wir wollen versuchen, in einem Eingliederungskurs von 4-wöchentlicher Dauer alle Probleme mit Ihnen zu besprechen und Ihnen so gut wie möglich die Wege zur Studienaufnahme zu ebnen.'
> Schon am 19.10.67 traf Kalka in Krofdorf ein. Gruppen von Flüchtlingen aus Polen, Übersiedlern aus der CSSR, politischen Häftlingen aus der ehemaligen DDR, die von der Bundesregierung ‚freigekauft' worden waren und afrikanische Studenten, die aus den Ostblockländern geflohen waren und in Krofdorf eine vorläufige Bleibe gefunden hatten, bevölkerten das Haus. Ökonomiestudent Kalka (vor der Flucht hatte er bereits 9 Semester studiert) sprach Deutsch, hatte aber nie eine deutsche Schule besucht. Der Unterricht in Krofdorf bot neben Grammatik viel Stoff aus dem Alltag der Bundesrepublik, garniert mit Hintergrundinformationen. Neue Anforderungen an die Studentinnen und Studenten, die das Schulsystem des Ostens gewohnt waren, brachten die Erarbeitung und das Halten eigener Vorträge mit sich. Rudolf Kalka und viele, die irgendwie allein in Krofdorf gestrandet waren, konnten bis zum Jahreswechsel 1967/68 im Seminarzentrum bleiben, bevor sie sich zu ihren Anschlussausbildungen in die ganze Bundesrepublik verstreuten. Für die erste Zeit nach Krofdorf waren die Stipendiatinnen und Stipendiaten gut versorgt: Im Tagebuch von Kalka findet sich die Eintragung: ‚Von der OBS 36,– DM Taschengeld für 6 Tage erhalten.'
>
> *Stipentiatinnen und Stipendiaten 1967:*
> *Rudolf Kalka (7. v. l.) vor dem ehemaligen OBS-Seminarzentrum Krofdorf*

Quelle: OBS inForm 4. Jg. Nr.12, 2003, S. 16

Literatur

Aussiedleraufnahmegesetz (1990): Gesetz zur Regelung des Aufnahmeverfahrens für Aussiedler. In: BGBl Teil I, Nr. 32. Köln: Bundesanzeiger Verlag, S. 1247ff. URL: http://www.gesetze-im-internet.de/bundesrecht/bvfg/gesamt.pdf (Letzter Aufruf: 6.12.2014).

BMI (1998): Bundesministerium des Innern (Hrsg.): 10 Jahre Aussiedlerpolitik der Bundesregierung 1988–1998. Bonn: BMI.

Bundesvertriebenengesetz (1953): Gesetz über die Angelegenheiten der Vertriebenen und Flüchtlinge. In: BGBl Teil I. Nr. 22. Köln: Bundesanzeiger Verlag, S. 201ff. URL: http://www.gesetze-im-internet.de/bundesrecht/bvfg/gesamt.pdf (letzter Aufruf: 6.12.2014).

Beauftragte der Bundesregierung (2001): Beauftragte der Bundesregierung für Migration, Flüchtlinge und Integration: Migranten(dach)organisationen in Deutschland. Berlin. URL: http://www.bundesregierung.de/Content/DE/_Anlagen/IB/2012-04-25-migrantenorganisationen-in-deutschland.pdf?__blob=publicationFile (letzter Aufruf: 2.12.02014).

der spiegel (1988, Nr. 33): Auf der Sonnenseite. 15. August 1988. URL: http://www.spiegel.de/spiegel/print/d-13530012.html (letzter Aufruf: 27.10.2014).

der spiegel (1988, Nr. 34): Ich bin jetzt hier, jetzt reicht's mir. 22. August 1988. URL: http://www.spiegel.de/spiegel/print/d-13530819.html (letzter Aufruf: 27.10.2014).

Deutsche Bildungsgesellschaft/Jugendforummłodych, Opole (Hrsg.) (o.D.): Young Volonteer Academy. Fördern und Fordern von jungen Aktiven in der Jugendarbeit der deutschen Minderheit in der Republik Polen. Opole.

Deutscher Bundestag (1988a): Deutscher Bundestag: Antrag der Abgeordneten Gerster (Mainz), Dr. Laufs, Lintner usw.: Aufnahme und Eingliederung der Aussiedler, 23. November 1988 (=Drucksache 11/3465). Bonn. URL: http://dipbt.bundestag.de/doc/btd/11/034/1103465.pdf (letzter Aufruf: 14.12.2014).

Deutscher Bundestag (1988b): Deutscher Bundestag: Antrag der Fraktion der SPD: Eingliederung der Aussiedler und Aussiedlerinnen aus den Staaten Ost- und Südosteuropas sowie der Übersiedler und Übersiedlerinnen aus der DDR in die Bundesrepublik Deutschland, 26. Oktober 1988 (=Drucksache 11/3178). Bonn. URL: http://dipbt.bundestag.de/doc/btd/11/031/1103178.pdf (letzter Aufruf: 14.12.2014).

Deutscher Bundestag (1988c): Deutscher Bundestag: Stenographischer Bericht: 102. Sitzung, 26. Oktober 1988 (=Plenarprotokoll 11/102). Bonn, S. 7003–7019.

Deutscher Bundestag (1988d): Deutscher Bundestag: Stenographischer Bericht: 114. Sitzung, 2. Dezember 1988 (=Plenarprotokoll 11/114). Bonn, S. 8289–8306.

Deutscher Bundestag (1989): Deutscher Bundestag: Antrag der Fraktionen der CDU/CSU, SPD, FDP und der Fraktion die grünen: Zur Verbesserung der kulturellen Lage der Deutschen in der Sowjetunion, 21. Juni 1989 (=Drucksache 11/4755). Bonn, S. 13.

Deutscher Bundestag (1990): Deutscher Bundestag: Beschlußempfehlung und Bericht des Auswärtigen Ausschusses: Zur Verbesserung der kulturellen Lage der Deutschen in der Sowjetunion, 15. Februar 1990 (=Drucksache 11/6477). Bonn. URL: http://dipbt.bundestag.de/doc/btd/12/023/1202310.pdf (letzter Aufruf: 14.12.2014).

Deutscher Bundestag (1992): Deutscher Bundestag: Unterrichtung durch die Bundesregierung: Bericht der Bundesregierung zur Verbesserung der kulturellen Lage der Deutschen in Mittel- und Osteuropa, 20. März 1992 (=Drucksache 12/2310). Bonn. URL: http://dipbt.bundestag.de/doc/btd/12/023/1202310.pdf (letzter Aufruf: 14.12.2014).

(2001): Документация стратегического семинара по профориентации. Otto Benecke Stiftung. Bonn.

Grau, A. (Hrsg.) (2014): Dokumentation zur Ausländer- und Integrationspolitik der CDU 1956–2012. St. Augustin: Konrad-Adenauer-Stiftung, S. 142–150.

Hensen, Jürgen (2009): Zur Geschichte der Aussiedler- und Spätaussiedleraufnahme. In: Bergner, C./Weber, M. (Hrsg.): Aussiedler- und Minderheitenpolitik in Deutschland. Bilanz und Perspektiven. (=Schriften des Bundesinstituts für Kultur und Geschichte der Deutschen im östlichen Europa, Nr. 38). München, S. 47–61. (URL: http://www.bkge.de/Bildarchiv/Downloads/Aussiedler_und_Minderheitenpolitik/Inhaltsverzeichnis-_Aussiedlerpolitik.pdf (letzter Aufruf: 6.12.2014).

Herbert, Ulrich (2003): Geschichte der Ausländerpolitik in Deutschland. Saisonarbeiter, Zwangsarbeiter, Gastarbeiter, Flüchtlinge. Bonn: Sonderausgabe für die Bundeszentrale für politische Bildung. Bonn.

Informationsreise nach Omsk (2008): Informationsreise nach Omsk für Fachkräfte und Multiplikatoren in der Jugendhilfe vom 23.11.–29.11.2008. URL: http://www.obs-ev.de/fileadmin/user_upload/projekte/pdf/Dokumentation%20Informationsreise%20Omsk.pdf (Letzter Aufruf: 7.12.2014).

Kriegsfolgenbereinigungsgesetz (1992): Gesetz zur Bereinigung von Kriegsfolgen. In: BGBl Teil I, Nr. 58. Köln: Bundesanzeiger Verlag, S. 2094ff. URL: http://www.gesetze-im-internet.de/bundesrecht/kfbg/gesamt.pdf (letzter Aufruf: 6.12.2014).

Lemper, Lothar T./Hiesserich, Hans-Georg (2001): Ausbildung ist Entwicklung. Zu den Aufgaben der Otto Benecke Stiftung im Bereich von Migration und Integration. In: die politische meinung, Zeitschrift für Politik, Gesellschaft, Religion und Kultur, Nr. 375. Bonn: Konrad Adenauer Stiftung, S.39f.

OBS (2002): Otto Benecke Stiftung e.V. (Hrsg.): Dokumentation Miteinander 2002 – Eine besondere internationale Jugendbegegnung: Seminar zur praktischen Jugendarbeit für Angehörige der Jugendverbände der deutschen Minderheiten vom 5. bis 11. Mai 2002 in Almaty, Kasachstan. Bonn.

OBS inForm Spezial (2002): OBS inForm Spezial, 3. Jg., Nr. 9, Juli 2002.

OBS/Fachkräfteaustausch: Otto Benecke Stiftung e.V.: Fachkräfteaustausch. Austausch von Juniorexpertinnen und -experten. Bonn. URL: http://www.obs-ev.de/fileadmin/user_upload/projekte/pdf/Dokumentation%20Informationsreise%20Omsk.pdf (letzter Aufruf: 7.12.2014).

Over, A./Gottsleben, Volkmar (1993): Gemeinschaftsfördernde und Berufsqualifizierende Maßnahmen in Omsk/Azovo: Verbleibehilfen für Rußlanddeutsche. Gutachten im Auftrag der Otto Benecke Stiftung. Kassel.

Prüß, Franz (2005): Soziale Arbeit in Ländern Mittel- und Osteuropas. In: Thole, Werner/Cloos, Peter/Ortmann, Friedrich/Strutwolf, Volkhardt (Hrsg.): Soziale Arbeit im öffentlichen Raum. Soziale Gerechtigkeit in der Gestaltung des Sozialen. Wiesbaden: VS Verlag, DVD 4.4.

Sachlicher Bericht (1999): Sachlicher Bericht der Otto Benecke Stiftung über die Durchführung ihrer Aufgaben, ihrer Erfolge und Auswirkungen im Haushaltsjahr 1999. Bonn.

Sachlicher Bericht (2000): Sachlicher Bericht der Otto Benecke Stiftung über die Durchführung ihrer Aufgaben, ihrer Erfolge und Auswirkungen im Haushaltsjahr 2000. Bonn.

Sachlicher Bericht (2001): Sachlicher Bericht der Otto Benecke Stiftung über die Durchführung ihrer Aufgaben, ihrer Erfolge und Auswirkungen im Haushaltsjahr 2001. Bonn.

Sachlicher Bericht (2004): Sachlicher Bericht der Otto Benecke Stiftung über die Durchführung ihrer Aufgaben, ihrer Erfolge und Auswirkungen im Haushaltsjahr 2004. Bonn.

Stiftung Deutsch-Russischer Jugendaustausch (2009): Ausschreibung »Konfliktlösung in der Jugendarbeit – Einsatz von Juniorexperten«. URL: http://www.stiftung drja.de/projekte/projektarchiv/ausserschulischer-austausch/projektansicht/?tx_pdb_pi1[projid]=09P526ru (letzter Aufruf: 27.10.2014).

Wohnortzuweisungsgesetz (1989): Gesetz über die Festlegung eines vorläufigen Wohnortes für Aussiedler und Übersiedler. In: BGBl Teil I, Nr. 35. Köln: Bundesanzeiger, S. 1378f.

Worbs, Susanne/Bund, Eva/Kohls, Martin/Babka von Gostomski, Christian (2013): (Spät-) Aussiedler in Deutschland. Eine Analyse aktueller Daten und Forschungsergebnisse. (Bundesamt für Migration und Flüchtlinge: Forschungsbericht, Nr. 20). Nürnberg: Bundesamt für Migration und Flüchtlinge.

YOU.PA. Young Potentials Accademy. URL: http://www.youpa.de/ (letzter Aufruf: 27.10.2014).

ZEIT (1988): »Manche sind deutscher als wir«. Der Aussiedlerstrom aus Osteuropa schwillt zur Völkerwanderung an. In: DIE ZEIT vom 12.08.1988, S. 9.

Jochen Welt und Hartmut Koschyk

»Eine Brücke, die wir brauchen – gerade jetzt«

Jochen Welt und Hartmut Koschyk, ein ehemaliger und der jetzige Aussiedlerbeauftragte der Bundesregierung, sprechen über die gelungene Integration von viereinhalb Millionen Menschen. Das Interview führte Uwe Knüpfer im Dezember 2014

Hartmut Koschyk (Foto: Henning Schacht) und Jochen Welt

Bis heute wird gesagt, Deutschland sei kein Einwanderungsland. Wie verträgt sich dieses Selbstbild mit der Tatsache, dass seit 1952 viereinhalb Millionen Aussiedler und Spätaussiedler bei uns heimisch geworden sind?

Welt: Bis 1998 hieß es offiziell: Deutschland ist kein Einwanderungsland. Das war die gigantische Selbsttäuschung der späten Jahre des letzten Jahrhunderts. Dabei sind auf der Grundlage des Bundesvertriebenengesetzes Millionen von Menschen aus der ehemaligen Sowjetunion und aus Ostmitteleuropa nach Deutschland gekommen, die deutlich gemacht haben, dass wir ein Zuwanderungs- oder Einwanderungsland sind. Allerdings haben sie einen Sonderstatus. Sie gelten ja als deutsche Staatsangehörige.

Koschyk: Die Aufnahme von Aus- und Spätaussiedlern ist Teil des Bemühens der Bundesregierung, sich der Verantwortung Deutschlands für den Zweiten Weltkrieg und seine Folgen zu stellen und lässt, weil Sonderfall, nicht den allgemeinen Schluss zu, die Bundesrepublik verstehe sich seit den 50er Jahren als Einwanderungsland – mag sich Deutschland auch gegenüber den (Spät-)Aussiedlern wie ein Einwanderungsland verhalten haben. Ihre Integration wurde von staatlicher Seite systematisch und mit einem strukturierten Integrationsangebot angegangen. Das war richtig und dieses Angebot war auch Vorbild für die heutigen Integrationsangebote des Bundes für Zuwanderer.

Nun macht ein Status noch keine Integration. Auch wenn sie als Deutsche galten, waren es aber doch Menschen, denen jedenfalls die Verfassungswirklichkeit der Bundesrepublik eher fremd gewesen ist.

Welt: Das war ja das ganz große Missverständnis derjenigen, die bis 1998 für Integrationspolitik in Deutschland verantwortlich waren. Die haben gesagt: da kommen jetzt Deutsche nach Deutschland. Doch im Grunde waren das Menschen mit Migrationshintergrund, die die gleichen Probleme mit sich bringen wie alle anderen Zuwanderer auch. Angefangen mit der Sprache. Darüber ist in den frühen 1990er Jahren zum ersten Mal sehr intensiv diskutiert worden, auch im Rahmen des Asylkompromisses. Dann ist 1998 zum ersten Mal ein Integrationskonzept für Aussiedler entwickelt worden, auf der Grundlage des neuen Prinzips »Fördern und Fordern«.

Koschyk: Die Sozialisierung und Integration in ein als fremd empfundenes Gesellschaftssystem ist regelmäßig schwer und anstrengend. Und natürlich fühlt man sich – ganz unabhängig vom eigenen rechtlichen Status – zunächst mehr oder weniger fremd. Umso mehr ist zu würdigen, dass die Spätaussiedler mittlerweile sehr gut integriert sind. Dies bestätigt eine 2013 erstellte Analyse aktueller Daten und Forschungsergebnisse zu Aussiedlern in Deutschland des Bundesamtes für Migration und Flüchtlinge. Im Übrigen: Auch um dem Gefühl der »Fremdheit« entgegenzuwirken, bietet der Bund zur Identitätsstärkung der Spätaussiedler eine sogenannte Ergänzende Maßnahme nach § 9 Absatz 4 Bundesvertriebenengesetz an – den Kurs »Identität und Integration PLUS«.

Stellte der umstrittene Asylkompromiss eine Wasserscheide für den Umgang mit dem Thema Ein- und Zuwanderung dar?

Koschyk: Der Asylkompromiss 1992 wird heute häufig auf die Einschränkung des Asylgrundrechts reduziert. Tatsächlich war er viel umfassender angelegt. Insbesondere wurde auch der Zuzug von Aussiedlern gesteuert und begrenzt, die Einbürgerung von Ausländern wurde erleichtert. Durch diesen Ansatz konnte er in Deutschland eine befriedende Wirkung entfalten und zur Herstellung des gesamtgesellschaftlichen Zusammenhalts beitragen. Die in ihm niedergelegten allgemeinen Grundsätze sind auch heute noch Wort für Wort richtig.

Welt: Man darf nicht vergessen: Es war die Zeit der großen Zahlen. Es kamen Tausende täglich aus allen Richtungen nach Deutschland, schon fast vergleichbar – von den Zahlen her – mit dem, was wir heute erleben. Man konnte sich dem Thema nicht mehr entziehen. Die örtlichen Bürgermeister waren alarmiert. Es herrschte eine sehr aufgeheizte, explosive Stimmung, die es einfach notwendig machte zu hinterfragen: Hat eigentlich jeder, der eine deutsche Abstammung nachweisen kann, per se das Recht, nach Deutschland zu kommen? Und wen darf er mitbringen? Wie kann man die »Volkszugehörigkeit«, von der das Gesetz spricht, nachweisen? Das Gesetz verlangt den Nachweis eines Kriegsfolgenschicksals. Wie kann man das tun, fragte man sich und kam zu der Lösung: man muss muttersprachlich die deutsche Sprache gesprochen haben. Das heißt vielfach: die Akzentsprache, die sich über die Zeiten hinweggerettet hat und an der die Leute erkannt wurden – und wegen der sie letztlich auch verfolgt worden sind. Es gab unter Stalin sehr klare Verfolgungstatbestände. Diese Tatbestände begründeten den Rechtsanspruch dieser Menschen, nach Deutschland zu kommen. Und nicht nur sie allein. Die Deutschstämmigen selbst: das sind die sogenannten § 4er des Bundesvertriebenengesetzes. Ihre Abkömmlinge, die sie mitbringen dürfen, das sind die 7er, und dann gibt's die Ehepartner nicht deutscher Abstammung: die wurden dann nach § 8 aufgenommen. Nur der Vierer musste seine Sprachkenntnisse nachweisen, und der nahm dann die 7er und die 8er in seinem Schlepptau mit. Später hatten wir dann wesentlich mehr 7er und 8er, die nach Deutschland kamen. Die 4er stellten nur noch ein Drittel der eigentlich Berechtigten. Das musste zu Integrationsproblemen führen. Die mit einreisenden Angehörigen brachten oft keinerlei Deutschkenntnisse mit und stießen hier auf eine ihnen völlig fremde Welt.

Es musste also integrationspolitisch mehr gemacht werden. Als zweiter Teil des Konzeptes der späten 1990er Jahre kam unter meinem Vorgänger Horst Waffenschmidt hinzu: Bleibehilfe in den Herkunftsländern. Vielleicht, so die Überlegung, haben die Ausreisewilligen ja vor allem den Wunsch, in Wohlstand und sozialer Sicherheit zu leben. Wenn sie dann in Omsk oder Nowosibirsk oder an der Wolga selbst die Chance dazu geboten bekommen: vielleicht bleiben sie ja dann dort.

Und: Ist dieses Konzept aufgegangen?

Welt: Nur zum Teil. Manches wurde auch in den Sand gesetzt. Horst Waffenschmidt hat damals in erheblichem Umfang investive Mittel für Siedlungen der Deutschen aufgebracht. Dieses »Betongeld« kam aber vielfach gar nicht denen zugute, für die es gedacht war. Oder die Projekte waren überdimensioniert. Sie wirkten provokativ den anderen Einheimischen gegenüber. Wenn Deutsche in Villen leben und Russen in der Nachbarschaft in ärmlichen Verhältnissen: das passte nicht. Deshalb haben wir umgesteuert und mehr Geld in Ausbildung und Qualifizierung gelenkt. Das hat, verbunden mit einem strengen Sprachtest-Regime, zu drastisch sinkenden Zuwanderungszahlen geführt.

Heute steigen die Zahlen wieder, vor allem die der Flüchtlinge, aber auch der Spätaussiedler. Sie sind wieder auf dem Niveau der frühen 1990er. Damals, sagten Sie, Herr Welt, war die Situation explosiv. Den Eindruck hat man heute nicht. Was hat sich geändert?

Welt: Ich würde nicht unterstreichen, dass die Lage heute nicht explosiv ist. Ich glaube, dass unterm Tisch eine Menge abläuft. Wir tun gut daran, das aufmerksam zu beobachten. Aber das, was jetzt in Syrien und drum herum geschieht, ist für viele Leute hautnah erlebbar. Das ist neu. Ich glaube dennoch nicht, dass sich die Akzeptanz fundamental verändert hat. Wir bleiben alle aufgefordert klarzumachen, dass Menschen, die zu uns kommen, zwar im Augenblick eine Last darstellen, die wir zu schultern haben, aber dass man, wenn man genau rechnet, auch erkennt, dass diese Menschen mithelfen, gesellschaftlichen Mehrwert zu realisieren.

Nach dem Jahr 2000 habe ich die Ergebnisse der Olympischen Spiele analysiert und wissen wollen, wie hoch der Anteil der deutschen Medaillengewinner mit Migrationshintergrund war. Und siehe da: ihr Anteil war sehr hoch. Wir haben dann sehr schöne Kampagnen zum Beispiel mit der Florettfechterin Rita König gemacht, die aus Siebenbürgen stammt, mit der Aussage: Mensch, die leisten was für Deutschland!

Koschyk: Die Zahl der nach Deutschland kommenden Spätaussiedler ist ganz und gar nicht mehr auf dem hohen Niveau der frühen 1990er Jahre. Wurden 1990 knapp 400.000 Aussiedler und 1999 noch mehr als 100.000 Spätaussiedler aufgenommen, so werden es 2014 etwas mehr als 5.000 Spätaussiedler mit ihren Angehörigen sein. Es zeigt sich also ein erheblicher Rückgang bei der Zahl der aufgenommenen Spätaussiedler.

Wenn es doch solche Kampagnen gab wie die mit Frau König – oder auch die des Deutschen Fußball-Bundes – und wir nun schon seit Jahrzehnten Seite an Seite mit Zugewanderten und Integrierten leben, woher kommt dann das explosive Potential? Warum muss immer noch erklärt werden, was doch offensichtlich sein sollte?

Koschyk: Offensichtlich dürfen wir nicht nachlassen, immer wieder darauf hinzuweisen, dass Spätaussiedler ein Gewinn für Deutschland sind und ihre Aufnahme bei uns eine Investition in die Zukunft Deutschlands war und ist. Das geht aus der bereits erwähnten Untersuchung des BAMF (Bundesamtes für Migration und Flüchtlinge) klar hervor. Gleiches trifft auf Ausländer zu. Eine gerade veröffentlichte Studie der Bertelsmann Stiftung (*Verfasser: Holger Bonin vom Zentrum für Europäische Wirtschaftsforschung*) hat errechnet, dass Ausländer den Sozialstaat entlasten und Deutschland einen Nettogewinn von weit über 20 Milliarden Euro jährlich einbringen. Und da sind die zumeist erfolgreicheren Eingebürgerten nicht einmal mitgezählt. Wenn die nachfolgenden Generationen aufgrund gelungener Bildungsaufstiege noch besser integriert sein werden – wovon auszugehen ist – fällt diese Bilanz in Zukunft noch viel positiver aus. Denn Investitionen in Bildung und Integration rechnen sich ökonomisch. Erfreulich ist auch, dass inzwischen die Medien solche Erfolgsmeldungen als Schlagzeile oder Hauptnachricht aufgreifen.

Welt: Es gibt eben einen großen Unterschied zwischen dem Rationalen und dem Emotionalen. Ich glaube, latent ist immer noch die Angst da, dass man etwas weggenommen bekommt. Dem liegen ganz simple gruppendynamische Vorgänge zugrunde. Immer wenn ein Neuer in eine Gruppe hineinkommt, verändert sich etwas in der Gruppe. Und nicht per se ist der Neue willkommen. Der wird erst einmal argwöhnisch beobachtet. Was ist das für einer? Wo kommt der her? Und das, was in Kleingruppen ganz normal ist und womit Pädagogen umgehen müssen, das findet in Gesellschaften ganz ähnlich statt. Also: wir müssen klarmachen, dass Zuwanderer niemandem einen Stuhl wegnehmen, sondern einen eigenen Stuhl mitbringen. Die Gruppe wird bereichert. Eine aufgefrischte Gruppe wird stärker, sie wird aktiver, sie wird innovativer, bunter, kreativer. Dies ständig deutlich zu machen und an Beispielen zu belegen – wie dem von Miroslav Klose – ist unsere Aufgabe. Wir müssen zeigen: Menschen wie Miroslav Klose verbessern unser Ansehen nach draußen, auch Dein Ansehen!

Welche Rolle kommt dabei der Otto Benecke Stiftung zu?

Koschyk: Die Otto Benecke Stiftung ist seit langen Jahren als Mittlerorganisation für das Bundesministerium des Innern im Bereich der Förderung der deutschen Minderheiten in den MOE-Staaten tätig und führt dabei insbesondere Programme im Bereich der Jugendarbeit und der Aus- und Fortbildung durch. Seit einigen Jahren fungiert die Otto Benecke Stiftung auch als Mittler für die Umsetzung des BMI-Förderprogrammes zu Gunsten der deutschen Minderheit in der Republik Moldau. Diese umfasst noch ca. 2.000 Personen. Mit einem Budget von bis zu 40.000 € wird vor allem die ethnokulturelle Arbeit von vier noch aktiven deutschen Vereinen unterstützt. Hervorheben möchte ich daneben insbesondere das vom Bundesministerium des Innern seit dem Jahr 2007 geförderte Qualifizierungsprogramm »YOU.PA – Young Potentials Academy«, welches sich an junge Menschen im Alter von 18 bis 28 Jahren aus Polen, Rumänien, Ungarn und der Slowakischen sowie Tschechischen Republik richtet, die sich in der deutschen Minderheit engagieren. Das Programm qualifiziert junge Menschen für die ehrenamtliche Mitarbeit und bietet neue persönliche und berufliche Perspektiven. Langfristig soll es helfen, die Arbeit der Organisationen deutscher Minderheiten in den mittel- und osteuropäischen Ländern zu stärken. Dies ist umso bedeutender, als die Angehörigen der deutschen Minderheiten heute eine entscheidende Mittlerrolle bei der politischen und wirtschaftlichen Annäherung ihrer Heimatländer an die Bundesrepublik Deutschland bekleiden und somit auch zu einer Beschleunigung des europäischen Integrationsprozesses beitragen. Für 2015 ist erstmals auch eine Einbeziehung Moldaus in das von der Otto Benecke Stiftung betreute »YOU.PA«-Programm beantragt.

Die OBS leistet mit diesem Programm einen wertvollen Beitrag zur Weiterentwicklung und Stärkung der Strukturen der deutschen Minderheiten.

Welt: Die OBS war immer da, wenn man sie brauchte. Sie hat Konzepte entwickelt, sie ist in die Herkunftsländer gegangen. Menschen dazu zu verhelfen, durch Qualifikation zu einem gestaltenden Teil der Gesellschaft zu werden: das ist ja immer die Zielsetzung der Otto Benecke Stiftung gewesen. Ich habe das Programm »Fördern und Fordern« erwähnt. Das ist das Otto Benecke-Prinzip. Für sozialdemokratische Sozialpolitiker war es in den 1990er Jahren absolut ungewohnt, im Zusammenhang mit Zuwanderern das Wort »fordern« in den Mund zu nehmen. Fördern, das ja, fit machen, aber Forderungen erheben? Die OBS hat in meiner Heimatstadt Recklinghausen von 2001–2004 im Rahmen eines Projektes ein Bonussystem für die Integration von Zuwanderern im kommunalen Netzwerk erprobt. Belohnt wurde, wer sich aktiv um seine Integration bemühte. Wenn sich jemand z. B. in einem Sportverein engagierte und so ja auch seine Sprachkompetenz verbesserte, sammelte er Bonuspunkte, die er dann z. B. in verbilligte Vereinsbeiträge eintauschen konnte.

Wie verträgt es sich denn mit der Idee des Fördern und Fordern, dass Asylbewerber gezwungen werden, für lange Zeit gar nichts zu tun?

Koschyk: Nach geltender Rechtslage gilt der seit 2005 auch im Aufenthaltsrecht verankerte Grundsatz des Förderns und Forderns für Ausländer, die rechtmäßig und auf Dauer im Bundesgebiet leben. Sie haben Zugang zu den Integrationsmaßnahmen des Aufenthaltsgesetzes, insbesondere zum Integrationskurs, die eine umfassende Teilhabe in allen Lebensbereichen in unserer Gesellschaft ermöglichen sollen. Für Asylbewerber besteht dem entsprechend kein Anspruch auf Teilnahme an diesem kostenintensiven Integrationsangebot; denn es ist nicht absehbar, ob er sich dauerhaft in Deutschland aufhalten wird. Einzelne Bundesländer wie Bayern, Brandenburg und Hamburg bieten allerdings für Asylbewerber und Geduldete spezielle Sprachlernangebote an.

Der Bundesrat hat jedoch einen Gesetzentwurf zur Öffnung der Integrationskurse für EU-Bürgerinnen und EU-Bürger, Ausländerinnen und Ausländer mit humanitären, völkerrechtlichen oder politischen Aufenthaltserlaubnissen sowie Flüchtlinge im laufenden Asylverfahren und Geduldete beschlossen. Vor diesem Hintergrund prüft die Bundesregierung derzeit, welche Maßnahmen für den vorgenannten Personenkreis sinnvoll und auch finanzierbar sind.

Welt: Es war für mich nie verständlich, dass Leute, die mit Qualifikationen zu uns kommen, nichts tun dürfen, sondern abwarten müssen und dann zu hören bekommen: Guck mal, diese faulen Asylanten, die tun nix, die liegen uns nur auf die Tasche! Aber das war in den Kompromissverhandlungen mit den anderen Parteien damals nicht anders zu regeln. Dass es jetzt möglich wird, Flüchtlinge früh in Ausbildung und Arbeit zu bringen, das ist ja Gottes Segen.

Wem – außer Gott – ist diese Wende in der Flüchtlingspolitik zu verdanken?

Koschyk: Ich kann eine grundsätzliche Wende in der Flüchtlings- und Asylpolitik nicht erkennen. Die aktuelle Zuwanderungssituation ähnelt zwar in einem Punkt sehr stark der von Beginn der 1990er Jahre: Wir beobachten einen starken Zuzug in die europäischen Asylsysteme aus den Westbalkanstaaten, dazu kommt eine wirtschaftlich motivierte Migration aus Osteuropa, konkret aus Bulgarien und Rumänien. Andererseits kommen schutzbedürftige Menschen von anderen Kontinenten in hoher Zahl nach Europa, vor allem nach Deutschland. Auf dieses globale Migrationsgeschehen müssen wir die richtigen Antworten finden, und zwar – anders als 1992 – nicht nur auf nationaler, sondern vor allem auch auf europäischer Ebene. Hier stehen wir durchaus noch am Anfang der Debatte.

Welt: Parteien, die in den 90er Jahren darauf bestanden, wir seien kein Einwanderungsland, haben ihre Positionen geändert. Da spielen die Medien eine Rolle, auch das lautstarke Engagement gesellschaftlicher Gruppen. Platz gegriffen hat sicher auch die Erkenntnis, dass diese Menschen unsere Wohlfahrt nicht mindern, sondern mehren. 60 % der Syrer, die jetzt zu uns kommen, sind hoch gebildet und ausgebildet. Es wäre doch dumm, ihre Fähigkeiten hier nicht zu nutzen. Deshalb hilft die OBS ihnen, sich so zu qualifizieren, dass sie ihre Kompetenzen anwenden können. Auch wenn sie irgendwann in ihre Heimat zurückgehen und mithelfen, ihr Land wieder aufzubauen, ist das ein wichtiger Beitrag zur Entwicklungszusammenarbeit.

Die erwähnten 4,5 Millionen Aus- und Spätaussiedler fallen in der Öffentlichkeit als solche nicht mehr auf. Sie sind hier angekommen. Wie ist das gelungen?

Koschyk: Die Aussiedler und Spätaussiedler kamen mit dem Wunsch nach Deutschland, hier als Deutsche unter Deutschen zu leben und zu bleiben. Dank ihrer Vorkenntnisse der deutschen Sprache und der von ihnen gepflegten deutschen Kultur fiel es ihnen relativ leicht, sich in das hiesige Leben vor Ort zu integrieren. Ausschlaggebend hierfür waren nicht allein die staatlichen Integrationsangebote, sondern das aktive eigene Bemühen um die Integration in die Gesellschaft und in den Arbeitsmarkt. Beim Zurechtfinden auf dem Arbeitsmarkt halfen bereits vorhandene relativ hohe Bildungsabschlüsse und der feste Wille, durch eigene Kraft den Lebensunterhalt zu bestreiten. Zum Gelingen der Integration hat auch die sehr ausgeprägte Selbsthilfe unter den Aussiedlern beigetragen, wie etwa die Unterstützung neu zugewanderter »Landsleute« durch ehrenamtliche Lotsen, Paten und Mentoren.

Welt: Das ist in der Tat eine Erfolgsgeschichte. Dabei haben viele mitgewirkt. Ich wundere mich immer noch, mit welchem Engagement stramme CDU-Leute aus dem Bundesinnenministerium, das zuvor von Kanther geführt worden war und dann von Otto Schily, ab 1998 dabei mitgeholfen haben, unser neues Integrationskonzept zu entwickeln. Das hat meinen Glauben an den gesellschaftlichen Konsens erneuert.

Damals haben wir übrigens auch die Netzwerke für Integration entwickelt. Netzwerke vor Ort, in Gemeinden, von den Kirchen über die Schulen, die Sozialverbände bis hin zu Schützen- und Kleingartenvereinen, immer mit den Betroffenen selbst. Erst waren das nur die Aussiedler, später auch andere Zuwanderer. Wir haben den Gemeinden geholfen, auch finanziell, solche Netzwerke für Integration aufzubauen. Da wurde seinerzeit gute Arbeit geleistet. In den Netzwerken wurden Konflikte bereinigt, Krisenfälle aufgegriffen, Probleme in Stadtteilen bearbeitet. Etwa, wenn Kinder aus Glaubensgründen nicht in den Sportunterricht geschickt wurden: hier kam das auf den Tisch, es blieb nicht unter dem Tisch, es wurde öffentlich diskutiert.

Seinerzeit? Diese Förderung gibt es heute nicht mehr?

Welt: Nein. Das wäre ja dann eine konsequente Bundesförderung. Die ist nach dem Grundgesetz nicht möglich. Wir konnten nur Modelle entwickeln. Das haben wir getan. Auch dabei hat die Otto Benecke Stiftung sehr innovativ mitgeholfen. Aber man muss auch sagen: die Motivation der Aussiedler hat geholfen. So komisch das klingt, aber die kommen eben mit dem Anspruch hier hin, Deutsche zu sein, und dann wollen sie sich eben auch »deutsch« verhalten; leistungsorientiert sein, fleißig.

Heißt das, sie sind deutscher als die »Biodeutschen«, auf die sie hier treffen?

Koschyk: Ich kann und möchte das nicht beurteilen. Ich bin sehr vorsichtig damit, bestimmte Eigenschaften und Verhaltensweisen als typisch deutsch zu bezeichnen.

Gemeinhin wird den Deutschen ja ein Hang zu Pünktlichkeit, Ordnung und Fleiß nachgesagt. Ich finde, das ist nur ein kleiner Ausschnitt dessen, was uns Deutsche ausmacht; ich erlebe Deutschland zudem zunehmend als ein sehr freundliches, weltoffenes und gastfreundliches Land. Das ist eine gute Entwicklung.

Welt: Dass man Abstammung so hoch gehängt hat – die Volkszugehörigkeit –, im Bundesvertriebenengesetz, das hat mit den Kriegsfolgen zu tun.

Nun liegt der Zweite Weltkrieg lange zurück. Wäre es nicht an der Zeit, neue Definitionen des Deutschen zu suchen?

Welt: Das weiß ich nicht. Die Zahlen der vom Bundesvertriebenengesetz Betroffenen, der § 4er, werden ja immer kleiner. Es ist immer mal wieder diskutiert worden, das Gesetz abzuschaffen. Aber es hilft eben doch immer noch, einige Probleme zu lösen, zum Beispiel der Familienzusammenführung. So habe ich noch initiiert, dass auch die erwähnten 8er, also die Ehepartner, in den Herkunftsländern an Sprachkursen teilnehmen müssen. Fördern, fordern...

Koschyk: In den verschiedenen Wissenschaftsdisziplinen gibt es bereits vielfältige Ansätze, die sich um eine Begriffsbestimmung »des Deutschen« bemühen. Denken Sie dabei nur an die verschiedenen soziologischen oder politikwissenschaftlichen Deutungsversuche. Ich denke jedoch, dass die rechtliche Begriffsbestimmung und die differenzierte Definition des Grundgesetzes auch heute noch notwendig und sinnvoll sind.

Deutscher im Sinne des Grundgesetzes: das hält noch immer die Erinnerung wach an Deutschland in den Grenzen von 1937.

Koschyk: Ich halte den Sprachgebrauch des Grundgesetzes im Hinblick auf den Begriff des Deutschen nicht für anachronistisch. Es handelt sich dabei vielmehr um eine höchst differenzierte Formulierung, die hervorhebt, dass nicht nur die deutschen Staatsangehörigen »Deutsche« sind, sondern auch die Gruppe der sogenannten Statusdeutschen, zu denen insbesondere die Spätaussiedler zählen. Menschen, die sich kriegsfolgenbedingt aufgrund ihrer Abstammung, Sprache,

Erziehung oder Kultur als deutsch bekennen, gehören auch heute noch zur Lebenswirklichkeit. Diesen wird durch die bestehende grundgesetzliche Regelung rechtlich angemessen begegnet.

Welt: Man darf das nicht ausblenden: es hat im und nach dem Krieg Massendeportationen gegeben. Ganze Dörfer, wie Engels an der Wolga, wurden aufgelöst, Menschen in Kasachstan verstreut. Sie wurden verfolgt, nur weil sie Deutsch gesprochen haben. Auch nach Stalin gab es noch strukturelle Benachteiligungen, verschlossene Berufswege, bis in die 1970er, 80er Jahre hinein. Unter Deutschstämmigen in der Sowjetunion gab es relativ wenige Akademiker, aber viele Melker und Traktoristen.

Inzwischen wurde in Rumänien ein Deutschstämmiger zum Präsidenten gewählt. Ist das auch ein Erfolg von Integrationspolitik?

Welt: Klaus Johannis, den ich gut kenne, hat in Hermannstadt und Umgebung für eine ungeheure Prosperität gesorgt, als Bürgermeister. Die Anerkennung als Kulturhauptstadt Europas: Das hat er alles hingekriegt. Natürlich auch mit Unterstützung aus Deutschland; das sollte man nicht wegdiskutieren. Aber das nutzt eben allen Rumänen, nicht nur den deutschstämmigen, und das wird von der Bevölkerung dort anerkannt. Ja, auch das ist, wenn man so will, ein Integrationserfolg.

Koschyk: Als Beauftragter der Bundesregierung für Aussiedlerfragen und nationale Minderheiten freue ich mich sehr, dass Klaus Johannis in das höchste rumänische Amt gewählt worden ist. Auch ich kenne ihn seit Jahren und schätze ihn sehr. Seine Wahl zeigt auf der einen Seite, dass die Mehrheitsnation, die Rumänen, den Angehörigen der deutschen Minderheit vertraut und bietet diesen auf der anderen Seite die Chance, das in sie investierte Vertrauen zu nutzen, die Verantwortung wahrzunehmen und die gemeinsame Zukunft erfolgreich zu gestalten.

Klaus Johannis hat bereits als Mitglied des Demokratischen Forums der Deutschen in Rumänien und als langjähriger Oberbürgermeister Hermannstadts großartige Arbeit geleistet. Von seinem großen Engagement und Einsatz, welchen er sowohl für die rumänische Bevölkerung als auch die deutsche Minderheit in Rumänien und die grenzüberschreitende Deutsch-Rumänische Zusammenarbeit leistet, konnte ich mich zuletzt bei meinem Besuch in Siebenbürgen im September dieses Jahres überzeugen.

Mein großes Anliegen als Bundesbeauftragter ist es, den gegenseitigen Mehrwert und das Zusammenleben von Bevölkerungsmehrheit und nationalen Minderheiten grenzüberschreitend und herkunftsunabhängig zu stärken. Ich bin mir sicher, dass Klaus Johannis dies als Präsident fördern und die bilateralen Beziehungen zwischen Deutschland und Rumänien stärken wird.

Russland hat 2007 versucht, Aussiedler zurückzulocken, mit einem »Programm Landsleute«. War das ein Propagandacoup oder mehr?

Koschyk: Es gibt meines Wissens kein russisches Regierungs-Programm, das gezielt die Rückholung der heute hier lebenden und als Aussiedler anerkannten Russlanddeutschen zum Gegenstand hat. Sie sprechen hier sicher auf das »Staatliche Programm zur Förderung der freiwilligen Umsiedlung der im Ausland lebenden Landsleute in die Russische Föderation« an, das seit 2007 umgesetzt wird. Es wendet sich an alle ehemaligen russischen Staatsbürger im Ausland, die sich eine dauerhafte Rückkehr in das russische Staatsgebiet vorstellen können. Dazu dürfen sich – neben vielen anderen – natürlich auch die heute in Deutschland lebenden Russlanddeutschen zählen. Die Hauptzielgruppe dieses Programms bilden allerdings die »russischen Landsleute«, die zum Zeitpunkt des Zusammenbruchs der Sowjetunion in den unmittelbar an die Russische Föderation angrenzenden ehemaligen Sowjetrepubliken geblieben oder dorthin abgewandert sind, und deren Nachkommen. Sie stellen auch über 99 Prozent der rund 220.000 Personen, die nach Internet-Informationen bis Oktober 2014 im Rahmen dieses Programms in die Russische Föderation zurückgekehrt sein sollen. Danach soll es auch einzelne Rückkehrer aus Deutschland geben. Deren Anzahl kann sich allerdings nur im Promille-Bereich bewegen, und mir ist auch nicht bekannt, ob sich darunter wiederum russlanddeutsche Aussiedler befinden.

Welt: Meines Erachtens ist das nur Propaganda. Es hat immer Menschen gegeben, die sich hier nicht zurechtgefunden haben und wieder zurück gegangen sind. Das waren, jedenfalls zu meiner Zeit, sehr wenige. Aber was es inzwischen sehr häufig gibt, das sind wirtschaftliche und gesellschaftliche Verflechtungen zwischen Menschen, die in Deutschland Fuß gefasst haben, und Partnern in ihrer vorherigen Heimat. Insofern spielen diese Menschen noch eine ganz andere Rolle. Sie kennen die dortigen Kulturen und die Sprache, und sie wissen auch, etwa in Verhandlungen, mit dem Nonverbalen umzugehen. Sie bilden eine Brücke zwischen Deutschland und Russland oder Kasachstan und anderen Nachfolgestaaten der Sowjetunion oder ostmitteleuropäischen Ländern. Das ist doch eine Brücke, die wir dringend brauchen. Gerade jetzt.

Der Sozialdemokrat Jochen Welt war von 1998 bis 2004 Beauftragter der Bundesregierung für Aussiedlerfragen, ab 2002 auch zuständig für nationale Minderheiten. Hartmut Koschyk (CSU) hat diese Funktion seit Anfang 2014 inne.

Ursula Boos-Nünning / Yasemin Karakaşoğlu / Hans H. Reich

Mit Migrantenorganisationen auf Augenhöhe – Erfahrungen aus gemeinsamen Projekten mit der OBS

Die Ausgangslage

Die heutige Einwanderungsgesellschaft, ist nicht mehr die ›Aufnahmegesellschaft der Einheimischen‹, in die sich Einwandernde und Eingewanderte von Generation zu Generation integrieren, sondern eine Gesellschaft, die von Menschen unterschiedlicher Generationen und mit unterschiedlichen Migrationsbiographien gestaltet wird, und somit eine Gesellschaft im Wandel ist. Vor allem die Städte Westdeutschlands, aber auch viele ländliche Regionen haben sich zu multiethnischen Gemeinschaften entwickelt. Das Thema Einwanderung und daraus resultierende soziale (und pädagogische) Aufgaben stehen im Fokus der öffentlichen Wahrnehmung, zumal durch die Veröffentlichung der Zahlen des Mikrozensus 2005 deutlich wurde, dass zwar seit vielen Jahren der Anteil der Ausländerinnen und Ausländer an der Wohnbevölkerung in Deutschland konstant 9,5 Prozent ausmacht, der Anteil der Menschen mit Migrationshintergrund aber 19,5 Prozent beträgt. Von den Neugeborenen haben schon ein Drittel keinen ›nur deutschen Hintergrund‹. In den Großstädten Westdeutschlands beträgt der Anteil der Jugendlichen mit Migrationshintergrund ca. 40 Prozent, die Zahl der Schulanfänger aus Migrationsfamilien in den dortigen Städten nähert sich der 50-Prozent-, in manchen Städten der 70-Prozent-Grenze.

Die Einwanderung begann als Arbeitskräftewanderung und war von allen Beteiligten als vorübergehender Aufenthalt ledig gehender Personen verstanden worden. Das Nachholen von Ehepartnern und Kindern verlief ungeplant; gleiches gilt für die folgenden Einwanderungen. Auch für die Eingliederung der Flüchtlinge und der Aussiedler und Aussiedlerinnen und vor allem ihrer Kinder gab es kein schlüssiges Konzept. Aus Angst vor der Entwicklung eines Subproletariats wurden sozial- und bildungspolitische Konsequenzen gezogen, die den Aufbau einer eigenständigen und von den deutschen Beratungseinrichtungen völlig getrennten Ausländersozialarbeit begünstigten. Diese Weichenstellung erfolgte bereits in den 1960er Jahren. Die Zuwanderung von wenigen, aber zahlenmäßig relativ großen Migrantengruppen ermöglichte eine Strategie der subsidiären Verteilung auf die Wohlfahrtsverbände nach religiöser, weltanschaulicher Zugehörigkeit. So wurden katholische Arbeitsmigranten vor allem aus Italien, Portugal, Spanien und Kroatien durch die katholische Caritas, andere christliche Gruppen, etwa aus Griechenland durch das protestantische Diakonische Werk betreut. Alle nichtchristlichen, also u. a. auch muslimische Arbeitsmigrantinnen und -migranten fielen unter das Mandat der dem sozialdemokratischen Milieu nahestehenden Arbeiterwohlfahrt. Es entstand eine nach ethnisch-religiösen Kriterien definierte Ausländersozialarbeit in der Kompetenz der Bundesländer, weitestgehend separiert von den Angeboten für die einheimische Bevölkerung. Das Modell einer Beteiligung von Selbstorganisationen der Einwandererinnen und Einwanderer wurde trotz anderweitiger positiver Erfahrungen (z. B. bei der Eingliederung der Flüchtlinge aus den ehemaligen deutschen Ostgebieten) nicht eingesetzt. Die Haltung gegenüber den bereits seit Ende der 1960er Jahre gegründeten ethnischen Selbstorganisationen war schon damals ambivalent. Einerseits wurden sie als segregativ abgelehnt, andererseits war eine ›Ausländersozialarbeit‹ ohne selbstorganisierte Strukturen und ohne aus den Selbstorganisationen rekrutiertes Betreuungspersonal nicht möglich (siehe hierzu u. a. Puskeppeleit/Thränhardt 1990).

Politik und Gesellschaft gingen bis in die neuere Zeit davon aus, dass die Migrationsfamilien, die in Deutschland blieben, sich spätestens in der zweiten oder dritten Generation integriert hätten, wobei unter Integration eine Anpassung an eine unverändert bleibende deutsche Kultur und Gesellschaft verstanden wurde. Heute wird gesehen, dass sich ein erheblicher Teil der Eingewanderten und ihrer Kinder und Kindeskinder nicht in dem obigen Sinne integriert hat und dass sich daher die eingewanderten Gruppen nicht an eine deutsche »Leitkultur« anpassen, sondern – teilweise – subkulturelle Lebensformen und Orientierungen ausbilden. Ein Ausdruck der Entwicklung solcher eigenständigen Lebensformen sind die Migrantenorganisationen, die an Zahl und Bedeutung immer mehr zunehmen. Diese Entwicklungen erfordern zwingend ein Überdenken der (alten) Vorstellungen von Integrationspolitik.

Integrationspolitik beschränkte sich in der Vergangenheit ganz überwiegend auf die Organisation von ›Hilfen zur Integration‹, die den (Neu-) Zugewanderten von den deutschen Institutionen ›gewährt‹ wurden und auch aktuell wird Integration noch vielfach so verstanden. Solche Hilfen waren und sind zweifellos erforderlich, es wird aber immer deutlicher erkennbar, dass Integrationspolitik sich nicht damit begnügen kann, derartige Hilfestellung zu leisten. Mehr und mehr wird es zu ihrer Aufgabe, das gesellschaftliche Miteinander in der pluralen Gesellschaft insgesamt konstruktiv zu gestalten. Menschen mit Migrationshintergrund sollen, wie es im »Bundesweiten Integrationsprogramm« 2010 formuliert wurde, »nicht nur Adressaten von Integrationsmaßnahmen sein, sondern auch gesellschaftliche Entscheidungsprozesse mitgestalten können« (BAMF 2010, S.10). In direkter Parallele dazu könnte formuliert werden, Menschen mit einheimisch deutschem Hintergrund sollten nicht nur Adressaten moralischer Appelle sein, sondern auch in die Lage versetzt werden, integrierendes Handeln zu erfahren und selbst zu praktizieren. Von allen Beteiligten werden Veränderungs- und Verantwortungsbereitschaft gefordert. Niemand kann sich dabei auf kulturelle Selbstverständlichkeiten zurückziehen, weder auf Seiten der Einheimischen noch auf Seiten der Eingewanderten. Gefordert sind partnerschaftliche Beziehungen.

> »Ich halte die erfolgreiche Integration von Migranten für eine der größten Herausforderungen für unser Land: Von ihr hängt unser gesellschaftlicher Zusammenhalt maßgeblich ab. Deswegen unterstütze ich die Ziele der Otto Benecke Stiftung. Sie leistet seit 50 Jahren einen großen Beitrag dazu, dass Zuwanderer bei uns Fuß fassen und sich zu Hause fühlen. Vielen Dank für Ihre Arbeit und herzlichen Glückwunsch zum Jubiläum!«
>
> (Dr. Kristina Schröder, MdB/CDU, Dezember 2014;
> 2009–2013 Bundesministerin für Familie, Senioren, Frauen und Jugend)

Partnerschaftliche Beziehungen aufzubauen, wird erst möglich oder erleichtert, wenn dem komplexen »deutschen« System nicht einzelne Personen mit Migrationshintergrund gegenüber stehen, sondern der notwendige Interessenaustausch und Interessenausgleich von Organisation zu Organisation erfolgen kann. In diesem Kontext haben die Migrantenorganisationen eine kaum hoch genug einzuschätzende Bedeutung, die über die Funktion der sozialen und politischen Repräsentanz unterschiedlicher ethnischer oder religiöser Migrantenkulturen deutlich hinausgeht.

Der Begriff »Migrantenorganisation« bezieht sich nicht nur auf Vereine, sondern beinhaltet auch Organisationsformen wie religiöse Gemeinden und andere Initiativen. Unter einer Migrantenorganisation wird der freiwillige Zusammenschluss von Personen mit Migrationshintergrund zur Verfolgung bestimmter gemeinsamer Ziele verstanden. In solchen Gruppen, Vereinen oder Organisationen sind Personen mit Migrationshintergrund und deren Ziele und Bedürfnisse maßgebend. Migrantenorganisationen üben eine wichtige Funktion in der kommunalen Gesellschaft aus, denn sie stellen soziale Netzwerke mit integrierender Funktion dar. Sie geben durch ihre niedrigschwelligen Hilfeangebote Orientierung und Unterstützung, die für Migrationsangehörige notwendig sind, um sich in der Mehrheitsgesellschaft zu behaupten. Wenn professionelle Soziale Dienste wegen der hohen Zugangsbarrieren von Zugewanderten zu spät in Anspruch genommen werden, kann die Einbindung in eine Migrantenorganisation dazu beitragen, Probleme schon im Anfangsstadium durch Aufklärungen und Stärkung der Selbsthilfekräfte zu lösen. Daneben haben sich bei einigen Einwanderergruppen ethnische Gemeinschaften ohne formale Struktur entwickelt. Lehrerinnen und Lehrer, Anwältinnen und Anwälte mit Migrationshintergrund haben beispielsweise als Schlüsselpersonen in den ethnischen Gemeinschaften eine wichtige Rolle erworben und werden auch in Erziehungs- und Bildungsfragen um Rat gebeten.

Dass sich Einwandererinnen und Einwanderer in eigenen Organisationen zusammentun, um ihren Interessen im Einwanderungsland nachzugehen, ist in Deutschland – im Unterschied zu den USA (siehe Pries 2010, S. 101–108) – lange Zeit kaum zur Kenntnis genommen worden. Dass diese Organisationen für den Integrationsprozess ebenso wichtig sein könnten wie die Angebote von Bund, Ländern, Kommunen und Wohlfahrtseinrichtungen, wurde seitens der deutschen Politik lange Zeit nicht wahrgenommen; eher wurden sie als Integrationshindernisse betrachtet. Im Nationalen Integrationsplan werden sie zwar an verschiedenen Stellen erwähnt (wenn auch mit sehr unterschiedlicher Gewichtung bei den verschiedenen Arbeitsgruppen), aber von einer systematischen Berücksichtigung kann keine Rede sein. Erst das schon oben angeführte vom Bundesamt für Migration und Flüchtlinge erarbeitete bundesweite Integrationsprogramm enthält in einem eigenen Kapitel (BAMF 2010, S. 116–142) eine offizielle und ausführliche Würdigung. Ihre integrative Funktion wird ausdrücklich anerkannt, und es wird eingeräumt, dass sie in der Vergangenheit nicht genügend beachtet wurden. Wörtlich heißt es: »Diese Organisationen engagieren sich neben den traditionellen, anerkannten Trägern in der Integrationsförderung, manche von ihnen schon seit Jahrzehnten« (ebd., S. 116).

Unabhängig von der fehlenden öffentlichen und politischen Wahrnehmung haben sich schon wenige Jahre nach der Einwanderung und in größerer Zahl seit dem Zeitpunkt, zu dem der Familiennachzug an Bedeutung gewann, Personen gleicher ethnischer oder nationaler Herkunft in Vereinen zusammengeschlossen, um ihren Interessen gebündelt Ausdruck zu verleihen. Im Bereich der Bildung fanden und finden die seit Ende der 1960er Jahre agierenden Spanischen Elternvereine große Beachtung, die als Selbstorganisationen Vernetzungsstrukturen aufgebaut haben (Otero 2004). Schon zu Beginn der 1960er Jahre haben sich die türkischen Arbeitsmigranten selbst entlang politischer oder religiöser Kriterien organisiert, ohne dass sie zunächst in stärkerem Umfang im Bildungsbereich tätig wurden. Erst seit Ende der 1980er Jahren gewannen die türkischen Elternvereine an Gewicht, und die türkischen Migrantenorganisationen haben sich verstärkt Bildungsfragen zugewendet. Auch die muslimischen Vereine widmeten sich in immer stärkerem Maße Bildungsaktivitäten. Mit den ethnischen Selbsthilfebewegungen tauchten neue Anbieter auf dem Bildungsmarkt auf. Die ethnischen Gemeinschaften, in denen der Anteil gut ausgebildeter Mittelschichten wächst, forderten und fordern immer nachdrücklicher, die Beratung »ihrer Landsleute«

in Eigenverantwortung übernehmen zu können. Sie widmen sich im zunehmenden Maße auch den Bildungsfragen der Kinder und Jugendlichen und engagieren sich insbesondere in den Bereichen Hausaufgabenhilfe und Nachhilfe.

Die neue Wahrnehmung und Bewertung der Arbeit von Migrantenorganisationen ist Teil des Perspektivenwandels, der mit dem Bericht der »Unabhängigen Kommission Zuwanderung« von 2001 eingesetzt hat und mit dem erstmals eine konzeptionelle Grundlegung der deutschen Migrations- und Integrationspolitik angestrebt wurde. Durch eine aktive Partnerschaft mit den Migrantenorganisationen wurde und wird mehr Nähe zu den Menschen und damit eine wirksamere Gesellschaftspolitik erhofft. Im Integrationsprogramm heißt es: Diese Organisationen »schließen mit ihren Angeboten oft Lücken in der Integrationsarbeit. Sie erreichen Menschen gerade dort, wo staatliche Regeldienste oder anerkannte Träger oft an ihre Grenzen stoßen« (BAMF 2010, S. 118). Besonders hervorgehoben wird das Vertrauen, das sie bei denjenigen Migrantinnen und Migranten genießen, die Ausgrenzungs- und Diskriminierungserfahrungen in Deutschland gemacht haben. Weitere spezifische Funktionen sind die Beratung und Unterstützung von Migrantinnen und Migranten mit geringen Deutschkenntnissen, die Ermöglichung kultureller Kontinuität und die Anbindung an informelle Netzwerke der Kommunikation.

Für die »anerkannten« Träger bedeutet dies eine Konkurrenz, die sie nicht dauerhaft ignorieren können. Sie wird umso spürbarer je weiter die Migrantenorganisationen in Kernbereiche der Integration wie Frauenrechte, Kampf gegen Diskriminierung, Zusammenleben im Stadtteil, Jugendsozialarbeit und vor allem Bildung vordringen und in dem Maße, in dem sie sich in verschiedenen anderen Bereichen engagieren und etablieren, so z. B. durch Gründung von Jugendorganisationen[1], Frauenorganisationen[2] und Wirtschaftsorganisationen.

Migrantenorganisationen im Feld der Bildungs- und Jugendarbeit

In neuerer Zeit engagieren sich Migrantenorganisationen immer häufiger und zunehmend stärker im Feld der Bildungs- und Jugendarbeit. Dieses Engagement wurde durch den Wunsch von Eltern mit Migrationshintergrund nach Unterstützung bei der Erziehung und Bildung ihrer Kinder veranlasst. Viele Eltern mit Migrationshintergrund können die ihnen von den Bildungseinrichtungen insbesondere den Schulen zugewiesenen Bildungsaufgaben nicht alleine leisten. Daher suchen sie bei den Migrantenorganisationen Unterstützung. Hilfe brauchen sie

---

1 Siehe hierzu die zusammenfassende Darstellung bei Boos-Nünning/Karakaşoğlu (2012); siehe auch: Jagusch (2011).

2 Siehe hierzu Boos-Nünning/Ilgün (2010) sowie Zitzelsberger/Latorre (2011).

auch in der Darstellung und der Durchsetzung ihrer Interessen im Rahmen der Mitwirkung in Bildungseinrichtungen. Jugendliche mit Migrationshintergrund und ihre Eltern brauchen außerdem Unterstützung zur Entwicklung von Strategien, um mit Diskriminierung und Abwehrhaltungen im Zugang zu Ausbildung, Beruf und gesellschaftlichen Ressourcen umzugehen. Gerade in diesen Feldern tauchen seit längerem, verstärkt aber in den letzten zehn Jahren, neue Anbieter von Unterstützungsangeboten auf. Gruppen von Eingewanderten kümmern sich in Eigenverantwortung um Bildungsfragen, überwiegend bezogen auf die eigene ethnische oder nationale Gruppe. Migrantenorganisationen engagieren sich demnach vermehrt, um die Defizite der Bildungseinrichtungen aufzufangen. Es werden neue Elternvereine mit entsprechenden Dachverbänden gegründet, wie z. B. der Bundesverband russischsprachiger Eltern[3]. Schon länger existierende Organisationen wie die türkischen Elternvereine und die Moscheevereine engagieren sich zunehmend im Bildungsbereich. Dies gilt auch und insbesondere für die muslimischen Organisationen. Muslimische Vereine werden Träger von Kindertagesstätten, andere unterhalten Wohnheime und gründen Ergänzungsschulen.[4]

Gerade in den letzten Jahren kommt es verstärkt zu Bildungsaktivitäten der Migrantenorganisationen wie auch zur Gründung neuer Migrantenorganisationen zum Zwecke der Bildungs- und Jugendarbeit. Dabei reagieren die Migrantenorganisationen auf das offensichtliche Unvermögen der deutschen Bildungseinrichtungen, die Situation der Schüler und Schülerinnen mit Migrationshintergrund zu verbessern. Sie sehen die Notwendigkeit, selbst Initiativen zu ergreifen, wenn sie die eklatante Benachteiligung der Kinder und ihrer Eltern verringern wollen. Die Migrationsfamilien leben mittlerweile langjährig in Deutschland und sie sind in ihren Lebensplanungen überwiegend auf die hiesige Gesellschaft ausgerichtet. Sie sind zum Teil deutsche Staatsbürgerinnen und Staatsbürger und haben somit alle politischen Rechte und Pflichten und engagieren sich dementsprechend im Gemeinwesen. Sie sind aber nicht assimiliert und wollen dieses auch nicht sein. Vermutlich wird die Zahl der ethnischen Gruppierungen in den nächsten Jahren wegen bedeutsamer werdender, kleinräumig angelegter ethnischer Wohnbezirken und der zunehmenden Bedeutung eigener Funktions- und Professionseliten (zum Beispiel Rechtsanwälte, Ärzte, Steuerberater, Kaufleute oder auch Unternehmer) steigen, und dies bedeutet auch mehr Initiativen zur Gründung von Vereinen zur Verbesserung der Bildungssituation von Kindern und Jugendlichen mit Migrationshintergrund oder auch zur Grün-

---

3   Siehe URL: http://www.bvre.de/aktuelles.html (letzter Aufruf: 15.12.2014).

4   So bestehen z. Zt. ca. 25 Gymnasien, die der Gülen-Bewegung zugerechnet werden können, und 92 Schulen mit einem evangelikalen Trägerverein. Zu ersteren siehe Boos-Nünning 2011. Zu den evangelikalen Schulen siehe z. B. http://web.gms-net.de/traeger/home/aktuelles/ (letzter Aufruf: 15.12.2014).

dung von Privatschulen. Durch Professionseliten wird die politische Kraft der Migrantenorganisationen gestärkt. Sie sind nunmehr auch in der Lage, die oben benannten Lücken zu füllen und eigene (Beratungs-)Angebote aufzubauen.

Dass die Migrantenorganisationen in das Blickfeld von Erziehungs- und Bildungseinrichtungen gelangen, die sich mit der Zusammenarbeit mit Familien mit Migrationshintergrund beschäftigen, lässt sich durch neuere Entwicklungen belegen. Ein wichtiges Indiz ist, dass sich die Kultusministerkonferenz nach einer vorausgegangenen gemeinsamen Erklärung von 2007 nochmals dieser Frage angenommen hat und im Oktober 2013 durch eine erneute gemeinsame Erklärung im Schulbereich für die Kultusbehörden der Länder Standards gesetzt hat. Die gemeinsame Erklärung der Kultusministerkonferenz (KMK 10.10.2013) und der Organisationen von Menschen mit Migrationshintergrund zur Bildungs- und Erziehungspartnerschaft von Schule und Eltern stellt die Bedeutung der Migrantenorganisationen heraus. Elternnetzwerke in den Bundesländern, so z. B. das Elternnetzwerk Nordrhein-Westfalen, ermöglichen einen Zusammenschluss von Vereinen und Interessenvertretungen von Eltern mit Migrationshintergrund. Auch der Sachverständigenrat deutscher Stiftungen für Integration und Migration (SVR) fordert die Stärkung der Rolle der Migrantenorganisationen durch eine nachhaltige Sicherung der Finanzierung, durch die stärkere Nutzung der Vernetzungspotenziale und durch die Professionalisierung der Arbeitsstrukturen (SVR 2014, S. 12–14).

Längst nicht alle Tagungen und Darstellungen lassen jedoch erkennen, dass die paternalistische Haltung überwunden ist: Migrantenorganisationen werden für Kooperationen gewonnen, aber nicht immer wird die Gleichrangigkeit der Mitglieder in Migrantenorganisationen (sehr häufig ehrenamtlich tätig) und der Mitarbeiter und Mitarbeiterinnen in den Diensten oder »deutschen Einrichtungen« (häufig hauptamtlich angestellt) thematisiert und vor allem korrekt ausgewiesen. In vielen Veröffentlichungen laufen Migrantenorganisationen unter »weitere Akteure« und längst nicht alle relevanten Organisationen, sondern häufig nur eine kleine Auswahl, werden in das Netzwerk oder in die Partizipation einbezogen. Richtig ist allerdings auch, dass die Ressourcen der Migrantenorganisationen oft nicht ausreichen, die Chancen auszuschöpfen und die selbstgesetzten Ziele zu erfüllen. Das bundesweite Integrationsprogramm (BAMF 2010) fordert daher, das Potenzial der Migrantenorganisationen aufzugreifen und sie als Akteure der Integrationsförderung zu stärken. Vier grundlegende Empfehlungen werden formuliert:

- Auf- und Ausbau tragfähiger Strukturen für die Integrationsarbeit von Migrantenorganisationen;
- Partizipation durch Professionalisierung der Vereinsarbeit von Migrantenorganisationen;
- Partizipation durch bürgerschaftliches Engagement in und durch Migrantenorganisationen;

- Gewinnung von positiven Effekten für Migrantenorganisationen durch die interkulturelle Öffnung[5].

In allen vier Bereichen ist staatliche Unterstützung, ideell *und* finanziell, erforderlich. Bedarf besteht im Hinblick auf die Sicherung einer Grundausstattung für die Einwerbung und Verwaltung von Projektmitteln, aber auch im Hinblick auf Beratung, Weiterbildung, Öffentlichkeitsarbeit und Vernetzung. Bei alledem kann die Kooperation von Migranten- und Nichtmigrantenorganisationen, etwa in Form von Tandem- oder Mentoring-Projekten, eine Voraussetzung für Erfolge sein.

Die Neuausrichtung der Otto Benecke Stiftung

Mit der Neuausrichtung der Arbeit der OBS 2009 wurde die gleichberechtigte Zusammenarbeit mit Migrantenorganisationen – »Zusammenarbeit auf Augenhöhe« – zu einem wesentlichen Ziel der weiteren Arbeit gemacht. Es handelte sich um eine Neuorientierung, aber keineswegs um einen Neuanfang auf einem bisher unberücksichtigten Arbeitsfeld. Vielmehr konnte auf Grundpositionen und Erfahrungen, die sich bis 1997 zurückverfolgen lassen, zurückgegriffen und aufgebaut werden.

Die Vorarbeiten

In den Vorträgen des Forum Migration waren die Stellung, die Arbeit und die Bedeutung von Migrantenorganisationen immer wieder Thema.[6] So berichtete Tamar Horowitz auf dem Forum des Jahres 1997 über die politische Selbstorganisation der jüdischen Einwanderer aus Russland in Israel (Horowitz 1999). 1998 war eine Arbeitsgruppe tätig, die unter der Fragestellung »Wie legen wir heute die Grundsteine des Zusammenlebens von morgen?« darüber diskutierte,

---

5 Zur genauen Formulierung siehe »Handlungsfeld gesellschaftliche Integration, Migrantenorganisationen stärken« im bundesweiten Integrationsprogramm. URL: http://www.bamf.de/DE/DasBAMF/Aufgaben/Integrationsprogramm/HandlungsfeldGesellschaft/handlungsfeldgesellschaft-node.html;jsessionid=85B6939C-728152667CB35DE0BC4E0810.1_cid368 ([letzter Aufruf: 17.12.2014]).

6 Nicht alle auf den Foren gehaltenen Vorträge sind in der vom Fachbeirat der OBS herausgegebenen Reihe »Beiträge der Akademie für Migration und Integration« abgedruckt; zur Information und Einordnung auch der nicht publizierten Vorträge, Statements usw. siehe die Zusammenstellung der Veranstaltungen Forum Migration« im Anhang zu dem Beitrag von Reich unter Mitarbeit von Matter/Krüger-Potratz über die Geschichte und Funktion des »Forum Migration« im vorliegenden Band.

welche Bedeutung dabei den Communities der Einwanderer zukommt; eingeleitet wurden die Diskussionen durch Ulla-Kristina Schuleri-Hartje vom Deutschen Institut für Urbanistik. Auf dem Forum des Jahres 1999, das unter dem Titel »Integration und Partizipation von Zuwanderern« stattfand, waren die Selbsthilfepotenziale von Russlanddeutschen ein Vortragsthema und auf dem Podium waren die Ausländerbeiräte und die russlanddeutsche Jugend vertreten. Wolfgang Erler vom Deutschen Jugendinstitut plädierte auf dem Forum 2003 für die Förderung von Migranten-Selbstorganisationen und Ursula Boos-Nünning setzte sich für die Gleichberechtigung ethnischer Selbstorganisationen ein (Erler 2001; Boos-Nünning 2004). Außerdem wurde von José Sanchéz Otero (2004) die Arbeit der spanischen Elternvereine vorgestellt und in zwei Beiträgen wurde über die Integration von Roma (2004), das vom Rom e.V. begründete Familienzentrum und Schulprojekt »Amaro Kher« (Unser Haus) in Köln berichtet (Holl 2005).

Die Beiträge zum Forum 2006 belegen, dass auch im Verständnis der Akteure der paternalistische Integrationsbegriff brüchig geworden war. Wolfgang Schäuble – damals Bundesinnenminister – betonte: »Wir wollen auch das Potenzial und die Erfahrungen von Migrantenorganisationen – bis hin zum Moscheeverein – als Brücke zwischen der Mehrheitsgesellschaft und den verschiedenen Zuwanderergruppen nutzen« (Schäuble 2007, S.17). Außerdem referierte auf diesem Forum Rafet Öztürk als DITIB-Vertreter über »Integration in der Moschee – Beitrag der muslimischen Religionsgemeinschaften für das Zusammenleben in Deutschland« und Albina Nazarenus-Vetter berichtete über die Aktivitäten der Deutschen Jugend aus Russland.

Schon vor 2009 führte die Otto-Benecke-Stiftung in Zusammenarbeit mit Migrantenorganisationen als Partner Bildungsprojekte durch. Zu nennen sind hier das Jugendprojekt »Magdeburg goes Vietnam« 2001, gefördert vom BMFSFJ, realisiert in Kooperation mit dem deutsch-vietnamesischen Freundschaftsverein Magdeburg und der Caritas Magdeburg, in dem es – dem damaligen Trend entsprechend – um den Abbau von Vorurteilen einheimisch deutscher Jugendlicher gegenüber vietnamesischen Mitbewohnerinnen und Mitbewohnern in der Stadt und damit um die nachhaltige Verbesserung der öffentlichen Wahrnehmung der ethnischen Gemeinschaft ging.

Die Weiterbildung der jeweils im vierjährigen Rhythmus aus der Türkei abgeordneten Imane sowie der Vorsteher islamischer Gemeinden war Gegenstand eines Kooperationsprojekts der OBS mit der Türkisch Islamischen Union der Anstalt für Religion (DITIB), das 2004/2005 in Hessen (gefördert durch das BMJ) und 2008/2009 in Niedersachsen (gefördert aus Landesmitteln) stattfand. Inhalte der Weiterbildung waren u. a. das Sozial- und Bildungssystems in Deutschland, Fragen der beruflichen Bildung, Treffen mit Vertretern aus verschiedenen gesellschaftlichen Bereichen und aus der Arbeitswelt mit dem Ziel, die Imame und Gemeindevorsteher darauf vorzubereiten, die Mittlerfunktion zwischen den deutschen Institutionen und den muslimischen Familien übernehmen zu können.

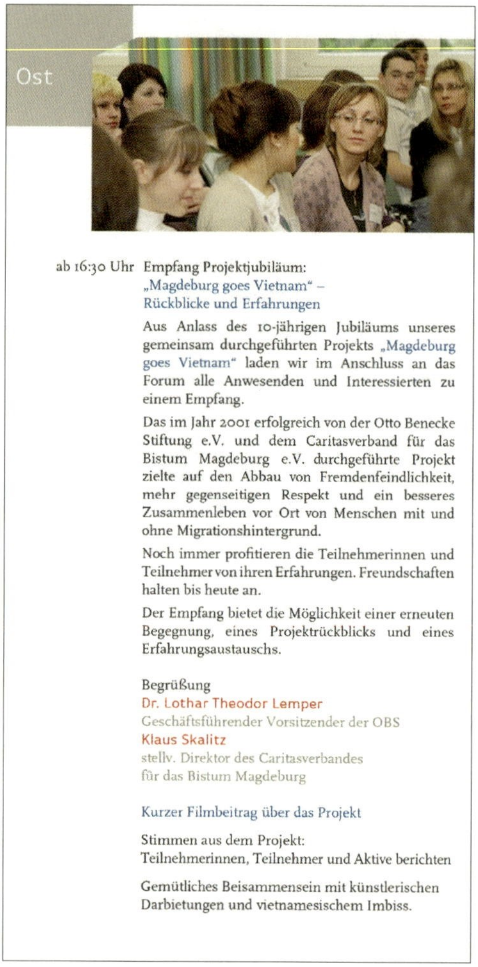

Quelle: Ausschnitt aus dem Flyer »Regionales Integrationsforum Ost«, 2012, S. 3

Aus den gemeinsamen Aktivitäten, die deutsch (Max Matter) und türkisch (Rafet Öztürk, Ismail Altıntaş, Bekir Alboğa) wissenschaftlich begleitet wurden, ist ein in beiden Sprachen veröffentlichter Materialband entstanden, der sich den Themen Einwanderung allgemein, der Bildung und Erziehung, der Jugendarbeit und Jugendsozialarbeit, der Berufs- und Arbeitswelt und den Medien widmet.[7]

Zeitgleich wurde 2007/2008, wiederum in Hessen, in Zusammenarbeit mit der Türkisch-Deutschen Gesundheitsstiftung und gefördert vom Bundesamt für Migration und Flüchtlinge (BAMF) ein Projekt entwickelt mit dem Ziel, die

---

7   Siehe auch URL: http://www.obs-ev.de/projekte/abgeschlossene-projekte/nachholende-integration/imame-in-deutschland/ (letzter Aufruf: 31.122014)

Potenziale der Moscheevereine als Akteure der Integration in den Mittelpunkt zu stellen und die dort tätigen Imame, andere Funktionsträger und vor allem auch engagierte Frauen in den Vereinen anzusprechen und zu qualifizieren. Es ging dabei auch und insbesondere um die Einbeziehung der muslimischen Frauen als Verantwortliche für die Erziehung und Bildung der Kinder. Im Rahmen dieses Projektes wurden 2008 ein unter dem Titel »Moscheevereine als Akteure der Integration. Module für Seminare« in Deutsch erschienenes Handbuch in Datei-Form veröffentlicht[8]. Thematisch ist es breit angelegt; es umfasst 14 Module: Die rechtlichen und politischen Rahmenbedingungen der Bundesrepublik Deutschland (Modul 1), die politische Partizipation von Migrantinnen und Migranten (Modul 2), vor allen unter dem Gesichtspunkt der Eingliederung und der Teilhabe auch der Migrantenorganisationen im kommunalen (und lokalen) Bereich (Modul 3), Fragen der Gleichberechtigung von Mann und Frau und der Geschlechterrollen unter Berücksichtigung von Themen wie z. B. häusliche Gewalt und nicht geglückte Integration bezogen auf Gewalt- und Suchtphänomene unter Kindern und Jugendlichen (Modul 4 und 5), Fragen von Bildung und Erziehung insbesondere die Erziehungskompetenz von Eltern (Modul 6), die Erziehung der Kinder im Alter von 0 bis 3 Jahren (Modul 7), im Kindergartenalter von 3 bis 6 Jahren (Modul 8), Fragen der Sprachentwicklung und Zweisprachigkeit (Modul 9), der Besuch der Grundschule (Modul 10), der weiterführenden Schule (Modul 11) und der Förderschule (Modul 12), ferner der Übergang in die Berufsausbildung und in die Beschäftigung (Modul 13) oder in eine Hochschule (Modul 14). Alle Themen berücksichtigen die spezifischen Bedingungen von Familien mit Migrationshintergrund, enthalten Hinweise für Moscheegemeinden, wie diese die verschiedenen Themen in die Gemeindearbeit einbringen können sowie Folien und PowerPoint-Präsentationen in Deutsch und Türkisch zur Unterstützung der Referentin bzw. des Referenten oder der Moderatorin bzw. des Moderators.

Die OBS – »eine unverzichtbare Einrichtung in der Integrationsarbeit. Die Stiftung ist aus unserer Zivilgesellschaft nicht wegzudenken.«

(19.12.2014, Guntram Schneider (SPD), seit 2010 Minister für Arbeit, Integration und Soziales, NRW)

---

8   Siehe Projektbeschreibung URL: http://www.obs-ev.de/projekte/abgeschlossene-projekte/nachholende-integration/moscheevereine/ (letzter Aufruf: 29.12.2014).

Ursula Boos-Nünning/Yasemin Karakaşoğlu/Hans H. Reich

Die Neupositionierung in der Zusammenarbeit mit Migrantenorganisationen

2009 sind zwei Projekte begonnen worden, die auf dem veränderten Verständnis der Zusammenarbeit zwischen der OBS und Migrantenorganisationen beruhten. Das von 2009 bis 2011 durchgeführte bundesweit angelegte Projekt »Migranten-Eltern-Lotsen für demokratisches Verhalten zugewanderter Jugendlicher in Schule, Ausbildung und Beruf« (MIGELO) war Teil des Xenos-Programms des Europäischen Sozialfonds (ESF) und wurde darüber hinaus wesentlich von der Bundeszentrale für politische Bildung und den beiden Bundesministerien für Arbeit und Soziales sowie Familie, Senioren, Frauen und Jugend gefördert.[9]

Das Vorhaben wurde in Partnerschaft mit PHOENIX-Köln e.V. verwirklicht. Angestrebt wurde die Stärkung des bürgerschaftlichen Engagements russischsprachiger Jugendlicher aus der ehemaligen Sowjetunion durch Weiterbildung ihrer Eltern zu Bildungslotsen. Eltern und eventuell auch Großeltern sollten ihre Kinder oder Enkelkinder vor allem im Übergang von der Schule in die berufliche Ausbildung unterstützen. Das Projekt setzte einerseits auf eine Mischung aus Schulungen von Elternvertreterinnen und -vertretern und eng damit verknüpften praktischen Vorschlägen zur Umsetzung des Gelernten vor Ort durch regelmäßige lokale Bildungsmaßnahmen und andererseits auf regelmäßig veranstaltete Elternkongresse, die der Stärkung der lokalen und bundesweiten Vernetzung und dem fachlichen Austausch der neu entstandenen Initiativen dienten. Teile des Projektes haben inzwischen Eingang in den Nationalen Integrationsplan bzw. den Nationalen Aktionsplan gefunden, so dass Hoffnung auf eine nachhaltige Verankerung auf Bundesebene besteht (siehe Bärsch 2012, S. 96).

Der Kooperationspartner, das Kultur- und Integrationszentrum PHOENIX-Köln e.V., ist eine Migrantenorganisation für russischsprachige Einwanderfamilien. Organisationen und Vereine entstanden in den letzten 15 Jahren nach der dritten großen Welle der Migration aus den Ländern der ehemaligen Sowjetunion in den 1990er Jahren. Die ersten Zentren und Organisationen wurden zum größten Teil von Pädagogen und Pädagoginnen gegründet und entwickelt, die nach Deutschland eingewandert sind und deren pädagogische Abschlüsse häufig nicht anerkannt wurden. Sie haben die Rechtsform des Vereins für sich entdeckt, um in den jeweiligen Zentren, für Kinder, Jugendliche, Eltern und Familien mit Entwicklungs-, Bildungs-, Kultur-, Sport-, Aufklärungs- und Nachhilfeangebote zur Verfügung zu stellen. Unter Einbeziehung von 15 Städten und Landkreisen in 7 Bundesländern wurden sechs Elternkongresse, 24 Wochenendseminare und 90 lokale Bildungsmaßnahmen gemeinsam durchgeführt, durch die insgesamt mehr als 3.600 Teilnehmer und

---

9   URL: http://www.obs-ev.de/projekte/abgeschlossene-projekte/migelo/ergebnisse-des-projekts-migelo/(letzter Aufruf: 12.12.2014).

Teilnehmerinnen angezogen wurden. Während der Projektlaufzeit wurde der Bundesverband russischsprachiger Eltern (BVRE) gegründet, der sich für die weitere Professionalisierung der Elternarbeit einsetzt.

Im gleichen Zeitraum 2009 bis 2011 wurde das vom BAMF finanzierte Projekt »Partizipation von Migrantenorganisationen zur Verbesserung der Bildungs- und Jugendarbeit (PARTIMO)« als Kooperationsvorhaben der Otto Benecke Stiftung mit dem Verband der Islamischen Kulturzentren (VIKZ)[10] durchgeführt. Der Moscheeverband mit deutschlandweit ca. 300 Gemeinden bot und bietet Familien überwiegend mit türkischem Migrationshintergrund religiöse Dienste an, ist aber parallel auch in der Bildungs- und Jugendarbeit engagiert. In den lokalen Gemeinden – den Vereinen für Integration und Bildung – werden Hausaufgabenhilfe und Freizeitaktivitäten mit Kindern und Jugendlichen angeboten.

Der Antrag für PARTIMO wurde gemeinsam gestellt. Auf der fachlichen Ebene erwartete der VIKZ von der Unterstützung durch die OBS eine Professionalisierung seiner Bildungs- und Jugendarbeit mit dem Ziel, die Bildungschancen der Jugendlichen zu stabilisieren, sie zur Selbstbestimmung zu befähigen sowie ihre soziale Integration und gesellschaftliche Partizipation unter Einbeziehung der Eltern zu fördern. Schwerpunktmäßig sollte die Hausaufgabenhilfe in Richtung eines systematischen, nachhaltigen Förderunterrichts entwickelt werden. Ebenso wichtig, wenn auch weniger pädagogisch ausgerichtet, war das Bestreben, den VIKZ in die Akquisition und Verwaltung öffentlicher Mittel einzuführen.

Auf Seiten der OBS stellte die Aufgabe, integrationsfördernde Jugendarbeit aus der Praxis einer Migrantenorganisation heraus zu entwickeln, eine Herausforderung dar, die für die im Projekt involvierten Mitarbeiterinnen und Mitarbeiter zu einem anhaltenden Lernprozess mit vielen neuen Erkenntnissen führte. Die persönlichen Kontakte und die Gespräche mit Jugendlichen, die in die Bildungs- und Freizeitaktivitäten einer muslimischen Organisation eingebunden waren – vor allem in Workshops, aber auch bei diversen Freizeitaktivitäten – erweiterten den Blick auf diese Gruppe in qualitativ bedeutsamer Weise. Diese Erkenntnisse sind dann auch in die anderen Kooperationsprojekte eingeflossen.

Zuerst zu nennen ist hier die Entwicklung eines Fortbildungskonzepts durch bzw. für Migrantenorganisationen. Nach einem Auftaktworkshop in Bonn im Jahr 2010 förderte das BAMF in 2011 eine Workshop-Reihe, die im Jahr darauf im Rahmen von entsprechenden Fortbildungsveranstaltungen für Migrantenorganisationen durchgeführt wurde: zunächst in Krefeld, anschließend in Kooperation mit MigraMundi in Rüsselsheim, Wiesbaden, Mainz und Bad Schwalbach sowie in Kooperation mit dem Migrations- und Integrations-

---

10 Weitere Informationen auf der Webseite des Projekts URL http://www.projekt-partimo.de (letzter Aufruf: 17.12.2014) oder auf den Webseiten der Partner: OBS und VIKZ.

rat Brandenburg (MIR) in Bernau und Frankfurt/Oder. Diese Weiterbildungseinheiten zur Qualifizierung und Professionalisierung der Funktionsträger wie auch der Aktiven in den Migrantenorganisationen waren von Anfang an aus dem Verständnis einer gleichberechtigten Partnerschaft heraus entwickelt worden. Die Wissensbestände und die Handlungskompetenzen, welche die Migrantenorganisationen aus ihrem Selbstverständnis und ihrer Nähe zu den ethnischen Gemeinschaften sowie aus dem großen ehrenamtlichen Engagement ihrer Mitglieder spezifisch als Ressource einbringen konnten, erhielten ebenso Raum wie die Thematisierung ihrer alltäglichen Schwierigkeiten, die aus den sich erst entwickelnden administrativen Kompetenzen und vor allem aus äußerst geringen finanziellen Spielräumen resultierten.

Konzeptionen, Inhalte, aber auch Methoden der Weiterbildungseinheiten wurden von der OBS und den jeweils beteiligten Migrantenorganisationen gemeinsam entwickelt und durchgeführt. Die Zahl der insgesamt mitwirkenden Vereine war beachtlich; beteiligt waren Vereine mit äußerst unterschiedlichem Aufgaben- und Interessenspektrum: Elternvereine und Vereine, die die Kinder in den Mittelpunkt der Arbeit stellen, auf bestimmte ethnische oder sprachliche Gruppen konzentrierte Vereine oder solche, die sich in ihrer Arbeit auf spezifische Themenbereiche konzentrieren, z. B. auf Gesundheit oder kulturelle Bildung. Insgesamt nahmen an dem Auftaktworkshop in 2010 17 und an der 2011 anschließenden Workshop-Reihe zur Konzeptentwicklung 22 Vertreter und Vertreterinnen verschiedener Migrantenorganisationen teil; die Fortbildungen nach diesem Konzept wurden von insgesamt 396 Personen besucht.

Begrenzter war die Zahl der Kooperationspartner in dem von 2011 bis 2014 durchgeführten Projekt »Bildungs-Brücken: Aufstieg«, gefördert von BMJSFJ, das sich das Ziel setzte, Eltern mit Migrationshintergrund, alleinerziehende Mütter und Väter und Familienangehörige mit Kindern von 0 bis 12 Jahren zu qualifizieren, die Bildungsverläufe ihrer Kinder zu begleiten und zu fördern. Dabei sollten ansonsten schwer erreichbare Eltern in Bildungsforen einbezogen werden, um ihnen die dafür notwendigen Kompetenzen zu vermitteln. Einbe-

Quelle: OBS. Elena Reifenröther (Phoenix, BVRE)(links) im Gespräch mit einer Teilnehmerin auf einer Veranstaltung des Projekts »Bildungsbrücken«

zogen als Kooperationspartner waren das Deutsch-Marokkanische Kompetenznetzwerk e.V. (DMK), die Föderation Türkischer Elternvereine in Deutschland e.V. (FÖTED), das Kultur- und Integrationszentrum PHOENIX-Köln e.V., die Türkisch-Islamische Union der Anstalt für Religion e.V. (DITIB) und der Verband der Islamischen Kulturzentren e.V. (VIKZ). Sowohl in Bezug auf die Herkunftsgruppen und -sprachen (türkisch, arabisch-marokkanisch und russisch) als auch in Bezug auf religiöse und kulturelle Verortung war das in dieses Projekt einbezogene Spektrum dennoch groß und heterogen, vor allem wenn berücksichtigt wird, dass eine mehrjährige intensive Zusammenarbeit stattfand. Die Mitsprache der Verbände wurde durch gemeinsame Sitzungen der Steuerungsgruppe und der von Seiten der fünf einbezogenen Verbände zuständigen Personen, vor allem aber durch die Zuordnung einer ganzen (DMK und PHOENIX) oder einer halben (FÖTED, DITIB und VIKZ) Mitarbeiterstelle in der Funktion der Bildungsreferentin bzw. des Bildungsreferenten gesichert.

In dem Projekt »Bildungs-Brücken: Aufstieg!« wurden in 455 Elternforen 7.115 Mütter und Väter (29 % der Teilnehmenden) erreicht, zu einem erheblichen Teil aus Familien mit geringer formaler Bildung und türkischen, marokkanischen oder russischsprachigen Hintergrund mit hohem Bedarf an Hilfestellung hinsichtlich der Erziehung und Bildung ihrer Kinder. Die Rekrutierung stellte eine der besonderen Leistungen des Projektes dar, das an 10 Orten in 7 Bundesländer durchgeführt wurde. Durch verbandsinterne wie -übergreifende Schulungen fand in inhaltlicher Hinsicht aber auch in der Didaktik und Methodik der Bildung von Eltern mit Migrationshintergrund ein Professionsschub der aus den Verbänden rekrutierten Moderatorinnen und Moderatoren statt, dem eine nachhaltige Wirkung zuzusprechen ist. Über das Projekt hinaus wirken wird das gemeinsam entwickelte Curriculum, für das nicht nur der thematische Rahmen entwickelt, sondern auch ein Handbuch, zu den drei Modulen verfasst worden ist, mit insgesamt 20 Texten und verschiedenen didaktischen Elementen. Durch die Entwicklung eiens speziellen Curriculums wurde die inhaltliche und didaktische Qualität der Elternforen deutlich erhöht und die Qualifizierung der beteiligten Pädagoginnen und Pädagogen in der Elternbildung erreicht.

Seit 2012 (gefördert bis 31.12.2014 vom BMFSFJ und der Bundeszentrale für politische Bildung) wurde in Kooperation mit PHOENIX-Köln e.V., Amaro Drom e.V. und der Stiftung Zentrum für Türkeistudien und Integrationsforschung – bei letzterer handelt es sich nicht um eine Migrantenorganisation – das Projekt »Junge Menschen mit Migrationshintergrund: Vielfalt und Teilhabe im Übergang Schule-Arbeitsmarkt (MIG•VITA)« durchgeführt. Inhaltlich zielt das Projekt auf die Stärkung der Teilhabechancen von Jugendlichen und beinhaltet die Entwicklung und Umsetzung präventiver Maßnahmen gegen Formen der Diskriminierung und Ausgrenzung in der Berufsbildung, auf dem Arbeitsmarkt und in der Gesellschaft. Das Empowerment der Migrantenorganisationen sollte sowohl Projektziel als auch Mittel zur Stärkung der Jugendlichen sein. Dieses Ziel sollte durch die Schaffung von attraktiven Bildungs- und Mitwirkungsangeboten für Jugendliche im Rahmen einer berufsnahen Jugendarbeit durch Migrantenorganisationen erreicht werden. Das Modellprogramm startete bundesweit mit Partnern in mehreren Städten, die vor Ort die entsprechenden Angebote für Jugendliche und neue Vernetzungen aufbauten. Es richtete sich an Jugendliche und junge Erwachsene mit russischem und türkischem Migrationshintergrund sowie an junge Sinti und Roma. Einen wichtigen Aspekt stellt die Qualifizierung von Multiplikatorinnen und Multiplikatoren von Migrantenorganisationen für die ausbildungsbegleitende und berufsbezogene Jugendarbeit dar. Ziel des Projekts ist die nachhaltige Erweiterung regionaler Strukturen im Bereich des Übergangs Schule – Berufsbildung, in dem Migrantenorganisationen als Akteure berufsbezogener Jugendarbeit, als Netzwerker zur Förderung von »Chancengleichheit in Bildung, Ausbildung und Beruf« und als Träger politischer Bildung im Themenfeld »Partizipation« qualifiziert und etabliert wurden.

Die Zusammenarbeit der an dem Projekt beteiligten Partner wurde dadurch gesichert, dass die operative Arbeit in einem gemeinsamen Projektbüro in Köln zusammengeführt wurde. Durch die gemeinsame Adresse für alle wurde eine einheitliche Außendarstellung erleichtert. Sämtliche Projektschritte (Themenfindungen in den Weiterbildungen, Wahl der Themen für lokale Foren der Vielfalt, Auswahl von Best Practice Beispielen, Rekrutierung der Dozenten und Dozentinnen, Ansprache der Vereine in den einzelnen Standorten u. a.m.) wurden gleichberechtigt von allen Partnern des Projektbüros konzipiert und umgesetzt. Die drei ethnischen Gemeinschaften führten jeweils annähernd die gleiche Anzahl von Foren der Vielfalt mit annähernd gleicher Teilnehmerzahl durch. Lediglich die konkreten Themensetzungen und die Wahl der Formate für die Bildungsveranstaltungen unterschieden sich je nach den lokalen oder kulturellen Besonderheiten sowie nach den zur Verfügung stehenden Ressourcen der örtlichen Vereine.

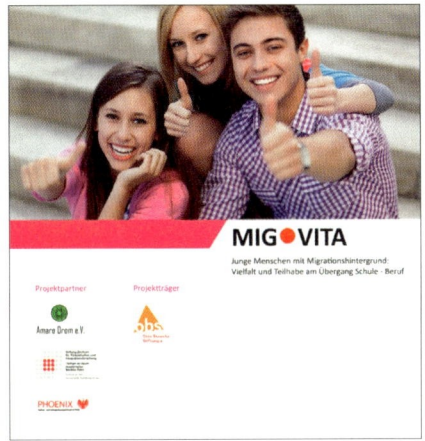

In den beiden zuletzt beschriebenen Projekten fanden – zunächst von der OBS unterstützt, im weiteren Verlauf nur noch moderiert – Prozesse gleichberechtigter Kooperation nicht nur zwischen den Verbänden und der OBS, sondern auch in Form einer interkulturellen Kooperation der Verbände untereinander statt: in den gemeinsamen Schulungen, beim Austausch über die lokalen Elternforen, bei der gemeinsamen Gestaltung der Jahres- oder Abschlusstagungen, in denen die Projektergebnisse der Öffentlichkeit

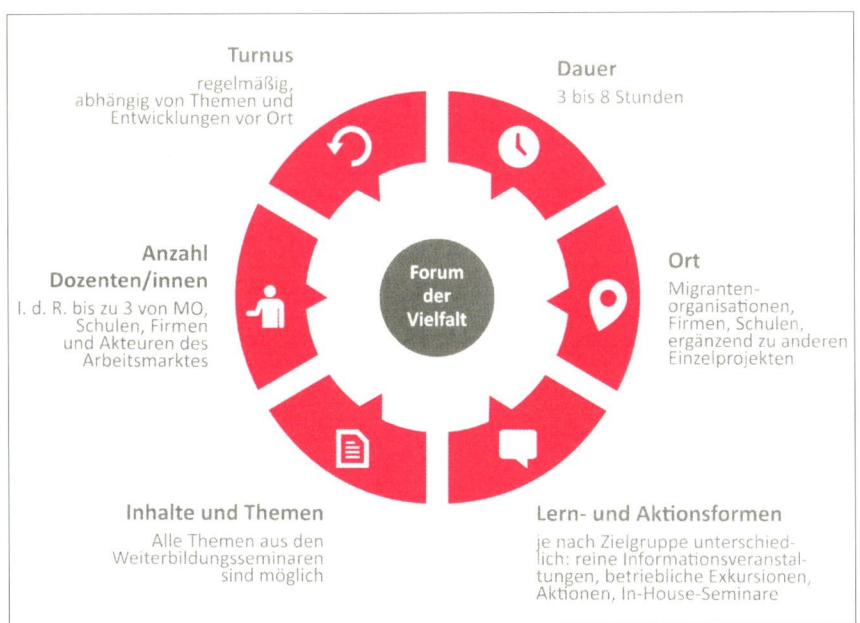

Quelle: MIG●VITA Projektbüro [Broschüre der Projektpartner 2013], S. 16

präsentiert wurden, und – im Falle von »Bildungsbrücken« – in der gemeinsamen Arbeit an dem Weiterbildungshandbuch für Eltern, das als ein Ergebnis der Zusammenarbeit präsentiert werden kann (siehe Boos-Nünning u. a. 2014). In beiden Projekten gelang es darüber hinaus, die Zielgruppe – in »Bildungsbrücken« die Eltern, in »MIG•VITA« die Jugendlichen – in die Kooperation einzubinden.[11]

Zusammenarbeit mit Migrantenorganisationen: Optionen und Stolpersteine

Im Zuge der Neuausrichtung der OBS in den Jahren 2009/2010 – in Reaktion auf die migrations- und integrationspolitischen Veränderungen[12] – wurden Probleme und Aufgaben in der jugend- und gesellschaftspolitischen Migrationsarbeit in den Mittelpunkt gerückt und die Zusammenarbeit mit den Migrantenorganisationen verstärkt. Beide Aufgabenbereiche hat die OBS zusammengeführt, indem sie mit den Migrantenorganisationen Möglichkeiten und Programme zur gesellschaftlichen und sozialen Integration junger Menschen mit Migrationshintergrund entwickelt hat und von Beginn an die Familien einbezogen und interkulturelle Begegnungen durch die Teilnahme ›einheimisch deutscher‹ Jugendlicher gefördert hat.

In einer Hinsicht musste sich die OBS nicht neu orientieren, denn Partizipation, Kompetenzorientierung, Zukunftsorientierung und Zusammenarbeit auf Augenhöhe waren schon früh kennzeichnend für ihre Arbeit. Ein Beispiel hierfür ist das Hochschulprogramm: Studierende, die sich selbst mit Sprachkursen und anderen Angeboten der Otto Benecke Stiftung ihren Weg zum Studium in Deutschland erarbeitet haben, geben ihre Erfahrungen an neu Zugewanderte weiter. Als Beraterinnen und Berater mit ähnlicher Biographie wie die zu Beratenden wirken sie als Erfolgsvorbilder für das Ankommen in der deutschen Gesellschaft. Auf Augenhöhe können sie zur Aufnahme eines Studiums ermutigen, bei der Überwindung von Einstiegsschwierigkeiten helfen und als studienbegleitende Ansprechpartner dazu beitragen, ein aufgenommenes Studium durchzuhalten und erfolgreich abzuschließen.

Auch die Auslandsprojekte, die die Otto Benecke Stiftung in Kooperation mit den jeweils ansässigen Organisation durchgeführt hat, wie z. B. das Empowerment-Projekt für Roma-Frauen in Rumänien, können als frühe Belege für ein partizipatives Projektmanagement genannt werden. Das »Forum Migration« hat sich ebenfalls immer wieder mit dem Thema Partizipation und Kooperation befasst, nachzulesen z. B. in Heft 13 der »Beiträge der Akademie

---

11 Informationen zu diesen Projekten sind auf der Webseite der OBS zu finden.

12 Siehe hierzu den Beitrag von Reich/Rohwedder im vorliegenden Band.

für Migration und Integration«; in den dort versammelten Beiträgen werden Ansätze der Partizipation mit Migrantenorganisationen theoretisch entwickelt und an Beispielen aus der Arbeit der OBS konkretisiert.

Es war also kein völliger Neuansatz, sondern eine Fortführung früherer Ansätze unter neuen Bedingungen, als die Otto Benecke Stiftung dann auch bei Inlandsprojekten direkte Kooperationen mit Migrantenorganisationen aufnahm. Ziel war es, das integrationsfördernde Engagement der Migrantenorganisationen zu unterstützen, ihre Arbeit zu professionalisieren und dadurch ihr ›Standing‹ in der Gesellschaft zunehmend zu verbessern. Dazu ist es notwendig, dass Migrantenorganisationen in der Lage sind, vorhandene Expertise zur Erreichung ihrer Ziele einzusetzen, sich über das Spektrum von Integrations- und Förderprogrammen zu informieren und ggf. Arbeiten der Antragsformulierung, der Projektorganisation oder der finanztechnischen Abwicklung zu delegieren. Als eine in der Konzeption und im Management von Integrationsprojekten ausgewiesene Fachorganisation war und ist die Otto Benecke Stiftung für die Übernahme solcher Arbeiten, einschließlich des Coachings von Projektverantwortlichen bei den Migrantenorganisationen, besonders geeignet.

Die politische und weltanschauliche Neutralität der OBS ist für die Akzeptanz eines entsprechenden Angebotes durch die Migrantenorganisationen ein wesentlicher Vorteil. Dass ihre Tätigkeit nicht auf die Anwerbung von Mitgliedern hin angelegt ist, stellt einen weiteren Vorzug dar, der Befürchtungen, es könnten konkurrierende Interessen im Spiele sein, nicht aufkommen lässt. Die

Stiftung kann ihre fachliche Arbeit am Ziel des Empowerments – der Entwicklung der Migrantenorganisationen zu ebenbürtigen Partnern in der Projektarbeit – ausrichten, ohne hierdurch eigene Interessen zu beeinträchtigen.

Die neuen Projekte setzten unterschiedliche Mittel ein, um ein gleichberechtigtes Engagement zu verabreden und einzuhalten:

In MIGELO wurde zwischen PHOENIX-Köln und der OBS eine gemeinsame Steuerungsgruppe eingerichtet, so dass alle wichtigen Entscheidungen gemeinsam gefällt werden konnten und mussten. Die Arbeitsteilung wurde ausdrücklich in der Form vereinbart, dass die OBS für die Antragstellung, die finanzielle Abwicklung und für die Qualitätssicherung zuständig und verantwortlich war, während PHOENIX-Köln bei der Festlegung der Seminarinhalte und bei der Berichterstattung federführend war. Letzterer oblag darüber hinaus der Aufbau von Kontakten zur Zielgruppe und sie war für die Umsetzung des Konzeptes wie auch für die Organisation und Durchführung aller Bildungsveranstaltungen zuständig. Für Differenzen in der Praxis und im Alltag des Projektes wurden Verfahren des Konfliktmanagements entwickelt und vereinbart; vor allem bei Fragen der Einhaltung der – wie es aus der Sicht der Migrantenorganisationen hieß – detaillierten Finanz-, Abrechnungs- und Dokumentationsregeln kam es zu Auseinandersetzungen. Die OBS forderte eine Anpassung an diese Regeln, eine Grundhaltung, die nach Auffassung der Mitwirkenden aus der Migrantenorganisation nicht dem Muster einer gleichberechtigten Partnerschaft entsprach. PHOENIX-Köln erwarb in der Projektzeit das notwendige Finanz- und ›Abwicklungs‹wissen und die OBS lernte, ihre Regeln ohne Aufgabe rechtlich-administrativer Grundsätze zu flexibilisieren. Die Diskussion um eine »angemessene Verpflegung« bei lokalen Bildungsveranstaltungen, um spärliche Honorare für nebenamtlich Tätige, denen eine besoldete hauptamtliche Position verwehrt blieb und denen auch keine Gratifikation, z. B. in Form nachweisbar erworbener professioneller Fertigkeiten angeboten wurde, stellten Konfliktlinien dar, die vor allem zu Beginn die Stimmung in dem Projekt belasteten. Durch die Einbeziehung der Migrantenorganisation in die Leitung konnten solche Fragen geklärt und das weitere Vorgehen gemeinsam entwickelt werden, ohne dass sich einer der Projektpartner zum Bevormunden des anderen aufgerufen fühlte. Das Projekt – so heißt es in der Selbstbeschreibung – »wurde im Laufe der Zeit operativ immer selbständiger von PHOENIX-Köln geleitet, während sich die OBS zunehmend auf die Qualitätssicherung und die administrativen Bereiche konzentrierte. Die Kooperation der beiden Organisationen verlief immer reibungsloser. Gelegentlich werden bei auftretenden Problemen zwar immer noch die alten Klischees ausgepackt – ›Deutsche‹ sind Bürokraten und regelverliebt, ›Russen‹ agieren chaotisch und rein nach Gefühl –, aber alle haben mittlerweile gelernt, dass es sich immer lohnt, genauer hinzusehen: Beide Seiten haben viel gelernt« (Bärsch 2012, S.103).

Ganz selbstverständlich verlief dagegen die partnerschaftliche Zusammenarbeit der OBS mit dem VIKZ im Projekt PARTIMO. Beide Partner waren sich ihrer ›Gewinne‹ von Anfang an bewusst: Die OBS erhielt erstmalig Zugang zu jugendlichen Zielgruppen innerhalb der muslimischen Gemeinschaft und bekam durch diese Zusammenarbeit mit einem bisher nicht erreichten Träger Gelegenheit, Erfahrungen hinsichtlich der Erweiterung ihrer Kooperationspartner zu sammeln und ihr Wissen in dem Themenbereich der partnerschaftlich verantworteten Bildungs- und Freizeitkonzepte zur Förderung der Integration junger Menschen mit Migrationshintergrund zu vertiefen. Dem VIKZ wurde der Kontakt zu deutschen Einrichtungen und aktuellen pädagogischen Konzepten in der Jugend- und Bildungsarbeit eröffnet sowie Zugang zu administrativen Kompetenzen geboten.

Auf dieser Grundlage wurde von beiden Seiten eine Kommunikation auf Augenhöhe nicht nur angestrebt sondern faktisch verwirklicht. Bei einer im öffentlichen Raum etablierten Einrichtung wie der OBS und einem in erster Linie auf religiös-seelsorgerische Belange orientierten muslimischen Verband wie dem VIKZ war dieses nicht selbstverständlich. Deshalb war die gegenseitige interkulturelle Öffnung eine wichtige Bedingung des Gelingens für beide Organisationen. Für alle Beteiligten, die Jugendlichen, die pädagogischen Kräfte, aber auch die Vertreter und Vertreterinnen der Organisationen war das Projekt PARTIMO in allen seinen Facetten eine Quelle ständiger Lernprozesse, bei denen die Partner wechselseitig voneinander profitierten.

In dem Projekt »Bildungs-Brücken: Aufstieg!« wurde die Gleichberechtigung der Partner dadurch auf einen festen Boden gestellt, dass den beteiligten Migrantenorganisationen innerhalb des Projekts eigene personelle Ressourcen zur Verfügung standen, die ihnen die Einrichtung von Projektstellen für Bildungsreferentinnen bzw. -referenten ermöglichten. Diese trafen sich regelmäßig mit den drei Bildungsreferentinnen der OBS zu Projektbesprechungen. Diese Konstruktion war jedoch nicht konfliktfrei. So wurde die Kommunikation zwischen der OBS und den Bildungsreferenten und Bildungsreferentinnen nicht immer als partnerschaftlich wahrgenommen. Denn anders als in Projekt MIGELO waren die Projektbeauftragten der Verbände nicht in die Steuerungsgruppe eingebunden. Vielmehr wurde die Steuerungsgruppe zu spezifischen Terminen und mit einer eigenen Tagesordnung um die Verbandsvertreter und -vertreterinnen erweitert. Der Wunsch enger an die Steuerungsgruppe angebunden zu sein, wurde bis zum Schluss des Projektes von allen Verbänden geäußert. Trotz äußerst positiver Bewertung der Zusammenarbeit im Einzelnen vor allem auf der Leitungsebene blieb es dabei, dass die Migrantenorganisationen die Zusammenarbeit sowohl auf der Ebene der Bildungsreferentinnen und -referenten wie auf der Leitungsebene nicht als eine Zusammenarbeit auf Augenhöhe wahrgenommen haben.

Bei MIG•VITA[13], dem Projekt, in das zwei Migrantenverbände und die

---

13 Die fünfsprachige Webseite des Projekts »Junge Menschen mit Migrationshintergrund: Vielfalt und Teilhabe im Übergang Schule – Beruf« ist erreichbar über die URL: http://www.migovita.de/home/ (letzter Aufruf: 17.12.2014).

Stiftung Zentrum für Türkeistudien einbezogen waren, wurde die Zusammenarbeit über das gemeinsame Projektbüro gesteuert. Eine gleichberechtigte Kooperation wurde mittels eines Prozesses ständiger Verhandlungen verwirklicht, in den die Migrantenorganisationen ihre eigenen Perspektiven und Ideen in gleicher Weise und mit gleichem Gewicht einbrachten wie die OBS.

Fazit und künftige Entwicklungen

Auf Augenhöhe begegnen
- wird durch eine gemeinsame Planung von Anfang an erleichtert, so wie sie in den Projekten MIGELO und PARTIMO gegeben war. Allerdings erleichtert die früh und deutlich vor Projektbeginn begründete Partnerschaft mit einer Migrantenorganisationen, wie sie in diesen beiden Fällen vorlag, eine solche Kommunikationsstruktur.
- braucht Strukturen wie eine gemeinsame Steuerungsgruppe oder ein gemeinsames Projektbüro, in denen ein Interessenausgleich auf Ebene der OBS und der Migrantenorganisationen auf ›höchster Ebene‹ gefunden werden kann und manchmal erst Schritt für Schritt erarbeitet werden muss.
- verlangt eine win-win Situation, die in allen Kooperationsprojekten der OBS auch aus der Sicht aller Partner gegeben war. Die OBS erwarb nicht nur einen Zugang zu den ethnischen Gemeinschaften der einbezogenen Migrantenorganisationen – keiner einheimisch deutschen Organisation wäre es möglich gewesen den Zugang zu so vielen Eltern und hier insbesondere Vätern zu finden – sondern sie wurde auch »gehört«, ihre Botschaften wurden aufgenommen. Die einbezogenen Migrantenorganisationen gewannen verwaltungstechnisches Wissen und strategische Kompetenzen, ein Projekt zu beantragen, zu gestalten und durchzuführen. Die Mitarbeiterinnen und Mitarbeiter beider Seiten lernten miteinander und voneinander.
- setzt spezifische Kompetenzen bei allen beteiligten Personen voraus. Die Kommunikation gelingt, wenn von Seiten der OBS organisatorisch und fachlich kompetente Bildungsreferentinnen und -referenten, ausgestattet mit interkultureller Kompetenz und möglichst auch mit Kenntnissen in den Sprachen, die in dem Projekt relevant sind, auf pädagogisch kompetente Bildungsreferentinnen und -referenten der Verbände, begleitet von längerfristig engagierten Moderatorinnen und Moderatoren, treffen.

Die OBS strebt an, mit weiteren Migrantenorganisationen längerfristige Kooperationen einzugehen, die der Vermittlung von professionellem Know-how bei der Durchführung konkreter Projekte dienen. Im Rahmen des gemeinsamen Projektmanagements begleitet und coacht die OBS die Projektdurchführenden, von der Antragstellung über die Finanzplanung, die Mittelverwaltung und die Abrechnung bis hin zur Analyse spezifischer Bedarfslagen und zur Erarbeitung entsprechender Handlungsempfehlungen für die praktische Umsetzung. Im Zuge dieser Arbeit werden, soweit gewollt, auch Grundkenntnisse des politischen Systems, der öffentlichen Verwaltung, der effektiven Vernetzung, der erfolgreichen Öffentlichkeitsarbeit und des Vereinsmanagements vermittelt.

Ein ebenso wichtiges Ziel künftiger Arbeit stellt dabei die Professionalisierung der mit allgemeinen pädagogischen Kompetenzen ausgestatteten Mitarbeiter und Mitarbeiterinnen aus den Verbänden dar. Die Einführung eines Curriculums und dessen Ausarbeitung bietet einen Ansatz zur Qualitätssicherung der Arbeit in den Elternforen und stellt gleichzeitig eine Maßnahme zur Qualifizierung des pädagogischen Personals dar. Die OBS nimmt dabei keine paternalistische Haltung im Sinne einer ›Schulung für Migranten‹ ein, sondern wird zusammen mit den Migrantenorganisationen direkt vor Ort agieren. Dabei sollen auch ethnien-übergreifende transkulturelle Kontakte entstehen, die zu weiterer Vernetzung von Migrantenorganisationen und öffentlicher Verwaltung führen und so zu einer interkulturellen Öffnung der Regelsysteme wie zur weiteren Professionalisierung der Migrantenorganisationen beitragen. In der Praxis wird sich zeigen, ob sich hierbei auch Synergieeffekte zwischen den Projektträgern ergeben, die von Zuwendungsgebern und Projektkunden als Bevorzugungsmerkmal wahrgenommen werden.

Über die Ausweitung des Modells ›Arbeitsteiliges Projektmanagement‹ könnte sich die Otto Benecke Stiftung zu einem Dienstleister für Migrantenorganisationen und für kooperative Integrationsprojekte entwickeln.

Literatur

Bärsch, Jürgen (2010): MIGELO Migranten-Eltern-Lotsen. In: Henry-Huthmacher, Christine/Hoffmann, Elisabeth (Hrsg.): Wie erreichen wir Eltern? Aus der Praxis für die Praxis, Sankt Augustin/Berlin: Konrad-Adenauer-Stiftung, 2.erw. Auflage, S. 238-247. URL: http://www.kas.de/wf/doc/kas_18646-544-1-30.pdf (letzter Aufruf: 17.12.2014).

Bärsch, Jürgen (2012): Von Tandem Duo. Erfahrungen einer neuen Form der interkulturellen Zusammenarbeit unterschiedlicher Organisationen. In: Krüger-Potratz, Marianne/Reich, Hans, H. (Hrsg.): Familien- und Jugendpolitik in der Einwanderungsgesellschaft, Göttingen: V&Runipress, S. 95–104.

BAMF (2010): Bundesamt für Migration und Flüchtlinge: Bundesweites Integrationsprogramm. Angebote der Integrationsförderung in Deutschland – Empfehlungen zu ihrer Weiterentwicklung, Paderborn. URL: http://www.bamf.de/SharedDocs/Anlagen/DE/Downloads/Infothek/Integrationsprogramm/bundesweitesintegrationsprogramm.html?nn=1367106 (letzter Aufruf: 17.12.2014).

Bericht der Unabhängigen Kommission »Zuwanderung« (2001): Zuwanderung gestalten – Integration fördern. Bericht der Unabhängigen Kommission »Zuwanderung«. Bonn. URL: http://www.bmi.bund.de/cae/servlet/contentblob/123148/publicationFile/9076/Zuwanderungsbericht_pdf.pdf (letzter Aufruf: 15.12.2014).

Boos-Nünning, Ursula (2004): Familienpolitik und Familienforschung in der Einwanderungsgesellschaft. In: Krüger-Potratz, Marianne (Hrsg.): Familien in der Einwanderungsgesellschaft. (=Beiträge der Akademie für Migration und Integration, Heft 8). Göttingen: V&Runipress, S. 21–21–38.

Boos-Nünning, Ursula (2011): Die Bildungsarbeit von Migrantenorganisationen – dargestellt unter besonderer Berücksichtigung der Aktivitäten der Gülen-Bewegung. In: Dies./Bultmann, Christoph/Uçar, Bülent (Hrsg.): Die Gülen-Bewegung zwischen Predigt und Praxis, Münster: Aschendorff, S. 191–215.

Boos-Nünning, Ursula u. a. (2014): Weiterbildungs-Handbuch für die interkulturelle Elternbildung, Bildungsbrücken: Aufstieg! Elternqualifizierung für bessere Bildungschancen in zugewanderten Familien, Bonn: Eigendruck der Otto-Benecke-Stiftung

Boos-Nünning, Ursula (2014): Was wurde durch das Projekt »Bildungs-Brücken: Aufstieg!« erreicht? Ziele, Methoden, Ergebnisse und Folgerungen aus den Begleituntersuchungen. Erste Auswertung August 2013 mit Fortschreibung bis Juli 2014 (unveröffentl. Manuskript).

Boos-Nünning, Ursula / Igün, Emra (2010): Gesellschaftliche und politische Partizipation von Frauen mit Migrationshintergrund. Ergebnisse einer Pilotstudie. In: Migration und Soziale Arbeit, Heft 1, S. 62–74.

Boos-Nünning, Ursula / Karakaşoğlu, Yasemin (2012), Partizipation von Jugendlichen mit Migrationshintergrund. In: Krüger-Potratz, Marianne/Reich, Hans, H. (Hrsg.): Familien- und Jugendpolitik in der Einwanderungsgesellschaft (=Beiträge der Akademie für Migration und Integration, Heft 12). Göttingen: V&Runipress, S. 53–78.

Boos-Nünning, Ursula/Öğütlü, Seyfi/Rummel, Peter/Neumann, Boris (2012): Eine gleichberechtigte Partnerschaft: Das Projekt PARTIMO – verstärkte Partizipation von Migrantenorganisationen. In: Krüger-Potratz, Marianne/Reich, Hans H. (Hrsg.): Familien- und Jugendpolitik in der Einwanderungsgesellschaft. Akzente – Analysen – Aktionen. (=Beiträge der Akademie für Migration und Integration, Heft 13). Göttingen: V&Runipress, S. 127–141.

Erler, Wolfgang (2004): Migrantenfamilien als Motor der Integration in der Einwanderungsgesellschaft – Bausteine für einen ressourcenorientierten Ansatz. In: Krüger-Potratz, Marianne (Hrsg.): Familien in der Einwanderungsgesellschaft. (=Beiträge der Akademie für Migration und Integration, Heft 8). Göttingen: V&Runipress, S. 49–71.

Halm, Dirk (2014): Stiftung Zentrum für Türkeistudien und Integrationsforschung. Evaluation des Projekts MIG●VITA. Junge Menschen mit Migrationshintergrund: Vielfalt und Teilhabe am Übergang Schule – Beruf. Evaluationsbericht, Essen (unveröff. Manuskript).

Horowitz, Tamar (1999); Von Zugewanderten zu Mitgliedern der Gemeinschaft: Juden aus der ehemaligen Sowjetunion in Israel. In: Reich, Hans-H./Bade, Klaus J. (Hrsg.): Migrations- und Integratinspolitik gegenüber »gleichstämmigen« Zuwanderern. (=Beiträge der Akademie für

Migration und Integration, Heft 3). Osnabrück: Universitätsverlag Rasch, S. 50–70.

Holl, Kurt (2005): »Amaro Kher« – ein Projekt für Roma Straßenkinder in Köln. In: Matter, Max (Hrsg.): Die Situation der Roma und Sinti nach der EU-Osterweiterung. (=Beiträge der Akademie für Migration und Integration, Heft 9). Göttingen: V&Runipress, S. 137–148.

Jagusch, Birgit (2011): Praxen der Anerkennung. »Das ist unser Geschenk an die Gesellschaft.« Vereine von Jugendlichen mit Migrationshintergrund zwischen Anerkennung und Exklusion. Schwalbach in Ts: Wochenschau Verlag.

KMK (10.10.2013): Gemeinsame Erklärung der Kultusministerkonferenz und der Organisationen von Menschen mit Migrationshintergrund zur Bildungs- und Erziehungspartnerschaft von Schule und Eltern. Beschluss der Kultusministerkonferenz vom 10.10.2013. (URL: http://www.kmk.org/fileadmin/pdf/PresseUndAktuelles/2013/2013-10-10-Gemeisame_Erklaerung-KMK-Migrantenverbaende-Schule-Eltern.pdf (letzter Aufruf: 15.12.2014).

Otero, José Sánchez (2004): Der Beitrag von sozialer Netzwerkbildung bei Migranteneltern zur Integration. Das Beispiel der spanischen Elternvereine. In: Krüger-Potratz, Marianne (Hrsg.): Familien in der Einwanderungsgesellschaft. (=Beiträge der Akademie für Migration und Integration, Heft 8). Göttingen: V&Runipress, S. 97–104.

OBS (1995): Otto Benecke Stiftung: 1965–1995. 30 Jahre Otto Benecke Stiftung. Beiträge zur Festveranstaltung am 30. November 1995. Bonn: Eigendruck.

Pries, Ludger (2010): Transnationalisierung. Theorie und Empirie grenzüberschreitende Vergesellschaftung. Wiesbaden: VB Verlag für Sozialwissenschaften.

Puskeppeleit, Jürgen/Thränhardt, Dietrich (1995): Vom betreuten Ausländer zum gleichberechtigten Bürger. Freiburg i.B.: Lambertus Verlag.

SVR (2014): Sachverständigenrat Deutscher Stiftungen für Integration und Migration: Migrantenorganisationen in der kooperativen Elternarbeit: Potenziale, Strukturbedingungen, Entwicklungsmöglichkeiten. Berlin: SVR GmbH.

Schäuble, Wolfgang (2006): Anforderungen an eine moderne Integrationspolitik, In: Bade, Klaus J./Hiesserich, Hans-Georg (Hrsg.): Nachholende Integrationspolitik und Gestaltungsperspektiven der Integrationspraxis. (=Beiträge der Akademie für Migration und Integration, Heft 11). Göttingen: V&Runipress, S. 11–20.

DITIB/OBS (o.J.): Türkisch Islamische Union der Anstalt für Religion e.V./Otto Benecke Stiftung e.V.: Projekt Imame in Deutschland – Programm für Dialog und Begegnung. Handreichung, Köln: OBS.

TDG Stiftung/OBS (o.J.): Türkisch-Deutsche Gesundheitsstiftung e.V./Otto Benecke Stiftung e.V.: Moscheevereine als Akteure der Integration. Module für Seminare (CD), o. O.

Zitzelsberger, Olga / Latorre, Patricia (2011): Frauen-Migrantenselbstorganisationen: Was sie von Frauenselbstorganisationen der Mehrheitsgesellschaft unterscheidet. In: Migration und Soziale Arbeit, Heft 3, S. 242–250.

Lothar Theodor Lemper

Nachdenken über Vordenken

I.

Stiftungen sind der geglückte Nachweis erfolgreicher gesellschaftlicher und damit entstaatlichter Übernahme öffentlicher Verantwortung. Sie verfügen über eine Rationalität, die es ihnen ermöglicht, die Innovationspotenziale der Gesellschaft immer wieder neu zu mobilisieren, eine verlässliche Fähigkeit zur Beherrschung kreativer Prozesse zu entwickeln und sich dem Wettbewerb um die richtigen Antworten und für die Erprobung neuer Wege zu stellen. Viele Zukunfts-Entwürfe stammen aus dem Bereich der immer größer werdenden Anzahl deutscher Stiftungen. Sie gewinnen ihre Kompetenz vor allem aus der Nähe zur Sache und ihrer Bereitschaft, die Wirklichkeit vorbehaltlos zur Kenntnis zu nehmen als Bedingung für ihre notwendige Veränderung. Ihre ideenpolitische Begründung liegt zudem in dem verfassungsrechtlich normierten Dualismus von Staat und Gesellschaft, der Anerkennung ihrer je eigenen Identitäten, ohne dabei die Verbindung zum staatlich verfassten Ganzen aufzugeben.

II.

Mit Fug und Recht darf die Otto Benecke Stiftung e.V. (OBS) für sich in Anspruch nehmen, seit ihrer Gründung im Jahre 1965 einen bedeutenden gesellschaftspolitischen Beitrag auf dem wichtigen Feld der Qualifizierung und Integration von Menschen mit Migrationshintergrund geleistet zu haben. Sie hat 50 Jahre lang systematisch und innovativ dieses schwierige Feld ›beackert‹. Für diese Aufgabe gab es in Deutschland – um im Bilde zu bleiben – nur selten länger anhaltende Schönwetterzeiten. Umso bemerkenswerter ist, dass die Qualifizierung und Integration von über 400 000 jungen Menschen als migrationspolitische Erfolgsgeschichte verbucht werden kann. Die OBS ist bis heute eine unideologisch agierende Werkstatt konkreter Willkommenskultur geblieben. Ihre in Deutschland, wie auch in vielen Ländern der Welt, erreichte Anerkennung erklärt sich mit ihrer Fähigkeit zu einer flexiblen Arbeitsweise. Die ihr übertragenen Projekte standen immer in der Balance von Beständigkeit und Leistungsaustausch – verbunden mit dem durchaus heilsamen Druck, gegenüber ihren verschiedenen Auftraggebern, allen voran gegenüber den Ministerien der Bundesregierung, Rechenschaft abgeben zu müssen.

Quelle: OBS, Foto: Hans-Theo Gerhards

Aktuell ist die OBS den Marktbedingungen stärker denn je unterworfen, sie steht in einer Wettbewerbssituation, die ihre Potenziale noch mehr herausfordert. Die OBS ist insofern – alles in allem – darauf vorbereitet, als sie immer wieder Zeit-Räume geschaffen hat, um die Gegenwartsprobleme im Bereich von Migration und Integration und darauf bezogene Konzepte und Maßnahmen zu reflektieren und neue Ansätze zu diskutieren: intern und vor allem öffentlich auf vielen Fachtagungen und Foren. Dieser Akt der öffentlichen Diskussion und des sich Einbringens in den öffentlichen Diskurs war nie mit der Absicht einer ritualisierten Selbstvergewisserung verbunden. Vielmehr galt er der konstruktiven Befassung mit signifikanten Fragestellungen jeweils aktueller und künftiger Integrationspolitik, der Analyse von Defiziten und den Überlegungen zu adäquat-funktionalen Alternativen. Von Vorteil war und ist, dass die OBS in gesellschaftlichen Netzwerken und im politischen Feld fest verankert ist; dies hat den Austausch fachlicher Erfahrungen bisher so fruchtbar gemacht. Ein aktuelles Beispiel hierfür sind die Verbindungen zu vielen Migranten-Organisationen.[1]

Die Tagungen der OBS waren immer auch ein wichtiger und nützlicher Treffpunkt mit bedeutenden Entscheidungsträgern, Fachvertretern relevanter Institutionen und Organisationen und mit Politikerinnen und Politikern, national wie international: z. B. mit dem Hohen Flüchtlings-

---

1 Siehe den Beitrag von Boos-Nünning/Karakaşoğlu/Reich im vorliegenden Band.

kommissar und Vertretern der Vereinten Nationen, mit Vertretern vieler anderer Flüchtlings- und Wohlfahrtsverbände, mit verschiedenen mit Migration und Integration befassten Organisationen, mit Botschaftern, Vertretern deutscher Hochschulen, Präsidenten von Bundesinstitutionen, Bundesgerichten, mit den höchsten Repräsentanten der großen Religionsgemeinschaften, mit zahlreichen Bundes- und Landesministern, unter ihnen z. B. mit Willy Brandt, Heinz Kühn, Gerhard R. Baum, Renate Schmidt, mit Armin Laschet oder Wolfgang Bosbach. Dass der verstorbene Bundespräsident Johannes Rau 2004 die OBS in die Villa Hammerschmidt nach Bonn einlud und Bundeskanzlerin Angela Merkel 2008 mehrere Stunden Zeit hatte, um sich ein Qualifizierungsprojekt der OBS in der Fachhochschule Magdeburg Stendal anzuschauen, unterstreicht die Bedeutung der OBS in besonderer Weise.

III.

In ihrer Geschichte hat die OBS unterschiedliche Tagungsformate entwickelt und erfolgreich umgesetzt. Ein Ausschnitt aus diesen Aktivitäten wird im Folgenden vorgestellt; ausgewählt wurden Tagungen aus den Jahren 1978 bis 1989 zu damals (wie heute) aktuellen Themen: Menschenrechte und Flüchtlingsproblematik, Ausbildungsprogramme für Migrantinnen und Migranten aus sog. Entwicklungsländern, die in der Bundesrepublik Deutschland studierten, weil sie wegen ihrer politischen Anschauung, ihrer Volkszugehörigkeit oder ihrer Zugehörigkeit zu einer sozial benachteiligten Gruppe in ihrem Heimatland keine Ausbildungschance hatten, Integration von Aussiedlerinnen und Aussiedlern sowie ausländischen Zugewanderten und Strategien für eine größere Akzeptanz der Folgen von Migration in der Aufnahmegesellschaft, d. h. Fragen interkulturellen Lernens, zentrale Probleme des Asylgrundrechtes und der Genfer Flüchtlingskonvention, neue Formen der Hochschulbildung für Studenten aus der Dritten Welt u. V. m.

IV.

1978: Begrenzte Menschenrechte für Flüchtlinge[2]

Flucht und Vertreibung von Menschen gehören durch alle Jahrhunderte zu den gravierenden Menschenrechtsverletzungen. Notwendig sind Initiativen, um auf diese Unrechtssituation aufmerksam zu machen und Vorschläge zu ihrer

---

2   Die Beiträge der Tagung sind dokumentiert in OBS/Begrenzte Menschenrechte 1979.

Milderung zu erarbeiten. Auch die OBS hat hierzu zu verschiedenen Zeiten entsprechende Initiativen, basierend auf ihren Erfahrungen, entwickelt[3]. Der Deutsche Bundestag hatte am 23. Juni 1978 einen Entschließungsantrag verabschiedet, bei dem es um Hilfen für diejenigen Schutzsuchenden aus Bürgerkriegs- und anderen Krisengebieten ging, die nicht asylsuchend im engeren Sinne waren, denen aber vorübergehende Hilfe nach den allgemeinen Vorschriften des Ausländerrechts gewährt werden sollte. Im gleichen Jahr fand eine Tagung der Vereinten Nationen und der OBS mit einer Vielzahl renommierter Referenten statt. Gegenstand der Analyse und Diskussion war die Frage, welchen Beitrag Organisationen wie die Otto Benecke Stiftung leisten (können und müssen), um Flüchtlinge zu integrieren. Anwesend waren unter anderem von Seiten der Vereinten Nationen, Luigi Cottafavi, aus der deutschen und internationalen Politik Klaus Schütz, Andreas von Schoeler, Rüdiger von Wechmar, William J. van den Heuvel, aus der Justiz Prof. Dr. Walther Fürst und aus der Wissenschaft Dr. Michael Wollenschläger.[4]

Die OBS – und mit ihr viele Organisationen – zeigten sich letztlich enttäuscht, dass trotz vieler Erklärungen wirkliche Hilfen nicht zur Verfügung standen und die Art und Weise, wie die Verfahren ›abgewickelt‹ wurden, eher Probleme denn Lösungen schaffte. »Ich denke hier besonders an die zahlreichen jugendlichen Flüchtlinge aus der Dritten Welt, denen alle Möglichkeiten einer Aus- oder Weiterbildung verweigert werden und die damit gezwungen sind, ein ›Gammeldasein‹ zu führen. Das Asylverfahren darf nicht der alleinige Schutz vor Ausweisung für die Flüchtlinge aus Kriegs- und Spannungsgebieten bleiben«, so Wolfgang G. Beitz (1979, S. 9) in seinem Beitrag. Luigi Cottafavi kritisierte, dass

> »[O]ffen bleibt, was mit jenen Flüchtlingen geschehen soll, die nicht aus politischen Gründen, sondern vor dem Hunger fliehen. Kann man denen, die in ihrem Heimatland trotz aller Bemühungen keine Existenzmöglichkeiten mehr finden, die für sich, ihre Familien, ihre Kinder vor allem, einen Ort suchen, an dem sie leben

---

3   Zu diesen Erfahrungen der OBS in unterschiedlichen Bereichen siehe die Beiträge von Reich/Rohwedder, Barthelt/Oltmer/Weyhenmeyer und von Matter im vorliegenden Band.

4   Luigi Cottafavi war zu diesem Zeitpunkt stellvertretender Generalsekretär und Generaldirektor der Vereinten Nationen, Richard Becker Intendant der Deutschen Welle, Andreas von Schoeler Parlamentarischer Staatssekretär des Bundesministers des Inneren. Klaus Schütz war bis 1977 Regierender Bürgermeister von Berlin, 1978 war er deutscher Botschafter in Israel, Rüdiger von Wechmar war deutscher Botschafter bei den Vereinten Nationen, New York, und William J. van den Heuvel Botschafter und Ständiger Vertreter der USA bei den Vereinten Nationen in Genf. Dr. Walther Fürst war Präsident des Bundesverwaltungsgerichts, Berlin und Hochschullehrer. Der Rechtswissenschaftler Dr. Michael Wollenschläger und spätere Professor für Öffentliches Recht an der Universität Würzburg gehörte außerdem seit 1995 dem Fachbeirat der OBS an. Die Referenten kamen aus den Politikfeldern Arbeit, Recht, Politik.

> können – kann diesen, von der Verzweiflung getriebenen und vertriebenen Menschen wirklich unsere humanitäre Hilfe versagt bleiben, einfach, weil sie ›nur‹ Flüchtlinge aus Not sind?« (Cottafavi 1979, S. 16).

Andreas von Schoeler setzte sich in seinem Beitrag aus der Sicht des Bundesinnenministeriums mit der humanitären Hilfe für Flüchtlinge in der Bundesrepublik Deutschland auseinander. Er verwies darauf, dass es eben nicht nur um politische Verfolgte nach Artikel 16 GG gehe. Oftmals spiele für die Migrations- bzw. Fluchtentscheidung die Wirtschaftskraft eine wesentliche Rolle, die anderswo gegebenen günstigen sozialen Bedingungen und die Freiheit der Lebensformen.

> »Teils vermitteln Schleuserorganisationen gegen Honorar die Einreise. Hier sind gewissenlose Geschäftemacher am Werk, die ihre Landsleute anschließend unter Druck setzen, um sich einen Anteil an dem Arbeitsentgelt oder an der Sozialhilfe ihrer Schützlinge zu sichern« (von Schoeler 1979, S. 80).

Vor diesem Hintergrund forderte er eine Verfahrensbeschleunigung hinsichtlich der Verfolgungsgründe, Möglichkeiten der Einschränkung von Berufungen gegen Urteile des Verwaltungsgerichts, eine bessere Qualifizierung von wichtigen Entscheidungsträgern im Bundesamt Zirndorf und Zentralisierung von bisherigen örtlichen Zuständigkeiten von Verwaltungsgerichten. Für eine Verkürzung des Verfahrens plädierte ebenso aus rechtlicher Sicht Walter Fürst; er betonte, dass eine Verkürzung nicht Begrenzung des Rechtsschutzes bedeuten müsse, sondern das Gegenteil: die Gewährung eines effektiveren Rechtsschutzes und er fügte hinzu, dass das eigentliche Problem jedoch weder durch das Grundgesetz noch durch eine Beschleunigungsnovelle zu lösen sei, denn:

> »Was geschieht mit denen, die ehrlicherweise sagen, mir geht es zu Hause schlecht. Ich werde zwar nicht verfolgt, es will niemand was von mir, aber ich kann dort nicht leben. Das Problem ist nicht gelöst« (Fürst 1979, S. 175).

Ein weiteres und durchaus auch strittiges Thema war die Unterbringung der Asylsuchenden (Art. 16 GG) wie auch der »Wanderflüchtlinge« (außerhalb von Art. 16 GG). Die Gemeinden bekämen diese Flüchtlinge »aufs Auge bedrückt«, kritisierte Guido Zurhausen vom nordrhein-westfälischen Landesflüchtlingsamt (1979, S. 192) und weiter:

> »Da wird eine Stadt wie Duisburg also in diesem Jahr 200 bis 300 Asylbewerber aufnehmen müssen. Was machen sie denn mit denen? Wenn sie jetzt wieder in ein Bergarbeiterwohnheim, das ausgelaufen ist, hineingesteckt werden, haben sie ein Lager, was wir alle nicht wollen. Auf jeden Fall wird die Last in erster Linie bei den Gemeinden und den Ländern liegen« (ebd.).

Ein anderer Diskussionspunkt war die Frage nach dem Zusammenhang von Arbeitsmarkt und Flüchtlingszuwanderung in die Bundesrepublik Deutschland. Der Vizepräsident des Landesarbeitsamtes Hessen, Werner Gemsjäger, erörterte die Notwendigkeit der (weiteren) Qualifizierung der Aussiedlerinnen und Aussiedler und der Etablierung entsprechender Förderungsmöglichkeiten – eine Aufgabe, die die OBS bekanntlich für Tausende von Aussiedlern übernommen hat. Denn, so Gemsjäger (1979, S. 217), »in Zeiten der Rezession (...) werden immer diejenigen zuerst arbeitslos, die beruflich am wenigsten qualifiziert sind. Davon sind dann auch diese Aussiedler betroffen«. Derzeit zeige sich jedoch, dass Aussiedler gut als Fachkräfte im gewerblichen Bereich zu vermitteln seien. Allerdings führten die Bestrebungen von Aussiedlerinnen und Aussiedlern, möglichst im größeren Familienverband bzw. in räumlicher Nähe von Bekannten zu bleiben, zu einer gewissen Konzentration in Ballungsräumen und damit zu »enttäuschten Hoffnung und Erwartungen mancher Arbeitgeber in ländlichen Bereichen« (ebd., S. 218). Auf dieser Tagung war das Plädoyer für eine freiwillige Rückkehr ausländischer Arbeitnehmerinnen und Arbeitnehmer in ihr Heimatland nicht zu überhören, verbunden mit der Forderung der Gründung von Arbeitnehmergesellschaften, die der wirtschaftlichen Fortentwicklung des Heimatlandes und der Wiedereingliederung der aus dem Ausland zurückkehrenden Arbeitnehmer zugute kommen sollte. Gemsjäger warnte allerdings zugleich vor einem »rigorosen Abbau« der Ausländerbeschäftigung. Bei normalem wirtschaftlichen Wachstum könne der Bedarf an Arbeitsplätzen auf weite Sicht ohnehin nicht allein aus dem inländischen Erwerbstätigenpotenzial gedeckt werden (ebd., S. 214).

Michael Wollenschläger, später für viele Jahre Präsident der Association for the Study of the World Refugee Problem (AWR), fasste die rechtlich-politischen Ergebnisse der Tagung »Begrenzte Menschenrechte für Flüchtlinge?« wie folgt zusammen; notwendig seien:
- die Einbeziehung der De-facto-Flüchtlinge in die Genfer Konvention,
- der Ausbau des Asylrechts im internationalen Recht zu einem Anspruchsrecht des Einzelnen,
- die liberale Handhabung des Asylrechts im nationalen Bereich,
- die Einrichtung einer Kontrollinstanz mit Befugnissen, um die Menschenrechte in allen Staaten zu verrechtlichen (Wollenschläger 1979).

1980: Praktizierte Humanitas[5]

Die Flüchtlingsmigrationen und die damit verbundenen Probleme und Tragödien erreichten in den 1980er Jahren einen Höhepunkt. Die Flüchtlingswanderungen waren dramatisch angewachsen. Etwa 11–13 Millionen Flüchtlinge gab es zur dieser Zeit weltweit (UNHCR-Refugee Update, Nr. 36 v. 14.8.1980). Allein in Somalia hielten sich eineinhalb Millionen Flüchtlinge aus Äthiopien auf, 800.000 von ihnen waren in Lagern untergebracht (UNHCR-Refugee Update, Nr. 32 v. 12.6.1980). In Pakistan hatte die Zahl der Flüchtlinge aus Afghanistan inzwischen ebenfalls die Millionen-Grenze überschritten (UNHRC-Refugee Update, Nr. 40 v. 17.10.1980)[6], weitere Flüchtlinge kamen in großer Zahl aus dem Tschad nach Kamerun, aus Indochina usw. – um nur einige der Kriegs- und Krisengebiete zu nennen. Das Problem wurde nur wenig abgemildert durch die Tatsache, dass – infolge des Wandels der politischen Verhältnissen in verschiedenen Herkunftsländern – Tausenden Flüchtlingen die freiwillige Heimkehr gelang.

Was blieb, waren die unbeschreiblich schlimmen menschlichen Schicksale, aber auch dies: Die Zufluchtsländer, die selbst zu den armen und ärmsten Ländern dieser Erde gehörten, hatten viele der Flüchtlinge aufgenommen, konnten aber die Last der Flüchtlinge häufig allein nicht mehr tragen. Sie bedurften der Hilfe der internationalen Gemeinschaft, der internationalen Solidarität (vgl. Henkel 1981, S. 306). Formen dieser Solidarität, eines regionalen wie überregionalen »Lastenausgleichs« unter den Staaten (»Principle of equal burden sharing«) waren u. a. Teil des diskutierten Fonds für dauerhafte Lösungen (»Fund for durable solutions« (Note of the Establishment of a Fund for Durable Solutions[7], zit. nach Henkel 1981, S. 307).

1980 stellte sich in Deutschland die Geschichte der Aufnahme von Flüchtlingen und Zuwandernden wie folgt dar: Direkt nach dem Zweiten Weltkrieg befanden sich ca. 12 bis 14 Millionen Flüchtlinge, Vertriebene, Kriegsgefangene und ausländische Zwangsarbeiterinnen und Zwangsarbeiter auf dem Gebiet der späteren Bundesrepublik und DDR; bis 1950 bzw. Anfang der 1950er Jahre war ein großer Teil mehr oder weniger gut versorgt bzw. repatriiert worden oder in andere Staaten ausgewandert. Von 1950 bis 1980 wanderten ca. 1 Mio Aussiedlerinnen und Aussiedler aus den osteuropäischen Staaten zu. Hinzu kamen – vor allem bis 1961 – Zuwanderinnen und Zuwanderer aus der DDR sowie Asylsuchende, letztere mehrheitlich aus der Türkei (70 Prozent), aber auch

---

5 Die Beiträge auf den Tagungen sind dokumentiert, siehe OBS/Praktizierte Humanitas 1981.

6 Die UNHCR Refugee updates Nr. 32, 36, 40 sind zit. nach Henkel 1981, S. 305, 306.

7 Siehe auch: Addendum the Report of the United Nations High Commissioner for Refugees A/34/12/Add.1, UNHCR Reports to General Assembly, 6 November 1979. URL: http://www.unhcr.org/3ae68c634.html (letzter Aufruf: 10.1.2015).

aus Äthiopien, Pakistan, Vietnam, Indien und Afghanistan. Auf dem nach dem Anwerbestopp (1973)›entlasteten‹ Arbeitsmarkt fanden viele der (anerkannten) eine Arbeitsmöglichkeit, vornehmlich in den Bereichen Gastronomie und Landwirtschaft. Darüber hinaus lebten 4,2 Mio. Ausländerinnen und Ausländer (sogenannte »Gastarbeiter«) in Deutschland; sie hatten hier eine vorübergehende, mehrheitlich jedoch eine definitive Heimat gefunden. Von ihren Kindern, etwas mehr als 1 Mio. unter 16 Jahren, war schon nahezu die Hälfte hierzulande geboren. Insgesamt lag Ende der 1970er Jahre der Anteil der ausländischen Bevölkerung an der Gesamtbevölkerung bei ungefähr 6,8 Prozent. Soweit einige Zahlen, um die Dimension der von der Bundesrepublik Deutschland zu erbringenden notwendigen Integrationsleistungen anzudeuten und damit zugleich das Feld, in dem auch die OBS tätig war.

Die OBS reagierte auf die mit der Flüchtlingszuwanderung für Deutschland wie international verbundenen Herausforderungen und den sie begleitenden kontroversen Diskussionen mit einer groß angelegten Tagung unter dem Thema: »Praktizierte Humanitas. Weltproblem Flüchtlinge – eine europäische Herausforderung«. Sie fand vom 30. Mai bis 1. Juni 1980 in Bergneustadt in Kooperation mit der Friedrich-Ebert-Stiftung e.V. statt. Initiatoren waren seitens der FES Wolfgang Roth (MdB/SPD) und für die OBS deren damaliger Generalsekretär Wolfgang G. Beitz. Die Liste der Referenten lässt erkennen, dass das Thema politisch hoch angesiedelt war. Es sprachen Heinz Kühn, ehemaliger Ministerpräsident des Landes NRW und von 1978 bis 1980 erster Ausländerbeauftragter der Bundesregierung, Wolfgang Zeidler, Vizepräsident des Bundesverfassungsgerichtes sowie Vorsitzender des Kuratoriums der OBS, Gerhard R. Baum (FDP), damals Bundesinnenminister, Willy Brandt (SPD), zu der Zeit auch Vorsitzender der Sozialistischen Internationalen sowie der Nord-Süd-Kommission, in deren Memorandum »Das Überleben sichern« (1980) auch die Flüchtlingsfrage in der Welt eine Rolle spielte und das Denk- und Tatanstöße in Ost- und West bewirken sollte. Als Referent nahm auch der Hohe Flüchtlingskommissar der UN, Poul Hartling, aus New York teil.

Heinz Kühn befasste sich mit der allgemeinen Situation der Flüchtlingstragödien in der Welt. Er forderte verbindliche Kriterien für die Ermittlung der Asylberechtigung und die Entscheidung, dass die finanzielle Zuständigkeit beim Bund liegen sollte.

> »Hier ist eine Aufgabe, die in Bayern nicht anders gelöst werden kann als in Nordrhein-Westfalen oder in Schleswig-Holstein. Hier muss es eine Bundeszuständigkeit geben und ›Vertrauenseinrichtungen‹[8], die durch ihre Nähe zu den Menschen und Nähe zu den Problemen zu einem gewichtigen Votum optimal qualifiziert wären« (Kühn 1981, S. 17).

---

8   Gemeint waren »Regionale Flüchtlingskomitees«, wie sie der damalige Generalsekretär des Deutschen Roten Kreuzes Schilling vorgeschlagen hatte.

Immer stand zugleich das Bekenntnis zur Unveränderbarkeit des grundgesetzlich verankerten Asylrechts im Vordergrund. Wolfgang Zeidler befasste sich mit dem Asylrecht als einklagbarer subjektiver Rechtsanspruch im Zusammenhang mit der Rechtsweggarantie in Artikel 19 Absatz 4 GG. »Beide Bestimmungen haben in den vergangenen Jahren dazu geführt, dass es zuweilen 5 Jahre und länger gedauert hat, bis über einen Antrag auf Anerkennung als Asylberechtigter entschieden war« (Zeidler 1981, S. 23). Damit sprach Zeidler ein Problem an, das sich immer deutlicher abzeichnete: 1980 lagen Anträge von ca. 200.000 Flüchtlingen vor, die es zu bearbeiten und zu entscheiden galt. Zeidler forderte eine Verkürzung der Instanzenwege und die dafür notwendigen weiteren Rechtsregelungen, dies auch angesichts der Tatsache, dass eine erhebliche Zahl von Flüchtlingen von internationalen Schlepperorganisationen und Menschenhändlerringen eingeschleust wurde. Aus seiner Sicht, so Zeidler, sei das Kriterium der politischen Verfolgung angesichts der derzeitigen realen Verhältnisse in der Welt einerseits zu eng und andererseits zu weit gefasst: »Es ist deshalb als Rechtsbegriff keine adäquate Reaktion mehr auf die ganze Wirklichkeit« (ebd., S. 24). Vor allem sei eine Verfahrensdauer mit letztlich erwartbarer Abschiebung inhuman und fördere eine jahrelange »persönlichkeitszerstörende[n] Gammelatmosphäre« (ebd., S. 25). Zeidler wendete sich in seinem Vortrag zugleich gegen jede Art von Dramatisierung.

> »Der Vergleich mit den Leistungen, die arme und ärmste Länder in Afrika und Asien mit der Aufnahme von Flüchtlingen laufend erbringen und die von unserem Land nach 1945 erbracht wurden, zeigt, dass ein wirtschaftlich so leistungsfähiges Land wie die Bundesrepublik Deutschland damit nicht überfordert ist« (ebd., S. 23).

Tatsächlich wurden in den 1980er Jahren in ausdrücklicher Anerkennung der Rechtsweggarantie des Artikels 19 Absatz 4 GG erhebliche Verkürzungen des Instanzenzuges erreicht sowie die Änderung der Kollegialgerichtspraxis entschieden. Dies hat damals in Deutschland nicht unerheblich zu migrationspolitischer Akzeptanz in der Bevölkerung beigetragen.

Über die Solidaritätsverpflichtungen Deutschlands – als Mitglied einer Staatengemeinschaft, in der Menschrechte Vorrang vor den Grenzen der Souveränität beanspruchen –, sprachen sowohl Gerhard R. Baum als auch Willy Brandt. Letzterer hob zudem die besondere Verantwortung Europas hervor und wies auf Glaubens- und Rassenkriege als neue Quelle von Flüchtlingsproblemen hin sowie auf einen wesentlichen demografischen Aspekt:

> »Die demografischen Perspektiven für die kommende Jahrzehnte lassen vermuten, dass es nur noch schwerer werden kann, solchen Notlagen abzuhelfen, wenn und solange das Prinzip des internationalen Lastenausgleichs nicht weltweit aner-

Quelle: OBS Handbuch 1976/77, S. 106.

kannt und die Asylgewährung und menschenwürdige Behandlung von Flüchtlingen nicht zu einer echten Sorge der internationalen Gemeinschaft werden« (Brandt 1981, S. 37).

Poul Hartling lobte in seiner Rede ausdrücklich die Arbeit der OBS für junge Flüchtlinge, besonders für diejenigen aus dem südafrikanischen Raum – zu diesem Zeitpunkt ein Arbeitsschwerpunkt der OBS auf der Grundlage einer guten und erfolgreichen Zusammenarbeit mit dem Auswärtigem Amt und dem Bundesministerium für wirtschaftliche Zusammenarbeit und Entwicklung (BMZ).[9] Als parteipolitisch unabhängige Organisation war die OBS geradezu prädestiniert; sie verfügte zudem über Kontakte zu wichtigen Persönlichkeiten in Südafrika, während die Bundesrepublik damals keine diplomatischen Beziehungen zu Südafrika unterhielt.

In den auf der Tagung gebildeten Arbeitskommissionen wurden zukunftsorientierte Empfehlungen erarbeitet, etwa zur Aufnahmepraxis im Ausland oder zu Problemstellungen in der Flüchtlingsarbeit oder auch hinsichtlich einer interessanten Variante ganzheitlich ausgerichteter Migrationspolitik. Norbert Burger, der Vertreter des BMZ, formulierte z. B.:

»Angesichts der sprunghaft gewachsenen Zahl von Armutsflüchtlingen und Arbeitsmigranten müsse der Staat sich fragen lassen, ob wir dieses Problem in der Bundesrepublik lösen wollten oder an Ort und Stelle, nämlich in den Quellenländern [sic. (…) Sinnvoll sei es, Kräfte in den betroffenen Ländern zu unterstützen, um dort die Notsituation langfristig zu bewältigen« (Burger 1981, S. 275).[10]

---

9   Siehe zur Arbeit der OBS in Südafrika den von Beitz (1992) herausgegebenen Seminarbericht: Vocational Training and Reintegration, insbesondere den Beitrag von Hrach 1992, S. 23–28. – Im vorliegenden Band finden sich nur vereinzelt Hinweise auf die Projekte der Arbeit der OBS in und mit Organisationen in den verschiedenen afrikanischen Ländern oder in Palästina; der zu diesem Tätigkeitsbereich vorgesehene Beitrag konnte leider nicht realisiert werden.

10 Es sei an dieser Stelle daran erinnert, dass diese ganzheitliche Vorgehensweise Jahre später in der Aussiedlerpolitik erfolgreich praktiziert worden ist, insbesondere mit der Übernahme des Amtes des Aussiedlerbeauftragten der Bundesregierung durch Jochen Welt (1998 bis 2004) – mit der Folge, dass eine nicht unerhebliche Zahl von potenziellen Aussiedlerinnen und Aussiedlern in Osteuropa geblieben sind. Siehe auch das Interview mit Welt und Koschyk und den Beitrag von Matter im vorliegenden Band.

1981: »Ausländische Mitbürger in der Fremde daheim? – Chancen der Massenmedien«[11]

1981 führte die OBS in Genf, in Zusammenarbeit mit dem Informationsdienst der Vereinten Nationen und der Bundeszentrale für politische Bildung, eine Tagung durch, in der es um die innenpolitischen Folgen von Zuwanderung und die Reaktionen seitens der einheimischen Bevölkerung ging. 1980/81 traten die Spannungen zwischen ›einheimischer Bevölkerung‹ und ›ausländischen Zugewanderten‹ deutlich zutage, und die Medien beschäftigten sich verstärkt, vielfach auch problemverstärkend mit diesem Thema. Daher bot sich die Thematisierung der Rolle der Medien in dieser Situation an und Genf, als Sitz des Hohen Kommissars der Vereinten Nationen für Flüchtlingsfragen und zahlreicher anderer internationaler Flüchtlingsorganisationen, war ein geeigneter wie auch attraktiver Tagungsort für Experten und Journalisten aus verschiedenen europäischen Ländern, um neue Möglichkeiten einer konstruktiv begleitenden Berichterstattung zu ausländerpolitischen Fragen und Ereignissen zu erörtern und über die Darstellung der zugewanderten Ausländerinnen und Ausländer in den Medien zu diskutieren. Zu diesem Zeitpunkt lebten in der Bundesrepublik ca. 4,6 Mio Ausländerinnen und Ausländer, darunter ca. 23.000 Flüchtlinge aus Südostasien, die im Rahmen nationaler Hilfsorganisationen aufgenommen worden waren. Ein Jahr vorher, 1980 hatten fast 50.000 Personen um Asyl nachgesucht. Vor dem Hintergrund einer sich verschlechternden Wirtschaftslage wurden Befürchtung laut, dass die ständige Zuwanderung von Flüchtlingen die Situation auf dem Arbeitsmarkt zusätzlich verschärfen könne. Die ablehnende Haltung richtete sich gleichermaßen gegen Kontingentflüchtlinge, Asylsuchende, sog. Wirtschaftsflüchtlinge wie auch gegen ausländische Arbeitnehmerinnen und Arbeitnehmer.

Die Erwartungen an die Tagung der OBS waren hoch; erwartet wurde, dass sie dazu beitragen werde, dass in diesem Rahmen – zumindest in Umrissen – eine neue Medienstrategie entwickelt würde, um Ausländerfeindlichkeit wesentlich abzumildern oder sie zumindest nicht weiter zu verstärken (siehe Ausländische Mitbürger 1982, S. 7). Es war damals ungewöhnlich und auch in gewisser Weise mutig, die Medien für das Entstehen von ablehnenden Stimmungen in der Bevölkerung (mit)verantwortlich zu machen und zugleich mit ihnen an einer Lösung zu arbeiten. Die Printmedien und das Fernsehen waren gut vertreten (u. a. das ZDF, Studio Bern, die Südwest Presse, dpa, die Süddeutsche Zeitung, die Badische Zeitung, die Kölnische Rundschau), aber auch Institutionen aus dem Bereich der Kommunikationswissenschaften, Parlamentarier und Vertreter verschiedener Behörden.

Einer der Referenten war wiederum Luigi Cottafavi, der damalige stellvertretende Generalsekretär und Generaldirektor der Vereinten Nationen Genf.

---

11   Die Beiträge der Tagung sind publiziert in: OBS/Ausländische Mitbürger 1982.

In seiner Begrüßung hat er, das soll in diesem Jubiläumsband nicht unerwähnt bleiben, die Arbeit der OBS besonders hervorgehoben:

> »Die OBS hat sich mit Engagement und großer Sachkenntnis der Betreuung vor allem jugendlicher Flüchtlinge gewidmet. Tausende von jungen Menschen – in den letzten Jahren zunehmend aus der Dritten Welt – verdanken es dem unermüdlichen Einsatz dieser Stiftung, dass sie eine ihren Fähigkeiten entsprechende Ausbildung und damit die Chance für ein menschenwürdiges Dasein erhielten. Im Rahmen ihrer Zusammenarbeit mit nationalen und internationalen Organisationen war die OBS immer bereit, zur Lösung der Flüchtlingsprobleme aktiv beizutragen.« (Cottafavi 1979, S. 10).

Heribert Vollmer, Stellvertretender Chefredakteur der WAZ, legte dar, dass die Lokalausgabe immer wieder über Projekte als Beispiele guter Zusammenarbeit mit ausländischen Mitbürgern berichte. Diese journalistischen Aktivitäten hätten z. B. dazu beigetragen, dass Gelsenkirchen als erste Stadt in der Bundesrepublik einen Ausländerbeirat eingerichtet habe. »Aber ich sehe auch, wie leichtfertig oft in Zeitungen die ganze Gruppe der Ausländer angeprangert wird.« (Vollmer 1982, S.71)[12]. Beklagt wurde auch, dass die Kommunikation zwischen Politikern und Organisationen einerseits und den Medienvertretern andererseits beträchtliche Mängel aufweise. Lösungen für dieses Kommunikationsproblem, so die Schlussfolgerung, sollten in einer Arbeitsgruppe aus Vertretern der Medien und der OBS erarbeitet und die Ergebnisse auf einem weiteren Kongress vorgetragen werden.

Liselotte Funcke, Staatsministerin a.D. und damalige »Beauftragte der Bundesregierung für die Integration der ausländischen Arbeitnehmer und ihrer Familienangehörigen« setzte sich in ihrem Vortrag vor allem mit der schulischen Bildung der jungen Flüchtlinge und den unterschiedlichen Lösungen des Bildungszugangs auseinander, auch dies ein für die Medien relevantes, nicht immer leicht zu durchschauendes Thema. Sie stellte die unterschiedliche Beschulungspolitik der Länder exemplarisch vor: Nationalklassen z. B. in Bayern, integrierte Beschulung in anderen Bundesländern. Sie betonte die Bedeutung des Erlernens der deutschen Sprache. Der mangelnde Schulerfolg ausländischer Kinder sei, so Funcke, auch eine Quelle für das Entstehen gesellschaftlicher Diskriminierungen (Funcke 1981). Ein anderes schulisches Problem sprach der Bürgermeister der Stadt Lüdenscheid, Jürgen Dietrich, an:

> »Wir haben 12% ausländische Arbeitnehmer in unserer Stadt. Der Anteil der Ausländer an den bis 5-Jährigen liegt bei 30%, an den 5–10 jährigen bei 26%. Wir haben die gleichen Probleme wie die Großstädte. Wir müssen eine einseitige

---

12 Siehe auch Frindte/Boehnke/Kreikenbom/Wagner 2011; empfehlenswert ist auch Bade 2013, Kap. 6.

Belastung unserer Grundschulen vermeiden. Die Ausländerfeindlichkeit wird auch dadurch geschürt mit dem entsprechenden Aufstand, wenn 16–17% ausländischer Kinder in den Grundschulen sind« (Dietrich 1981, S. 50).

1984: Hochschulbildung und ländliche Entwicklung[13]

Die 1984er Tagung war dem Thema Hochschulbildung und ländliche Entwicklung gewidmet und richtete sich an Studierende aus sog. Entwicklungsländern. Sie fand in Göttingen am Forschungs- und Studienzentrum der Agrar- und Forstwissenschaften der Tropen und Subtropen der Georg-August-Universität Göttingen statt und lief über eine ganze Woche. Bereits in den ersten Jahren des Wiederaufbaus der Bundesrepublik Deutschland hatte die damalige Landwirtschaftliche Fakultät Göttingen, die künftige Bedeutung der internationalen Betätigung im Agrarbereich und den Nutzen internationaler Beziehungen erkannt, nicht zuletzt aufgrund langjähriger Auslandserfahrungen der damals an ihr lehrenden und forschenden Wissenschaftler. Daher bestand dort eine intensive Zusammenarbeit von Land- und Forstwissenschaften mit Entwicklungsländern. 1984 kam jeder 7. Student des in Göttingen angebotenen fachlich entsprechenden Aufbaustudiums aus einem Entwicklungsland – Grund genug, um damalige wie ehemalige Stipendiaten der OBS zu einem fruchtbaren Gedankenaustausch mit Angehörigen des agrarwissenschaftlichen Fachbereichs zusammen zu bringen.[14]

Angesprochen wurden auf der Tagung vor allem Schwierigkeiten bei der Bewältigung der fachlichen Anforderungen in den Fachrichtungen Landwirtschaft oder Veterinärmedizin; es wurden Vorschläge gemacht, wie die Situation der OBS- Stipendiaten durch studienvorbereitende und -begleitende Beratung und organisierte Betreuung verbessert werden könnte. Im Zentrum der Tagung standen jedoch das Thema der Rückkehr und die Rolle der Rückkehrenden für den Entwicklungsprozess ihres Landes. In dieser Perspektive konzentrierten sich die Diskussionen auf die Phase nach dem Studienabschluss, die Organisation der Nachkontakte oder auch auf die Ausrichtung des Studiums und die Ausbildung für ein entsprechendes Berufsbild in den Entwicklungsländern, kurz: es ging um die Vorbereitung der Rückkehr und die Reintegration *als Teil* des Studiums (siehe Mai 1985, S. 33).

---

13   Die Beiträge der Tagung sind publiziert in: OBS / Hochschulbildung 1985.

14   Göttingen war darüber hinaus noch aus einem anderen Grund ein geeigneter, weil mit der Geschichte der OBS verbundener Tagungsort: Trude Benecke verbrachte nach dem Tode ihres Ehemannes Otto Benecke 1964 in Göttingen ihren Lebensabend, in der Stadt, in der Otto Benecke nach dem Zweiten Weltkrieg zeitweise Mitglied des Rates der Stadt gewesen war.

Wesentliche Ergebnisse dieser Tagung waren z. B. die Forderung nach einer breitangelegten, nicht zu stark spezialisierten Ausbildung, denn sonst, so die allgemeine Position, bestehe die Gefahr, dass die Fähigkeit zur »Gesamtschau« von Problemen und zur Kooperation mit anderen Fachwissenschaftlern durch eine zu frühe und zu weit betriebene Spezialisierung behindert würde. Dies zeige sich immer wieder in der täglichen Arbeit, wenn es um die Erarbeitung von praxisnahen Lösungsvorschlägen gehe (vgl. Kuhnen 1985, S. 67). Gefordert wurde auch, neben einer wissenschaftlichen Ausbildung, weitere praxisbezogene Angebote zu etablieren, z. B. längerfristig angelegte Ausbildungsprogramme für Bauern in Landwirtschaftsschulen, das heißt landwirtschaftliche und veterinärmedizinische Angebote analog zum dualen beruflichen Ausbildungssystem als Teil von Entwicklungshilfe. Identifiziert wurde ein doppeltes Problem: In der wissenschaftlichen Ausbildung sollte die Dominanz der Theorie zugunsten der Praxis und des Anwendungsbezugs verringert und zugleich sollte das Angebot einer »mittleren« Ausbildung in der Landwirtschaft etabliert werden (ebd., S. 68), um die erforderlichen Kompetenzen für die Wirksamkeit der Entwicklungshilfe und damit die Voraussetzungen für die Rückkehr der zur Ausbildung ins Ausland gegangenen ›Köpfe‹ zu schaffen.

> »Vorgefundene Verhältnisse, insbesondere die knappen Ressourcen, zwingen immer mehr Wissenschaftler aus der Dritten Welt nach ihrer Rückkehr, grundsätzlich andere oder angepasste Forschungsmethoden zu erarbeiten. Eine ›blinde‹ Übernahme gelernter Methoden sei (…) praktisch nicht möglich« (Kuhnen 1985, S. 69).

Sicherlich ein zutreffender Hinweis, der eine generelle, bis heute bestehende Problematik des Übergangs von der Ausbildung in eine berufliche Tätigkeit unterstreicht. Entwicklungspolitik, so ein ebenfalls wichtiges, nur scheinbar selbstverständliches Ergebnis dieser Tagung, dürfe sich nicht vorrangig an den entwicklungspolitischen Interessen Deutschlands orientieren. Stattdessen müsse die Entwicklung des jeweiligen Landes im Vordergrund stehen – eine Forderung, die weiterhin aktuell ist.

1984: Ökonomen in Entwicklungsländern[15]

Die zweite, in 1984 abgehaltene Tagung fand in Zusammenarbeit mit dem Zentrum für Technologische Zusammenarbeit der Technischen Universität Berlin statt. Die TU Berlin ist für die OBS ein ›geschichtsträchtiger‹ Ort, denn sie wurde dort am 22. Februar 1965 gegründet.[16]

---

15   Die Beiträge der Tagung sind publiziert in: OBS/Projekttätigkeit 1985.

16   Zur Geschichte der OBS siehe den Beitrag von Reich/Rohwedder im vorliegenden Band.

1984 war die Zahl der Ausbildungsbewerberinnen und Ausbildungsbewerber aus Entwicklungsländern, die unmittelbar in die Bundesrepublik Deutschland kamen und die wegen ihrer politischen Anschauung, ihrer Volkszugehörigkeit oder ihrer Zugehörigkeit zu einer sozial benachteiligten Gruppe in ihrem Heimatland keine Ausbildungschancen hatten, deutlich angestiegen. Zur Tagung eingeladen waren alle Stipendiatinnen und Stipendiaten aus sog. Entwicklungsländern, die ein Studium in den Fachrichtungen der Wirtschaftswissenschaften und Wirtschaftsingenieurwissenschaften absolvierten. Im Rahmen der Beratung und Betreuung dieser Stipendiaten hatte die OBS ein Jahr zuvor eine Reihe von Studienbegleit- und Reintegrationsmaßnahmen für verschiedene Fachbereiche durchgeführt und in diesem Kontext Probleme der Ausbildung in der Bundesrepublik Deutschland sowie die Frage der Umsetzung der erworbenen Kenntnisse in Berufssituationen in den Herkunfts- und Drittländern diskutiert (vgl. Kuhnen 1985).

Eine von der OBS initiierte Befragung ehemaliger Stipendiatinnen und Stipendiaten hatte ergeben, dass in der Berufspraxis in Entwicklungsländern vor allem die Befähigung zu ökonomischer Planung und die Methodik zur Durchführung und Bewertung von Projekten als ergänzende Qualifizierungsmaßnahmen als dringlich eingestuft wurden; gewünscht wurde daher eine ergänzende Feldkompetenz hinsichtlich der Frage der Projektarbeit, das heißt Angebote, zum Erwerb der Fähigkeit zur Entwicklung und Bewertung von Projektideen, zur Einschätzung der Realisierbarkeit von Projekten und zur Evaluation derselben sowie der Fähigkeit, darauf bezogen Folgerungen bezüglich des Anforderungsprofils an Ökonomen in Entwicklungsländern ziehen zu können. Weitere wesentliche Themen dieser Tagung waren die berufliche Reintegration im Heimatland, insbesondere die Anerkennung der im Ausland abgelegten Examina bzw. erworbenen Diplome – ein vielerorts gegebenes Problem.

Diese Kritik traf durchaus das im Ausbildungszyklus der OBS angebotene Berufsbild des »Ökonomen als Volkswirtschaftler in Entwicklungsländern«, das in den 1980er Jahren in der Tat mehr schwammig als klar umrissen war – ganz im Gegensatz zu dem Berufsbild der Ärzte, Lehrer, Juristen oder auch Betriebswirte. Nicht hinreichend klar war zu diesem Zeitpunkt z. B. der Begriff der Nationalökonomie und das Berufsbild Ökonom in den Entwicklungsländern selbst sowie die sich daraus ergebenden Defizite eines Ausbildungstransfers. Einer der Gründe dafür waren die deutlich unterschiedlichen sozio-kulturellen Verständnisse im Bereich der Makroökonomie (siehe hierzu z. B. Eucken 1971, S. 161). Die Referenten griffen diese Probleme auf, z. B. wiesen T.K. Chung und Guido Walz darauf hin, dass die »epigonenhafte Übernahme der im Westen entwickelten Theorien und Erkenntnisse (…) bisher den Ländern in der Dritten Welt mehr Schaden als Nutzen zugefügt« habe (Chung/Walz 1985, S. 16). Die OBS war deshalb bestrebt, hier Übersetzungshilfe zu leisten, und zu helfen, die im Studium relevanten Theorien und Wissensbestände mit Blick auf die Situation in den Entwicklungsländern ›umzudeuten‹.

Ein weiteres Defizit im Studienplan für Studierende der Ökonomie aus Entwicklungsländern, so die Analyse der OBS, war der fehlende, nicht auf die Situation in den Entwicklungsländern ausgerichtete Praxisbezug. Die Tätigkeitsbereiche von Verwaltung, Hochschule, Wirtschaft, Planungsbehörden, Politik und Beratungsinstitutionen erforderten ein breites Grundlagenwissen in ökonomischen Fragen mit konkretem problemorientierten Bezug zur Industrie- oder zur Infrastruktur, zum Management, zur Landwirtschaft usw. Die Tatsache, dass die Kenntnisse nicht bzw. nicht hinreichend vermittelt worden seien, habe u. a. dazu geführt, dass die meisten Ökonomen bei ihrer Rückkehr in ausbildungsfremden Berufen tätig seien, mit der Folge, dass die Investitionen ins Studium nicht eingesetzt und die in den Entwicklungsländern bestehenden arbeitsmarktpolitischen Fehlleitungen die Sinnhaftigkeit ökonomischer Fachausbildung in Frage stellten. Dies führe, so die Teilnehmer, zu einer Art ›Rückkehrunwilligkeit‹. Auch werde die Rückkehr und Reintegration zusätzlich dadurch erschwert, dass sich die Studierenden vor allem in Grundstudienphasen in die ›Umwelt der Universität‹ und die wissenschaftlichen Denkweisen an deutschen Hochschulen integrieren müssten, mit der Gefahr, dass eine zu starke, »unüberlegte Integration in das Studium« (Chung/Walz 1985, S. 18) die Reintegration nach dem Studium behindere. Aus diesem Grunde wurde gefordert, Reintegrationsmaßnahmen sinnvoller Weise schon als Teil der Integrationsbemühungen zu organisieren und studienbegleitend durchzuführen; erforderlich sei ein ganzheitliches, neues Verständnis von Re-Integration: Ganzheitlich gedachte Re-Integration fange bereits bei der Zulassung zum Studium in Deutschland an und müsse durch angemessene Beratung hinsichtlich der Tätigkeit nach dem Studium, durch eine studienbegleitende »Sensibilisierung« für aufkommende Reintegrationsprobleme, durch entwicklungsorientierte Schwerpunkte im Hauptstudium, eine kontinuierliche Information über die Situation in den Heimatländern, verstärkte Fremdsprachenangebote und die Vermittlung einer fundierten Grundlagenbildung fortgeführt werden. Die Fokussierung auf Theoriebildung, Methodenlehre und vor allem auf eine ausreichende Ausbildung im Bereich der EDV sei dagegen weniger relevant.

Warum diese als dringlich dargestellte Neujustierung des Studienganges Ökonomie? Und warum war es – anscheinend – so schwer, sie umzusetzen? Hedwig Rudolph, Lehrstuhlinhaberin für Ökonomie an der TU Berlin, vermutete, dass das allseits konstatierte Auseinanderfallen von Studiengangsstrukturen und möglichen Tätigkeitsfeldern kein Zufall, sondern eine bewusste Vorgehensweise sei: »Wenn Kritik (an dieser Kluft zwischen Studium und Tätigkeitsfeld, d.V.) solange folgenlos bleibt, ist das Praxisdefizit des Studiums offenbar funktional«, schlussfolgerte sie (Rudolph 1985, S.109). Aber warum? Welche Absichten sind damit verbunden? Offenbar das bewusste Angebot eines »schmalen« Studienganges, aber auch curriculare Gründe: Die Praxis ändere sich schneller als die Theorien. Vor allem aber ermögliche der Mangel an berufspraktischer Vorbereitung den Betrieben eine »betriebsspezifische Sozialisation«: also eine für die

›Sozialisation in den Betrieb‹ vorteilhafte Konfrontation defizitär auf die Praxis vorbereiteter Absolventen mit den besonderen, spezifischen, nur bedingt generalisierbaren Anforderungen des jeweiligen Betriebes.

Was waren die Gründe, die eigentlichen Motive, die dazu geführt hatten, das Thema »Projekttätigkeit von Ökonomen in Entwicklungsländern« als dringlich auf die Tagesordnung der 1984er Tagung zu setzen? Hierzu muss man wissen, dass damals die meisten ausländischen Studierenden ein Studium der Wirtschaftswissenschaften aufnahmen, weil sie für die anderen Fächer wie Ingenieurwissenschaften, Medizin oder Naturwissenschaften keine Zulassung erhielten. Daher seien sie, so wurde mehrmals auch unter Bezug auf entsprechende Untersuchungen hervorgehoben, nicht hinreichend für das Studium motiviert. Die intensive Erörterung der künftigen Ausrichtung des Ökonomie-Studiums auf die Belange der Einwicklungshilfe und das Ziel, die Absolventen mit der notwendigen Kompetenz ausgestattet in die Heimatländer zurückkehren zu lassen, war der Antrieb für eine gründliche Reflexion des Ökonomie-Studiums, auch verbunden mit der Absicht durch Einsatz von in Deutschland ausgebildeten Fachleuten die wirtschaftliche Zusammenarbeit mit den Herkunftsländern zu fördern: durch Gesellschaften, die als Tochtergesellschaften von deutschen Unternehmen gegründet werden, über Joint Venture Gründungen bis zu dem wichtigen Bereich der Beratung.

> »Die Bundesrepublik Deutschland und insbesondere das Bundesministerium für wirtschaftliche Zusammenarbeit bedienen sich bei aktiver Entwicklungshilfe häufig deutscher Berater. Sie verkennen dabei völlig, dass es eben sehr viele Absolventinnen und Absolventen von deutschen Universitäten gibt, die hervorragend ausgebildet sind und beide Kulturen und die Mentalitäten beider Völker sehr genau kennen, jedenfalls besser als normalerweise deutsche Unternehmensberater. Und dieses Know-how, das gerade davor steht, ins Ausland zurückzugehen, muss viel stärker in eine aktive deutsche Entwicklungspolitik eingebaut werden«, so Michael Höbich, damals Kanzler der TU Berlin (Höbich 1985, S. 80).

1985: Kulturelle Konfrontation oder interkulturelles Lernen[17]

Das Thema dieser Tagung – »Interkulturelles Lernen« – war fachübergreifend ausgerichtet.[18] Kooperationspartner war die Forschungsstelle des Geschwister-

---

17 Die Beiträge der Tagung sind veröffentlicht, siehe OBS/Kulturelle Konfrontation 1987.

18 Die Tagungsdokumentation umfasst nur die Vorträge, nicht aber die Ergebnisse der innerhalb der einwöchigen Veranstaltung geführten Diskussionen. Die Titel der Referate lassen das Spektrum der angesprochenen Fragen erkennen: »Die Diskussion der

Scholl-Instituts für Politische Wissenschaft der Ludwig-Maximilians-Universität, München und als Referenten hatte die OBS prominente Hochschullehrer gewonnen: den Moraltheologen Franz Böckle, den Philosophen Julian Nida-Rümeling sowie den Politikwissenschaftler Peter Joachim Opitz. Wolfgang Beitz leitete die Tagung wie folgt ein:

>»Wenn es gelingt, interkulturelles Lernen als Prinzip und Instrument des Ausländerstudiums stärker durchzusetzen, könnte das Ausländerstudium allgemein für den Dialog mit den Entwicklungsländern und dem Ausbau der internationalen Beziehungen eine wichtigere Rolle spielen« (Beitz 1987, S. 3).

»Interkulturalität« wurde vor allem auf universitäre Lernprozesse und die Beratungsaufgaben der OBS bezogen. Daher stand die Frage, wie es gelingen könne, die Studierenden adäquat zu beraten und zu betreuen, im Mittelpunkt: Sie brächten ihre Erfahrungen und Sichtweisen, wie sie sie in der konkreten Lebenswirklichkeit ihres Heimatlandes gewonnen hatten, nach Deutschland ins Studiums mit und müssten lernen, diese Erfahrungen und Sichtweisen mit den Erfahrungen zu vereinbaren, die sie sowohl im Kontakt mit ihren deutschen Kommilitonen und den anderen ausländischen OBS-Stipendiaten (aus Syrien, Äthiopien, dem Senegal, der Elfenbeinküste, Costa Rica, Tschad oder Afghanistan) wie auch im Umgang mit deutschen Institutionen und den unterschiedlichen Fachkulturen machten. Diese Prozesse mit Blick auf ein erfolgreiches Studium und eine erfolgreiche Rückkehr zu unterstützen, war eine interkulturelle Herausforderung für die OBS.

Auf der Tagung ging es nicht darum, das ›Rad des Interkulturellen Lernens‹ neu zu erfinden: Schließlich lag auch Mitte der 1980er Jahre schon eine Vielzahl von sozialwissenschaftlichen Untersuchungen vor, die sich mit der Situation und den Problemen ausländischer Studierender befassten; von besonderem Interesse waren entsprechende im Rahmen des »Sozialwissenschaftlichen Studienkreises für internationale Probleme« (SSIP) entstandene Arbeiten[19].

Beinahe 30 Jahre nach dieser Tagung, im 50. Jubiläumsjahr der OBS, ist es interessant zu fragen: Sind diese »alten« Erkenntnisse heute überholt, sind

---

Frage des interkulturellen Lernens«, »Zu den historischen und wissenschaftstheoretischen Voraussetzungen für das Verständnis der westlichen Moderne«»Zur Geistes- und sozialwissenschaftlichen Ausbildung für Studenten aus der Dritten Welt – Frage der Übertragbarkeit und Anwendung der bei einem Studium in der Bundesrepublik Deutschland erworbenen Fachkenntnisse auf die Berufssituation in einem Entwicklungsland«. Die Tagung mündete in einem Resümee der Seminarergebnisse und Empfehlungen an die OBS, an die Universitäten, die Bundesregierung und – nicht zuletzt – auch an die Stipendiatinnen und Stipendiaten selbst.

19   Der ständige Informationsdienst nannte sich »Austausch«, siehe auch OBS/ Ausländerstudium 1982 sowie OBS/Technologietransfer 1985; empfehlenswert auch Groß/Stevens/Werth 1982

sie obsolet geworden? Liest man die Arbeiten von Dieter Dankwortt und seinen Beitrag auf der 1987er Tagung, so findet man dort eine Fülle von Aspekten zum Thema »Interkulturelles Lernens«, die auch heute noch – wenn auch anders formuliert und kontextualisiert – aktuell sind, z. B: »Interkulturelles Lernen« bedeute gerade nicht, die eigene Identität aufzugeben, sondern sie zu bereichern und durch Elemente der Erfahrungen zu stärken. Aber auch das Wissen um die Bedeutung der eigenen Kultur sei wichtig: Kulturelle Identität sei Voraussetzung interkulturellen Lernens (vgl. Dankwortt 1987, S. 10). »Interkulturelles Lernen« werde behindert, wenn der »Gastgeber die Überzeugung vertritt, dass seine Kultur der des Gastes überlegen« sei, heißt es weiter (ebd., S. 11), und zum Problem des Überlegenheitsgefühls schreibt Dankwortt:

> »Aufgrund geringer Geschichtskenntnisse wissen sie nicht, dass ihre eigene Kultur vom Ausland, von Rom und Athen und im Mittelalter aus der arabischen Welt entscheidend geprägt wurde« (ebd., S. 11). Hauptgrund für dieses Überlegenheitsgefühl sei die problematische Überzeugung, im Besitz der einzigen wissenschaftlichen Wahrheit zu sein und »dass sich also alle Kulturen diesem wissenschaftlichen Weltbild der Moderne unterzuordnen hätten«. »Endgültige wissenschaftliche Erkenntnisse (seien) deshalb ebenso anzuzweifeln wie weltweit geltende Normen für das Zusammenleben der Menschen, etwa die westeuropäische Form der Demokratie, das englische Konferenz- und Debattensystem, Formen der Pünktlichkeit, der Hilfsbereitschaft und Solidarität« (ebd., S. 11).

Interkulturelles Lernen, so die Definition, sei hingegen eine »Zweibahnstraße« mit der Notwendigkeit, den Lernprozess »offen und partizipativ« (ebd., S. 14) zu gestalten. Dankwortts Schlussfolgerungen, bezogen auf die damals präsente Fremdenfeindlichkeit, lauteten: »Ein Widerspruch entsteht erst dann, wenn angesichts der Arbeitslosigkeit gefürchtet wird, durch Ausländer den eigenen Platz zu verlieren oder gar nicht erst zu erhalten, oder wenn Fremde in großen Gruppen auftreten, wie z. B. Asylanten aus Asien in kleineren Ortschaften oder türkische Gastarbeiter in einzelnen Stadtvierteln. Hier muss durch den Staat besser geplant und durch die gesellschaftlichen Gruppen mehr geholfen werden. Die Massenmedien nehmen zu diesem Problem eine sehr positive Einstellung ein. Insgesamt aber haben wir noch einen langen Weg zur echten Partnerschaft und der Behebung vieler Probleme vor uns« (ebd., S. 15). In der Tat, es ging (und geht) um Verteilungsängste, Angst vor dem sozialen Abstieg, vor ›Überfremdung‹ und Identitätsverlust – eine diffuse Mischung von Frust und Fremde – um das Gefühl der ›Einheimischen‹, nicht mehr in ihren – je individuell definierten – ›Heimat-Räumen‹ ungestört leben zu können usw. (vgl. ebd., S. 110).

Auf der Tagung zum interkulturellen Lernen ging es fürwahr nicht um die Pflege bewährter Deutungsmuster, sondern um das Aufgreifen kollektiver Verunsicherungen und die sich daraus ergebenden Folgen für die nachlassende

Akzeptanz oder gar Ablehnung gegenüber ausländischen Mitbürgerinnen und Mitbürgern. Interkulturelles Lernen, der Erwerb interkultureller Kompetenz, so die Schlussfolgerung, sei real nur möglich durch Erfahrungen mit Migrantinnen und Migranten. Erst auf diesem Weg würden ›bewährte‹ Vorurteile in Frage gestellt, insbesondere wenn zugleich die ›eigene Kultur‹ in ihrer Vielfalt gekannt und gelebt werde (vgl. Dankwortt 1987, S. 15–19). Franz Böckle fügte in seinem Beitrag noch einen weiteren Aspekt an; er plädierte u. a. dafür, Lehrangebote zu nahezu allen Kultursprachen auch weiterhin in deutschen Hochschulen anzubieten und sie nicht als »Orchideenfächer« abzutun:

> »Die plötzliche Bedeutung, die vermeintlich entlegene Weltgegenden durch politische Ereignisse und wirtschaftliche Strukturveränderungen oft gleichsam über Nacht gewinnen, sind immer nur eine Erinnerung an die grundlegende Interdependenz, von der unsere heutige Welt geprägt ist.« Und – mit Bezug zum kulturellen Lernen – ergänzte er: »Wir können uns heute keine weißen Wissensflecken auf unserer Weltkarte leisten« (Böckle 1987, S. 22).

»Das Erlernen einer fremden Sprache bedeutet gleichzeitig auch das Erlernen neuer Lebensformen«, betonte auch Uwe Zimmermann 1987, S. 45). Hinsichtlich der politischen Verantwortung und Führung spricht Böckle von der Notwendigkeit, angesichts der immer stärker aufkommenden Probleme und Konflikte der Menschheit (partielle Überbevölkerung, Ernährungsproblematik, Rassenkonflikte, aufkommender religiöser Fundamentalismus, globale Umweltprobleme) nicht nur »auf globale Planung und Steuerung« zu setzen (Böckle 1987, S. 25) oder mit einzelnen Aktivitäten zu reagieren, sondern mit der »Begründung verbindlicher normativer Regeln« (ebd., S. 26), die, so kann man vermuten, für Böckle auch in der konstruktiven Provokation des Wertevermögens der eigenen Gesellschaft lag, und damit das bestehende Wertesystem im Einzelnen revitalisieren sollte.

Für die OBS lag der Wert auch dieser Tagung, die die sozial- und geisteswissenschaftliche Ausbildung ihrer Stipendiaten aus den Entwicklungsländern in den Kontext interkulturellen Lernens stellte, vor allem in der Erkenntnis, dass es zwingend erforderlich sei, fachübergreifende und außerfachliche Qualifikationen zu vermitteln, die Auswahl für die Zulassung zu den Programmen der OBS strikter zu handhaben, die Beratung zu intensivieren, das Angebot studienbegleitender Maßnahmen zu optimieren, vor allem in den Orientierungswochen ein System persönlicher Betreuung zu schaffen (etwa Betreuerstudenten, ein Programm, das bis zum heutigen Tag mit großem Erfolg an fast jedem Studienort für OBS-Stipendiaten besteht), Berufspraktika vorzusehen sowie Angebote des Nachkontakts zu etablieren, z. B. in Gestalt einer Kontaktbörse zwischen ehemaligen und aktuellen Stipendiaten[20], in Form regelmäßiger Rundbriefe und in einem zu entwerfenden Rahmen für eine finanzielle und organisatorische Zusammenarbeit zwischen der OBS, den Universitäten, wissenschaftlichen Institutionen, »um Stipendiaten die Möglichkeit einzuräumen, zumindest für eine kurze Zeit nach Abschluss des Studiums als Assistenten an einer bundesdeutschen Hochschule zu arbeiten, um so die geforderte Berufspraxis im Bereich der Forschung und Lehre zu erlangen. Denkbar wären in diesem Zusammenhang auch Forschungsprojekte über die Heimat- und Gastregion« (ebd., S. 193).

1989: »Vierzig Jahre Asylgrundrecht«[21]

In Hochzeiten der Zuwanderungen nach Deutschland, aber auch im Kontext europäischer Flüchtlingsproblematik wurde der Rechtsanspruch auf Asyl nach Art. 16 Absatz 2 Satz 2 des Grundgesetzes, der im Vergleich zu den in anderen Ländern der Staatengemeinschaft geltenden Regelungen als einzigartig gelten konnte, immer wieder kontrovers diskutiert. Die Wiedervereinigung Deutschlands, die Zuwanderung einer Vielzahl von Aussiedlern und die steigende Zahl von Asylbewerbern (erwartet wurden 1989 ca. 200.000 Asylgesuche), »lassen die geforderte Aufgabe in den Augen vieler als kaum mehr zu bewältigen erscheinen und Deutschland immer mehr in den Stand eines Einwanderungslandes rücken«, betonte Ute Heinen auf der Tagung zu »Vierzig Jahre Asylgrundrecht« (Heinen 1990, S. 9). Heute, 2015, klingen diese Formulierungen auch für die OBS etwas ungewöhnlich. Aber sie verweisen auf die Entwicklung einer politischen Klimax, für die Slogans wie »Das Boot ist voll« einerseits und die Anerkennung des Faktums: »Deutschland ist ein Einwanderungsland« andererseits stehen. Im September 1989, 40 Jahre nach der verfassungsrechtlichen Verankerung des Asylrechts als Grundrecht, lud die OBS zu einem Expertengespräch für Asylrichter nach Bonn ein. Schon in früheren Jahren hatte das Thema Asyl und Menschenrechte auf verschiedenen nationalen wie internationalen Tagungen der OBS eine Rolle gespielt, weil diese Fragen für das Selbstverständnis der OBS, für die Wahrnehmung ihrer integrationspolitischen Aufgaben im Zusammenhang mit vielfältigen Fragen der Migrationspolitik eine zentrale Rolle spielen und sie sich – auch mit dem Anspruch einer außerparlamentarischen Vorreiterrolle – sowohl kontinuierlich an den Diskussionen beteiligt als auch solche angestoßen hat.[22]

---

20 Siehe hierzu die Hinweise im Schlussabschnitt des Beitrags von Matter im vorliegenden Band.

21 Die Beiträge der Tagung sind veröffentlicht in: OBS/Asylgrundrecht 1990.

22 Einige der im Folgenden aufgelisteten Tagungen sind auch Gegenstand des vorliegenden Beitrags, doch auf alle konnte nicht eingegangen werden. 1975 eröffnete der damalige Präsident des Bundesverwaltungsgerichtes und Vorsitzende des Kurato-

»Vierzig Jahre Asylgrundrecht« – auf dieser Tagung für Asylrichter sollten vor allem die Perspektiven – bezogen auf die Bevölkerungs-, Wirtschafts- und Sozialpolitik – für das nächste Jahrzehnt diskutiert werden (vgl. Renner 1990, S. 14). Rolf Olderog (MdB/CDU) sprach von einer der bedeutendsten Grundrechtsnormierungen, die die Bundesrepublik als »Lehren aus der Geschichte« gezogen habe (Olderog 1990, S. 17)[23]. Allerdings bedürfe es einer Gegensteuerung gegenüber einer Tendenz, das Asylrecht auszunutzen, und zwar von Menschen, die keine politisch Verfolgten seien: »Wir haben uns mit der Tatsache auseinanderzusetzen, dass auf diese Weise die Bundesrepublik Deutschland doch faktisch gegen unseren Willen ein Einwanderungsland geworden ist. Wir haben versucht, dem politisch zu begegnen« (ebd., S. 18). Er schlug in dieser Perspektive eine Erweiterung der Kompetenzen der Grenzbehörden vor, als Möglichkeit, schon an der Grenze Asylbewerber aus EG-Mitgliedstaaten zurückweisen zu können – eine heute für alle EU Staaten und darüber hinaus für eine Vielzahl demokratisch ausgerichteter Staaten außerhalb der EU geltende Regelung. Weiterhin müsse die zentrale Ausländerbehörde selbstständig und abschließend bei Fallgruppen handeln können, bei denen, etwa durch das Bundesamt für die Anerkennung ausländischer Flüchtlinge, der Anspruch auf Anerkennung als politisch Verfolgter abschlägig entschieden worden sei. Olderog sprach sich darüber hinaus für eine Beschleunigung der Verfahren aus, insbesondere für die des gerichtlichen Verfahrens, u. a. durch Wegfall der Beschwerde bei Folgeanträgen

---

riums der OBS, Prof. Dr. Zeidler, die erste Tagung zum Thema Asyl. Es folgten Ende der 1970er/Anfang der 1980er Jahre weitere, auch internationale Tagungen zu jeweils unterschiedlichen Aspekten dieses komplexen Themas. 1982 lautete das Thema »Asylpolitik in der Bundesrepublik Deutschland«, u. a. nahm der damalige Innenminister von Baden-Württemberg und spätere Bundespräsident Roman Herzog teil; die dort gehaltenen Vorträge wurden sehr kontrovers diskutiert. Es folgten viele Expertengespräche zu den Themen «Politische Betätigung von Ausländern in der Bundesrepublik Deutschland« (1986), zur »Asylnovelle« und Schutz der De-facto-Flüchtlinge (1987), zum Thema »Asylrechtsreform und Harmonisierung von Anerkennung und Auslieferungsverfahren« (1988). Aus diesen Gesprächen sind – wie es Wolfgang G. Beitz, der damalige Generalsekretär der Otto Benecke Stiftung formulierte – »zahlreiche praktische Hilfsprogramme« entwickelt worden, »denen es zu verdanken ist, dass so viele junge Flüchtlinge ihre Ausbildung fortsetzen können – in der Bundesrepublik Deutschland und in der Dritten Welt« (Beitz 1990, S. 12; siehe auch im Anhang: Publikationen der OBS)

23   Empfehlenswert zur Genese des Art. 16 GG: Hofmann 1990, S. 63–90; in der Literatur zur Verfassungsgebung findet man selten Vergleiche zwischen Herrenchiemsee und Parlamentarischer Rat. Jochen Hofmann liefert uns aufgrund dieses Vergleichs interessante Aspekte hinsichtlich des Asylrechts. Interessant sind auch seine Analysen der Grundrechtsnormierung des Asylrechts im Hauptausschuss des Parlamentarischen Rates (ebd.). Für weitere Ausführungen zu diesem Vergleich siehe auch Schmidt-Bleibtreu, Hofmann, Hopfauf, Grundgesetz-Kommentar, 11. Aufl., Köln-München 2008, S. 529 ff.

und durch die Beschleunigung der Aufenthaltsbeendigung. Zudem sei mit Blick auf das Grundrecht auf Asyl eine Harmonisierung ab 1993 in Vorbereitung auf den Europäischen Binnenmarkt anzustreben und damit erfolge eine Differenzierung und Präzisierung dieses materiellen Rechts (vgl. ebd., S. 21).

Der Vertreter der SPD, MdB Gerd Wartenberg, kritisierte eine andere Seite dieser Entwicklung, die durch das Grundrecht auf Asyl weder legalisiert noch legitimiert sei. Die Veränderungen im Asylrecht – seit 1978 waren diverse Asylrechtsnovellen beschlossen worden – habe zur Folge, »dass Dritte-Welt-Flüchtlinge mehr und mehr ausgeschlossen« würden (Wartenberg 1990 S. 23). Es sei ein Widerspruch, dass Asylbewerber ohne politische Verfolgung nach Deutschland kommen könnten, während die wirklich politisch Verfolgten keine Chancen hätten. Hinzu komme, dass die Abschiebung abgelehnter Asylbewerber sehr kompliziert sei. Auch Gerd Wartenberg sprach sich für eine Harmonisierung auf europäischer Ebene aus, und zwar auf der Grundlage der Genfer Konvention. Aber: »Die Grundgesetzänderung sollte aus der Diskussion herausbleiben« (ebd., S. 27). Die Akzeptanz in der Gesellschaft könne nur gesichert werden, wenn die Abschiebepraxis bei abgelehnten Asylbewerbern effektiver würde.

Burkard Hirsch (MdB/FDP) betonte, dass Deutschland ein Einwanderungsland sei!

> »Wenn wir immer mit dem Brustton der Überzeugung sagen, die Bundesrepublik ist kein Einwanderungsland, kann man eigentlich nur kichern, denn es gibt Jahr für Jahr eine halbe Million Menschen, die während der letzten Jahre zuwandern« (Hirsch 1990, S. 28).

Er plädierte für eine Zusammenlegung der Verfahren nach dem Kaufhaus-Prinzip: »Kaufhaus bietet tausendfach alles unter einem Dach«: zentralisierte Landesämter, Ausländerbehörden und ein dezentralisiertes Bundesamt müssten möglichst dicht zusammengefasst werden (ebd., S. 31).

Hinsichtlich der europäischen Harmonisierung waren sich die Teilnehmer im Wesentlichen einig: Art.16 GG dürfe nicht zur Disposition gestellt werden. Stattdessen müsse der Standard der anderen europäischen Staaten, soweit erforderlich, auf das Niveau des Grundgesetzes gebracht werden. Einigkeit bestand auch darüber, dass die Genfer Flüchtlingskonvention[24] als Grundlage der europäischen Harmonisierung dienen könne. Zur Problematik der De-facto-Flüchtlinge wurde der Vorschlag gemacht, die Rechtsstellung der De-facto-Flüchtlinge besser auszugestalten und dies damit zu verbinden, dass Flüchtlinge, die erkennbar keinen Asylanspruch haben, aber auch nicht abgeschoben werden könnten, sich nicht weiter einem Asylverfahren aussetzen müssten, »sondern sich gleich

---

24 Siehe zur Genfer Flüchtlingskonvention und zum Art. 1 der Genfer Flüchtlingskonvention auch Nicolaus 1990.

auf den Erwerb einer Aufenthaltserlaubnis beschränken könnten.« (Reichel 1990, S. 129). Das diene der Verfahrensbeschleunigung.

V.

Die sieben für diesen Beitrag ausgewählten Tagungen stellen einen fachlichen Querschnitt dar und sie dokumentieren zugleich das Selbstverständnis der OBS, stets Theorie und Praxis zu verbinden. Sie erinnern an viele nutzbringende Denkanstöße, mit denen die OBS nicht nur auf aktuelle Problemlagen reagiert hat, sondern oftmals mit ihren Ansätzen der Zeit voraus war. Besonders erfreulich ist, dass viele der Ergebnisse, die in den Tagungen erarbeitet wurden, in den letzten 50 Jahren seit Bestehen der OBS in die ›Umlaufbahn ihrer praktischen Umsetzung‹ gelangt sind. Aber viele andere Anregungen und Erfahrungen sind jedoch – um im Bild zu bleiben – ›auf der Strecke geblieben‹. Mit Bezug darauf ist für diesen Beitrag der Titel »Nachdenken über Vordenken« gewählt worden – er soll auf die Gewissheit verweisen, dass viele der Schlussfolgerungen aus den hier nachgezeichneten öffentlichen Diskussionen ihre Aktualität nicht eingebüßt haben. Ihre Umsetzung ist im Wesentlichen nicht an mangelnden Einsichten der Entscheidungsträger gescheitert, sondern mitunter an mangelndem politischen Mut und – ganz gewiss auch – an einer ausgeprägten deutschen Leidenschaft: der Problem-Anhäufung bei gleichzeitig ausgebildeter Schwäche ihrer Reduktion; zu nennen sind beispielsweise:

- die immer noch ungelöste Frage der Unterscheidung von politischen Flüchtlingen und »Wirtschaftsflüchtlingen«,
- ungelöste Fragen der Verfahrensverkürzung und Anerkennung,
- Konzepte zu einem menschenwürdigen Umgang mit Flüchtlingszuwanderungen,
- die Steuerungsprobleme der Kommunen für eine verantwortbare Unterbringung von Flüchtlingen,
- der Paradigmenwechsel, Zuwanderung als Chance für die ›Linderung‹ des Fachkräftemangels zu gestalten ,
- die Rolle der Sprache(n) für die Integration,
- die Rolle von passgenauer Bildung und Ausbildung für die Integration,
- die Notwendigkeit der Interkulturellen Öffnung und Kompetenzentwicklung als Element von gesellschaftlicher Integration ,
- die Förderung des sozialen Zusammenlebens,
- Partizipation und bürgerschaftliches Engagement für die Förderung der gesellschaftlichen Kohärenz,
- die stärkere Vernetzung von Akteuren und Projekten vor Ort (Synergieeffekte),
- die Entwicklung von Konzepten und Maßnahmen für eine schnellere Integration von Zuwanderinnen und Zuwanderern.

Literatur

Bade, Klaus J. (2013): Kritik und Gewalt. Sarrazin-Debatte, »Islamkritik« und Terror in der Einwanderungsgesellschaft. Kronberg/Ts.: Wochenschau Verlag.

Beitz, Wolfgang G. (1979): In eigener Sache. In: Begrenzte Menschenrechte für Flüchtlinge? Dokumentation einer Tagung der Vereinten Nationen und der Otto Benecke Stiftung e.V. in Genf 1978. Heft 3, Baden-Baden: Nomos, S. 9f.

Beitz, Wolfgang G. (1987): Vorwort. In: OBS/Kulturelle Konfrontation ..., , S. 1–3.

Beitz, Wolfgang G. (1990): Eröffnung. In: OBS/Asylgrundrecht ... S. 11f.

Beitz, Wolfgang G. (Hrsg.) (1992): Vocational Training and Reintegration. Seminar held by the Otto Benecke Stiftung e.V. from the 24th to the 28th of October 1990 in Windhoek, Namibia. Baden-Baden: Nomos.

Böckle, Franz (1987): Übergreifendes Wirtschaftsverständnis. Der Beitrag der Hochschule zur interkulturellen Kommunikation und internationalen Zusammenarbeit. In: OBS/Kulturelle Konfrontation ..., S. 21–39.

Brandt, Willy (1981): [Vortrag]. In: OBS/ Praktizierte Humanitas ..., S. 36–38.

Burger, Norbert (1981): [Statement]. In: OBS/Praktizierte Humanitas ..., S. 169–184.

Chung, Toe Z./Walz, Gunnar (1985): Zusammenfassung. In: OBS/Projekttätigkeit, S. 16–32.

Cottafavi, Luigi (1979): [Statement]. In: OBS/Begrenzte Menschenrechte ..., S. 15–17.

Dankwortt, Dieter (1987): Probleme interkulturellen Lernens. In: OBS/Kulturelle Konfrontation ..., S. 5–20.

Dietrich, Jürgen (1981): Ausländische Mitbürger – Versäumnisse und Chancen der Kommunalpolitik. In: OBS/Ausländische Mitbürger ..., S. 47–55.

Eucken, Walter (1971): Kritik der Begriffsnationalökonomie. In: Jochimsen, Reimut / Knobel, Helmut (Hrsg.): Gegenstand und Methoden der Nationalökonomie. Köln: Kiepenheuer & Witsch, S. 161–165.

Frindte, Wolfgang/Boehnke, Klaus/Kreikenbom Henry/Wagner, Wolfgang (2011): Lebenswelten junger Muslime in Deutschland. Hrsg. vom Bundesministerium des Innern. Berlin. URL: https://www.bmi.bund.de/SharedDocs/Downloads/DE/Broschueren/2012/junge_muslime.pdf?__blob=publicationFile (letzter Aufruf: 9.1.2015).

Fürst, Walther (1979): [Diskussionsbeitrag] In: OBS/Begrenzte Menschenrechte ..., S. 172–175.

Funcke, Liselotte (1982): [Vortrag]. In: OBS/Ausländische Mitbürger ...., S. 17–26.

Gemsjäger, Werner (1979): Soziale Minderheiten in Europa. In: OBS/Begrenzte Menschenrechte, S. 209–217.

Groß, Bernd/Stevens, Will/Werth, Manfred (1982): Akademiker aus Entwicklungsländern in der Bundesrepublik Deutschland – zwischen brain Drain und Rückkehr. In: Eine isoplan-Studie. Hrsg. vom Centrum für Migration und Entwicklung (CIM-Arbeitsmaterialien 1). Saarbrücken: Fort Lauderdale.

Heinen, Ute. (1990): [Vorwort]. Politisch Verfolgte genießen Asylrecht. In: OBS/Asylgrundrecht ..., S. 9.

Henkel, Joachim (1981): Internationaler und nationaler Rechtsschutz für Flüchtlinge. In: OBS/Praktizierte Humanitas, S. 305–328.

Hirsch, Burkhard (1990): [Statement]. In: OBS/Asylgrundrecht ..., S. 28–35.

Höbich, Michael (1985): [Grußwort] In: OBS/Projekttätigkeit ..., S. 37–41.

Hofmann, Jochen (1990): Die Erarbeitung von Art. 16 GG in Herrenchiemsee Verfassungskonvent und Parlamentarischer Rat. In: OBS/Asylgrundrecht ..., S. 63–90.

Hrach, Hans-Georg (1992): On the History and Development of the Scholarship. Programme for Refuges from Southern African Countries. In: Beitz, Wolfgang (Hrsg.): Vocational Training and Reintegration. Seminar held by the Otto Benecke Stiftung e.V. from the 24th to the 28th of October 1990 in Windhoek, Namibia. Baden-Baden: Nomos, S. 23–28.

Kühn, Heinz (1981): [Vortrag]. In: OBS/Praktizierte Humanitas ..., S. 12–17.

Kuhnen, Frithjof (1985): Wissenschaft und ländliche Entwicklung In: OBS/Hochschulbildung ..., S. 53–69.

Mai, Diethard (1985): Zusammenhang der Ergebnisse und Empfehlungen. In: OBS/Hochschulbildung ..., S. 4–35.

Nicolaus, Peter (1990): In: OBS/Asylgrundrecht ..., S. 41–62.

OBS/Begrenzte Menschenrechte (1979): Otto Benecke Stiftung e.V. (Hrsg.): Begrenzte Menschenrechte für Flüchtlinge? Dokumentation einer Tagung der Vereinten Nationen und der Otto Benecke Stiftung e.v. in Genf 1978 (=Asylrecht, Heft 3). Baden-Baden: Nomos.

OBS/Ausländische Mitbürger (1982): Otto Benecke Stiftung (Hrsg.): Ausländische Mitbürger in der Fremde daheim? Chance der Massenmedien. Dokumentation einer Arbeitstagung vom 6.–8. Juli 1981 in Genf. (=Asylrecht, Heft 8). Baden-Baden: Nomos.

OBS/Ausländerstudium (^{2}1987): Otto Benecke Stiftung (Hrsg.): Ausländerstudium in der Bundesrepublik Deutschland. Bestandsaufnahme und Bewertung der Literatur. Eine Untersuchung im Auftrag der Otto Benecke Stiftung e.v. Durchgeführt von der Projektgruppe Ausländerstudium an der Forschungsstelle Dritte Welt am Geschwister-Scholl-Institut der Universität München, Baden-Baden: Nomos (1. Auflage von 1982).

OBS/Technologietransfer (1985): Otto Benecke Stiftung (Hrsg.): Technologietransfer und Technologieanpassung. Berufsorientierte technische Hochschulausbildung für Studenten aus Ländern der Dritten Welt vom 26.11. bis 2.12.1983 in Aachen. Heft 1, Baden-Baden: Nomos.

OBS/Hochschulbildung (1985): Otto Benecke Stiftung (Hrsg.): Hochschulbildung und ländliche Entwicklung. Agrarwissenschaftliche und veterinärmedizinische Ausbildung für Studenten aus Ländern der Dritten Welt. Heft 2, Baden-Baden: Nomos.

OBS/Projekttätigkeit (1985): Otto Benecke Stiftung (Hrsg.): Projekttätigkeit von Ökonomen in Entwicklungsländern. Ausbildung, Berufsanforderungen, Möglichkeiten. Heft 3, Baden-Baden: Nomos.

OBS/Kulturelle Konfrontation (1987): Otto Benecke Stiftung e.V. (Hrsg.): Kulturelle Konfrontation oder interkulturelles Lernen. Geistes- und sozialwissenschaftliche Ausbildung für Studenten aus Ländern der Dritten Welt. (=Seminardokumentation, Heft 6). Baden-Baden: Nomos.

OBS/Asylgrundrecht (Hrsg.) (1990): Otto Benecke Stiftung (Hrsg.): Vierzig Jahre Asylgrundrecht, Verhältnis zur Genfer Flüchtlingskonvention. Viertes Expertengespräch für Asylrichter 25. – 27. September 1989 in Bonn. (=Asylrecht, Heft 15). Baden-Baden: Nomos.

Olderog, Rolf (1990): [Statement]. In: OBS/Asylgrundrecht ..., S. 17–22.

Reichel, Georg (1990): Zusammenfassung der Diskussionen. In: OBS/Asylgrundrecht ..., S. 127–141.

Renner, Günter (1990): [Einführung]. In: OBS/Asylgrundrecht ..., S. 13–15.

Rudolph, Hedwig (1985): Qualitätsprofil von Ökonomen in der Bundesrepublik Deutschland. In: OBS / Projekttätigkeit ..., S. 108–115.

Schmidt-Bleibtreu, B./Hofmann, H./Hopfauf, A. (2008): Grundgesetz-Kommentar, 11. Auflage. Köln: Carl Heymanns.

Schoeler, Andreas von (1990): Möglichkeiten der humanitären Hilfe für Flüchtlinge in der Bundesrepublik Deutschland. In: OBS/Begrenzte Menschenrechte ..., S. 79–91.

Unabhängige Kommission »Zuwanderung« (2001): Bundesministerium des Innern (Hrsg.) (2001): Zuwanderung gestalten. Integration fördern. Bericht der Unabhängigen Kommission »Zuwanderung«. Berlin, 4. Juli 2001. URL: http://www.bmi.bund.de/cae/servlet/contentblob/123148/publicationFile/9076/Zuwanderungsbericht_pdf.pdf (letzter Aufruf: 9. Januar 2015).

Vollmer, Heribert (1982): [Statement]. In: OBS/Ausländische Mitbürger ..., S. 69–72.

Wartenberg, Gerd (1990): [Statement]. In: OBS/Asylgrundrecht ..., S. 23–27.

Wollenschläger, Michael (1979): Thesen für die Abschlussdiskussion. In: OBS/Begrenzte Menschenrechte ..., S. 223–227.

Zeidler, Wolfgang (1981): [Vortrag]. In: OBS/Praktizierte Humanitas ..., S. 20–25.

Zimmermann, Uwe (1987): Interkulturelles Lernen und Ausländerstudium. Ansätze zu einem neuen Beratungskonzept. In: OBS/Kulturelle Konfrontation ..., S. 45–55.

Zurhausen, Guido (1990): [Diskussionsbeitrag]. In: OBS/Begrenzte Menschenrechte ..., S. 189–195.

Hans H. Reich
unter Mitarbeit von Marianne Krüger-Potratz
und Max Matter

»Forum Migration«: Vermessungen des Arbeitsfeldes, Darstellungen exemplarischer Praxis, kommunikative Reflexion

Einmal jährlich lädt die Otto Benecke Stiftung die Fachöffentlichkeit zu aktuellem Austausch und vorausschauender Analyse ein. Jeweils mehrere hundert Expertinnen und Experten des Arbeitsfelds Migration und Integration aus Wissenschaft, Politik und Praxis versammeln sich auf dem »Forum Migration«, um miteinander ins Gespräch zu kommen, absehbare Entwicklungen zu diskutieren, Folgen getroffener Entscheidungen auszuleuchten und Beispiele guter Praxis kennenzulernen.

Chronik der Foren

1995 feierte die Otto Benecke Stiftung ihr dreißigjähriges Bestehen. Aus diesem Anlass sollte auf einer öffentlichen Veranstaltung sichtbar gemacht werden, welch breites Themenspektrum die Arbeit der Stiftung repräsentiert. Den Rahmen bildete das Thema »Nationalstaatlichkeit, Migration und Integration«, auf dem Fragen nach den grundlegenden zeitgeschichtlichen Prozessen, die das Arbeitsfeld konstituieren, diskutiert wurden[1]. Der Zürcher Soziologe Hans-Joachim Hoffmann-Nowotny, der den Nationalstaaten angesichts der durch Migration erzeugten Spannungen ein hohes Maß an Steuerungs-Verantwortung zusprach, und der Berliner Historiker Holm Sundhaußen, der sich umgekehrt für eine Überwin-

---

1   Ausgewählte Beiträge dieses ersten Forums, darunter die hier genannten, sind in Heft 1 (1999) der vom Wissenschaftlichen Beirat der OBS herausgegebenen Reihe »Beiträge der Akademie für Migration und Integration« abgedruckt, in der auch dieser Sonderband erscheint, der zugleich Heft 15 ist. Die auf den weiteren Foren gehaltenen Vorträge, Statements usw. sind in den folgenden Heften dokumentiert (siehe Anhang zu diesem Artikel). Die Nachweise zu den einzelnen zitierten Artikeln erfolgt ab Teil II eingefügt (Anm. der Hrsg.).

dung der nationalen Sicht auf Migrations- und Integrationsprozesse einsetzte, hielten die in spannungsvollem Verhältnis zueinander stehenden Grundsatzreferate. Die von ihnen aufgeworfenen Fragen wurden in verschiedenen Einzelbeiträgen, z. B. zur Rolle der Nachfolgestaaten der ehemaligen Sowjetunion bei der Herausbildung neuer Migrationen, ergänzt bzw. konkretisiert. Der auf die Zukunft gerichtete Blick kam in dem Panel »Gesellschaft im Umbruch – Jugend im Aufbruch?« zur Geltung. Aus internationaler, speziell osteuropäischer, und aus innerdeutscher Perspektive wurden Facetten der Jugendarbeit in den Zeiten der Migration behandelt. In engerem Sinne auf die Fachaufgaben und laufenden Aktivitäten der Stiftung bezogen waren die Panels zur beruflichen Eingliederung ausgesiedelter Ärzte, zur Aufnahme bzw. Weiterführung hochschulischer Bildungsgänge durch Migranten, zu pädagogischen Maßnahmen gegen Fremdenfeindlichkeit in Deutschland und zu den Chancen eines Qualifikationstransfers bei Rückkehr in die Herkunftsgesellschaft.

Damit war das »Forum Migration« aus der Taufe gehoben. Seine Themen hatten bei den Forumsbesucherinnen und -besuchern, aber auch in der weiteren Öffentlichkeit Interesse gefunden, so dass die geplante Fortführung sinnvoll erschien.

OBS/Forum Migration; Fotos aus verschiedenen Jahren; Foto: OBS, Hans-Theo Gerhards

Dem nächsten Forum war eine Analyse des Bedarfs an Fort- und Weiterbildungsangeboten für Mitarbeiter verschiedener Träger im Bereich der Eingliederung von Aussiedlern vorangegangen, deren Ergebnisse auf dem Forum vorgestellt und diskutiert wurden. Ins Auge gefasst wurde der Aufbau einer zentralen Fort- und Weiterbildungseinrichtung, die für alle mit Migration und Integration zusammenhängenden Fragen offen sein sollte. Es wurden sogar schon erste Wunschthemen eruiert: Vermittlung von Grundkenntnissen der russischen Sprache, Informationen über reale Lebenssituationen in den Herkunftsländern (Studienaufenthalte), Vergleichende Untersuchungen über Eingliederungsmodelle verschiedener Länder. Zwar kam die gewünschte Einrichtung nicht zustande, der artikulierte Bedarf wurde aber nicht völlig vergessen.

So suchte bereits das dritte Forum den internationalen Vergleich, und zwar zur Klärung der Frage, ob und wie »gleichstämmige« Zuwanderer anders aufgenommen werden als »fremdstämmige«. Barbara Dietz vom Osteuropa Institut in München zeichnete die politischen Wendungen der deutschen Regierung gegenüber den deutschstämmigen Aussiedlern im Detail nach, erörterte die ideologischen Grundlagen einer ethnisch differenzierenden Immigrations- und Integrationspolitik und begründete die Forderung nach einer »alle Immigrationsgruppen umfassenden Zuwanderungs- und Integrationspolitik«. Michael Damanakis von der Universität Kreta beschrieb die widersprüchliche Aufnahmepolitik der griechischen Regierung gegenüber den Menschen griechischer Abstammung, die aus der ehemaligen Sowjetunion und aus Albanien ins griechische Mutterland »zurückgewandert« sind. Er lenkte die Aufmerksamkeit insbesondere auf das Paradox, dass integrativ konzipierte Maßnahmen segregative Konsequenzen zeitigen können, wenn sie nur organisatorischen oder bürokratischen Charakter haben. Die Zuwanderung von Juden aus der ehemaligen Sowjetunion nach Israel (wozu zu bemerken ist, dass jedwede Einwanderung von Juden nach Israel als »Rückkehr« begriffen wird) beleuchtete Tamar Horowitz von der Ben Gurion-Universität. Sie stellte die »Rückkehrer« aus der Sowjetunion als ökonomische und politische Bereicherung Israels dar.[2]

Im Jahr darauf wechselte das Forum die Rheinseite, von Bonn nach Königswinter, kehrte aber zwei Jahre später wieder ins Linksrheinische zurück. Die beiden rechtsrheinischen Tagungen waren ausgesprochen zukunftsorientiert: Ausgehend von den damals kontrovers diskutierten demographischen Prognosen befasste sich das Forum 1998 mit »Perspektiven zur Jahrtausendwende« unter den Gesichtspunkten der politischen und gesetzgeberischen Rahmenbedingungen, der Bedeutung der Migranten-Communities, der Bedürfnisse der Individuen und ihrer Familien sowie der erforderlichen Eingliederungshilfen. Das Forum 1999 verfolgte diese Themen mit Blick auf das kurz vor dem Abschluss stehende Staatsangehörigkeitsgesetz weiter und diskutierte Selbsthilfepotenziale und Partizipationsmöglichkeiten der Migranten.[3] Neu eingeführt wurde auf diesen Tagungen das später vielfach wiederverwendete Format der Podiumsdiskussion mit namhaften Teilnehmerinnen und Teilnehmern aus den im Bundestag vertretenen Parteien (1998) bzw. aus der Zivilgesellschaft (1999). Erstmals gab es auch ein kulturelles Beiprogramm.

---

2   Die drei Vorträge sind abgedruckt in Heft 3, 1999 der Reihe »Beiträge ... «.
3   Siehe Heft 5 der Reihe »Beiträge ...«.

16.00 Uhr	**Möglichkeiten der Stärkung von Selbsthilfepotentialen von Zuwanderern und der interkulturellen Öffnung von Angeboten** Diskussionen in drei **Arbeitsgruppen**
1. **Spracherwerb**	Einführung: Prof. Dr. Hans H. Reich, Tatjana Gromyko
2. **Schule und Ausbildung**	Einführung: Prof. Dr. Marianne Krüger-Potratz, Lutz Herfurth
3. **Beruf und Existenzgründung**	Einführung: Dr. Barbara Dietz, Dr. Katharina Neufeld
19.00 Uhr	Abendessen

20.00 Uhr Liederabend
In Zusammenarbeit mit dem Institut für deutsche Musikkultur im östlichen Europa e.V., Bonn
- Hildegard Bergel (Mezzosopran)
- Christian Stier (Klavier)

07.12.99

09.00 Uhr	**Interkulturelle Öffnung von Eingliederungsangeboten** Mehmet Daimagüler, Zentrum für Türkeistudien, Berlin
09.45 Uhr	**Vorstellung der Thesen aus den Arbeitsgruppen**
10.45 Uhr	Kaffeepause

11.00 Uhr Podiumsdiskussion
Partizipation im Spannungsfeld von Selbstorganisation und öffentlicher Hilfe

- Jörn-Erik Gutheil, Landeskirchenrat, Ev. Kirche im Rheinland, Düsseldorf
- Tayfun Keltek, Vorsitzender der LAG Ausländerbeiräte NRW, Düsseldorf
- Dr. Volker Klepp, Büro der Beauftragten der Bundesregierung für Ausländer, Berlin
- Albina Nazarenus, stellvertr. Vorsitzende der rußlanddeutschen Jugend, Stuttgart
- Dr. Peter Prassel, Nationaldirektor für die Ausländerseelsorge in Deutschland, Deutsche Bischofskonferenz, Bonn
- Markus Priesterath, Büro des Beauftragten der Bundesregierung für Aussiedlerfragen, Berlin
- Ulrich Warncke, Geschäftsführer der Otto Benecke Stiftung e.V., Bonn

Moderation:
Prof. Dr. Karl-Heinz Meier-Braun, SWR International, Stuttgart

13.00 Uhr	Mittagessen
Ende	

Quelle: Abbildung des Flyers 1999 (Innenseite), Forum Migration »Integration und Partizipation von Zuwanderern«

Nach vier Jahren hatte sich das Forum etabliert; seine konstanten Funktionen waren erkennbar geworden, inhaltliche Zusammenhänge hatten sich herauskristallisiert und ein Formenrepertoire war gefunden. Ein sichtbares Zeichen dieser Stabilisierung war 1999 auch das Erscheinen des ersten Heftes der Schriftenreihe »Beiträge der Akademie für Migration und Integration«, in der seither ausgewählte Beiträge der Foren, teilweise zusammen mit zusätzlich eingeworbenen Texten, durch Mitglieder des Wissenschaftlichen Beirats herausgegeben werden. Die Übersicht über alle Hefte der Schriftenreihe und ihre Zuordnung zu den Foren findet sich im Anschluss an den vorliegenden Beitrag. Die Zitate in Teil II dieses Beitrags verweisen auf diese Veröffentlichungen.

Auf dem Forum 2000 rückte der internationale Vergleich in den Fokus der aktuellen Migrations- und Integrationspolitik: Die Bundesregierung sei angetreten, führte die Vertreterin des Bundesfamilienministeriums aus, »eine konzeptionelle Neuorientierung der Integrationspolitik zu erarbeiten«, Information über das Handeln der Nachbarn in Europa sei »gerade im Aufbruch zu einer neuen Integrationspolitik« hilfreich, ja notwendig. In seinem Grundsatzreferat analysierte Klaus Bade, der Osnabrücker Experte für europäische Migrationsgeschichte die sich abzeichnenden mittel- und langfristigen Konfliktlinien: die Konstruktion des Fremden, die Angst vor der Zuwanderung aus dem Süden wie aus dem Osten, die Tendenzen zu einem Ausbau der »Festung Europa«, die illegale Zuwanderung und die irreguläre Beschäftigung von Migrantinnen und Migranten. In den Einzelbeiträgen zur Migrations- und Integrationspolitik in acht europäischen Staaten – Deutschland, Österreich, Niederlande, Schweden, Großbritannien, Frankreich, Italien, Spanien – wurde dies konkretisiert.[4] Den Abschluss der Veranstaltung bildete eine Podiumsdiskussion, an der u. a. der Aussiedlerbeauftragte der Bundesregierung, Jochen Welt, und der Europaabgeordnete Ozan Ceyhun teilnahmen.

Das Forum 2001 sollte sich – vorausschauend – mit den damals noch sehr kontroversen Vorschlägen zur künftigen Steuerung der Zuwanderung beschäf-

---

4   Siehe Heft 4 der Reihe »Beiträge …«.

tigen. Es musste ausfallen. Ersatzweise fand 2002 eine Fachtagung zur Kriminal-und Drogenprävention bei jugendlichen Aussiedlern statt, die Einblicke in das Funktionieren von Subkulturen gewährte und in Arbeitsgruppen konkrete Möglichkeiten präventiven Handelns diskutierte[5].

Das reguläre Forum des Jahres 2002 hatte ausnahmsweise zwei thematische Schwerpunkte: Zum einen ging es um die Konsequenzen, die aus den Ergebnissen der international vergleichenden Schulleistungsstudie PISA 2000 für die Integrationsarbeit zu ziehen waren. Hierzu hielt Lothar Lemper, der Präsident der Otto Benecke Stiftung, das Grundsatzreferat. Im Mittelpunkt des zweiten Teils stand ein anderes hochaktuelles Thema, die EU-Osterweiterung. Die Europäische Kommission hatte wenige Wochen zuvor ihre Empfehlung ausgesprochen, die Aufnahmeentscheidung des Rats stand kurz bevor, der Beitrittsvertrag sollte im nächsten Jahr unterzeichnet werden. Mit Beginn des übernächsten Jahres trat er dann in Kraft. Das »Forum Migration« beschäftigte sich vorausschauend mit den infolge dieser Beschlüsse zu erwartenden Migrationen und dem daraus folgenden Qualifikations- und Integrationsbedarf. Den Hauptvortrag hielt Elmar Hönekopp vom Institut für Arbeitsmarkt- und Berufsforschung, der sich mit den Migrationspotenzialen und den methodischen Möglichkeiten ihrer Einschätzung beschäftigte. In weiteren Forumsvorträgen und für die Publikation in der Schriftenreihe zusätzlich eingeworbenen Beiträgen wurden die Diskussionen über Arbeitnehmerfreizügigkeit und die dabei ins Spiel gebrachten Zahlen und Prognosen auch mit dem Blick auf bestimmten Arbeitsmarktsegmente und die Migrationspotenziale in einzelnen Staaten kritisch beleuchtet.[6]

Das Forum des Jahres 2003 war wieder der Integration im Inneren gewidmet. »Familien in der Einwanderungsgesellschaft« lautete der Titel. Im einführenden Fachvortrag analysierte Ursula Boos-Nünning von der Universität Duisburg-Essen die Familienpolitik im Einwanderungsland Deutschland und formulierte »sieben Folgerungen für Politik und Wissenschaft«, die insgesamt auf eine Politik der Anerkennung hinauslaufen (Boos-Nünning 2004, S. 32–35). Hervorgehoben seien hier die Bejahung subkultureller Lebensformen, die Akzeptanz des Lebensraums der Zugewanderten und die Gleichberechtigung für die ethnischen Selbstorganisationen. Bundesfamilienministerin Renate Schmidt erläuterte die Familienpolitik der Regierung und legte besonderen Nachdruck auf die Integration der Migrantenfamilien »vor Ort«, in den Kommunen (Schmidt 2004). Diese Position nahm auch Wolfgang Erler vom Deutschen Jugendinstitut ein, der die Integrationsfunktionen des sozialen Nahraums für Migrantenfamilien untersucht hatte und für einen ressourcenorientierten Ansatz in konkreten Handlungsfeldern plädierte (Erler 2004). Anja Steinbach von der TU Chemnitz referierte über die Bedeutung der Familie für die Integration und kam zu dem

---

5 Siehe Heft 6 der Reihe »Beiträge ...«.

6 Siehe Heft 7 der Reihe »Beiträge ...«.

Schluss, die Familienbeziehungen seien »für Migranten häufig die wichtigsten sozialen Ressourcen zur Bewältigung des Eingliederungsprozesses« (Steinbach 2004, S. 46).

> *»Zum 50. Geburtstag meinen herzlichen Glückwunsch, das ›Geburtstagskind‹ wird noch sehr gebraucht und möge in den nächsten 50 Jahren so viel Erfolg wie bisher haben.«*
>
> *(Renate Schmidt, Dezember 2014; 2002–2005 Bundesministerin für Familie, Senioren, Frauen und Jugend)*

Das Forum 2004 fand in Köln statt und nahm Bezug auf die am 1. Mai 2004 erfolgte Erweiterung der Europäischen Union um zehn neue Mitgliedsländer, mit der auch eineinhalb Millionen Roma – vor allem in Ungarn, der Slowakei, Tschechien und Polen – zu EU-Bürgern geworden waren. Trotz zahlreicher Auflagen, die die neu aufgenommenen Länder zu erfüllen hatten, zu denen u. a. auch die Verbesserung der Lebensbedingungen von Minderheiten und der Erlass von Antidiskriminierungsbestimmungen gehörten, gab es zum Zeitpunkt der Aufnahme immer noch zahlreiche Defizite bezüglich einer gleichberechtigten Teilhabe von Roma-Gruppen. Deshalb befürchtete man in Westeuropa, dass es trotz einer vorübergehenden Einschränkung der vollen Arbeitnehmerfreizügigkeit zu einer massenhaften Armutswanderung in die »alten« EU-Länder und insbesondere auch nach Deutschland kommen könnte. Viele der stark dramatisierenden und Ängste schürenden Medienberichte über eine »Flut von Armen«, die über Westeuropa hereinbrechen würde, verfestigten vorhandene Vorurteile und zeugten von einer erschreckenden Unkenntnis über Roma-Minderheiten bei Politikern wie bei Medienschaffenden und insbesondere in der breiten deutschen Öffentlichkeit.

Das international besetzte Forum Migration, das Wissenschaftler, Politiker, Praktiker und Vertreter der Roma und Sinti in Köln zusammenführte, bot Informationen aus erster Hand zu den Lebenssituationen der Roma in verschiedenen Ländern des östlichen Europas und zeigte Möglichkeiten zu deren Verbesserung auf. Hinzu kamen Berichte aus der Integrationsarbeit in Deutschland. Hier konnte auch eine Reihe von falschen Behauptungen und Überzeichnungen zu so genannten »Klau-Kids« – angeblich alles Roma-Kinder – richtig gestellt werden, die in einer damals sehr heftig und recht einseitig geführten Medienkampagne und öffentlichen Diskussion in Köln geäußert worden waren. Konzipiert und eingeleitet wurde die Tagung von Max Matter, Professor für Europäische Ethnologie an der Universität Freiburg, der einen detailgenauen und objektiven Überblick über die Lage der Roma im östlichen Europa gab und dabei den Akzent auf die gemeinsamen, meist negativen Erfahrungen mit ihrer Nicht-Roma-Umgebung in der jüngeren Geschichte legte. Bei der Podiumsdiskussion war die europäische Politik ebenso vertreten wie die deutsche Bundes-, Landes- und Kommunalpolitik und der Zentralrat Deutscher Sinti und Roma.[7] Der Rom e.V. gestaltete ein kulturelles Abendprogramm mit Filmvorführung, Autorenlesung und Musik.

2005 stand im Zeichen des 40-jährigen Jubiläums der Otto Benecke Stiftung; Tagungsort war das Funkhaus der Deutschen Welle, die dieses Forum als Kooperationspartner mitgestaltete. Glückwünsche kamen aus vielen Bereichen der Politik. Und Integration war – wie zehn Jahre zuvor – das leitende Thema. In vielfacher Hinsicht wurde an die früheren Foren angeknüpft.

Den aktuellen Kontext bot das mit Beginn des Jahres in Kraft getretene Zuwanderungsgesetz. Dieter Oberndörfer, der Freiburger Politikwissenschaftler, Experte u. a. für Nationalismus und Migration, analysierte die Integrationspolitik der Bundesrepublik in der Tradition der »Abwehrhaltung gegen Fremde« und demonstrierte an einer Vielfalt von Politikfeldern die Notwendigkeit der Gegenseitigkeit von Integrationsprozessen und die zentrale Bedeutung der politischen Teilhabe. Für einen zusätzlichen Beitrag in der Schriftenreihe der Akademie für Migration und Integration konnte der frühere Bundestagsvizepräsident Burkhard Hirsch gewonnen werden. Unter dem Titel »Das Zuwanderungsgesetz und die Bürgerrechte. Bemerkungen zu einem untauglichen Versuch am tauglichen Objekt« warnte er nachdrücklich davor, die Rechte der Zugewanderten in einem Maße einzuschränken, dass die bürgerlichen Freiheitsrechte insgesamt in Gefahr geraten.[8]

Miodrag Soric, Chefredakteur der Deutschen Welle, moderierte das Podium, das mit Wolfgang Bosbach MdB, Katina Schubert MdB, der ehemaligen Ausländerbeauftragten Cornelia Schmalz-Jacobsen, dem Präsidenten des Bundesamtes für Migration und Flüchtlinge Albert Schmid und dem Nationaldirektor der Deutschen Bischofskonferenz für die Ausländerseelsorge Wolfgang Miehle hochrangig besetzt war und sich sowohl mit grundsätzlichen Fragen (Signalisiert das neue Zuwanderungsgesetz einen Paradigmenwechsel? Sind Deutschkenntnisse die Schlüsselqualifikation schlechthin oder doch nur ein Teilaspekt des Integrationsprozesses?) als auch mit ganz konkreten Problemen (Prozesse der interkulturellen Öffnung, Organisation der Integrationskurse, Kettenduldungen, Widerruf von Asylberechtigungen, Illegalität) auseinandersetzte. In Kurzreferaten wurden »Brennpunkte der Integration« zur Debatte gestellt (siehe auch Reich 2006a). Themen waren: die deutsche Sprache im Raum

---

7   Siehe Heft 9 der Reihe »Beiträge ...«.

8   Siehe Heft 10 der Reihe »Beiträge ...«.

»Forum Migration«

Leben zwischen Welten?

*Kurz-Lebensläufe
der Zuwanderinnen und Zuwanderer
aus mehreren Ländern und Generationen*

Nguyen thi Minh Thi, geb. am 01.05.1948 in Hanoi (Vietnam), besuchte in ihrer Heimat zunächst die Grundschule. Von 1969—1974 studierte sie im Institut zur Ausbildung von Ingenieur-Pädagogen in Chemnitz (Abschluss als Ing. Pädagoge). Hiernach war sie als Angestellte einer Export-Import-Firma und im Außenhandelsministerium in Hanoi tätig. Von 1981 bis 1986 schloss sich eine Tätigkeit als Dolmetscherin und Betreuerin für Vertragsarbeitnehmer in Brand-Erbisdorf (Sachsen) an. Hierauf folgten Tätigkeiten als Sozialarbeiterin für ausländische Mitbürger, Frauenprojekte, Sozialbetreuerin für Asylbewerber.
Heute ist Frau Nguyen thi Min Thi Sozialberaterin und Betreuerin für vietnamesische Mitbürger beim Deutsch-Vietnamesischen Freundschaftsverein in Magdeburg.

Nguyen thi Minh Thi
Vertragsarbeitnehmerin (ehem. DDR)

Dr. med. Waldemar Fischer, geb. am 16.10.1961 in der UdSSR, siedelte im Februar 1978 nach Deutschland über. Nach dem Abitur im Sonderlehrgang Alzey studierte er 1982—1989 Medizin an der Universität zu Köln. Von 1990—1996 war Herr Dr. Fischer im Krankenhaus Siegburg tätig. Neben zahlreichen Vortragstätigkeiten im In- und Ausland gründete und moderiert er den Qualitätszirkel ‚Netzwerk-Diabetes' München und veranstaltet regelmäßig internationale Seminare in München für Ärzte aus GUS (unterstützt von der Bayerischen Staatskasse und dem Bayer. Gesundheitsministerium).
Herr Dr. Fischer ist Facharzt für Innere Medizin, praktiziert in München und ist Vorstandsmitglied des Berufsverbandes Niedergelassener und Klinisch tätiger Diabetologen in Bayern e.V.

Dr. med. Waldemar Fischer
Spätaussiedler (seit 1978 in Deutschland)

Olga Fishkina, geb. am 16.11.1968 in Saporishja (Ukraine), studierte in Kiew Mathematik und Rechtswissenschaft. Seit 1990 arbeitete sie in der Heimat als Mathematiklehrerin in einem Gymnasium, seit 1992 als Buchhalterin einer Softwarefirma und von 1995 bis 2002 als Wirtschaftsprüferin, Steuer- und Rechtsberaterin bei einer Wirtschaftsprüfungsgesellschaft.
Im Dezember 2002 erfolgte die Einreise nach Deutschland. Nach einem Deutschsprachkurs absolvierte sie ein Praktikum bei Rödl & Partner Wirtschaftsprüfungs- u. Steuerberatungsgesellschaft. Dann studierte sie BWL mit Schwerpunkt Osthandel an der
Export-Akademie Baden-Württemberg in Reutlingen. Jetzt arbeitet sie als Vertriebsassistentin (Nord- und Osteuropa, GUS-Staaten) in der Abt. Maschinenbau bei der IKA-Werke GmbH & Co. KG in Staufen.

Olga Fishkina
Jüd. Immigrantin

Bernardino Di Croce, geb. am 07.08.1943 in Gissi (Abruzzen), Italien. Im Juli 1960 emigrierte Herr Di Croce nach Deutschland und arbeitete von 1961 bis September 1965 in Villingen als Maurer. Nach einer Tätigkeit, ebenfalls als Maurer von Sept. 1965 bis April 1970 in Hamilton/Kanada ließ er sich in Villingen als Maschinenschlosser umschulen. Von September1974 bis Dezember 1984 schloss sich eine Berufstätigkeit als Fachsekretär bei der IG-Metall Stuttgart an (Schwerpunkt Betreuung ausländischer Arbeitnehmer, Bildungsarbeit, Beratung von Betriebsräten). Auf der Suche nach der 'Heimat' kehrte er 1985 nach Italien zurück, nahm jedoch im August 1986 seine Tätigkeit bei der IG-Metall in Stuttgart wieder auf (bis Dezember 2003).
Seit Januar 2004 befindet sich Herr Di Croce im Vorruhestand.

Bernardino DiCroce
ehem. Gastarbeiter

Quelle: Auszug aus der Broschüre der OBS »Leben zwischen den Welten. Kurzlebensläufe der Zuwanderinnen und Zuwanderer aus mehreren Ländern und Generationen«

der Mehrsprachigkeit, Arbeitsmarkt und soziale Sicherung, Demokratie, Recht und Kultur, Erziehung und Ausbildung. Karl-Heinz Meier-Braun, Leiter der Fachredaktion SWR International, moderierte eine Gesprächsrunde mit Zuwanderern ganz unterschiedlicher Lebensläufe, die einmal Kontakt mit der Otto Benecke Stiftung hatten. Sie verlebendigten den Integrationsbegriff in denkbar anschaulichster Weise.

Dass das politische Integrationsverständnis revisionsbedürftig geworden war, verdeutlichte das Programm des Forums im folgenden Jahr. Schlagwortartig wurde es in den Überschriften der vier Praxisblöcke deutlich: »Integration ist kein Projekt« – das war eine Kritik an der Kurzfristigkeit von Einzelmaßnahmen und ein Aufruf zu längerfristigem Denken und mehr institutioneller Kontinuität. »Integration muss sich lohnen« – das war ein Appell zur Abkehr von bürokratischen Verpflichtungsmodellen hin zu Versuchen mit Anreizmodellen für Integrationsleistungen. »Integration braucht Vorbilder« – das war eine Klage über die in der Mehrheitsgesellschaft immer noch vorherrschende Defizitsicht auf Zuwanderung, verbunden mit Hinweisen auf die Kräfte des Ansporns, die aus den Communities der Zuwanderer selbst kommen. »Integration benötigt Akzeptanz« – das war eine Abkehr von den Hilfs- und Betreuungsangeboten hin zu kooperativen Aktivitäten, in denen nicht nur die Zuwanderer, sondern auch die Ansässigen Adressaten integrativer Strategien sind.

Die Hauptredner setzten Akzente, die mit diesen Orientierungen wenigstens zum Teil übereinstimmten. Wolfgang Schäuble, damals Bundesminister des Innern, bezeichnete Integration als Daueraufgabe und nahm für die Politik der Bundesregierung in Anspruch, dass die Islamkonferenz und der Integrationsgipfel auf Dauer angelegte und partnerschaftlich organisierte Prozesse seien. Die Erarbeitung eines Nationalen Integrationsplans und die europäische Zusammenarbeit in der Integrationspolitik würden perspektivisch zu einem gemeinsamen Verständnis führen. Die Einbürgerung müsse als ein Ziel erkannt werden, das sich lohne, und die Kenntnis der deutschen Sprache dürfe nicht nur als kommunikative Notwendigkeit, sondern müsse auch als kultureller Gewinn verstanden werden. Der Beitrag von Klaus Bade (der krankheitshalber nicht vorgetragen werden konnte, aber in der Schriftenreihe nachzulesen ist) resümiert Fortschritte und Versäumnisse der Vergangenheit und plädiert für eine »konzeptorientierte Integrationspolitik«, die präventiv, begleitend und dort, wo erhebliche Versäumnisse ihre Spuren hinterlassen haben, auch »nachholend« agieren sollte. Nachholende Integration sei heute die wichtigste Aufgabe der Integrationspolitik in Deutschland. Es war ein Augenblick, in dem damals – bei aktuell geringer Zuwanderung – ein besonneneres und ruhigeres politisches Handeln möglich erschien.[9]

Auf dem Forum 2007 unterstrich Rita Süßmuth, die ehemalige Präsidentin des Bundestags, noch einmal den globalen Charakter der Migration und mahnte

---

9   Siehe Heft 11 der Reihe »Beiträge ...«.

ein Umdenken weg von den Defiziten der Migrantinnen und Migranten hin zu ihren Potenzialen an. In den Einzelvorträgen wurden kommunale, regionale und nationale Handlungsfelder der nachholenden Integrationsförderung analysiert. In drei Workshops wurden Beispiele für zielgruppenspezifische Handlungsmöglichkeiten vorgestellt. Dabei ging es um die Vermittlung gering qualifizierter Langzeitarbeitsloser, um die Förderung von Abiturienten und Studierenden mit Migrationsbiographien und um die Weiterqualifizierung hoch qualifizierter Langzeitarbeitsloser.

Möglichkeiten der nachholenden Integration im Bildungsbereich thematisierte dann das Forum 2008, das in Kooperation mit der Universität Bremen veranstaltet wurde. Yasemin Karakaşoğlu, Professorin für Interkulturelle Bildung, hob in ihrem Grundsatzreferat die Bedeutung der individuellen Bildungslaufbahnberatung für die Förderung der Begabungsreserven von Migrantinnen und Migranten hervor. In drei Arbeitsgruppen diskutierten Fachleute aus Wissenschaft, Verwaltung und Praxis über Übergänge von der Schule in Studium oder Beruf. Wieder aufgegriffen wurde das bereits drei Jahre zuvor erprobte Format der Gesprächsrunde mit Zuwanderinnen und Zuwanderern, deren Thema dieses Mal die Wege zu einer beruflichen Tätigkeit in Deutschland war.[10] Unter der Moderation durch Mark Terkessidis vom Funkhaus Europa des WDR schilderten sie in persönlicher Weise ihre Kämpfe und Nöte, aber auch die Hilfen, die sie durch die Otto Benecke Stiftung erfahren hatten.

Mark Terkessidis: Mit welchen Qualifikationen sind Sie nach Deutschland gekommen?
Larissa Heitzmann: Ich bin als Lehrerin hierhin gekommen und ich hatte in der Ukraine Russisch und Deutsch als Fremdsprache studiert.

---

10 Siehe Heft 12 der Reihe »Beiträge ...«.

Mark Terkessidis: Und es war nicht so einfach, diese Ausbildung hier anerkennen zu lassen.
Larissa Heitzmann: Leider ist es nicht so gelaufen, wie ich mir das vorgestellt hatte. Als ich nach Deutschland kam, habe ich zwei parallele Schritte unternommen: In der Agentur für Arbeit habe ich mein Anliegen vorgetragen, dass ich in meinem Beruf tätig sein möchte, und parallel dazu habe ich die Anerkennung meines Diploms beim Kultusministerium Sachsen-Anhalt beantragt. Hier wurde ich herb enttäuscht: das Fach Russisch wurde für das Lehramt anerkannt, aber das Fach Deutsch als Fremdsprache wurde überhaupt nicht anerkannt.

Mark Terkessidis: Gab es eine Begründung, warum die fünf Jahre Deutsch als Fremdsprache, die Sie studiert hatten, nicht anerkannt worden sind?
Larissa Heitzmann: Vom Kultusministerium gab es keine Begründung, es hieß nur, es werde nicht als gleichwertig mit dem deutschen Studium anerkannt. Das möchte ich doch bitte so hinnehmen, was ich aber nicht getan habe. Ich wollte schließlich mit beiden Füßen in meinem Beruf stehen und diesen hier ausüben. Zuerst habe ich mich noch einmal allein an das Kultusministerium gewandt und gefragt, welche sonstigen Möglichkeiten einer Anerkennung es gäbe. Die Antwort hat aber nur auf die schon getroffene Entscheidung verwiesen und mir also nicht weiter geholfen. Dann habe ich die Leiterin der Volkshochschule an der ich schon als Dozentin tätig war, um eine Referenz gebeten, die ich auch erhalten und im Ministerium vorgelegt habe. Diese Intervention hat dazu geführt, dass ich eine Ausnahmegenehmigung für das Unterrichten in der Erwachsenenbildung erhalten habe. Das hat es mir wiederum ermöglicht, nach 14 Jahren wieder in meinem Beruf zu arbeiten. Wenn auch nicht als Lehrerin im Schuldienst, aber immerhin als Dozentin in Sprachkursen bzw. als sozialpädagogische Betreuerin und Beraterin. Man muss eben hartnäckig bleiben!

»Forum Migration«

Mark Terkessidis: Herr Tcheuffa, was machen Sie zur Zeit?
Alain Tcheuffa: Ich arbeite in einer amerikanischen Firma in Solingen als Exportsachbearbeiter.

Mark Terkessidis: Ist das die Tätigkeit, die Ihrer Qualifikation entspricht?
Alain Tcheuffa: Teilweise ja. Ich habe in Kamerun Betriebswirtschaft studiert und dann habe ich hier an einer durch die Otto Benecke Stiftung geförderten Studienergänzungsmaßnahme teilgenommen und eine Zusatzqualifikation im Schwerpunkt Außenhandel erworben. Und in diesem Bereich bin ich jetzt tätig.

Mark Terkessidis: Sie sind als Flüchtling in die Bundesrepublik gekommen und haben hier zunächst Asyl beantragt. Wie haben Sie während des Asylverfahrens gelebt?
Alain Tcheuffa: Es war wirklich ganz schrecklich. Das Leben bestand daraus, morgens aufzustehen und zu warten, dass über den Asylantrag entschieden wird. Ansonsten gar nichts. Dieser Zustand hat bei mir, Gott sei Dank, nur ein halbes Jahr gedauert, bei anderen dauert es mehrere Jahre.

Mark Terkessidis: Gab es nach Ihrer Anerkennung als Asylberechtigter Beratungsangebote?
Alain Tcheuffa: Zunächst nicht. Man erhält ein Schreiben vom Gericht und das war es. Ich habe mehr als hundert Bewerbungen geschrieben, um Arbeit in meinem Beruf zu bekommen, aber ich habe nur Absagen erhalten. Weil ich eine Familie ernähren musste, habe ich dann fünf Jahre als Lagerverwalter gearbeitet und erst als ich dort arbeitslos geworden war, bekam ich eine Beratung, mit dem Ergebnis, dass ich an einer Maßnahme bei der OBS teilnehmen konnte. Danach habe ich meinen jetzigen Job gefunden.

Quelle: Interview M. Terkessidis, Funkhaus Europa des WDR, 2008

In den beiden nächsten Jahren ging es hoch hinauf: Das Forum tagte im neuen Post Tower, im höchsten Gebäude Bonns. Dies war eine sehr beeindruckende und angenehme Begleiterscheinung der neu aufgenommenen Zusammenarbeit der Otto Benecke Stiftung mit DHL bei der Rekrutierung von Migrantenjugendlichen als Auszubildenden. Zwei große gesellschaftlich-politische Bereiche, deren Bearbeitung auch im übertragenen Sinne einen weiten Blick erfordert, fungierten als Leitthemen: Jugendpolitik und Familienpolitik. Der weitere politische Kontext wurde durch die damals aktuellen Diskussionen zum bundesweiten Integrationsprogramm bestimmt.

Den einführenden Fachvortrag des jugendpolitischen Forums hielt Ursula Boos-Nünning von der Universität Duisburg-Essen. Ausgehend von absehbaren Folgen des demographischen Wandels einerseits, dem beobachtbaren Erstarken der Migrantenselbstorganisationen andererseits, forderte sie eine Neuausrichtung der Jugendpolitik, die sich angesichts zunehmender und zunehmend bewusst werdender Diversität herausgefordert sieht, das bleibende Ziel der Chancengleichheit in stark differenzierter Weise zu verfolgen (vgl. Boos-Nünning/Karakaşoğlu 2012). Die anschließende Expertendiskussion verdeutlichte, dass sich die in den Jahren zuvor noch wahrnehmbaren optimistischen Erwartungen aufgelöst hatten und einer skeptischen Stimmung gewichen waren. In drei »Tandems« mit je einem Vertreter bzw. einer Vertreterin der Wissenschaft und je einem bzw. einer der Praxis wurden Handlungsmöglichkeiten im Sinne einer neuen Integrationspolitik erkundet, die sich auch unter schwieriger werdenden Umständen würden verwirklichen lassen: Partizipation durch interkulturelle Öffnung von Ganztagsschulen, Partizipation durch konkrete Berufschancen anstelle von Übergangskarrieren, Partizipation von Jugendlichen an integrationspolitischen Diskursen waren die Themen.

Auf der Tagung des Jahres 2010 referierte Birgit Leyendecker von der Ruhr-Universität Bochum über den Einfluss der Familie auf die Bildungsverläufe der Kinder und plädierte für eine an den Kompetenzen der Kinder orientierte Erziehungspartnerschaft zwischen den Familien und den Bildungsinstitutionen. Auch Christian Alt vom Deutschen Jugendinstitut unterstrich die Bedeutung der Familie, wies aber zugleich auf die nicht minder wichtigen Faktoren der Peer-Beziehungen und der Akzeptanz durch die Institutionen des Bildungswesens hin. Diesen systematischen Einblicken folgte ein lebendiges Podium, auf dem ein Vertreter und zwei Vertreterinnen interkultureller Organisationen in anschaulicher Weise von ihren Erfahrungen berichteten. Nach zwei Projektberichten aus der Praxis war dann auf einem zweiten Podium eine Synthese von wissenschaftlicher und praktischer Expertise gefragt: Wie können Eltern in die Lage versetzt werden, die Bildungsverläufe ihrer Kinder zu fördern? Für die Otto Benecke Stiftung waren dies orientierende Hinweise für die gerade angelaufenen Elternbildungsprojekte in Zusammenarbeit mit Migrantenorganisationen.[11]

---

11 Eine Auswahl der Vorträge und Statements auf den Foren 2009 und 2010 ist dokumentiert in Heft 13 der Reihe »Beiträge …«.

Fragen an die türkische Elternberaterin Aysan Aydemir

Auszüge aus einer Podiumsdiskussion des Forums Migration 2010

Frage: Ich denke, bei den Einwandererfamilien ist eine hohe Bildungsaspiration, auch wenn das Bildungslevel selber nicht da ist. Was sind Ihre Erfahrungen?
Aydemir: Da kann ich Ihnen wirklich nur zustimmen. Auch ich habe das in meiner Familie so erlebt, auch in den Familien, die ich berate – zweihundert Problemfälle jährlich in Dortmund und im Kreis Unna. Und die Eltern mit türkischem Migrationshintergrund, die da zu mir kommen und sich beraten lassen, sagen mir immer, dass die Bildung für sie ganz oben steht in der Messlatte, das heißt: »Auch wenn aus mir jetzt nichts geworden ist, ich möchte, dass mein Sohn oder meine Tochter später es besser hat als ich.« Und dann bekomme ich auch zu verstehen, dass die sagen: »Wir wollen auch alles dafür tun, auch wenn wir jetzt nicht unbedingt sehr reich sind, bei uns die Finanzen nicht so stimmen, aber auch für die außerschulische Förderung von meinen Kindern würde ich dann alles machen.«

Frage: Sehen Sie denn auch tatsächlich, dass das in konkrete Maßnahmen mündet?
Aydemir: Auf alle Fälle! Wir hatten im Jahre 2006 eine Veranstaltung zum Thema »Das neue Schulgesetz«, wo das neue Schulgesetz damals sehr aktuell war. Hätte jetzt vielleicht irgendeine Institution zu diesem Thema die türkischen Eltern aufgefordert, ich weiß nicht, wie viele Leute diese Einladung befolgt hätten. Dann haben wir das in Kooperation mit der RAA Dortmund gemacht, mit dem Türkischen Bildungszentrum, mit dem Türkischen Elternverein, und wir hatten ungelogen über zweihundert Eltern bei uns, die von vornherein wussten und in zweisprachigen Handzetteln oder Flyern diesbezüglich informiert wurden, was auf sie zukommt, was die Inhalte dieser Veranstaltung sein würden. Und ab dem zweihundertsten Teilnehmer haben wir auch gar nicht mehr gezählt. Aus dieser einen Veranstaltung wurden dann im Nachhinein zehn Folgeveranstaltungen. Wir haben uns an die Ort begeben, wo sich die Eltern ohnehin aufhalten.

Frage: Kommt ein Politiker an die Pulte, vor die Kameras und sagt: Ja, das mit den Familien, das klappt nicht, die kommen aus sozioökonomisch schwierigen Verhältnissen. Wir müssen in Deutschland mehr tun, dass die Bildung nicht in der Familie gemacht wird. In den Niederlanden, in Frankreich ist das so, dass viel mehr Verantwortung auf den Schulen liegt. Da müssen wir systematisch was ändern. Können Sie dieser These widersprechen?

Aydemir: Wir stärken die Eltern. Wenn jetzt die Eltern zu uns kommen, dann gehen wir mit denen das Ganze durch. Wir fangen mit dem Sprachniveau an, wo das Kind überhaupt steht, und was man da als Elternhaus überhaupt machen kann, außerschulisch aber auch nach der Einschulung. Und dann haben wir viele Angebote, wo wir diese Eltern auch schon als Multiplikatoren ausbilden, sie soweit stärken, dass sie meinen: »Ok, dann mach ich da halt mit, ich beteilige mich in verschiedenen Gremien, ich sehe zu, dass es meinem Kind gut geht.« Die meisten Eltern kommen zu uns, wenn die Schulerziehung seitens der Lehrkräfte mit den Vorstellungen der Eltern nicht übereinstimmt. Und da, da müssen wir wirklich alle zusammen, alle Beteiligten, alle Akteure, Politiker, Lehrkräfte, Migrantenselbstorganisationen, Vertreter aller Verbände an einem Strang ziehen, um zu sehen, dass wir für ein Wir-Gefühl da sind.

Frage: Es ist nicht nur die Aufgabe der Familie, Wissensvermittlung stattfinden zu lassen, sondern es muss auch eine Atmosphäre geschaffen werden, in der sich die Kinder wohlfühlen. Würden Sie sagen, dass für die Kinder tatsächlich in der Familie Orientierungspunkte geschaffen werden, dass sie sich in der Familie wohlfühlen und deshalb auch in der Gesellschaft die Möglichkeit haben, erfolgreich zu werden? Klappt das so in den meisten Fällen?
Aydemir: Wir haben ja sehr heterogene Familien und was einige Familien nicht leisten können, dafür muss eigentlich die Schule aufkommen. Gut, ohne Elternarbeit geht's heutzutage nicht. Gute Zusammenarbeit zwischen der Institution Schule und dem Elternhaus kann ja nur förderlich sein, aber zuerst müssen wir wirklich an den Schulen noch einiges leisten. Ich würde nicht so schnell aufgeben, die Eltern sind wichtige, mächtige Partner, die Verantwortung für ihre eigenen Kinder auch tragen, die Familien haben eine große Rolle. Die soziale Nicht-Anerkennung – das ist ein großes Thema, aber wir müssen einfach dabeibleiben und arbeiten, weiter kämpfen, dass die Situation verbessert wird. Wenn es Eltern gut geht, dann geht es auch Kindern gut. Meine Vision ist überhaupt, keine Unterscheidung zu machen zwischen Personen mit und ohne Migrationshintergrund. Weil alle Bürgerinnen und Bürger, egal welcher Herkunft, egal welcher Religiosität, gehören zu Deutschland. Es gilt jetzt, zusammen an einem Strang zu ziehen und Integration voranzutreiben. Natürlich haben die Eltern da einen Part zu übernehmen, natürlich hat die Schule da einen Part zu übernehmen, und noch ganz viele andere Akteure. Nur zusammen können wir uns der Sache nähern.

Quelle: OBS/Forum Migration 2010; Dokumentation

»Forum Migration«

Das Forum 2011 griff ein damals sehr aktuelles Thema auf, den »Fachkräftemangel«. Die weit verbreiteten, überwiegend pessimistischen, aber keineswegs einhelligen Prognosen sollten einer differenzierten und genauen Betrachtung unterzogen werden. Als Fachleute sprachen Ingo Behnel, Abteilungsleiter im Bundesfamilienministerium, Holger Bonin, Arbeitsmarktforscher am Zentrum für Europäische Wirtschaftsforschung, und Andreas Damelang, Wirtschaftssoziologe an der Universität Erlangen. Sie stellten das Fachkräftekonzept der Bundesregierung, die Herausforderungen und Chancen der demographischen Wende und die Potenziale kultureller Vielfalt am Arbeitsmarkt dar. Die vier migrationsbezogenen Strategien zur Bewältigung des Fachkräftemangels – qualifizierte Neueinwanderung, Schließung von Qualifizierungslücken, Abbau von administrativen Barrieren und Schaffung von Bleibeanreizen – wurden dann in einer durch Impulsreferate gesteuerten Diskussionsrunde analysiert. Dem Podium mit Wolfgang Bosbach, Armin Laschet, Ursula Boos-Nünning und Kenan Kolat war die Aufgabe übertragen, Bilanz zu ziehen.

Quelle: Abbildung des Flyers »18. Forum Migration« 2012 (Innenseite)

»Vielfalt als Motor gesellschaftlicher Entwicklung« – diese Formulierung des Themas der Tagung 2012 sollte das Augenmerk darauf lenken, dass die klassische Integrationspolitik mehr und mehr zu einem Teil der allgemeinen Gesellschaftspolitik wird. Schon gleich zu Beginn betonte Guntram Schneider, Minister für Arbeit, Integration und Soziales des Landes Nordrhein-Westfalen:

Hans H. Reich/Marianne Krüger-Potratz/Max Matter

»Wir müssen gemeinsam dafür sorgen – und hier spielt die Otto Benecke Stiftung e.V. eine nicht zu unterschätzende Rolle – dass die erkannte Vielfalt auch in der Praxis gelebt wird« (Schneider 2014, S. 15). In seinem Grundlagenvortrag zeichnete Ludger Pries von der Ruhr-Universität Bochum ein Bild mobiler Gesellschaften mit vielerlei Arten von Migration, in denen die Vorstellung von der Lösung aus dem einen gesellschaftlichen Kontext zwecks Integration in einen anderen Kontext obsolet wird und durch ein neues, dynamischeres Verständnis von Teilhabe ersetzt werden muss (Pries 2014). Konkrete Ansichten von dieser herausfordernden Übergangssituation entwarfen Yasemin Karakaşoğlu, inzwischen Konrektorin für Interkulturalität und Internationalität der Universität Bremen, am Beispiel der Änderungen des Schulsystems (Karakaşoğlu 2014), Christoph Schroeder, Professor für Deutsch als Zweit-und Fremdsprache der Universität Potsdam, am Beispiel der öffentlichen Verhandlung von Mehrsprachigkeit in sozialen Räumen (Schroeder 2014), und Helen Schwenken, Leiterin des Fachgebiets »Politik der Arbeitsmigration« an der Universität Kassel, am Beispiel des Fachkräftemangels im Pflegebereich. Das abschließende Podium ließ noch einmal die Handlungsfelder und ihre möglichen Entwicklungen Revue passieren.

Auf der Tagung 2013 referierte Levent Tezcan von der Universität Tilburg (Niederlande) über »Integration, Inklusion, Diversität: Konzepte zur Migrationsgesellschaft«. Jenseits der herkömmlichen Begriffe müssten neue, zeitgenössische Konzepte entwickelt werden, die insbesondere auch den Lebensumständen der jüngeren Menschen Rechnung tragen. Er sprach dabei dem Selbstverständnis und dem Handeln von Migrantenorganisationen eine entscheidende Bedeutung zu. Zwei Migrantenorganisationen, ein regionaler und ein lokaler Integrationsbeirat sowie die OBS kamen dann in einem moderierten Gespräch zu Wort und legten ihre Sicht hinsichtlich des Weges zu einer Teilhabegesellschaft dar. Drei Beiträge beschäftigten sich mit der Frage, wie tragfähig dieser neue Gesellschaftsbegriff ist, wenn es um die Bewältigung der neuen aktuellen Herausforderungen durch Armutszuwanderung und irreguläre Migration geht. Auf dem abschließenden Podium diskutierten Fachleute ganz unterschiedlicher Provenienz –

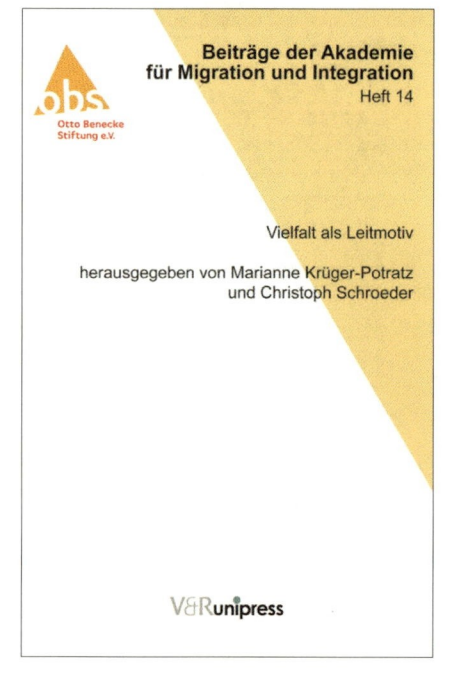

Ekrem Şenol, Herausgeber des MiGAZIN, Nizaqete Bislimi, Rechtsanwältin in Essen, Christine Lüders, Leiterin der Antidiskriminierungsstelle des Bundes, Yasemin Karakaşoğlu, Konrektorin der Universität Bremen, und Ingo Behnel, Abteilungsleiter im Bundesfamilienministerium – die These: »Integration ist Teilhabe«.[12]

Übergreifende Aspekte

Die Themen der Foren reihen sich in offener Folge aneinander, sie sind nicht an einen vorab entworfenen Plan gebunden, aktuelle Ereignisse und politische Prioritäten spielen bei der Wahl der Inhalte eine Rolle. Es ist aber auch erkennbar, dass sich Fragestellungen wiederholen, die Verbindungen zwischen den Foren schaffen und so dazu beitragen, der Veranstaltungsreihe als ganzer ein Gesicht zu geben. Gefragt wird nach den absehbaren Entwicklungen der Zuwanderung und deren Ursachen, nach dem Handeln der Zuwanderer im Raum der Einwanderungsgesellschaft und nach den Veränderungen der Gesellschaft, in der Zuwanderer und länger Ansässige zusammenleben. Gefragt wird nach Empfehlungen für politisches, soziales und pädagogisches Handeln.

Prognosen und Empfehlungen

Prognosen, die mit Bezug auf Migrationsprozesse in der Öffentlichkeit verbreitet werden, beruhen oft mehr auf »gefühlten« Vermutungen oder vorgefassten Meinungen als auf empirischen Berechnungen und theoretisch fundierten Modellen. In der Regel dienen sie dazu, eine bestimmte Politik zu untermauern. Oft haben sie alarmierenden Charakter. Die Foren der Otto Benecke Stiftung setzen solchen, auf Effekte bezogenen Publikationen ihre sachbezogenen Beiträge entgegen, die – bei allen Unterschieden im Einzelnen – insgesamt von einer wissenschaftlich begründeten Skepsis getragen sind und sich mit vorschnellen Schlussfolgerungen zurückhalten.

Auf der Theorie-Ebene hat Hoffmann-Nowotny (1998) die Frage nach den absehbaren Entwicklungen der Zuwanderung mit einem pessimistischen Szenario beantwortet, das von einem Fortbestehen der strukturellen Ungleichheiten auf globaler Ebene und einem fortbestehenden Desinteresse der Einwanderungsstaaten an deren ernstlicher Verminderung ausgeht. Nur im nationalen Rahmen sieht er – bedingt – Möglichkeiten der Konfliktprävention durch eine Politik der strukturellen Integration und der kulturellen Assimilation der Immigranten.

---

12 Ausgewählte Vorträge und Statements des 17. und des 18. Forums sind in Heft 14 der Reihe »Beiträge ...« publiziert.

Auf die Grundbegriffe der strukturellen und kulturellen Ungleichheit greifen auch alle anderen Autoren zurück, wenn sie versuchen, Prognosen zu formulieren. Die meisten beeilen sich aber hinzuzufügen, dass modifizierende Faktoren – mal diese, mal jene – in Betracht zu ziehen sind, so dass präzise Voraussagen im historischen Einzelfall nicht erwartet werden können.

So diagnostiziert Bernd Knabe vom Bundesinstitut für ostwissenschaftliche und internationale Studien, Köln Mitte der 1990er Jahre ein wachsendes Migrationspotenzial in den Nachfolgestaaten der Sowjetunion. Er weist aber darauf hin, dass die tatsächliche Entwicklung von ungewissen politischen Faktoren – dem »weitere(n) Verlauf der politischen und wirtschaftlichen Reformen, Veränderungen in den Einstellungen staatstragender Ethnien gegenüber Minderheiten sowie Modalitäten der Regelungen von Grenz- und Staatsbürgerschaftsproblemen« – abhänge (Knabe 1998).

Bezüglich der EU-Osterweiterung vermutet Hönekopp (2003, S. 25), die befürchteten Arbeitskräftewanderungen »dürften nicht sehr umfangreich sein. Entscheidender«, stellt er fest, » sind die strukturellen Wirkungen und Konzentration dieser Migration. Auch die möglichen Entwicklungen in den Grenzregionen sind sehr differenziert zu betrachten.« Im gleichen Heft der Schriftenreihe plädiert auch Cyrus, Experte für Arbeitsmigration und irreguläre Migration (2003) nachdrücklich für eine nach sektoralen und rechtlichen Gesichtspunkten differenzierende Betrachtung. Beide Autoren stellen sich selbst und ihren Hörern bzw. Lesern die Frage, wie zuverlässig sich mit den Theoriemodellen der ökonomischen Migrationsforschung und beim gegenwärtigen Entwicklungsstand der demographischen Instrumente zukünftige Entwicklungen überhaupt prognostizieren lassen. Sie kommen zu einer ziemlich skeptischen Einschätzung. Auch die Prognosen nationaler Entwicklungen in Polen (Mazur-Rafal 2003) und Tschechien (Nováková 2003) verweisen auf diese Unsicherheiten.

Beim Thema des drohenden Fachkräftemangels zeigte sich ebenfalls, dass zwar die langfristige demographische Tendenz auf jeden Fall ihre Wirkungen zeitigen wird, viele andere Faktoren aber, darunter insbesondere die mutmaßliche Entwicklung der Zuwanderung, viel zu variabel sind, als dass sich sichere Voraussagen abgeben ließen:

> »Präzise Prognosen, wie der demographische Wandel die wirtschaftliche Entwicklung in Deutschland beeinflussen wird, sind kaum möglich. Anders als die demographischen Parameter sind wirtschaftliche Faktoren ständig der Veränderung unterworfen, und die soziale Marktwirtschaft als Rahmen besitzt eine ganz erstaunliche Kraft, sich an verändernde Umweltbedingungen anzupassen« (Bonin 2014, S. 52).

Empfehlungen auszusprechen ist angesichts eines so zweifelhaften Wissensstandes eine heikle Aufgabe. Orientierungen mitzunehmen ist aber eine – sehr berechtigte! – Erwartung der Teilnehmerinnen und Teilnehmer am Forum Migration. Dieses Dilemma hat sich nicht auf einfache und befriedigende Art und Weise lösen lassen. Mit Recht haben die Referentinnen und Referenten direkte Ableitungen aus ihren Prognosen vermieden. Soweit sie sich dennoch den Erwartungen der Teilnehmer und Teilnehmerinnen gestellt haben, haben sie die Form politischer Maximen anstelle konkreter Handlungsanweisungen gewählt. Dabei stützen sie sich auf allgemein anerkannte Werte und/oder auf historisches Wissen. Zu den wiederholt vertretenen Maximen zählen die Sicherung sozialer und tariflicher Standards, die Beseitigung von Hindernissen beim Zugang zum Arbeitsmarkt, die »nachholende Integration«, die interkulturelle Öffnung von Einrichtungen und die kulturelle Anerkennung der Migranten (vgl. Cyrus 2003; Boos-Nünning 2004; Kröhnert 2006; Bade 2007).

Einstellungsmuster der länger ansässigen Bevölkerung, aber auch der Politik, haben mehrere Referenten als Integrationshindernis ausgemacht. Oberndörfer (2006, S. 31) spricht von einer langen Tradition der »Abwehrhaltung gegen Fremde« in Deutschland, die er bis auf das wilhelminische Kaiserreich zurückführt. Mit Blick auf die Migrationen des späten 20. Jahrhunderts spricht Bade (2001, S. 25-31) von einer »Angst vor dem Süden« ebenso wie von einer »Angst vor dem Osten«. Das Forum Migration hat eine seiner durchgehenden Aufgaben darin gesehen, solchen Ängsten Orientierungen für integratives politisches Handeln, Beispiele erfolgreicher Integrationsarbeit und Kenntnis der Lebenssituationen der Migranten entgegenzusetzen.

> *Die aktuellen Diskussionen über Asyl- und Flüchtlingspolitik zeigen einmal mehr, wie sehr uns die Themen Zuwanderung und Integration bewegen. Damit das Zusammenleben in Deutschland auf Dauer funktioniert, ist eins von entscheidender Bedeutung: die Integration! Hier leistet die Otto Benecke Stiftung seit nunmehr 50 Jahren einen großartigen Beitrag! Sie hilft den Neuankömmlingen sich in unserem – für sie fremden – Gesellschafts- und Bildungssystem zu orientieren und steht ihnen auf ihrem Weg mit Rat und Tat zur Seite. Seit seiner Gründung im Jahre 1965 hat der gemeinnützige Verein inzwischen mehr als 400.000 Zuwanderinnen und Zuwanderer bei der Fortführung oder Ergänzung ihrer Ausbildungen in Deutschland unterstützt. Eine wahre Erfolgsgeschichte!*
>
> *(19.12.2014, Wolfgang Bosbach, MdB/CDU)*

Lebenssituationen

Über die sozialen Kontexte der Migration und die Erfahrungen der Migranten Bescheid zu wissen und darüber reden zu können ist ein wirksames Mittel gegen vorschnelle Urteile und ungenaue Befürchtungen. Wissen über das Leben in den

Herkunftsgesellschaften und die Potenziale der Migranten, das Zurechtkommen in der Einwanderungsgesellschaft und die Organisation der Einwandererinteressen zu vermitteln ist daher ein durchgängiges Anliegen des »Forum Migration«. (Die Organisation der Einwandererinteressen wird im vorliegenden Band in dem Beitrag über die Migrantenorganisationen eigens behandelt und bleibt deshalb hier im Folgenden außer Betracht.[13])

Zu den Lebenssituationen *in den Herkunftsgesellschaften*: Die Verhältnisse in den Aussiedelungsgebieten der ehem. Sowjetunion beleuchten die Beiträge von Ilarionowa (1998), Mawrina (1999) und Roll (2003) am Beispiel des Bezirks Omsk, wo die Otto Benecke Stiftung seinerzeit an zwei sozialpädagogischen Projekten der Universität vor Ort – der Einrichtung eines Konsultationszentrums und dem Aufbau eines Studiengangs Sozialarbeit/Sozialpädagogik[14] – beteiligt war.

Ausführlich werden die Lebensbedingungen der Sinti und Roma im östlichen Europa in mehreren Beiträgen des Kölner Forums dargestellt: Der Ombudsmann für die nationalen und ethnischen Minderheiten im ungarischen Parlament, Kaltenbach, hebt die mit der Schaffung von Minderheitenselbstbestimmungsrechten und -organen verbundenen positiven wirtschaftlichen und sozialen Veränderungen hervor, weist aber auch auf die immer noch starke Segregation im Bildungsbereich hin, die die Chancen von Roma-Kindern schon in einem frühen Stadium zunichtemacht. Bildungsfragen behandelt auch Bercus (2005), der damalige Direktor des Romani CRISS, bezogen auf Roma in Rumänien. Über die schwierige Lage von Binnenflüchtlingen, viele von ihnen Roma, in Serbien und Montenegro informiert Jakšic von der Universität Belgrad (2005). Heuß, damals Projektberater in Südosteuropa, stellt das Projekt Roma Population Integration in Bulgarien vor, das u. a. Curricula für die Ausbildung junger Roma zu »Assisting Teachers« vorsieht, und verbindet dies mit allgemeinen Erwägungen zu Desegregations- und Antidiskriminierungsarbeit. Die Situation von Roma-Frauen in Rumänien ist das Thema der Roma Women Association Romania (RWAR), auf dem Forum vertreten durch Violeta Dimitru – ein Projekt, das die Möglichkeiten der politischen Partizipation von Roma-Frauen vor allem auf kommunaler Ebene stärkt und von der Otto Benecke Stiftung zusammen mit der RWAR durchgeführt wird, stellt Graffius (2005) vor. Insgesamt wurde auf diesem Forum Aufklärungsarbeit über eine europäische Minderheit geleistet, die immer noch das Ziel zahlreicher diskriminierender Vorstellungen ist. Es wurde erkennbar, dass ihre missliche Lage als Verliererin der politischen und wirtschaftlichen Wende die zuvor schon bestehenden Diskriminierungen und Benachteiligungen nicht zum Verschwinden gebracht, sondern eher noch verstärkt hat. Ebenso wurde erkennbar, dass die Auseinandersetzung mit dieser

---

13 Siehe den Beitrag von Boos-Nünning im vorliegenden Band.

14 Siehe hierzu ausführlicher die entsprechenden Abschnitte im Beitrag von Barthelt/Oltmer/Weyhenmeyer im vorliegenden Band.

Situation in den (potenziellen) Auswanderungs- wie in den Einwanderungsländern geführt werden muss.

Lebenssituationen von Einwanderern *in Deutschland* spiegeln sich auf den Foren in sozialwissenschaftlichen Analysen, ethnographischen Studien und persönlichen Berichten zu ganz unterschiedlichen Themen. In einem sozialwissenschaftlich ausgerichteten Beitrag stellt Dietz (1999) die wirtschaftlichen, gesellschaftlichen und rechtlichen Lebensumstände von Aussiedlern dar. Alt (2012) beschreibt die Familienverhältnisse von deutschen, russlanddeutschen und türkischen Familien im Vergleich. In einer minutiösen zeitgeschichtlichen Darstellung, die auch die internen Konflikte in der Gruppe nicht ausspart, geht Kukatzki (2002) den Chancen und Schwierigkeiten der sozialen und religiösen Integration jüdischer Kontingentflüchtlinge nach. Die Lage der zwischen Ost und West pendelnden Haushaltsarbeiterinnen skizziert Lutz (2003), die dabei insbesondere die ungenügende Sicherung sozialer Standards im Auge hat. Dichte Beschreibungen krimineller Subkulturen von russischsprachigen Zuwanderern liefern die Beiträge von Osterloh (2003) und Pawlik-Mierzwa/Otto (2003). Mit den trotz politischer Gegensteuerung anhaltenden Ausgrenzungen und Benachteiligungen von Sinti und Roma seitens der deutschen Bevölkerung befasst sich Strauß (2005). In diesen Beiträgen kommt die soziale Vielfalt der Situationen im Einwanderungsland zum Ausdruck.

Im Format der Gesprächsrunden wird die individuelle, die biographische Seite dieser Situationen anschaulich gemacht. Zugewanderte schildern die Prozesse ihrer Integration in autobiographischen Erzählungen. So berichten 2005 auf dem elften Forum Menschen ganz unterschiedlicher Herkunft von ihren Wegen in die deutsche Gesellschaft, darunter – um die Vielfalt wenigstens anzudeuten – ein ehemaliger Gastarbeiter aus Italien, der zuerst als Maurer, dann als Maschinenschlosser und schließlich als Fachsekretär bei der IG Metall gearbeitet hat; ein Spätaussiedler aus der UdSSR, der in Deutschland Medizin studiert und seinen Facharzt gemacht hat und u. a. internationale Seminare für Ärzte aus der GUS anbietet; ein Asylberechtigter aus Äquatorialguinea, der in seinem Herkunftsland Lehrer für Latein und Griechisch war und in Deutschland ein Studium der Rechtswissenschaften und der englischen und französischen Philologie aufgenommen hat; eine junge Frau, die als ›Gastarbeiterkind‹ geboren wurde, in Hamburg und İstanbul zur Schule gegangen ist, als Journalistin und Geschäftsführerin arbeitet und sich in zwei Kulturen bewegt. Bei der Gesprächsrunde zur Suche nach einer beruflichen Tätigkeit in Deutschland (Mein Weg in den Beruf 2010) werden ebenfalls Erfolgsgeschichten erzählt, aber auch die Schwierigkeiten thematisiert, die der Integration entgegenstehen. So äußern sich z. B. eine Studierende polnischer Herkunft zur lückenhaften Beratung in Schule und Universität, eine jüdisch-ukrainische Mathematikerin zu den Schwierigkeiten bei der Anerkennung von Universitätsstudien, ein Maschinenbauer aus Marokko zur geringen Passung der angebotenen Deutschkurse. Ähnlich anschaulich und

individuell sind die Berichte, die Vertreter und Vertreterinnen verschiedener Migrantenorganisationen auf dem Forum 2013 vom Alltag ihrer Arbeit gegeben haben.
Zwei Foren sind ausdrücklich der Bedeutung der Familie gewidmet. In mehreren Beiträgen stellen sie einer verbreiteten Sichtweise, die die Migrantenfamilie vorwiegend als Hort des Herkömmlichen und der Rückbindung an die Herkunftsgesellschaften sieht, ein Bild vielfältiger Funktionen in der Einwanderungsgesellschaft entgegen: Gewährung von gegenseitiger Unterstützung, Vermittlung oder Aushandlung von Einstellungen und Präferenzen, flexibler Umgang mit kulturellen Handlungsmustern, Austausch von Sprachkenntnissen, Integration im Wohnumfeld (Erler 2004; Steinbach 2004; Leyendecker 2012). Die Autorinnen gehen so weit, Migration generell als »Familienangelegenheit« zu betrachten, viele Migrationsziele seien überhaupt nur im Generationenverbund erreichbar. Steinbach resümiert:

> »eine starke familiale Orientierung behindert nicht die Eingliederung, sondern stellt eine wesentliche Motivation dar, assimilative Handlungen überhaupt auszuführen, zum Beispiel um den Erfolg und die Zukunft der nächsten Generation sicherzustellen« (Steinbach 2004, S. 40).

Ein besonderes Augenmerk gilt dem Aufwachsen der Jugend. Mit der Falldarstellung über Bosnier im Jugendzentrum (Eckert 1999) und den Beiträgen zum Sucht- und Gewaltverhalten jugendlicher Aussiedler (Fricke 2003; Köhler 2003) steht die Befassung mit Problemsituationen am Anfang dieses Interesses. Spätere Foren richten ihre Aufmerksamkeit dagegen auf das Zurechtkommen im Regelsystem. Den Schwerpunkt bilden dabei die Schwierigkeiten beim Übergang von der Schule in Studium, Ausbildung oder Beruf. Die bereits erwähnte Gesprächsrunde gehört hierher. Daran schließt der Beitrag von Wojciechowicz (2010) an, die anhand authentischer Zitate Zusammenhänge zwischen Biographie und Beratungsbedarf bezüglich Studienwahl, Überwindung von Sprachproblemen und schulischen Belastungen herausarbeitet. Komplementär dazu ist der Beitrag von Bandorski (ebenfalls 2010) zu sehen, der anhand von Daten des Mikrozensus Schulabschlüsse und Berufsabschlüsse in differenzierter Weise, auch im Nationenvergleich, darstellt und die Benachteiligung von Migrantenjugendlichen bei gleichen Schulabschlüssen nachweist. Mit der Darstellung des Kooperationsprojekts Teenwork, das die Otto Benecke Stiftung mit dem Unternehmen DHL Freight 2009 gestartet hat, liefern Hiesserich/Galyschew (2012) ganz im Sinne des Mottos von 2006 »Integration muss sich lohnen« einen Beitrag zu der Frage, wie eine konkrete Initiative zur Verbesserung der Einstiegschancen aussehen kann.

Einen weiteren Bogen schlagen Boos-Nünning/Karakaşoğlu (2012) in ihrer Analyse der geringen Partizipation von Migrantenjugendlichen an den Angeboten der Jugendarbeit, und zwar sowohl der deutschen Organisationen wie der Migrantenorganisationen. Auf der Suche nach Ursachen stoßen sie auf eine Befindlichkeit der Jugend, die sich »zu einem erheblichen, u. E. immer größeren Teil mehreren kulturellen Räumen gleichermaßen zugehörig« fühle und daher »Mehrfachidentitäten« entwickele (ebd., S. 66f). Sie prüfen vor diesem Hintergrund die Perspektiven selbstorganisierter Aktivitäten auf der Grundlage eigener Migrationsjugendkulturen und schlagen die Einrichtung eines Jugendmigrationsforums vor. Der Integrationsbegriff müsse »neu mit Inhalt und entsprechenden Konzepten gefüllt werden, die nicht von einer dichotomen Gegenüberstellung von Einheimischen auf der einen und Eingewanderten auf der anderen Seite ausgehen« (ebd., S. 54). Sie schaffen damit eine Verbindung zwischen der Situation der Jugend und der umfassenden Änderung des gesellschaftlichen Selbstverständnisses, die in ähnlicher Weise auch dem erweiterten Integrationsbegriff von Pries (2014) und Tezcans Konzept der Migrationsgesellschaft zugrunde liegt: das Ergebnis eines langjährigen Perspektivenwandels.

Perspektivenwandel

Ende der 1990er, Anfang der 2000er Jahre zeichnete sich in der bundesrepublikanischen Migrations- und Integrationspolitik ein Wechsel ab, der eine realistischere Sicht der Dinge an die Stelle einer Politik der Problemverdrängung zu setzen begann. Einwanderung und Integration der Eingewanderten wurden von da an als offen anzugehende Gestaltungsaufgaben definiert. In dem Bericht der »Unabhängigen Kommission Zuwanderung«, die die Grundlagen für ein Zuwanderungsgesetz und die neue Integrationspolitik zu erarbeiten hatte, heißt es:

> »Die jahrzehntelang vertretene politische und normative Festlegung ›Deutschland ist kein Einwanderungsland‹ ist aus heutiger Sicht als Maxime für eine deutsche Zuwanderungs- und Integrationspolitik unhaltbar geworden«. Es sei, so die Kommission weiter, eine »historische Tatsache (…), dass Wanderungsbewegungen die Entwicklung der deutschen Gesellschaft und ihre heutige Zusammensetzung tiefgehend und nachhaltig beeinflusst haben« (BMI 2001, S. 12f.).

Für die Arbeit der Otto Benecke Stiftung bedeutete dieser Wandel die Notwendigkeit einer neuen Vergewisserung über die Grundlagen ihrer Arbeit. Die Frage nach dem durch Zuwanderung bewirkten und gekennzeichneten gesellschaftlichen Zustand wurde zu einem der durchgängigen Aspekte des »Forums Migration«.

In ihrer einfachsten Form beinhaltet diese Frage nur die Mahnung, Migration und Integration nicht als vorübergehende Erscheinungen und zeitbegrenzte Herausforderung abzutun, sondern als dauerhaftes Phänomen und politisch zu gestaltende Aufgabe ernst zu nehmen. Diese Position wurde auf dem »Forum Migration« seit je vertreten, besonders nachdrücklich etwa in den Beiträgen zu dem Forum »Deutschland braucht Zuwanderer – Zuwanderer brauchen Integration« (2005), mehrfach politisch bekräftigt, zugespitzt auf dem Forum »Nachholende und aktivierende Integrationspolitik« (2006), zusammengefasst in dem Slogan »Integration ist kein Projekt!«

Bei einem etwas weitergehenden Verständnis kommt die Frage nach der Bereitschaft hinzu, die Einwanderer als Handelnde in der Einwanderungsgesellschaft zu erkennen und ihre Selbsthilfepotenziale wahrzunehmen, wie es das fünfte Forum im Hinblick auf Spracherwerb, Schule und Ausbildung, Beruf und Existenzgründung geleistet hat. Dabei soll Selbsthilfe nicht als bloße Zuarbeit bei der Erledigung sozialpolitischer Aufgaben der Einwanderungsgesellschaft verstanden werden, sondern als Handeln in eigener Verantwortung. Santel (2002, S. 12) sieht hier noch ein auffälliges Ungenügen des Kommissionsberichts: »Warum wird der politischen Partizipation von Migrantinnen und Migranten gegenüber Staat, Gesellschaft und Parteien vergleichsweise wenig Raum geschenkt? Warum sind Einwanderinnen und Einwanderer zwar als wirtschaftlich Handelnde und als Empfänger wohlfahrtsstaatlicher Leistungen aber kaum als eigenständig handelnde ›politische Subjekte‹ präsent?« Oberndörfer (2006, S. 34) bestimmt das Verhältnis der verschiedenen Dimensionen des Integrationsprozesses zueinander. Für ihn folgt daraus nicht nur eine Berücksichtigung, sondern ein klarer Vorrang der politischen Integration:

> »Das übergeordnete Ziel wünschenswerter Integration von Zugewanderten muss (…) im demokratischen Verfassungsstaat, in der Republik, die politische Integration sein, die Identifikation mit der politischen Gemeinschaft, die Akzeptanz der Verfassung und ihrer Werte, der Rechtsordnung und politischen Institutionen« (…) »staatsbürgerliche, rechtliche, soziale und kulturelle Gleichberechtigung und die soziokulturelle Akzeptanz der Zuwanderer durch die Aufnahmegesellschaft« sind diesem Ziel als Voraussetzungen zugeordnet.

Pries (2014, S. 31) geht noch einen Schritt weiter in der Verallgemeinerung dieser Sicht:

> »Statt um die Gestaltung des Verhältnisses von Migration und Integration wird es immer mehr um die Entwicklung eines dynamischen, integrierten und transnationalen Mobilitäts- und Teilhabemodells gehen.«

Hier verschmilzt Integrationspolitik auch theoretisch mit Gesellschaftspolitik schlechthin.

Eine Gesellschaft, die sich in diesem Sinne als Teilhabegesellschaft versteht, ist nicht länger die Aufnahmegesellschaft der Einheimischen, in die sich die Zuwanderer von Generation zu Generation integrieren, sondern eine Gesellschaft, die gestaltet wird von Menschen unterschiedlicher Generationen mit unterschiedlichen Zuwanderungsgeschichten, eine Gesellschaft im Wandel ihrer Identität. In einer so verstandenen Gesellschaft gilt, dass alle ihre Mitglieder im Integrationsprozess stehen. Die Organisationen der Regelsysteme integrieren sich, indem sie sich den Herausforderungen der interkulturellen Öffnung stellen. Die Interessensorganisationen der Migranten integrieren sich, indem sie nicht nur in eigener Sache tätig werden, sondern auch für die Gesellschaft als Ganze denken und sprechen (vgl. Uslucan 2014, S. 129). Es sind Entwicklungstendenzen, die in diesen Beiträgen formuliert werden, d. h. Analysen von gegenwärtig vorgehenden, z. T. schon eingetretenen Veränderungen und zugleich Aussagen über absehbare künftige Veränderungen, die zur Vorausschau eines qualitativ neuen Gesellschaftsbildes führen. Der Perspektivenwandel ist nicht abgeschlossen; es ist leicht vorherzusagen, dass er auch künftige Beiträger des »Forums Migration« beschäftigen wird.

Struktur und Funktion

Rückblickend betrachtet, zeigt sich das »Forum Migration« über die Jahre und die wechselnden Themen hinweg als wiederkehrende Realisierung einer gleichmäßigen inneren Form: Die Beiträge der Tagungen beziehen sich auf ein gemeinsames Rahmenthema und auf jedem Forum kommen Vertreter der Handlungsfelder Politik, Wissenschaft und Praxis in charakteristischen Formaten zu Wort. Durchgehend werden aktuelle Darstellungen mit vertiefter Analyse verbunden. Durchgehend kommen nicht nur Einheimische, sondern auch Menschen mit Migrationsgeschichte zu Wort.

Die Grundsatzreferate sind überwiegend, wenn auch nicht ausschließlich, Sache der Wissenschaftlerinnen und Wissenschaftler, wobei Interdisziplinarität eine Selbstverständlichkeit ist. Vertreten sind Soziologen, Politikwissenschaftler, Historiker, Bildungs- und Erziehungswissenschaftler, Bevölkerungs- und Arbeitsmarktwissenschaftler aus Universitäten und Forschungsinstituten. Die politischen Beiträge kommen von Bundes- und Landespolitikerinnen und -politikern, Parlamentariern und Mitarbeiterinnen und Mitarbeitern von Ministerien. Sie haben die Form von Ansprachen oder Impulsreferaten, vor allem aber von Beiträgen zu Podiumsdiskussionen, bei denen sich die politischen Redner unterschiedlicher Couleur gegenüberstehen und/oder mit Vertretern anderer Handlungsfelder Argumente tauschen. Die Praxis stellt sich in Einzelbeiträgen, moderierten Gesprächen, auch Workshops und Talkrunden dar. Dabei können große und kleine Behörden, Wohlfahrtsverbände, Vereine, Selbsthilfegruppen und Einzelpersonen vertreten sein. Auch die Otto Benecke Stiftung nutzt diese Formate, um bei passender Gelegenheit ihre Projekte darzustellen (vgl. z. B. Graffius 2005; Bärsch 2012; Hiesserich/Galyschew 2012; Maur 2014) und am Beispiel ihrer Absolventen Integrationsgeschichten lebendig werden zu lassen.

Projektberichte aus anderen Ländern vermitteln Anregungen, die sich vom hierzulande Gewohnten abheben, wie z. B. die Integrationsstrategie der Refugee Teachers Task Force in London (Srur 2010, S. 155–159), das Modell der Patenschaften zwischen länger ansässigen und zugewanderten Familien von Schulkindern in Brüssel (Perdomo 2004, S. 109–111) oder der Aufbau einer multikulturellen Dienstleistungskooperative in Finnland (Heimnonen 2002).

Das gemeinsame Rahmenthema verbindet die Handlungsfelder miteinander. Zwei Beispiele sollen es veranschaulichen:

»Auf dem Weg zur Teilhabegesellschaft« – Thema des Forums 2013 – war ein Rahmen, in dem vor allem die Wissenschaft stark präsent war: Der Hauptvortrag von Levent Tezcan stellte die gewohnten Begriffe zur »Integration« von Gesellschaften in Frage; es ging darum, unter dem Begriff der »Teilhabegesellschaft« etwas Neues bzw. das Charakteristische gegenwärtiger Neuerungen zu fassen. Drei kürzere Referate stellten diesen neuen Begriff auf die Probe, indem sie nach seiner Tauglichkeit zur Analyse und Bewältigung prekärer Situationen – irreguläre Zuwanderung, Armutszuwanderung, Selbstorganisation der Migranten – fragten. Die Praxis war in dem moderierten Gespräch »Von der Integration zur Teilhabe« präsent durch die Arbeit der hessischen Ausländerbeiräte und durch das Kommunale Integrationszentrum Düren (Stichwort: regionale und lokale Vielfalt der Zuwanderung), aber auch durch die neuen Organisations- und Arbeitsformen des Bundesverbands russischsprachiger Eltern und die Interkulturelle Selbstorganisation von Roma und Nicht-Roma »Amaro Drom« (Stichwort: Migrantenselbstorganisation gegen Diskriminierung und über nationale und ethnische Unterschiede hinweg). Die Politik war auf diesem Forum nur bei der Podiumsdiskussion vertreten und ließ erkennen, dass neue Einsichten nicht sofort zu neuem Handeln führen, sondern dass auch die Anerkennung des Geschaffenen und das Abwägen nach vielen Richtungen hin zur politischen Verantwortung gehören.

Das Forum 2006 »Nachholende und aktivierende Integrationspolitik« hingegen war ein eminent politisches Forum. Mit der Autorität seines Amtes und der Nachdenklichkeit seines Redens setzte Bundesinnenminister Wolfgang Schäuble den Schwerpunkt der Tagung (Schäuble 2007), und es waren auch die Vertreter der Politik, die in der Podiumsdiskussion den Ton angaben. Den entscheidenden gedanklichen Impuls aber hatte die Wissenschaft gesetzt, es war der programmatische Begriff der »nachholenden Integration« (Bade 2007). Im Grundsatzreferat wurde er dazu genutzt, über das bloß Faktische hinauszugehen und Perspektiven und Spielräume politischen Handelns aufzuzeigen. Er wurde vom Podium mit einhelligem Interesse aufgegriffen. Und die auf diesem Forum besonders zahlreichen Beiträge aus der Praxis machten erkennbar, welche und wie viele konkrete Bedeutungen dieser Begriff im Bereich der Kommunalpolitik, der Bildungspolitik, der Jugendpolitik und der Sozialpolitik annehmen kann.

Die Kommunikationsformen auf den Tagungen variieren, jedoch so, dass

»Forum Migration«

immer ein Austausch zwischen den Arbeitsfeldern, auch unter Einbezug des Fachpublikums, in Gang kommen kann. Das »Forum Migration« war nie als »Schaufenster« für die Selbstdarstellung der Vortragenden oder gar der Otto Benecke Stiftung gedacht. Schon die wiederkehrenden inhaltlichen Muster zeigen, dass kommunikative Einbahnstraßen hier nicht erwünscht sein können.

Zwar sehen die Grundsatzreferate akademischen Vorlesungen manchmal recht ähnlich, es sind trotzdem keine reinen Hörsaalprodukte. Denn die Referenten wissen, dass ihre Zuhörer nicht an wissenschaftlicher Systematik interessiert sind, sondern am Stand der Erkenntnisse bezüglich der Handlungsfelder, in denen sie, die Akteure im Publikum, tätig sind. Die Referentinnen und Referenten wissen auch, dass sie nach dem Nutzen ihrer Erkenntnisse gefragt werden und dass klare Aussagen über förderliche und hinderliche Wirkungen erwartet werden. In dieser Konstellation kann sich dann auch ihre eigene Fragestellung anpassen oder verändern, sie gewinnen Wissen über Praxis. Die Politikerinnen und Politiker treffen auf ein Publikum, das unmittelbar an ihren Entscheidungen interessiert ist, weil ihr berufliches Handeln davon abhängt. In dieser Konstellation sind Schaufenster-Reden nicht produktiv, Erklären und Verdeutlichen sind um vieles angebrachter. Denn die Menschen im Publikum verfügen über Wissen und langjährige Erfahrungen als beruflich Tätige und politische Bürgerinnen und Bürger. Dieses Wissen und diese Erfahrungen bleiben nicht in den Hinterköpfen, sondern werden auf dem Forum selbst öffentlich – in den Diskussionen mit dem Publikum und in der Präsentation eigener Leistungen, seien es laufende Projekte, bewährte Routinen oder kreative Ideen für die Lösung von Problemen, die sich neu stellen, weil politische Entschlüsse die Weichen umgestellt haben oder die Dynamik der Migrationen unversehens neue Bedingungen geschaffen hat. Direkt oder indirekt liegt darin dann auch die Chance, den Politikern wie den Wissenschaftlern die Potenziale und die Bedürfnisse der Praxis begreiflich zu machen.

Diese inhaltlichen Muster und kommunikativen Strukturen haben das »Forum Migration« – zusammen mit der Vielfalt seines Publikums und der Gastlichkeit seiner Atmosphäre – zu dem gemacht, was es ist, einer Veranstaltung unverwechselbaren Zuschnitts.

Seiner Funktion nach ist das »Forum Migration« fachöffentlich in einem weiten Sinne des Wortes. Es ist kein Expertenkongress, auf dem sich Spezialisten über Spezialprobleme miteinander unterhalten, sondern eine politisch zu verstehende Veranstaltung, auf der Probleme von allgemeiner Bedeutung fach- und sachkundig verhandelt werden. Es ist zwar gewiss nicht der Impulsgeber, der die Themen für den öffentlichen Diskurs vorgäbe, aber ebenso wenig ein bloßer Verstärker externer Eingaben, sondern es erfüllt eine eigene diskursive Funktion: Es verfolgt vorausschauend, kritisch begleitend und theoretisch reflektierend die Entwicklungstendenzen der nationalen Migrations- und Integrationspolitik, wobei der internationale europäische Zusammenhang stets mit im Blick ist, und aus verschiedenen Perspektiven werden sie auf ihre Konsequenzen befragt. Das

»Forum Migration« konfrontiert die Wissensdomäne der Politik mit derjenigen der Wissenschaft und beide mit der Domäne der Praxis, so dass ein überschaubarer Raum geteilten Wissens entsteht. Es organisiert in diesem Raum die direkte Kommunikation der drei Wissensdomänen, die natürlich auch in der Realität aufeinander einwirken, sich aber nicht notwendigerweise miteinander verständigen müssen. Indem das Forum den Politikern, Wissenschaftlern und Praktikern, die mit Migration und Integration befasst sind, diese direkte Kommunikation ermöglicht, trägt es nicht nur dazu bei, Missverständnisse zu verkürzen und Unverständnis zu vermeiden, sondern auch dazu, die eigenen Arbeitsbedingungen klarer einzuschätzen, Gemeinsamkeiten und Gegensätze von Interessen wie auch sich abzeichnende Widersprüche mit hinreichender Deutlichkeit wahrzunehmen, Orientierungen zu überprüfen und neue Handlungsmöglichkeiten ausfindig zu machen. Die Kontinuität und die thematische Breite des Angebots verbürgen auch eine gewisse Nachhaltigkeit. Gefördert wird ein bewusstes und bedachtes Handeln im Feld von Migration und Integration.

Literatur

1. Hefte der »Beiträge der Akademie für Migration und Integration«

Heft 1/1998[15]: Reich, H.H. (Hrsg.): Die Nationalstaaten und die internationale Migration. Osnabrück: Rasch.

Heft 2/1999: Reich, H.H. (Hrsg.): Die Integration Jugendlicher unter den Bedingungen von Systemwandel und Emigration. Osnabrück: Rasch.

Heft 3/1999: Bade, K.J./Reich, H.H. (Hrsg.): Migrations- und Integrationspolitik gegenüber »gleichstämmigen« Zuwanderern. Osnabrück: Rasch.

Heft 4/2001: Bade, K.J. (Hrsg.): Einwanderungskontinent Europa: Migration und Integration am Beginn des 21. Jahrhunderts. Osnabrück: Rasch.

Heft 5/2002: Krüger-Potratz, M./Reich, H.H./Santel, B. (Hrsg.): Integration und Partizipation in der Einwanderergesellschaft. Osnabrück: Rasch.

Heft 6/2003: Krüger-Potratz, M. (Hrsg.): Kriminal- und Drogenprävention am Beispiel jugendlicher Aussiedler. Göttingen: V&R unipress.

Heft 7/2003: Krüger-Potratz, M. (Hrsg.): Neue Zuwanderung aus dem Osten? Göttingen: V&R unipress.

---

15 Das erste Heft der Reihe ist 1998 erschienen; es ist im Innentitel einmal als »Heft 1/1998 ausgewiesen und auf der gleichen Seite steht »© 1999 …«.

Heft 8/2004: Krüger-Potratz, M. (Hrsg.): Familien in der Einwanderungsgesellschaft. Göttingen: V&R unipress.

Heft 9/2005: Matter, M. (Hrsg.): Die Situation der Roma und Sinti nach der EU-Osterweiterung. Göttingen: V&R unipress.

Heft 10/2006: Krüger-Potratz, M. (Hrsg.): Zuwanderungsgesetz und Integrationspolitik. Göttingen: V&R unipress.

Heft 11/2007: Bade, K.J./Hiesserich, H.G. (Hrsg.): Nachholende Integrationspolitik und Gestaltungsperspektiven der Integrationspraxis. Göttingen: V&R unipress.

Heft 12/2010: Karakaşoğlu, Y./Hiesserich, H.G. (Hrsg.): Migration und Begabungsförderung. Göttingen: V&R unipress.

Heft 13/2012: Krüger-Potratz, M./Reich, H.H. (Hrsg.): Familien- und Jugendpolitik in der Einwanderungsgesellschaft. Göttingen: V&R unipress.

Heft 14/2014: Krüger-Potratz, M./Schroeder, C. (Hrsg.): Vielfalt als Leitmotiv. Göttingen: V&R unipress.

2. Einzelbeiträge

Alt, Christian (2012): Familien türkischer, russlanddeutscher und deutscher Kinder im Vergleich. In: Beiträge ..., Heft 13, S. 43–52.

Bade, Klaus J. (2001): Einwanderungskontinent Europa: Migration und Integration am Ende des 20. Jahrhunderts. In: Beiträge ..., Heft 4, S. 19–47.

Bade, Klaus J. (2007): Versäumte Integrationschancen und nachholende Integrationspolitik. In: Beiträge ..., Heft 11, S. 21–95.

Bandorski, Sonja (2010): Übergang von Jugendlichen mit Migrationshintergrund von der Schule in Ausbildung – Was können die Daten des Mikrozensus 2005 dazu sagen? In: Beiträge ..., Heft 12, S. 73–88.

Bärsch, Jürgen (2012): Vom Tandem zum Duo. Erfahrungen einer neuen Form der interkulturellen Zusammenarbeit unterschiedlicher Organisationen. In: Beiträge ..., Heft 13, S. 95–104.

Behnel, Ingo (2014): Aktivieren – Qualifizieren – Integrieren: das Fachkräftekonzept der Bundesregierung aus familienpolitischer Perspektive. In: Beiträge ..., Heft 14, S. 61–70.

Bercus, Costel (2005): Die Situation der Roma in Rumänien. In: Beiträge ..., Heft 9, S. 29–45.

Berndt, Uwe (2001): Niederlande: Trend zur obligatorischen Integration. In: Beiträge ..., Heft 4, S. 67–73.

BMI (2001): Bundesministerium des Innern: Zuwanderung gestalten. Integration fördern. Bericht der Unabhängigen Kommission »Zuwanderung«. 4. Juli 2001. URL: http://www.bmi.bund.de/cae/servlet/contentblob/123148/publicationFile/9076/Zuwanderungsbericht_pdf.pdf (letzter Aufruf: 20.10.2014).

Bommes, Michael (2001): Bundesrepublik Deutschland: Die Normalisierung der Migrationserfahrung. In: Beiträge ..., Heft 4, S. 49–60.

Bonin, Holger (2014): Demografische Wende auf dem Arbeitsmarkt – Herausforderungen und Chancen. In: Beiträge ..., Heft 14, S. 37–48.

Boos-Nünnig, Ursula/Karakaşoğlu, Yasemin (2012): Partizipation von Jugendlichen mit Migrationshintergrund. In: Beiträge ..., Heft 13, S. 53–81.

Boos-Nünning, Ursula (2004): Familienpolitik und Familienforschung in der Einwanderungsgesellschaft. In: Beiträge ..., Heft 8, S. 21–38.

Černá, Libuše (2012): Partizipation von Jugendlichen an integrationspolitischen Diskursen. In: Beiträge ..., Heft 13, S. 113–117.

Cyrus, Norbert (2003): EU-Osterweiterung und Arbeitsmigration – Politische Herausforderungen und Handlungsoptionen. In: Beiträge ..., Heft 7, S. 27–47.

Damanakis, Michael (1999): Die Integration der Omogenis, dargestellt am Beispiel der Schulintegration. In: Beiträge ..., Heft 3, S. 30–49.

Dietz, Barbara (1999): Migrationspolitik unter ethnischen Vorzeichen: Aussiedleraufnahme und die Politik der Aussiedlerintegration. In: Beiträge ..., Heft 3, S. 10–29.

Dietz, Barbara (2003): Osterweiterung der EU – neuer Qualifizierungs- und Integrationsbedarf für Zuwanderer aus Mittel- und Osteuropa? In: Beiträge ..., Heft 7, S. 13–26.

Eckert, Roland/Reis, Christa/Wetzstein, Thomas A. (1999): Bosnier im Jugendzentrum – eine Falldarstellung. In: Beiträge ..., Heft 2, S. 41–55.

Erler, Wolfgang (2004): Migrantenfamilien als Motor der Integration in der Einwanderungsgesellschaft – Bausteine für einen ressourcenreichen Ansatz. In: Beiträge ..., Heft 8, S. 49–71.

Fricke, Peter (2003): Kriminalitäts- und Gewaltprävention bei jugendlichen Aussiedlern. In: Beiträge ..., Heft 6, S. 12–16.

Graffius, Ivanka (2005): Stärkung der politischen Partizipation von Roma Frauen in Rumänien. In: Beiträge ..., Heft 9, S. 103–112.

Hagedorn, Heike (2001): Frankreich: Integration à la française: Wie werden aus Migranten Franzosen? In: Beiträge ..., Heft 4, S. 89–103.

Heimonen, Johanna (2002): Das Mopo-Projekt Kooperative als beschäftigungsmöglichkeit für Einwanderer. In: Beiträge ..., , Heft 5, S. 81–85.

Heuß, Herbert (2005): Roma-Integrationsprojekte: Möglichkeiten und Grenzen. In: Beiträge ..., Heft 9, S. 91–101.

Hiesserich, Hans-Georg (2006): Deutschland braucht Zuwanderer – Zuwanderer brauchen Integration. Zusammenfassung der Vorträge und Diskussionen des »Forum Migration 2005«). In: Beiträge ..., Heft 10, S. 9–14.

Hiesserich, Hans-Georg u. a. (2007): Gestaltungsperspektiven der Integrationspraxis. In: Beiträge ..., Heft 11, S. 125–168.

Hiesserich, Hans-Georg/Galyschew, Eduard (2012): teenwork – Jugendlichen eine Ausbildungsperspektive geben. In: Beiträge ..., Heft 13, S. 105–112.

Hirsch, Burkhard (2006): Das Zuwanderungsgesetz und die Bürgerrechte. Bemerkungen zu einem untauglichen Versuch am tauglichen Objekt. In: Beiträge ..., Heft 10, S. 45–55.

Hoffmann-Nowotny, Hans-Joachim (1998): Nationale Integration und internationale Migration. In: Beiträge ..., Heft 1, S. 13–24.

Holl, Kurt (2005): »Amaro Kher« – Ein Projekt für Roma Straßenkinder in Köln. In: Beiträge ..., Heft 9, S. 137–148.

Hönekopp, Elmar (2003): Osterweiterung der EU und Migration – aktuelle Entwicklungen und Prognosen. In: Beiträge ..., Heft 7, S. 13–26.

Horowitz, Tamar (1999): Von Zugewanderten zu Mitgliedern der Gemeinschaft: Juden aus der ehemaligen Sowjetunion in Israel. In: Beiträge ..., Heft 3, S. 51–73.

Ilarionowa, Tatjana (1998): Die Deutschen in der frühen Sowjetunion als migrations- und minderheitspolitisches Problem. In: Beiträge ..., Heft 1, S. 63–71.

Jakšić, Božidar (2005): Lebensbedingungen von Roma Binnenvertriebenen in Serbien und Montenegro. In: Beiträge ..., Heft 9, S. 47–67.

Karakaşoğlu, Yasemin (2010): Individuelle Bildungslaufbahnberatung als Förderung der Begabungsreserven von Migranten und Migrantinnen – einige grundlegende Überlegungen und Anregungen. In: Beiträge ..., Heft 12, S. 31–44.

Karakaşoğlu, Yasemin (2014): Bildung als Voraussetzung für gleichberechtigte Teilhabe an der Gesellschaft. In: Beiträge ..., Heft 14, S. 103–112.

Kaykin, Zülifiye (2012): Familien tragen entscheidend zum Gelingen oder Scheitern der Integration bei. In: Beiträge ..., Heft 13, S. 11–14.

Knabe, Bernd (1998): Migrationen aus Osteuropa. In: Beiträge ..., Heft 1, S. 54–62.

Köhler, Martin (2003): Auffälligkeiten im Suchtverhalten und Drogenverständnis jugendlicher Aussiedler. In: Beiträge ..., Heft 6, S. 17–21.

Kohlmeyer, Klaus (2010): Berufsorientierte Begleitung Jugendlicher im kooperativen Übergangsmanagement. In: Beiträge ..., Heft 12, S. 89–92.

Kröhnert, Steffen (2006): Demografie, Arbeitsmarkt und soziale Sicherung. In: Beiträge ..., Heft 10, S. 69–82.

Krüger-Potratz, Marianne (2006): Aktuelle Brennpunkte der Zuwanderung: Erziehung, Bildung und Ausbildung. In: Beiträge ..., Heft 10, S. 89–104.

Krüger-Potratz, Marianne / Frickemeier, Doris (2012): Partizipation durch interkulturelle Öffnung von Ganztagsschulen. In: Beiträge ..., Heft 13, S. 81–93.

Kukatzki, Bernhard (2002): Anmerkungen zu Integrationsproblemen jüdischer Kontingentflüchtlinge. In: Beiträge ..., Heft 5, S. 58–80.

Lemper, Lothar T. (2004): Familie in der Einwanderungsgesellschaft. In: Beiträge ..., Heft 8, S. 11–12.

Leyendecker, Birgit (2012): Familie und Integration: Bilingualität als ein wichtiger Schlüssel zur Integration von Kindern in Familie und Gesellschaft. In: Beiträge ..., Heft 13, S. 31–42.

Lutz, Helma (2003): Pendlerinnen zwischen Ost und West. In: Beiträge ..., Heft 7, S. 49–56.

Matter, Matter (2005): Zur Lage der Roma im östlichen Europa. In: Beiträge ..., Heft 9, S. 11–28.

Maur, Dagmar (2014): Schließung von Qualifizierungslücken. In: Beiträge ..., Heft 14, S. 93–101.

Mawrina, Irina (1999): Die Lage der Jugend in Russland. In: Beiträge ..., Heft 2, S. 9–20.

Mazur-Raffal, Monika (2003): Braindrain – der polnische Fall. Kontinuität oder Wandel? In: Beiträge ..., Heft 7, S. 73–92.

Mein Weg in den Beruf (2010): Mein Weg in den Beruf. Talkrunde mit Zuwanderern und Zuwanderinnen im Rahmen des Forum Migration. In: Beiträge ..., Heft 12, S. 21–30.

Müglich, Heinz (2010): Möglichkeiten und Notwendigkeiten der Beratung beim Übergang Schule – Studium. In: Beiträge ..., Heft 12, S. 113–117.

Münz, Rainer (2001): Österreich: Marginalisierung von Ausländern – eine österreichische Besonderheit? In: Beiträge ..., Heft 4, S. 61–65.

Nováková, Ukrike Ruth (2003): Arbeitnehmerfreizügigkeit zwischen Deutschland und Tschechien: Ein Problem nach der EU-Osterweiterung? In: Beiträge ..., Heft 7, S. 93–106.

Oberndörfer, Dieter (2006): Integrationspolitik in der Bundesrepublik Deutschland: Meilensteine und Hindernisse. In: Beiträge ..., Heft 10, S. 31–43.

Osterloh, K. (2003): »Kriminelle Subkulturen« bei Migranten und Migrantinnen aus der GUS. Geschichte, Hintergründe, Ausdrucksformen und ihre Adaption in der bundesdeutschen Gesellschaft. In: Beiträge ..., Heft 6, S. 26–32.

Panayi, Panikos (2001): Großbritannien: Multikulturalismus und Rassismus. In: Beiträge ..., Heft 4, S. 83–87.

Pawlik-Mierzwa, K./Otto, M. (2003): Abschtschjak und Kasjak als feste Bestandteile der russisch sprechenden Subkultur. In: Beiträge ..., Heft 6, S. 33–45.

Pries, Ludger (2014): Weder Assimilation noch Abschaffung des Integrationsbegriffs – für ein transnationales Mobilitäts- und Teilhabeverständnis. In: Beiträge ..., Heft 14, S. 17–36.

Prüß, Franz (1999): Gesellschaft im Umbruch – Jugend im Aufbruch. In: Beiträge ..., Heft 2, S. 21–40.

Reich, Hans-H. (2006a): Podium: Anspruch und Wirklichkeit: Erste Erfahrungen mit dem Zuwanderungsgesetz zusammengefasst von H.H. Reich. In: Beiträge ..., Heft 10, S. 57–66.

Reich, Hans-H. (2006b): Stichpunkt: Sprachen. In: Beiträge ..., Heft 10, S. 83–87.

Ring, Hans (2001): Schweden: Veränderungen in der Migrations- und Integrationspolitik. In: Beiträge ..., Heft 4, S. 75–82.

Roll, Heike (2003): Omsk ohne Drogen? – Anmerkungen zur aktuellen Drogensituation in Omsk. In: Beiträge ..., Heft 6, S. 46–50.

Santel, Bernhard (2001): Italien und Spanien: Einwanderung zwischen Abwehr und Normalität. In: Beiträge ..., Heft 4, S. 105–115.

Santel, Bernhard (2002): Außen vor? – Zur politischen Partizipation von Zuwanderern in Deutschland. In: Beiträge ..., Heft 5, S. 11–25.

Schäuble, Wolfgang (2007): Anforderungen an eine moderne Integrationspolitik. In: Beiträge ..., Heft 11, S. 11–20.

Schmidt, Renate (2004): Familie als Partnerin für die Integration. In: Beiträge ..., Heft 8, S. 13–20.

Schneider, Guntram (2014): Vielfalt als Motor gesellschaftlicher Entwicklung. In: Beiträge ..., Heft 14, S. 11–15.

Schroeder, Christoph (2014): Sprachliche Vielfalt und Sprache in der Migrationsdebatte in Deutschland. In: Beiträge ..., Heft 14, S. 119–125.

Srur, Nadya (2010): »Integration pathways?« – Zur Arbeitsmarktpartizipation von hochqualifizierten Migranten und Migrantinnen in Deutschland und Großbritannien unter besonderer Berücksichtigung einer Integrationsstrategie der Refugee Teachers Task Force in London. In: Beiträge ..., Heft 12, S. 149–162.

Steinbach, Anja (2004): Solidarpotenziale in Migrantenfamilien. In: Beiträge ..., Heft 8, S. 39–48.

Strauß, Daniel (2005): Ziele – Zeichen – Wirklichkeit. In: Beiträge ..., Heft 9, S. 77–89.

Sundhaußen, Holm (1998): Nationsbildung als Ursache von Ausgrenzung und Migration. Das Beispiel der Balkanländer. In: Beiträge ..., Heft 1, S. 25–44.

Töns, Ulrich (1999): Fachliche und außerfachliche Qualifikationen ausgesiedelter Studienbewerber. In: Beiträge ..., Heft 2, S. 56–69.

Uslucan, Haci-Halil (2014): Teilhabe in Vielfalt: Einfluss von Minderheiten stärken und Diskriminierungen abbauen. In: Beiträge ..., Heft 14, S. 127–133.

Völlmecke, Klaus (2005): Sozialpädagogische und schulische Hilfe für Roma-Flüchtlingsfamilien. In: Beiträge ..., Heft 9, S. 127–136.

Wojciechowicz, Anna (2010): Bildungsberatung unter Bedingungen von Migration. Ergebnisse qualitativer Interviews von Teilnehmenden mit Migrationshintergrund an einem Bildungscoaching im Übergang Schule-Studium. In: Beiträge ..., Heft 12, S. 95–112.

Xhemajli, Sabina (2005): Die pädagogische Arbeit von »Amaro Kher«. In: Beiträge ..., Heft 9, S. 149–152.

Hans H. Reich/Marianne Krüger-Potratz/Max Matter

Anhang: Rahmenthemen des »Forums Migration«

mit Zuordnung zu den Heften der »Beiträge der Akademie für Migration und Integration«

1.	1995	FORUM MIGRATION	**Heft 1** Die Nationalstaaten und die internationale Migration
		Panel I : Neue Nationalstaaten, Migration und Integration	
		Panel II : Gesellschaft im Umbruch – Jugend im Aufbruch	**Heft 2** Die Integration Jugendlicher unter den Bedingungen von Systemwandel und Emigration
		Panel III: Rückkehr und Transfer	
		Panel IV: Chancengleichheit und Nachteilsausgleich	
		Panel V : Auf dem Weg zur Hochschule	
		Panel VI: Fremd in Deutschland	
2.	1996	Initiative Weiterbildung: Qualifizierung für neue Herausforderungen	
3.	1997	Rückwanderung ethnischer Minderheiten aus der früheren UdSSR: Die Eingliederungskonzepte Deutschlands, Griechenlands und Israels	**Heft 3** Migrations- und Integrationspolitik gegenüber »gleichstämmigen« Zuwanderern
4.	1998	Zuwanderung – Bürde oder Chance?	
5.	1999	Integration und Partizipation von Zuwanderern	**Heft 5** Integration und Partizipation in der Einwanderungsgesellschaft
6.	2000	Einwanderungskontinent Europa: Migration und Integration am Beginn des 21. Jahrhunderts	**Heft 4** Einwanderungskontinent Europa: Migration und Integration am Beginn des 21. Jahrhunderts
	2001	Arbeitstitel »Konsens – Kontroverse – Konflikt« – eine Bestandsaufnahme im Hinblick auf die Umsetzung der Vorschläge zur zukünftigen Steuerung von Zuwanderung und Integration nicht stattgefunden	
7.	2002	Kriminal- und Drogenprävention am Beispiel jugendlicher Aussiedler	**Heft 6** Kriminal- und Drogenprävention am Beispiel jugendlicher Aussiedler

8.	2002	Neue Zuwanderung aus dem Osten – Szenarien für Zuwanderung und Integration	**Heft 7** Neue Zuwanderung aus dem Osten?
9.	2003	Familie in der Einwanderungsgesellschaft	**Heft 8** Familien in der Einwanderungsgesellschaft
10.	2004	Die Situation der Roma und Sinti nach der EU-Osterweiterung	**Heft 9** Die Situation der Roma und Sinti nach der EU-Osterweiterung
11.	2005	Deutschland braucht Zuwanderung – Zuwanderer brauchen Integration	**Heft 10** Zuwanderungsgesetz und Integrationspolitik
12.	2006	Nachholende und aktivierende Integrationspolitik	**Heft 11** Nachholende Integrationspolitik und Gestaltungsperspektiven der Integrationspraxis
13.	2007	Konzepte für die nachholende Integrationsförderung	**Heft 12** Migration und Begabungsförderung
14.	2008	Migration und Begabungsförderung	
15.	2009	Jugendpolitik in der Einwanderungsgesellschaft	**Heft 13** Familien- und Jugendpolitik in der Einwanderungsgesellschaft
16.	2010	Familie als Schlüssel zur Integration	
17.	2011	Fachkräftemangel und Migration	**Heft 14** Vielfalt als Leitmotiv
18.	2012	Vielfalt als Motor gesellschaftlicher Entwicklung	
19.	2013	Auf dem Weg zur Teilhabegesellschaft	
			Heft 15 Integration stiften! 50 Jahre OBS – Engagement für Partizipation und Qualifikation 400 000 Erfolgsgeschichten
20.	2015	Integration durch Qualifikation (vorgesehener Titel)	

Anhang

Publikationen der Otto Benecke Stiftung e.V.[1]

- Einzelpublikationen
- Handbücher
- Schriften zu Jahrestagen
- Reihe »Asylrecht«
- Reihe »Seminardokumentation«
- Reihe »Seminardokumentation – Internationale Seminare«
- Reihe »Beiträge der Akademie für Migration und Integration«

Einzelpublikationen (chronologisch)

Modelle der gesellschaftlichen Integration. Festschrift für Professor Dr. Rudolf Sieverts. Baden-Baden: Nomos 1978.

Beitz, Wolfgang G./Wollenschläger, Michael (Hrsg.). Handbuch des Asylrechts. Unter Einschluss des Rechts der Kontingentflüchtlinge. Bd.1: Grundlagen. Baden-Baden: Nomos 1980 (324 S.).

Beitz, Wolfgang G./Wollenschläger, Michael (Hrsg.): Handbuch des Asylrechts. Unter Einschluss des Rechts der Kontingentflüchtlinge, Bd.2: Verfahren, Rechtsstellung und Reformen. Baden-Baden: Nomos 1981 (S. 325–832).

Nguyên, Tiên-Hǔ'u, (1981): Besser kennen – besser verstehen. Vietnam – Das Land und seine Menschen. Bonn.

Wege zum Studium 1. Für Aussiedler und DDR-Zuwanderer mit akademischer Vorbildung. Bonn 1981.

---

1 Bei allen hier verzeichneten Publikationen ist die OBS alleinige institutionelle Herausgeberin oder Mit-Herausgeberin. Die alleinige Herausgeberschaft wird nicht speziell angezeigt, die Mit-Herausgeberschaft der OBS nur, in den Fällen, in denen der/die weitere/n Herausgeber ebenfalls Institute oder Organisationen sind. Nicht in allen Fällen konnte aus organisatorischen Gründen ermittelt werden, ob auch die Person bzw. Personen genannt sind, die als (Mit-)Herausgeber oder Redaktionsverantwortliche tätig waren. – Viele der Publikationen sind zu finden über den Katalog der Deutschen Nationalbibliothek, teilweise ist das Inhaltsverzeichnis als Scan einzusehen.

Anhang

Wege zum Studium 2. Für Aussiedler und DDR-Zuwanderer. Bonn 1981.

Hochschulzugang für junge Aussiedler. Fachtagung der Otto Benecke Stiftung e.V. im September 1982 in Düsseldorf in Verbindung mit der Jahrestagung der Leiter der Staatlichen Sonderlehrgänge für Aussiedler. Bonn 1982.

Doc-Lap-Modellzentrum/Otto Benecke Stiftung e.V. (Hrsg.): Danh-Tú – Khoa-Hoc Fachwörterbuch Naturwissenschaft/Technik Deutsch-Vietnamesisch. Bonn, Stuttgart ²1982.

Kelz, Heinrich P. (1982): Deutschunterricht für Südostasiaten. Analysen und Konzepte. Bonn.

Kelz, Heinrich P. (Hrsg.): Fachsprache. Teil 1: Sprachanalyse und Vermittlungsmethoden : Dokumentation einer Tagung der Otto Benecke Stiftung e.V. zur Analyse von Fachsprachen und zur Vermittlung von Fachsprachlichen Kenntnissen in der Ausbildung von Flüchtlingen in der Bundesrepublik Deutschland. Bonn 1983.

Eingliederung junger Zuwanderer aus der DDR. Fachtagung der Otto Benecke Stiftung e.V. am 15. und 16. Oktober 1984 in Bonn. Bonn 1984.

Eingliederung junger Zuwanderer aus der DDR. Eine Darstellung von im Hochschulbereich auftretenden Problemen der Zeugnisanerkennung, Studienzulassung, Förderung und Beratung. Bonn 1984.

Anerkennung von akademischen Abschlüssen bei Aussiedlern und DDR-Zuwanderern. Dokumentation der Ergebnisse einer von der Otto Benecke Stiftung e.V. in Verbindung mit der Bundesanstalt für Arbeit 1984 durchgeführten Fachtagung. o.O. 1984.

Medizin in Entwicklungsländern. Übertragbarkeit und Anwendung der bei einem Studium des Faches Humanmedizin in der Bundesrepublik Deutschland erworbenen Fachkenntnisse auf die Berufssituation in einem Entwicklungsland. Seminardokumentation Studienbegleit- und Reintegrationsseminar vom 30.9. bis 6.10.1984 in Heidelberg. Heidelberg 1984.

Seminar on the Vocational Reintegration of Returning Namibian OBS-Trainees conducted in Schneverdingen, November 2nd to 5th 1984. o.O. o.J.

Ausbildung oder Sozialhilfe – Alternativen der Eingliederung junger Flüchtlinge. Fachtagung der Otto Benecke Stiftung e.V. am 20. und 21. Mai 1985 in Bonn. Bonn 1985

Publikationen der Otto Benecke Stiftung e.V.

Beratung und Förderung studierender Aussiedler und Flüchtlinge. Fachtagung der Otto Benecke Stiftung e.V. am 3. und 4. Juli 1986 in Bonn. Meckenheim 1986.

Ausländerstudium in der Bundesrepublik Deutschland. Bestandsaufnahme und Bewertung der Literatur. Eine Untersuchung im Auftrag der Otto Benecke Stiftung e.v. Durchgeführt von der Projektgruppe Ausländerstudium an der Forschungsstelle Dritte Welt am Geschwister-Scholl-Institut der Universität München, Baden-Baden ²: Nomos 1987 (1. Auflage von 1982)

Deutschlandbild – Zwischen Wunschtraum und Wirklichkeit. Probleme und Aufgaben bei der Vermittlung eines Deutschlandbildes. Dargestellt am Beispiel des Unterrichts in Abiturkursen für Aussiedler aus Osteuropa. Bonn 1987.

Ausbildung und Verständigung. Programme und Konzepte zur Integration junger Aussiedler, Zuwanderer und ausländischer Flüchtlinge. Beiträge zur Jahrestagung der Otto Benecke Stiftung e.V. vom 28.–30. September 1987 in Berlin. Bonn 1988.

Doc-Lap-Modellzentrum/Otto Benecke Stiftung e.V. (Hrsg.): Danh từ y tế : đức - việt, việt - đức = Fachwörterbuch Medizin Deutsch-Vietnamesisch/Vietnamesisch-Deutsch. Stuttgart ³1988.

Berufsausbildung von Ausländern. Redaktion P. Collingro/H. Thomas/W. Wirsch. Wetzlar 1989.

Asylrechtsform und Harmonisierung von Anerkennungs-und Auslieferungsverfahren. 3. Expertengespräch für Asylrichter, 11./12. April 1988 in Bonn. Baden-Baden: Nomos 1989.

Beitz, Wolfgang G.: Die gemeinsamen Wurzeln der europäischen Zivilisation. Deutsch-sowjetisches Symposium der Otto Benecke Stiftung e.V. und des Sowjetischen Komitees für Europäische Sicherheit und Zusammenarbeit, 25.–27. November 1989. Baden-Baden: Nomos 1990.

Beitz, Wolfgang G. (Hrsg.): Studien- und Berufschancen für Zuwanderer. Beiträge eines Symposiums der Otto Benecke Stiftung e.V. am 23./24. November 1988 in Berlin. Bonn: Schwartz 1990.

Stolpe, Manfred (Hrsg.): Die Zukunft der Deutschen in Europa: Potsdamer Dialog 1990. Berlin: Verlag der Vereinten Nationen 1990.

Süssmuth, Hans (Hrsg.): Wie geht es weiter mit Deutschland? Politisches Gespräch am 24. und 25. Januar 1990. Reformgruppen, Parteien und Kirchen aus der Deutschen Demokratischen Republik im Gespräch mit Politikern und Wissenschaftlern aus der Bundesrepublik Deutschland. Wissenschaftszentrum (Bonn), Heinrich-Heine Universität (Düsseldorf). Baden-Baden: Nomos 1990.

Zwischen Welten. Künstler aus Osteuropa in Deutschland. Eine Ausstellung der Otto Benecke Stiftung e.V. in Zusammenarbeit und mit Förderung des Bundesministers für Bildung und Wissenschaft 12. November – 1. Dezember 1991. Bonn 1991.

Asyl in Deutschland. Situation und Perspektiven. Dokumentation einer Fachtagung der Otto Benecke Stiftung e.V. am 15./16. Dezember 1992 in Potsdam. Bonn o.J.

Beitz, Wolfgang (Hrsg.): Vocational Training and Reintegration. Seminar held by the Otto Benecke Stiftung e.v. from the 24th to the 28th of October 1990 in Windhoek, Namibia. Baden-Baden: Nomos 1992.

Richter, Roland: Flüchtlingsfragen in Afrika. Zwangsmigrationen im Rahmen größerer Entwicklungsprozesse. Baden-Baden: Nomos 1992.

Training for Survival and Reconstruction. Vocational Training Programmes for Refugees from Mozambique. Bonn: OBS 1994

Zikeli, Karin (Bearb.), Siebenbürgen – eine Chronik. Fragmente einer 850jährigen Kulturgeschichte. Eine persönliche Chronik, Hrsg. von der Otto Benecke Stiftung e.V. Bonn 1996.

Ärztin und Arzt in Deutschland. Hilfen zum Berufseinstieg für Spätaussiedler/-innen und Kontingentflüchtlinge. Akademikerprogramm im Auftrag des Bundesministeriums für Bildung und Forschung. Meckenheim 1999.

Jahresbericht 1998. Das Akademikerprogramm. Hilfen zum Berufseinstieg für Spätaussiedler/innen und Kontingentflüchtlinge. Bonn 1999.

Lehrerin und Lehrer in Deutschland. Hilfen zum Berufseinstieg für Spätaussiedler/innen und Kontingentflüchtlinge. Akademikerprogramm im Auftrag des Bundesministeriums für Bildung und Forschung. Meckenheim 1999.

Naturwissenschaften und Veterinärmedizin in Deutschland. Hilfen zum Berufseinstieg für Spätaussiedler/innen und Kontingentflüchtlinge. Akademikerprogramm im Auftrag des Bundesministeriums für Bildung und Forschung. Sankt Augustin 1999.

Projekt Imame in Deutschland – Programm für Dialog und Begegnung. Handreichung Arbeitsmigration und Kommunale Verwaltung, Bildung, Jugend- und Jugendsozialarbeit, Berufs- und Arbeitswelt, Medien. Bonn o.J.

Welt, Jochen (Hrsg.): Dokumentation der Fachtagung »Netzwerke für Integration« am Dienstag 28.09.1999 im Rathaus Schönberg zu Berlin, durchgeführt von der Otto Benecke Stiftung e.V. Berlin 2000.

Ingenieurin und Ingenieur in Deutschland. Hilfen zum Berufseinstieg für Spätaussiedler/-innen und Kontingentflüchtlinge. Akademikerprogramm im Auftrag des Bundesministeriums für Bildung und Forschung. Sankt Augustin 2001.

Magdeburg goes Vietnam. Jugend für Toleranz und Demokratie – gegen Rechtsextremismus, Fremdenfeindlichkeit und Antisemitismus. Ergebnisse und Erfahrungen. Bonn 2002.

Berufswahl mit System. Eine Hilfe zur Berufsfindung. Bonn ²2003.

Engagiert zum Ziel. Stipendiaten des Akademikerprogramms der Otto Benecke Stiftung e.V. berichten von ihrem beruflichen Neuanfang in Deutschland. Bonn o.J.

Materialien. Schulung für Ehrenamtliche in der Integrationsarbeit für Spätaussiedler. Bonn 2004.

Sachbericht zum Seminar »Miteinander« vom 13. bis 18. Oktober 2003 in Ústí nad Labem (Aussig). Bonn 2004.

Moscheevereine als Akteure der Integration. Module für Seminare: Präsentation (türkisch/deutsch). Bonn o.J.

Qualifizierte Zuwanderinnen und Zuwanderer erfolgreich integrieren. Das Akademikerprogramm der Otto Benecke Stiftung e.V. Sankt Augustin 2005.

Perspektive Arbeitsmarkt! Bildungsangebote für arbeitslose Akademikerinnen und Akademiker. Rheinbach 2009.

»Demokratie lebt durch Demokraten«. Fortbildungsreihe für Multiplikatoren und Multiplikatorinnen im Bereich der Jugendhilfe. Praxisanleitung. Bonn 2010.

Bürgerliches Engagement von älteren Menschen mit Migrationshintergrund in Nordrhein-Westfalen. Bonn 2011.

Projekte, Programme und Perspektiven der Otto Benecke Stiftung e.V. Bonn 2011.

Eltern stärken – Bildungschancen für Migrantenkinder fördern. Bonn 2012.

Handbücher Hrsg. von der Otto Benecke Stiftung e.V.

Schlag nach... Beratung, Betreuung, Förderung für junge Ausländer. Bonn 1977.
Handbuch 1976/77. Eingliederungs- und Stipendienprogramme. Köln o.J.
Handbuch 1977/78. Stipendien- und Eingliederungsprogramme. Köln o.J.
Handbuch 1979. Stipendien- und Eingliederungsprogramme. Köln o.J.
Handbuch 1980/81. Stipendien- und Eingliederungsprogramme. o.O. ²1981.
Handbuch 1983/84. Stipendien- und Eingliederungsprogramme. Bonn o.J.
Handbuch 1984/85. Stipendien- und Eingliederungsprogramme. Bonn o.J.
Handbuch 1985/86. Stipendien- und Eingliederungsprogramme. Bonn o.J.
Handbuch 1986/87. Stipendien- und Eingliederungsprogramme. Bonn o.J.

Schriften zu Jahrestagen

10 Jahre 1965–1975. Eintreten für studentische Minderheiten. Bonn 1975.

1965–1995. 30 Jahre Otto Benecke Stiftung e.V. Beiträge zur Festveranstaltung am 30. November 1995. Bonn 1995.

Integration stiften! 50 Jahre OBS – Engagement für Qualifikation und Partizipation. 400 000 Erfolgsgeschichten. Hrsg. von Marianne Krüger-Potratz. Göttingen: V&Runipress 2015.

Reihe »Asylrecht« Hrsg. von der Otto Benecke Stiftung e.V.

Heft 1/1976: Grenzfragen des innerdeutschen Asylrechts. Dokumentation einer Tagung in Bonn 1975. Baden-Baden: Nomos.

Heft 2/1977: Menschenrechte und Flüchtlingsbetreuung – die humanitären Aufgaben der Vereinten Nationen. Dokumentation einer Journalistentagung in Genf 1977. Baden-Baden: Nomos.

Heft 3/1979: Begrenzte Menschenrechte für Flüchtlinge? Dokumentation einer Tagung der Vereinten Nationen und der Otto Benecke Stiftung e.V. in Genf 1978. Baden-Baden: Nomos.

Heft 4/1979: Grenzfragen des Asylrechts in der Bundesrepublik Deutschland. Baden-Baden: Nomos.

Heft 5/1980: Kimminich, Otto, Der Aufenthalt von Ausländern in der Bundesrepublik Deutschland. Rechtsgrundlage, Beginn und Ende. Baden-Baden: Nomos

Heft 6/1981: Praktizierte Humanitas: Weltproblem Flüchtlinge – eine europäische Herausforderung. Dokumentation einer europäischen Arbeitskonferenz der Otto Benecke Stiftung e.V. und der Friedrich-Ebert-Stiftung vom 30. Mai bis 1. Juni 1980. Baden-Baden: Nomos.

Heft 7/1982: Grenzfragen des Asylrechts in der Bundesrepublik Deutschland. Baden-Baden: Nomos.

Heft 8/^{3}1982: Ausländische Mitbürger – in der Fremde daheim? Chancen der Massenmedien. Dokumentation einer Arbeitstagung 6.–8. Juli 1981 in Genf. Baden-Baden: Nomos.

Heft 9/1983: Asylpolitik der Bundesrepublik Deutschland. Dokumentation einer Arbeitstagung 18. und 19. November 1982 in Köln von der Deutschen Welle und der Otto Benecke Stiftung e.V. Baden-Baden: Nomos.

Heft 10/1984: Flüchtlinge in Europa. Dokumentation einer Arbeitstagung vom 20. und 21. November 1983 in Köln von der Deutschen Welle und der Otto Benecke Stiftung e.V. Baden-Baden: Nomos.

Heft 11/1987: Politische Betätigung von Ausländern in der Bundesrepublik Deutschland. Referate anlässlich eines Expertengespräches für Asylrichter 13./14. Oktober 1986 in Bonn. Baden-Baden: Nomos.

Heft 12/^{4}1987: Grenzfragen des Asylrechts in der Bundesrepublik Deutschland. Baden-Baden: Nomos.

Heft 13/1987: Asylnovelle 1987 und Schutz der De-facto-Flüchtlinge. Expertengespräch für Asylrichter 25./26. Mai 1987 in Bonn. Baden-Baden: Nomos.

Heft 14/1989: Asylrechtsreform und Harmonisierung von Anerkennungs- und Auslieferungsverfahren. Drittes Expertengespräch für Asylrichter 11./12. April 1988 in Bonn. Baden-Baden: Nomos.

Heft 15/1990: Beitz, Wolfgang G. (Hrsg.): Vierzig Jahre Asylgrundrecht, Verhältnis zur Genfer Flüchtlingskonvention. Viertes Expertengespräch für Asylrichter 25.–27. September 1989 in Bonn. Baden-Baden: Nomos.

Reihe »Seminardokumentationen – Entwicklungsländer-Programme« Hrsg. von der Otto Benecke Stiftung e.V.

Seminardokumentation/Heft 1 (^{3}1985): Technologietransfer und Technologieanpassung. Berufsorientierte technische Hochschulausbildung für Studenten aus Ländern der Dritten Welt vom 26.11. bis 2.12.1983 in Aachen. Baden-Baden: Nomos.

Seminardokumentation/Heft 2 (1985): Hochschulbildung und ländliche Entwicklung. Agrarwissenschaftliche und veterinärmedizinische Ausbildung für Studenten aus Ländern der Dritten Welt. Baden-Baden: Nomos.

Seminardokumentation/Heft 3 (1985): Projekttätigkeit von Ökonomen in Entwicklungsländern. Ausbildung, Berufsanforderungen, Möglichkeiten. Baden-Baden: Nomos.

Seminardokumentation/Heft 4 (^{2}1987): Medizin in Entwicklungsländern. Berufsorientierte Hochschulausbildung für Studenten der Humanmedizin aus Ländern der Dritten Welt. Baden-Baden: Nomos.

Seminardokumentation/Heft 5 (^{2}1987): Management in Entwicklungsländern. Neuere Entwicklungen im Bereich des Managements, der Personalführung und des Einsatzes von für Länder der Dritten Welt. Baden-Baden: Nomos.

Seminardokumentation/Heft 6 (1987): Kulturelle Konfrontation oder interkulturelles Lernen. Geistes- und sozialwissenschaftliche Ausbildung für Studenten aus Ländern der Dritten Welt. Baden-Baden: Nomos.

Seminardokumentation/Heft 7 (1988): Planen und Bauen in Entwicklungsländern. Übertragbarkeit und Anwendung der bei einem Studium der Bauingenieurwissenschaften in der Bundesrepublik Deutschland erworbenen Fachkenntnisse auf die Berufssituation in Entwicklungsländern. Baden-Baden: Nomos.

Publikationen der Otto Benecke Stiftung e.V.

Seminardokumentation/Heft 8 (1987): Report. Symposium on Parliamentary and National Issues. Sponsored by the Otto Benecke Foundation and the Parliament of Zimbabwe in Harare/Zimbabwe 1985. Baden-Baden: Nomos.

Seminardokumentation/Heft 9 (1989): Report/Symposium on Technology and Education. Sponsored by the Otto Benecke Foundation and the Parliament of Zimbabwe in Harare/Zimbabwe 1987. Baden-Baden: Nomos.

Reihe »Seminardokumentationen – Internationale Seminare«

Seminardokumentation/Heft 1 (^{2}1983): Vocational training and reintegration. Seminar of the Ministry of Manpower, Planning and Development, Harare/Zimbabwe, 24.–28. Okt. 1983 in Harare. Bonn.

Schriftenreihe »Beiträge der Akademie für Migration und Integration[2]

Band 1/1999: Reich, Hans H. (Hrsg.): Die Nationalstaaten und die internationale Migration, Osnabrück: Rasch.

Band 2/1999: Reich, Hans H. (Hrsg.): Die Integration Jugendlicher unter den Bedingungen von
Systemwandel und Emigration. Osnabrück: Rasch.

Band 3/1999: Reich, Hans H./Bade, Klaus J. (Hrsg.): Migrations- und Integrationspolitik gegenüber »gleichstämmigen« Zuwanderern. Osnabrück: Rasch.

Band 4/2001: Bade, Klaus J. (Hrsg.): Einwanderungskontingent Europa: Migration und Integration am Beginn des 21. Jahrhunderts. Osnabrück: Rasch.

Band 5/2002: Krüger-Potratz, Marianne/Reich, Hans H./Santel, Bernhard (Hrsg.): Integration und Partizipation in der Einwanderungsgesellschaft. Osnabrück: Rasch.

Band 6/2003: Krüger-Potratz, Marianne (Hrsg.): Kriminal- und Drogenprävention am Beispiel jugendlicher Aussiedler. Göttingen: V&Runipress.

---

2   Zu dieser Schriftenreihe siehe auch den Beitrag von Reich unter Mitarbeit von Krüger-Potratz und Matter im vorliegenden Band und dort auch die im Anhang beigefügte Liste der Foren mit der Zuordnung zu den »Beiträgen ...«.

Anhang

Band 7/2003: Krüger-Potratz, Marianne (Hrsg.): Neue Zuwanderung aus dem Osten? Göttingen: V&Runipress.

Band 8/2004: Krüger-Potratz, Marianne (Hrsg.): Familie in der Einwanderungsgesellschaft. Göttingen: V&Runipress.

Band 9/2005: Matter, Max (Hrsg.): Die Situation der Roma und Sinti nach der EU-Osterweiterung. Göttingen: V&Runipress.

Band 10/2006: Krüger-Potratz, Marianne (Hrsg.): Zuwanderungsgesetz und Integrationspolitik. Göttingen: V&Runipress.

Band 11/2007: Bade, Klaus J./Hiesserich, Hans-Georg (Hrsg.): Nachholende Integrationspolitik und Gestaltungsperspektiven der Integrationspraxis. Mit einem Beitrag von Wolfgang Schäuble. Göttingen: V&Runipress.

Band 12/2010: Karakaşoğlu, Yasemin/Hiesserich, Hans-Georg (Hrsg.): Migration und Begabtenförderung. Göttingen: V&Runipress.

Band 13/2012: Krüger-Potratz, Marianne/Reich, Hans H. (Hrsg.): Familien- und Jugendpolitik in der Einwanderungsgesellschaft. Akzente – Analysen – Aktionen. Göttingen: V&Runipress.

Band 14/2014: Krüger-Potratz, Marianne/Schroeder, Christoph (Hrsg.): Vielfalt als Leitmotiv. Göttingen.

Filme

1. Filme über das Leben der Russlanddeutschen

über den Zuzug von Deutschen nach Russland, das Leben vor und nach den beiden Weltkriegen, das Schicksal während der Kriege und die Rückkehr (Aussiedlung) nach Deutschland:

1991: »Versöhnung über Grenzen« – Trilogie mit Begleitheft: Teil 1: Wolga, Wolga, du bist frei; Teil 2: Spielball der Diktatoren; Teil 3: Heimat, wo bist du?

1994: »Briefe an Xenia« – Film mit Begleitheft über die deutsche Minderheit in der GUS.

1995/1996: »Die Russlanddeutschen«. – Trilogie: Teil 1: Vorbild und Sündenbock; Teil 2: Inseln der Hoffnung; Teil 3: Aller Anfang ist schwer
»Diese Dokumentation gehört zu den besten geschichtlichen Kurzdarstellungen der vielseitigen Geschichte der Russlanddeutschen und ist von der Otto Benecke Stiftung e.V. und der Rudolf Steiner-Film GmbH in Berlin und Moskau 1995 produziert worden« (Museum für Russlanddeutsche Kulturgeschichte, Detmold).

2. weitere Filme

o.J.: Dann habe ich mich entschieden. Dokumentation zur Studiensituation von Aussiedlern.

2001: Zukunftswerkstatt 2001. Integration braucht Partizipation – junge Zuwanderer gestalten ihre Zukunft.

2008: »Mein Weg nach Deutschland«. Geschichte eines Zuwanderers von St. Petersburg nach Köln. Eine filmische Dokumentation. Bonn 2008.

Hörbücher

Reportage-Reihe »Integrationswege«. Russischsprachige Zuwanderer in Deutschland, o.O., o.J.

Autorinnen und Autoren, Herausgeberin

Franziska Barthelt, M.A. ist Absolventin des Studiengangs »Internationale Migration und Interkulturelle Beziehungen« am Institut für Migrationsforschung und Interkulturelle Studien (IMIS) der Universität Osnabrück. Sie hat ihre Masterarbeit (2014) zum Thema »Zufall oder absichtsvolle Entscheidung? Eine qualitative Analyse zu Prozessen von und Einflussfaktoren auf Mobilitäts- und Bleibeentscheidungen internationaler Studierender aus Drittstaaten in Osnabrück« verfasst.

Dr. Ursula Boos-Nünning ist Professorin für Migrationspädagogik i.R.; sie war bis 2009 an der Universität Essen, resp. Duisburg-Essen tätig. Schwerpunkte ihrer Forschung sind Migration und Bildung mit besonderem Interesse für die Elternbildung sowie für das Engagement der Migrantenorganisationen im Bildungsbereich. Die Otto Benecke Stiftung e.V. hat sie vielfach beraten, z. B. im Rahmen des Projekts „Bildungs-Brücken" bzw. generell in der Zusammenarbeit mit Migrantenorganisationen. Sie ist Autorin und Herausgeberin zahlreicher Bücher und Artikel. Neuere Veröffentlichungen: Aufstieg durch Bildung? Bildungsansprüche und deren Realisierung, Migrationsfamilien und einheimische Familien im Vergleich. In: Dies./Stein, Margit (Hg.): Familie als Ort von Erziehung, Bildung und Sozialisation. Münster: Verlag Waxmann 2013, S. 217–245; Religionszugehörigkeiten in Deutschland. In: Rohe, Mathias u. a. (Hrsg): Handbuch Christentum und Islam in Deutschland. Grundlagen, Erfahrungen und Perspektiven des Zusammenlebens. Freiburg: Herder Verlag 2014, S. 21–46.

Dr. Yasemin Karakaşoğlu ist Professorin für Interkulturelle Bildung im Fachbereich Erziehungs- und Bildungswissenschaften der Universität Bremen und hier seit 2011 auch Konrektorin für Internationalität und Interkulturalität. Ihre Forschungsschwerpunkte sind Interkulturelle Bildungsforschung mit Schwerpunkt Schule und Hochschule, Lebenssituation und Bildungschancen von Kindern und Jugendlichen in der Migrationsgesellschaft, Islam im Kontext von Schule. Sie ist seit 2009 Mitglied des Wissenschaftlichen Fachbeirats der Otto Benecke Stiftung e.V. Sie ist Autorin und Herausgeberin zahlreicher Artikel und Bücher; jüngste Publikationen u. a.: Integration durch Bildung – Welche Wege sind zu beschreiten? In: Uslucan, H.-H./Brinkmann, U. (Hrsg.) (2013): Dabeisein und Dazugehören. Integration in Deutschland. Wiesbaden: Springer, S. 127–148; (zs. mit A. Kul): Dialektik eines Stereotyps? – Zur Sichtbarkeit weiblicher Subjektpositionen und ihrer Bildungserfolge in der Migrationsgesellschaft. In: Mecheril, P.

(Hrsg.): Subjektbildung. Interdisziplinäre Analysen der Migrationsgesellschaft. Bielefeld: transcript, 2014, S.121–141.

Uwe Knüpfer ist Journalist, Dozent und Buchautor. Er hat als Auslandskorrespondent gearbeitet, war Chefredakteur der WAZ und des Vorwärts und Herausgeber einer online-Zeitung für das Ruhrgebiet.

Dr. Marianne Krüger-Potratz ist Professorin für Interkulturelle Pädagogik i.R.; sie war bis 2010 am Institut für Erziehungswissenschaft der Westfälischen Wilhelms-Universität Münster (Arbeitsstelle für Interkulturelle Pädagogik und Zentrum für Europäische Bildung) tätig. Sie ist Autorin und Herausgeberin von zahlreichen Artikeln und Büchern zu Migration, Minderheiten und Bildung, speziell zur Frage von Kontinuitäten und Diskontinuitäten des Umgangs mit sprachlicher, ethnischer und nationaler Differenz in der Geschichte der Schule und Pädagogik. Sie gehört seit 1995 dem Wissenschaftlichen Fachbeirat der Otto Benecke Stiftung an und ist seit 2013 dessen Vorsitzende. Jüngste Publikationen: Einführung in die Interkulturelle Pädagogik. (3. Aufl.) Opladen: Verlag Barbara Budrich/UTB 2015 (zusammen mit Ingrid Gogolin); Migration als Herausforderung für Bildungspolitik. In: Leiprecht, Rudolf/Steinbach, Anja (Hg.) Schule in der Migrationsgesellschaft. Ein Handbuch, 2. Bd. Kronberg/Ts.: Wochenschau Verlag (im Erscheinen).

Hartmut Koschyk (MdB/CSU) ist seit Januar 2014 Beauftragter der Bundesregierung für Aussiedlerfragen und nationale Minderheiten. Zu seinen Aufgaben gehört u. a. die Koordination des Aufnahmeverfahrens und der Integrationsmaßnahmen mit Bund, Ländern und Gemeinden sowie der im Eingliederungsbereich tätigen Kirchen, Wohlfahrtsverbände und gesellschaftlichen Gruppen. Er ist der Ansprechpartner für die in den Herkunftsgebieten der Aussiedler verbliebenen Deutschen und koordiniert die Maßnahmen der Hilfenpolitik. In den bestehenden Gemeinsamen Regierungskommissionen zu Angelegenheiten der deutschen Minderheiten hat er gemeinsam mit einem Regierungsvertreter des jeweiligen Herkunftsstaates den Vorsitz inne.

Dr. Lothar Theodor Lemper ist seit 1999 Vorsitzender des Vorstands der Otto Benecke Stiftung, von 2004 bis 2014 zudem deren Geschäftsführender Vorsitzender. Er ist auch Geschäftsführer der German Doctor Exchange GmbH, Bonn, Mitglied des Fachbeirates Migration beim Minister für Arbeit, Integration und Soziales NRW. Mitglied in zahlreichen Gremien von Verbänden und Organisationen. Von 1975–80 Mitglied des NRW-Landtages, von 2004–2009 Mitglied des Rates und Vorsitzender des Kulturausschusses der Stadt Köln, seit 2014 wiederum Mitglied des Kulturausschusses und u. a. des Gestaltungsbeirates, Mitglied der Jury des Heinrich-Böll-Preises der Stadt Köln, seit 2010 Honorarprofessor an der Rheinischen Fachhochschule Köln (RFH).

Dr. Max Matter ist Professor em. für Volkskunde; er war zuletzt, bis 2010, an der Albert-Ludwigs-Universität Freiburg, Brsg. tätig und daselbst Direktor des Instituts für Volkskunde. Zu seinen Forschungsschwerpunkten gehören u. a. Kultur und Lebensweise verschiedener ethnischer Gruppen in Europa, interethnische Beziehungen, Migration und Fremde in Deutschland sowie Umgang mit Fremdheit in Deutschland. Er ist Mitglied des vom Europarat und der EU initiierten European Academic Network on Roman Studies und im bundesweiten Arbeitskreis zur Verbesserung der Bildungsbeteiligung und des Bildungserfolgs von Sinti und Roma. Seit 1997 ist er zudem Mitglied des Wissenschaftlichen Fachbeirats der Otto Benecke Stiftung e.V. Er ist Autor zahlreicher Artikel und Bücher; von den aktuellen Publikationen sind zu nennen: Fremdheit und Migration: Kulturwissenschaftliche Perspektiven für Europa. Hrsg. zusammen mit Anna Cöster. Marburg: Tectum Verlag 2011; Nirgendwo erwünscht. Zur Armutsmigration aus Zentral- und Südosteuropa in die Länder der EU-15 unter besonderer Berücksichtigung von Angehörigen der Roma-Minderheiten. Kronberg/Ts.: Wochenschau Verlag 2015.

Dr. Jochen Oltmer ist Apl. Professor für Neueste Geschichte und seit 1997 Mitglied des Vorstands des Instituts für Migrationsforschung und Interkulturelle Studien (IMIS) der Universität Osnabrück und Studiendekan des internationalen Masterstudiengangs »Internationale Migration und interkulturelle Beziehungen«. Er ist Autor und Herausgeber zahlreicher Bücher und Aufsätze zur Geschichte der Migration, zuletzt u. a. Migration im 19. und 20. Jahrhundert (=Enzyklopädie deutscher Geschichte, Bd. 86), 2. Aufl. München 2013; Globale Migration. Geschichte und Gegenwart, München 2012 (Sonderausg. Dresden 2012, Bonn 2013).

Dr. Hans H. Reich ist Prof. em. der Universität Koblenz-Landau, am Institut für Bildung im Kindes- und Jugendalter, Arbeitsbereich Interkulturelle Bildung. Er hat Forschungen zu Deutsch als Zweitsprache, zur Zweisprachigkeit bei Migranten, zum Herkunftssprachenunterricht in Deutschland und anderen europäischen Staaten durchgeführt und Veröffentlichungen zu Sprachbildung und Mehrsprachigkeit, zur türkisch-deutschen Zweisprachigkeit, zur Sprachdiagnostik bei mehrsprachigen Kindern und zur Sprachförderung im Elementar- und Primarbereich vorgelegt. Von 1995 bis 2013 war er Vorsitzender des Wissenschaftlichen Beirats der Otto Benecke Stiftung. Aktuelle Veröffentlichungen: Pädagogische Fragen und Probleme bei der Berufsbildung von Migrantenjugendlichen – Ein deutsch-österreichischer Vergleich. In: Haider, Barbara (Hrsg.): Baustelle Mehrsprachigkeit. Herausforderung für Institutionen und Unternehmen, Wien: Edition Volkshochschule 2013, S. 53 –77 und Reich, Hans H. / Krumm, Hans-Jürgen: Sprachbildung und Mehrsprachigkeit. Ein Curriculum zur Wahrnehmung und Bewältigung sprachlicher Vielfalt im Unterricht Münster u. a.: Waxmann 2013.

Dr. Uwe Rohwedder ist Historiker, er arbeitet als freier Wissenschaftler und ist seit 2005 auch Wikipedia-Autor und -Mentor. Sein Forschungsinteresse gilt der Geschichte der Studentenschaft und des studentischen Vereinswesens im 20. Jahrhundert, sowie den Biographien von Personen, die sich im Rahmen studentischer Politik engagiert haben wie auch von Politikern Wissenschaftlern und Unternehmern im Allgemeinen. Zu diesen Themen hat er vielfach publiziert; genannt sei seine Dissertation: Kalter Krieg und Hochschulreform. Der Verband Deutscher Studentenschaften in der frühen Bundesrepublik (1949–1969). Essen: Klartext Verlag 2012.

Jochen Welt (CDU) ist seit August 2014 Geschäftsführer der Otto Benecke Stiftung. Er war von 1990–2004 Mitglied des Deutschen Bundestages, 1998–2004 Aussiedlerbeauftragter der Bundesregierung, 2004–2009 Landrat des Kreises Recklinghausen.

Carlotta Weyhenmeyer, M.A. ist Absolventin des Studiengangs »Internationale Migration und Interkulturelle Beziehungen« am Institut für Migrationsforschung und Interkulturelle Studien (IMIS) der Universität Osnabrück. Sie hat ihre Masterarbeit (2014) zum Thema: »Potenziale erkennen – Internationale AbsolventInnen in Osnabrück. Die Rolle der externen Akteure« verfasst.

Korrigenda zum Buch
Marianne Krüger-Potratz (Hg.): Integration stiften! 50 Jahre OBS – Engagement für Qualifikation und Partizipation
Wir bitten unsere Leser um Entschuldigung und freundliche Beachtung.
V&R unipress

Anhang

sprachigkeit. Herausforderung für Institutionen und Unternehmen, Wien: Edition Volkshochschule 2013, S. 53–77 und Reich, Hans H. / Krumm, Hans-Jürgen: Sprachbildung und Mehrsprachigkeit. Ein Curriculum zur Wahrnehmung und Bewältigung sprachlicher Vielfalt im Unterricht Münster u. a.: Waxmann 2013.

Dr. Uwe Rohwedder ist Historiker, er arbeitet als freier Wissenschaftler und ist seit 2005 auch Wikipedia-Autor und -Mentor. Sein Forschungsinteresse gilt der Geschichte der Studentenschaft und des studentischen Vereinswesens im 20. Jahrhundert, sowie den Biographien von Personen, die sich im Rahmen studentischer Politik engagiert haben wie auch von Politikern Wissenschaftlern und Unternehmern im Allgemeinen. Zu diesen Themen hat er vielfach publiziert; genannt sei seine Dissertation: Kalter Krieg und Hochschulreform. Der Verband Deutscher Studentenschaften in der frühen Bundesrepublik (1949–1969). Essen: Klartext Verlag 2012.

Jochen Welt ist seit August 2014 Geschäftsführer der Otto Benecke Stiftung. Er war von 1990–2004 Mitglied der SPD-Fraktion im Deutschen Bundestag, 1998–2004 Aussiedlerbeauftragter der Bundesregierung, 2004–2009 Landrat des Kreises Recklinghausen.

Carlotta Weyhenmeyer, M.A. ist Absolventin des Studiengangs »Internationale Migration und Interkulturelle Beziehungen« am Institut für Migrationsforschung und Interkulturelle Studien (IMIS) der Universität Osnabrück. Sie hat ihre Masterarbeit (2014) zum Thema: »Potenziale erkennen – Internationale AbsolventInnen in Osnabrück. Die Rolle der externen Akteure« verfasst.